They
Thought
They
Were
Free:
The Germans,
1933-1945

나치 시대 독일인의 삶,
선한 사람들의 침묵이 만든 오욕의 역사

밀턴 마이어 지음
박중서 옮김

갈라파고스

'버젓한 사람들'은 어떻게, 그리고 왜 나치가 되었을까. 법을 준수하는 시민 열 명의 삶 이야기. 밀턴 마이어가 독일인에 관해 쓴 책은 비범한 선견지명을 담았을 뿐만 아니라, 그 어느 때보다도 오늘날에 와서 더욱 시기적절하고, 유럽 내에서도 가장 말썽을 겪는 (또는 말썽꾸러기인) 이 나라를 이해하고자 원하는 사람 누구에게나 필수적인 자료다.

— 존 피셔, 《하퍼스 매거진》

히틀러의 천년제국이 몰락한 이후, 독일에 관해 집필된 수많은 책들 중에서도, 밀턴 마이어의 이 책이야말로 가장 읽기 좋고 가장 계몽적인 책 가운데 하나다.

— 한스 콘, 《뉴욕 타임스 북 리뷰》

매력적인 이야기인 동시에 깊은 감동을 주는 이야기다. 이것이야말로 독자를 잠시 멈춰 서서 생각하게 만드는 이야기다. 단순히 독일인에 대해 생각하는 것만이 아니라, 독자 자신에 대해서도 생각하게 만드는 이야기인 것이다.

— 어니스트 S. 피스코, 《크리스천 사이언스 모니터》

독일계 유대인 출신으로, 자유주의적 성향의 미국 언론인 마이어 씨는 양심적인 공평함과 아낌없는 정직함을 목표로 삼았는데, 본 서평자의 생각으로는 이런 시도가 성공을 거둔 듯하다. 그의 책이 대단한 위력을 지닌 이유도 저자의 바로 이런 태도 때문이다.

— 월터 L. 돈, 《새터데이 리뷰》

다시 한 번 독일 문제가 우리 정치의 한가운데 놓이게 되었다. 그 문제의 배후에 놓인 본성을 이 책보다 더 잘, 더 친절하게, 더 문학적으로 논의한 책은 또 없을 것이다.

— 어거스트 헥셔, 《뉴욕 헤럴드 트리뷴》

내가 만난 열 명의 나치 친구들에게 이 책을 바친다.

칼 하인츠 슈벵케, 재단사

구스타프 슈벵케, 재단사 보조 출신 실업자

칼 클링겔회퍼, 목수

하인리히 담, 판매원 출신 실업자

호르스트마르 루프레히트, 고등학생

하인리히 베데킨트, 빵집 주인

한스 지몬, 수금원

요한 케슬러, 은행원 출신 실업자

하인리히 힐데브란트, 교사

빌리 호프마이스터, 경찰관

바리새인은 거기 서서 이렇게 기도했다.

"하느님, 감사합니다. 제가 저런 사람들과 같지 않게 해주셔서."*

* 신약성서 「누가복음」 18장 11절. 이 장에서 예수는 "자기를 의롭다고 믿고 다른 사람을 멸시하는" (9절) 바리새인의 태도를 비판한다. 즉 당시에 부정한 사람의 대명사였던 세리는 자기가 죄인이라고 시인하며 기도하는 반면, 당시에 경건한 사람의 대명사였던 "바리새인은 서서 따로 기도하여 이르되, 하느님이여, 나는 다른 사람들 곧 토색, 불의, 간음을 하는 자들과 같지 아니하고, 이 세리와도 같지 아니함을 감사하나이다"(11-12절)하고 말하는 것이다.

서문

독일에서 국가사회주의가 대두하는 것을 지켜보면서, 미국인으로서 나는 혐오감을 느꼈다. 독일계 미국인으로서 나는 부끄러움을 느꼈다. 유대인으로서 나는 충격을 받았다. 언론인으로서 나는 매혹을 느꼈다.

내가 언론인으로서 느낀 매혹은 오랫동안 마음속에 뚜렷하게 (심지어 압도적으로) 남아 있었다. 그 때문에 나는 나치즘에 관한 모든 분석을 접하면서도 만족하지 못했다. 나는 이 괴물 같은 인간, 즉 나치를 직접 보고 싶었다. 그에게 말을 걸고, 그의 말에 귀를 기울이고 싶었다. 나는 그를 이해하려 시도해보고 싶었다. 우리, 그러니까 그와 나는 모두 인간이었다. 나는 인종적 우월성에 관한 나치의 교리를 거부하면서도, 그의 과거 모습이 어쩌면 내 미래의 모습일 수 있음을 시인하지 않을 수 없었다. 과거에 그를 그런 길로 이끌어갔던 것이, 훗날 나를 이끌어갈 수도 있었다.

에라스무스의 말을 빌리자면 인간은 경험의 학교에서 가장 잘 배우게 마련이다. 나치가 어떠했으며, 어쩌다가 그런 길로 가게 되었는지를 알아낼 수만 있다면, 내가 나치의 경험을 널리 퍼트림으로써 동포들의 주목을 받게 할 수만 있다면, 이는 대중혁명 독재의 시대에 동포들의, 그리고 나 자신의 학습을 위한 도구가 될 수 있다고 보았다.

나는 1935년에 한 달 동안 베를린에 머물며 아돌프 히틀러와 인터뷰를 시도해보았다. 내 친구이며 스승인 윌리엄 E. 도드가 그 당시에 독일 주재 미국 대사로 근무 중이어서, 나를 돕기 위해 나름대로 최선을 다했지만 성공을 거두지 못했다.[1] 이후 나는 미국의 한 잡지 특파원으로 나치 독일을 방문했다. 나는 독일 사람들을, 그러니까 내가 어려서 독일을 방문했을 때에 알았던 사람들을 다시 만났고, 그제야 나치즘이 단순히 무기력한 수백만 명 위에 군림하는 악마적인 소수의 독재가 아니라 오히려 대중운동이라는 사실을 난생처음으로 깨달았다. 그제야 나는 아돌프 히틀러라는 인물을 과연 내가 보고 싶어 했던 나치로 간주해야 하는지 의문이 들었다. 전쟁이 끝난 뒤에야 나는 비로소 내가 찾던 사람이 누구인지 알게 되었다. 그건 바로 평범한 독일인이었다.

나는 독일에 다시 가서 평범한 독일인과 안면을 트고 싶었다. 읽고 쓰는 능력을 갖추고, 부르주아이며, '서구' 사람이라는 점에서 그는 나와 똑같았다. 하지만 나와 내 동포에게 적어도 아직까지는 일어나지 않았던 어떤 일이 그에게는 일어났던 것이다. 전쟁이 끝나고 7년이 지나서야 나는 비로소 독일에 갈 수 있었다. 미국인 비나치가 독일인 나치와 이야기를 나눌 수 있을 만큼 충분한 시간이 흐른 뒤였지만, 내가 찾던 평범한 독일인들이 1933~1945년의 사건들을, 그리고 특히나 그 사건들에 수반된 내면의 감정들을 깡그리 잊어버릴 만큼 긴 시간은 아니었다.

---

1. 윌리엄 E. 도드(1869~1940)는 미국의 역사학자로 1933년부터 1937년까지 독일 주재 미국 대사를 역임했다. 그의 가족이 나치 독일에서 겪은 사건들을 서술한 책이 『야수의 정원』(에릭 라슨 지음, 원은주 옮김, 은행나무, 2012)이라는 제목으로 번역되어 있다.

나는 결코 평범한 독일인을 찾아내지 못했다. 왜냐하면 그 나라에는 평범한 독일인이 전혀 없었기 때문이다. 대신 나는 배경과 성격과 지능과 기질이 확연히 서로 다른 독일인 열 명을 찾아냈는데, 이들이야말로 최소 수백만 명에서 최대 1,000만 명에 달하는 독일인을 대표한다고 할 수 있다. 또한 이들은 한때 나치였다는 점에서 서로 같은 점도 있다. 이들을 찾아내는 것은 쉽지 않았는데, 이들과 알고 지내는 것은 더욱 쉽지 않았다. 하지만 내게는 한 가지 자산이 있었다. 즉 내가 진심으로 그들과 알고 지내고 싶어 했다는 점이었다. 그리고 또 한 가지 자산도 있었는데, 이건 미국 퀘이커교 친우회 봉사단[2]과 맺은 오랜 관계를 통해 얻은 것이었다. 즉 그들 하나하나 속에 '하느님의 그것'[3]이 있음을 내가 진심으로 믿었다는 점이다.

신앙 덕분에 나는 열 명의 나치 친구들 안에서 '하느님의 그것'을 찾아냈다. 아울러 언론인으로서 받은 훈련 덕분에 나는 그들 안에서 '또 다른 무엇'을 찾아냈다. 그들 하나하나는 좋은 충동과 나쁜 충동의 가장 놀라운 혼합물이었고, 그들의 삶은 좋은 행동과 나쁜 행동의 가장 놀라운 혼합물이었다. 나는 그들을 '좋아했다.' 그러지 않을 도리가 없었다. 거듭해서 그 열 명 가운데 한 명과 나란히 앉아서, 또는 나란히 걸으며, 나는 여러 해 전에 시카고에서 신문 기자로 일할 때 느꼈던 것과 똑같은 감정에 사로잡혔던 것이다. 무슨 말인가 하면, 나는 예전에도 알 카포네를 '좋아했던' 적이 있었다는 것이다.[4] 나는 그가 자기 어머니를 대하는 모습을 '좋아했다.' 내가 우리 어머니를 대하는 모습보다도, 그가 자기 어머니를 대하는 모습이

2. 1917년에 설립된 퀘이커교의 봉사단체로, 1947년에 노벨 평화상을 수상했다.
3. 퀘이커교의 창시자 조지 폭스의 발언에서 비롯된 표현으로, 인간 속에 내재된 '하느님과 같은 면모,' 또는 '양심'을 말한다.

더 효성스러울 정도였다.

그때나 지금이나 마찬가지로 내가 만난 열 명의 나치 친구들을 판단하기는 어렵다. 하지만 내가 스스로를 판단하는 것보다는 오히려 그들을 판단하는 게 낫다. 나는 항상 내 변명에 대한 도발과 약점을 자각하거나, 적어도 나의 나쁜 행동을 설명하려 한다. 나쁜 짓을 할 때에 내가 가진 선한 의도라든지, 좋은 이유 같은 것을 나는 항상 자각하고 있다. 예를 들어 내가 오늘 밤 당장 죽는다면 나는 매우 아쉬울 것 같다. 왜냐하면 오늘 내가 할 수밖에 없었던 어떤 일들, 즉 내게는 매우 나쁘게 생각된 일들 때문이다. 그 일을 하고 나서 나는 내일 뭔가 매우 좋은 일을, 즉 오늘의 나쁜 행동을 보상하고도 남을 만한 일을 하려고 작정했기 때문이다. 하지만 내가 만난 나치 친구들은 '실제로' 오늘 밤에 죽어버렸다. 나치로서 그들의 삶을 기록한 책은 이미 완성되어버렸고, 이들은 자기들이 의도했건 안 했건 간에 좋은 일을, 즉 그들이 저지른 나쁜 일을 보상할 수도 있을 법한 좋은 일을 할 기회조차 더 이상 갖지 못한다.

한 걸음 더 나아가, 나는 미국인을 판단하는 것보다는 차라리 독일인을 판단하는 게 낫다고 본다. 이제 나는 어떻게 해서 나치즘이 독일을 휩쓸게 되었는지를 좀 더 잘 알게 되었기 때문이다. 이는 외부의 공격을 통해서도 아니었고, 내부의 전복을 통해서도 아니었으며, 오히려 적극적인 기쁨의 함성과 외침을 곁들여 가면서 이루어진 일이었다. 그것이야말로 대부분 독일인이 원했던, 또는 현실과 환상이 조합된 압력 하에서 결국 원하기에 이른 일이었다. 그들은 나치즘을 원했다. 그들은 나치즘을 가졌다. 그리고

---

4. 알폰소 "알" 칼포네(1899~1947)는 금주법 시대에 시카고를 무대로 활동한 미국의 조직범죄자다. 뺨에 난 흉터 때문에 '스카페이스'라는 별명으로 통했으며, 1929년 '발렌타인데이 학살'을 주도하여 악명을 떨쳤다.

그들은 나치즘을 좋아했다.

귀국했을 때에, 나는 내 조국을 약간 두려워하게 되었다. 독일이 그랬던 것처럼 현실과 환상이 조합된 압력에 노출될 경우, 내 조국이 과연 무엇을 원하고, 가지고, 좋아하게 될지를 두려워하게 된 것이다. 내가 만난 사람은 독일인이 아니라 인간 그 자체라는 인상을 받았다. 그는 단지 특정한 조건 하에서 독일에 있었을 뿐이었다. 특정한 조건 하에서는 그가 이곳에 있게 될 수도 있다. 그리고 특정한 조건 하에서는 그가 바로 나 자신이 될 수도 있다.

나나 내 동포가 만약 그런 일련의 조건에 굴복하게 된다면 헌법도, 법률도, 경찰도, 심지어 군대조차도 우리를 어떠한 해악에서도 보호해줄 수 없을 것이다. 왜냐하면 남이 내게 끼칠 수 있는 해악이라면 무엇이든지 나도 자신에게 끼칠 수 있으며, 선(善) 역시 내가 원한다면 얼마든지 자신에게 끼칠 수 있기 때문이다. 그러니 오래전에 나온 말은 지당하다. 즉 국가는 참나무와 돌로 만들어진 것이 아니라 인간으로 만들어지는 것이며, 그 인간이 어떠한지에 따라서 그 국가도 어떠한지가 결정된다는 것이다.

내가 아내와 아이들과 함께 독일에 가서 그곳의 한 소도시에 살아보려는 충동을 느끼게 된 까닭은 괴팅엔 대학의 칼 프리드리히 폰 바이체커[5] 덕분이다. 1948~1949년에 시카고 대학에서 물리학 분야 객원 교수로 재직할 때에, 그는 아내 군디와 함께 우리 집에 살았기 때문이다. 나는 당시에 독일 점령 고등판무부의 교육 문화 업무 담당관으로 근무하던 오랜 친구

5. 칼 프리드리히 폰 바이체커(1912~2007)는 독일의 물리학자다. 베르너 하이젠베르크와 함께 핵물리학을 연구했으며, 이후 과학철학 분야의 저서를 내기도 했다. 바이마르 공화국과 나치 정권에서 활동한 외교관 에른스트 폰 바이체커(1882~1951)의 아들이며, 전직 독일 대통령 리하르트 폰 바이체커(1920~)의 형이기도 하다.

제임스 M. 리드와도 편지를 주고받던 중이었다. 결국 리드와 바이체커 모두와 안면이 있었던 프랑크푸르트 대학 부설 사회연구소의 소장인 막스 호르크하이머[6]가 나를 객원 교수로 지명해주었다. 내가 독일에 도착해서, 그리고 미국에 돌아온 이후에 한 일들은 어디까지나 내가 책임질 일이었지만, 내가 애초에 독일에 가게 된 데에는 이 세 친구의 도움이 컸다. 내가 크로넨베르크라고 부른 마을에서, 그 나라를 정복한 '미군(Ami)'으로부터 최대한 멀리 떨어져서, 독일인과 최대한 가까운 상태로 1년간 살 수 있었던 것은 어디까지나 그들 덕분이다.

밀턴 마이어
캘리포니아 주 카멜
1954년 12월 25일

---

6. 막스 호르크하이머(1895~1973)는 독일의 철학자 겸 사회학자다. 1930년부터 프랑크푸르트 대학 사회연구소의 소장으로 재직하면서, 이른바 '프랑크푸르트 학파'의 수장으로 명성을 얻었다. 나치 정권의 등장과 함께 사회연구소는 스위스를 거쳐 미국 뉴욕으로 자리를 옮겼으며, 제2차 세계대전 이후인 1951년에 다시 프랑크푸르트로 돌아왔다.

차례

3부 그들의 원인과 치료법, 독일은 어떻게 치유될 것인가?

1부
열 명의 남자

크로넨베르크[1] 이야기

1638년 11월 9일

"들으시오, 여러분, 정직하신 분들아."

밤 10시가 되었다. 어쩌면 10분쯤 빠르거나 늦었을 수도 있었다. 카타리나 교회의 거대한 종이 울리며 시간을 알리기 시작했다. 일곱 번째와 여덟 번째 종 사이에, 이번에는 교구교회의 종이 울리기 시작했다. 잘 모르는 사람이라면, 교구교회의 관리인이 카타리나 교회의 종소리에 뒤늦게 잠이 깨어, 서둘러 침대에서 일어나 완전히 망신을 당하기 전에 간신히 종 줄을 붙잡았다고 생각할지도 모른다. 마치 결혼식 시간에 늦는 바람에 셔츠도 입지 못하고 구두도 신지 못한 채 결혼식장으로 달려가는 신랑의 모습처럼 말이다. 하지만 이런 추측은 잘못된 것이다. 왜냐하면 크로넨베르크에 두

---

1. 저자는 프랑크푸르트 대학의 객원 교수로 독일에 머무는 동안, 프랑크푸르트 인근의 소도시에 살았고 그곳에서 전직 나치 당원들과 만나 대담을 하면서 이 책의 자료를 수집했다. 이후 그는 자기가 살았던 소도시의 정확한 이름을 밝혀놓지 않고 '크로넨베르크'라는 가공의 도시명을 사용했다. 따라서 이 책에 나오는 크로넨베르크 관련 묘사가 항상 실제 그대로라는 보장은 없다.

개의 종이 생겨난 이래로, 교구교회에서 치는 첫 번째 종은 항상 카타리나 교회에서 치는 일곱 번째 종 다음에 시작했기 때문이다. 이는 아마도 카타리나 교회가 그로부터 한 세기 전에 종교개혁이 일어나기 전까지만 해도 대성당이었다는 사실에 경의를 표하기 위해서였을 것이다.

이 당시의 크로넨베르크는 두 개의 교회 종과 두 개의 교회 말고도, 그 교회에 다니는 신자들이 6,000명이나 있었다. 대학도 하나 있었는데, 그곳에는 신학 학부도 있었고, 학생도 거의 100명에 달했다. 성(城)도 하나 있었고, 그 아래 언덕에는 주택이 밀집된 반원형의 소도시가 자리 잡고 있었다. 이 언덕의 일부는 워낙 경사가 가팔라서, 집 가운데 일부는 오로지 꼭대기 층을 통해서만 안으로 들어갈 수 있었다. 언덕 아래로 흐르는 강도 하나 있었는데, 그 이름은 '베르네(Werne)' 였다. 베르네 강은 라인 강에서 곧바로 배를 타고 여기까지 올라올 만큼 수심이 깊지는 않았다. 하지만 꽃이 피어 있는 언덕을 에워싸고 흐르는 강물이며, 언덕 위에 자리 잡은 성이며, 그 성의 정원 가장자리까지 치솟은 고색창연한 목조 주택의 수많은 박공(牔栱)이며, 마치 뒤얽힌 테처럼 언덕 경사면을 에워싸고 있는 포석이 깔린 도로와 골목 등만 보면, 크로넨베르크야말로 마치 그림책에 나오는 풍경 속에 자리 잡은 도시의 모습과 다름없었다.

이 도시에도 나름의 문제는 있었다. 어느 도시가 그렇지 않겠는가? 지난 대여섯 세기 동안, 이 도시는 열댓 번이나 변화를 거듭했다. 외부의 공격을 받고, 점령을 당하고, 해방을 맞이하고, 또다시 공격을 받고, 또다시 점령을 당했다. 하지만 이곳에서 화재가 일어난 적은 한 번도 없었다. 워낙 규모가 작은 곳이다 보니 '아름답다' 는 표현보다는 오히려 '예쁘다' 는 표현이 더 어울리는 이곳의 풍경 때문에, 어쩌면 유서 깊은 도시 여러 곳을 잿더미로 만들었던 횃불을 이곳에서만큼은 감히 들이댈 수 없었던 것인지도 모른다. 1638년에 가서는 모두들 크로넨베르크를 '고도(古都) 크로넨베르크', 즉 오래된 곳이라고 지칭할 정도가 되었다.

'유럽 대전쟁'[2]은 무려 20년째 지속되었지만, 아마도 이제는 거의 끝난 것 같았다. 헤센 대공은 프라하 평화조약을 받아들이기로 작정했고, 그때문에 빈에 있는 가톨릭교도 황제에게 굴복하지 않고서도 프로테스탄트 스웨덴인을 가톨릭 제국 밖으로 쫓아낼 수 있을 것으로 기대했다.[3] 실제로 가톨릭 국가인 프랑스는 똑같이 가톨릭 국가인 에스파냐를 얼마 전에 공격했으며, 심지어 프로테스탄트 국가인 스웨덴과 동맹하여 이 황제를 상대로 전쟁을 선포한 상태였다. 하지만 크로넨베르크 사람들은 이런 놀라운 사건들에 관해 겨우 어렴풋이만 듣는 실정이었다. 게다가 그게 무슨 뜻인지 과연 누가 안단 말인가? "전쟁은 왕이 시작해도, 죽기는 백성이 죽는다." 이것이야말로 크로넨베르크에서는 오래된, 아주 오래된 속담이었다.

최근 몇 년간은 어디에서나 힘든 시기였으며, 크로넨베르크도 사정은 다르지 않았다. 세금과 통행세는 항상 비쌌으며, 사람과 동물과 곡물은 계속해서 더 많이 군대에 징발 당했다. 하지만 북쪽에서 남쪽으로, 이어서 남쪽에서 북쪽으로, 또다시 북쪽에서 남쪽으로 전선이 계속 움직이던 와중에도 이 도시는 비교적 온전한 상태로 남았다. 딱 한 번 포위 공격을 당했지만 결국 프로테스탄트 군대의 도움으로 격퇴했다. 결론적으로 말해서 크로넨베르크 사람들은 투덜거릴 이유가 없었다. 실제로도 이들은 투덜거리지 않았다.

크로넨베르크에서는 전염병과 기근이 거듭해 일어났다. 하긴 어디에

---

2. 1618년부터 1648년까지 이어졌으며, 훗날 '30년전쟁'으로 일컬어지게 된 전쟁이다.
3. 30년전쟁 당시, 독일의 프로테스탄트 제후들과 가톨릭교도 황제가 대립하던 상황에서 스웨덴이 전쟁에 개입했다. 이에 제후들은 평화조약을 통해 스웨덴 군대를 철수시키는 대신, 이를 빌미로 황제에게 굴복하지는 않으려 했던 것이다.

서는 안 그렇겠는가? 그리고 유대인이 있는 곳에서는 과연 어떤 결론을 기대해야 했을까? 1348년에 흑사병이 창궐하자 크로넨베르크에 있는 '유대인 회당(Judenschule)'에 불이 나고 유대인은 추방되었다. 모두가 유럽 전역에서 유대인이 우물에 독을 풀었다고 알고 있었기 때문이다. 그로부터 몇 년 뒤에 헤센 대공은 재정이 빠듯해지자 프랑크푸르트에 있는 유대인들에게 크로넨베르크를 담보로 제공해야 했지만, 1396년에는 선왕(善王) 벤체슬라우스가 그리스도의 살해자들에게 진 빚은 모두 무효라고 선언했다. 하지만 이것으로 끝은 아니었는데, 교회법에 따라 기독교인에게는 금지된 금융업이라는 비기독교적인 일을 시키기 위해 군주들이 항상 유대인을 도로 불러왔기 때문이다. 그리하여 1525년에 이르러, 크로넨베르크의 '시장(Bürgermeister)'이 직접 나서서 다시 한 번 유대인을 추방해 달라고 대공에게 탄원했다. "그들은 훔친 물건을 사들입니다." 그의 말이었다. "그들이 사라진다면 더 이상 누군가가 뭔가를 훔치는 일도 없을 것입니다." 그리하여 대공은 다시 한 번 유대인을 추방했다. 하지만 그는 카를 5세가 부여한 황제 특명을 실시했다. 이른바 '보호세(Schutzgeld)'를 내는 조건으로 도시마다 유대인을 한정된 수만큼은 계속 남아 있게 허락하는 것이었다. '보호세'를 내지 못하는 유대인이 있을 경우, 대공은 자신이 제공하던 보호를 거두어 들였다.

유럽 대전쟁 이전의 시절이야말로 정말 좋은 시절이었다. 그에 비해 지금은 힘든 시절이었다. 하지만 다른 곳의 상황은 더 나쁠 수도 있었고 (사실 거의 어디나 마찬가지였으므로) 오히려 크로넨베르크에 있는 게 더 나을 수도 있었다. 그리하여 오늘 밤도 시민들과 그 남녀 하인들은 만족스럽게 (또는 시민이나 남녀 하인의 분수에 걸맞게, 현재의 삶에서 충분히 기대할 만하다고 여겨지는 선에서만 만족스럽게) 잠들어 있었다. 여름 동안 목초지에서 살이 오른 소떼와 양떼도, 집 뒤의 헛간에 있는 돼지와 닭과 거위와 오리도 마찬가지였다. 아직은 11월 초라서 춥지 않았다. 밤 10시에는 모두가 잠들어 있었다.

두 개의 교회 종은 불협화음을 이루었다. 교구의 종은 라(A) 음이었던 반면, 카타리나의 종은 미(E) 음이었다. 그로부터 3세기 내지 4세기 전에 카타리나 교회의 종이 주조될 때에만 해도, 장인 정신은 크게 문제가 되지 않았다. 하지만 크로넨베르크의 주민을 깨우기 위해서는 이런 불협화음보다 더 센 것이 있어야만 했다. 그러기 위해서는 심지어 시청 꼭대기의 수탉보다도 더 센 것이 있어야만 했다.

시청의 수탉은 정말이지 놀라운 물건이었다. 그놈은 날개를 퍼덕이며 요란한 울음소리를 내뱉었다. 매 시간마다 25분이 되면 한 번 울고, 30분이 되면 두 번 울고, 45분이 되면 세 번 울고, 정각이 되면 네 번 울었다. 그리고 정각이 되면 몇 시인지에 따라 숫자대로 울었다. 만약 카타리나 교회의 종이 멈추고 교구교회의 종이 여섯 번째로 울렸을 때, 시청의 수탉이 10시를 가리키는 울음소리를 내기 시작했다면 그건 수탉의 실수로 여겨지지 않았다. 왜냐하면 종지기는 사람이므로 충분히 실수할 수 있지만, 수탉은 기계였기 때문이다. 따라서 수탉이 틀렸다고 말한다는 것은 결국 시청 시계가 틀렸다는 뜻이 되므로, 어느 누구도 감히 이런 말을 입 밖에 내지 않았다.

수탉의 울음소리와 교구교회의 종소리 가운데 마지막 네 번이 빚어내는 불협화음에 비하면, 앞서 두 개의 종소리가 빚어냈던 또 다른 불협화음은 아무것도 아니었다. 그래도 크로넨베르크 사람들은 여전히 잠자고 있었다. 그들은 자기네 집에서 키우는 살아 있는 수탉이 시청 꼭대기의 수탉 울음소리에 반응할 때까지 계속 잤다. 이런 반응은 보통 시청 인근의 축사와 앞뜰에서부터 시작되어, 크로넨베르크의 언덕 전체를 따라 마치 전염병처럼 천천히 아래로 퍼져 나갔다. 수탉들의 울음소리에 오리와 거위도 깨어났고, 이어서 돼지와 양도 깨어났다. 잠시 후에는 소도 뒤척이며 울어댔다. 맨 마지막으로 들리는 소리는 집집마다 개가 짖는 소리였다. 하지만 일단 짖기 시작하면 개들은 제일 나중에야 입을 다물었다.

이때가 되면 크로넨베르크 사람들은 모두들 두툼한 깃털 이불 밑에서 몸을 뒤척였다. 모두들 불협화음 때문에 반쯤은 잠이 달아난 상태로 버티다가, 그 불협화음이 끝나면 결국 다시 잠들어버리는, 그러나 완전히 잠들어버리지는 못하는 것이었다. 크로넨베르크 사람들은 아직 10시마다 듣는 자장가를 듣지 못한 상태였다. 이 자장가로 말하자면 이들과 이들의 조상들도 평생 동안 매일 밤마다 들었던 것으로, 〈야경꾼의 시보(時報)〉라고 했다.

매일 밤마다 야경꾼 한 명이 '시장터'[4]에 서서, 종소리며 짐승의 소리가 끝나기를 기다렸다. 이 나이 많은 일꾼은 특유의 복장인 긴 녹색 외투를 입고 높다란 녹색 모자를 쓰고, 나팔을 등에 메고, 등불을 한 손에 들고, 창자루를 다른 한 손에 들었다. 창자루와 등불과 나팔은 물론이고, 야경꾼 본인도 지금은 세월이 갈수록 일종의 장식처럼 되어갔다. 그는 매 시간마다 한 바퀴씩 돌면서 혹시 화재가 일어나지는 않는지 살폈는데, 물론 조심성 많고 알뜰하기 짝이 없는 고도 크로넨베르크에서는 화재 자체가 드문 일이었다. 또는 돼지 한 마리가 축사에서 도망쳐 나오지 않았는지 살펴보았는데, 이것은 화재보다 더욱 드문 일이었다.

하지만 야경꾼에게는 나름의 자부심이 있었다. 비록 최근에는 상징적 존재가 되고 말았다 하더라도, 원칙상으로는 이 공동체가 그의 보살핌을 받았기 때문이다. 그는 수탉이며 거위와 굳이 경쟁하려 들지 않았다. 요란

---

4. 상설 시장이 아니라 시장이 열리는 광장을 일컫는다.

한 소리의 마지막 메아리가 잦아들고 나서야 나팔을 불었는데, 소리가 잦아들기 전에는 절대로 그렇게 하지 않았다. 그는 나팔을 입에 대고 열 번을 분 다음, 도시를 가로질러 아래로 내려가기 시작했다. 육중한 구두를 신고 포석 위를 뚜벅뚜벅 걸으며, 크로넨베르크 사람들이 도로 잠들도록 노래를 불렀다.

(들으시오, 여러분, 정직하신 분들아,)

(들으시오, 시계가 방금 열 시 알렸소.)

물론 이때쯤 되면 시청의 수탉이 10시 15분을 가리키는 한 번의 울음소리를 내고도 한참이 지난 다음이게 마련이었다.

(열 계명을 하느님 우리에게 주시니)

(순종하는 사람은 죄 사함을 받겠네.)

Men - schen-wa - chen kann nichts nüt - zen;
(야경꾼의 돌봄은 당신 보호 못하나)

Gott muss wa - chen, Gott muss schüt-zen.
(하느님의 돌보심 당신 보호하시리.)

Herr, durch dei - ne Güt und Macht,
(영원하신 권능의 하느님께 비오니)

Gib uns ei - ne gu - te Nacht.
(조용하고 편한 밤 우리에게 주소서.)

등불을 높이 치켜들고, 야경꾼은 도시를 가로질러 걸어갔다. 같은 시간, 독일의 모든 도시에서는 10시부터 이와 똑같은 일을 하는 야경꾼들이 이와 똑같은 자장가를 부르며 걸어 다녔다. 11시를 몇 분 남긴 (또는 몇 분 지난 뒤에야. 매번 어떨지는 아무도 모를 일 아닌가?) 상태에서 그는 시장터로 돌아와 있었다. 그리고 11시 정각부터 시작된 또 한 번의 소음이 잦아들자, 그는 나팔을 불고 다시 한 번 순찰을 시작했다. 이번에는 가사 중에서 "열 계명을 하느님 우리에게 주시니"가 들어갔던 부분을 "열한 제자 주님께 진심으로 충성해, 우리 역시 죽을 때 후회 없게 하소서(Elf der Jünger bleiben treu, Hilf dass wir im Tod ohn' Reu)"로 바꿔 불렀다. 12시가 되면 그는 "열

두 시에 사람은 벗어나네 어제를, 여러분도 이제는 생각하오 영원을 (Zwölf, das ist das Ziel der Zeit; Mensch, bedenk die Ewigkeit)"이라고 노래한다. 1시가 되면 그는 "하나이신 그분은 거기 항상 계시네, 그분께서 우리를 걱정에서 건지네(Eins ist allein der ew'ge Gott, Der uns trägt aus aller Not)"라고 노래한다.

새벽 1시부터 일출 때까지는 야경꾼도 더 이상 노래를 부르지 않는다. 그의 노래에는 더 이상 가사도 없고, 물론 더 이상 듣는 이도 없다. 그래도 매 시간마다 종과 짐승 소리가 잦아들고 나면, 그는 나팔을 불고 순찰을 하며, 크로넨베르크 사람들은 계속 잠을 잔다. 설령 주민 가운데 한 명이 잠에서 깨어나 바깥의 불빛을 본다 하더라도, 그게 누군지 이미 알기 때문에 안심하고 도로 잠들어버린다. 도시는 일출 때에야 잠에서 깨어날 것이다. 그리고 하루는 밤과 함께 끝난다. 이곳에서는 모두가 일하고, 아무도 글을 몰랐으며, 수지 양초는 대학과 병원, 성을 제외하면 가축에게 먹이를 주거나 또는 마구나 양말을 수선해야 할 때에 한해서 매일 겨우 한두 시간만 켰다.

시청 가까운 곳에는 프랑크푸르트 문이 있었다. 베르네 강을 따라 이어지는 유료 도로는 바로 이 문을 통해서 도시와 이어졌다. 이 문 근처에는 '프랑크푸르트 광장(Frankfurterplatz)'이라고 일컬어지는 새로운 광장이 있었고, 그 주위에는 대여섯 채의 새로운 주택이 지어져 있었다. 이 도시는 점점 더 커지고 있었으며, 도시를 보호하기 위해서 주위에 건설된 여러 개의 성벽 너머로까지 인구가 흘러넘치다 못해, 두 세기 전에 지어진 새로운 성벽 너머로까지 흘러넘쳤다. 이 도시가 성을 에워싸고 보호하던 시절은 이미 끝나 있었다. 이제는 기독교가 대세인 17세기 중반이었고, 성벽 바깥에 사는 주민조차도 큰 위험을 겪지 않았다.

프랑크푸르트 광장 한쪽 구석에는 서쪽으로 성벽 밖까지 이어지는 넓은 비포장도로가 있었는데, 이름도 없이 그냥 '성벽 길(Mauerweg)'이라고만 알려진 도로였다. 그 길가에는 '사냥꾼의 쉼터(Jägerhof)'라는 이름으로 새로 생긴 여관이 하나 있었다. 이 훌륭한 2층짜리 여관의 위층에는 널찍한 숙소가 있었고, 아래층에는 공용 객실과 개인 객실 또는 회원용 객실이 있었으며, 뒤쪽에는 여관 주인 가족의 숙소가 있었다.

오늘 밤은 '사냥꾼의 쉼터'의 공용 객실에 늦게까지 불이 켜져 있었다. 예비역 군인들로 이루어진 '예비군' 중대가 맥주 한두 잔을 마시며 조국이 빈의 굴레에서 벗어난 지 15주년을 기념하고 있었다. '예비군' 중대는 애국적인 헤센 사람들로 이루어져 있었지만, 다른 무엇보다도 먼저 이들은 크로넨베르크 사람이었다. 바로 지금으로부터 15년 전 밤에 크로넨베르크를 에워싼 적군의 포위망이 풀렸던 것이다. 이것이야말로 예비역 군인들에게는 대단한 사건이었으며, 대단히 축하해야 할 대상이었다.

자정이 지나고 나서야, 그러니까 맥주 두서너 잔쯤을 몸속에 집어넣고 나서야 이들은 '사냥꾼의 쉼터'를 떠났다. 하지만 그중 더 애국적인 예비역 군인 몇 명은 축하를 계속하자고 고집했다. 여관 주인은 예비역 군인이나 시 당국과 말썽을 빚고 싶어 하지 않았으므로, 군인들이 밖으로 나가자마자 마치 기다렸다는 듯 뒤쪽 거처에서 나와, 불을 훅 불어서 꺼버리고 다시 침대로 들어갔다.

1938년 11월 9일

"들으시오, 여러분, 정직하신 분들아."

프랑크푸르트 광장과 성벽 길의 한쪽 구석에 자리잡은 '사냥꾼의 쉼터'의 공용 객실에는 오늘 밤 불이 밝혀 있었고, 거기에는 베르사유의 굴레에서 조국이 해방된 지 15주년을 축하하는 예비역 군인 한 무리가 북적였다.[5] 이날은 바로 뮌헨에서 있었던 '피의 행진' 기념일이기도 했는데, 바로 그 사건 당시에 총통(Führer)이 체포되고 투옥되었다.[6] 예비역 군인들은 나치 돌격대(Nazi Sturmabteiling, SA)의 '예비군 중대' 소속이었으며, '사냥꾼의 쉼터'는 이들의 정기 모임 장소였다.

원래 이들의 정기 모임은 금요일 밤에 있었지만 오늘은 수요일이었다. 하지만 11월 9일로 말하자면, 그날이 어떤 요일이건 국가사회주의당에서는 가장 큰 기념일이었다. 총통께서 권력을 쟁취하신 날인 1월 30일과 총통의 생일인 4월 20일은 국가적 기념일이었다. 반면 11월 9일은 오로지 당의 기념일이었다.

공식 축하 행사는 시립극장에서 오후 7시 30분에 있었다. 평소와 마찬

5. 독일은 제1차 세계대전에서 패배한 결과로 1919년에 '베르사유 조약'을 맺었으며, 그 때문에 자국 영토와 해외 식민지의 상실은 물론이고 막대한 배상금을 지불해야만 했다. 이에 나치는 "베르사유의 사슬을 끊자"는 구호를 내세우며 인기를 얻었으며, 이후 군사 행동을 통해 조약을 노골적으로 위반하기도 했다. 본문에서 '15주년'이라는 것은 아마도 1923년에 있었던 히틀러의 '봉기' 시도를 '해방'의 원년으로 가정한 결과로 보인다.
6. 일명 '맥주홀 폭동'에 관한 설명이다. 히틀러는 1923년 11월 8일부터 9일까지 뮌헨 중심가의 맥주홀에서 2,000여 명의 지지자와 함께 '봉기'를 일으켰다. 참가자들과 경찰의 충돌로 20명의 사망자가 발생했지만, 폭동은 결국 진압되고 히틀러는 금세 체포되어 투옥되었다. 하지만 이 사건으로 히틀러는 전국적인 명성을 얻게 되었기 때문에, 결과적으로 이 사건은 나치의 대두와 집권의 출발점으로 평가되었다.

가지로 연설이 너무 많았으며, 당의 대표 시인 지그프리트 루펠은 자기가 쓴 당에 관한 시를 너무 많이 낭독했다. 곧이어 크로넨베르크 SA의 4개 중대는 제복 차림으로 각자의 정기 모임 장소까지 행진했으며, 결국 '예비군 중대'는 '사냥꾼의 쉼터' 위층에 있는 객실에 자리 잡았던 것이다. 매년 11월 9일마다 그랬듯이, 오늘은 진급 발표가 있었고, 이어서 중대는 중대장(Strumführer) 슈벵케를 따라서 아래층의 공용 객실로 가서 맥주를 한두 잔 하기로 했다. 이때가 밤 10시였다.

"들으시오, 시계가 방금 열 시 알렸소."

10시 정각이었다. 혹시 자기 시계가 맞는지 확인해보고 싶은 사람이 있다면 국영 라디오에서 매 시간마다 나오는 시보를 듣거나, 또는 수화기를 들고 6번 다이얼을 돌린 다음 국제 표준시로 30초마다 한 번씩 울리는 소리 신호를 들으면 되었다. 기계로 작동되는 교구교회의 종이 울리기 시작한 것은, 역시나 기계로 작동되는 카타리나 교회의 종이 일곱 번 울린 다음의 일이었다. 교구교회의 종에서 울려 퍼지는 여섯 번째 소리가 잦아들자마자 시청 꼭대기에 있는 기계식 수탉이 울음소리를 내뱉었고, 이에 마을 곳곳에서 진짜 수탉들이 대답하듯 울어댔다. 개가 몇 마리 짖어댔고, 먼 들판에서 소 한 마리가 울었으나, 도시 자체는 조용하기만 했다. 이제는 두 개의 종과 시청의 수탉이 내는 소리의 불협화음 자체가 여러 세기에 걸친 전통처럼 되어 있었다.

10시. 순찰 중인 경찰관들이 거리 한구석의 비상전화를 이용해서 보고를 했다. "슈미트입니다. 모두 이상 없습니다." 그러자 당직 경사가 대답했다. "좋아." 곧이어 도시의 모든 불이 꺼졌다. 물론 극장, 여관과 호텔, 대학

병원과 기숙사 방과 교수 연구실, 전차역과 기차역과 나루터 등은 예외였다. 거리 한구석에는 높이 매달려 있는 전구 하나가 희미한 불빛을 비추고 있었다.

크로넨베르크는 이제 인구 2만 명의 조용하고 작은 대학 도시였다. 아니, 실제로 이곳에는 두 개의 도시가 있었다. 하나는 대학이고, 또 하나는 도시였다. 물론 이곳의 대학도 유럽 대륙의 다른 대학들과 마찬가지로 특정한 장소에 캠퍼스를 가진 것이 아니라 도시 곳곳에 흩어져 있었지만 말이다.

크로넨베르크에서는 모든 것이 그저 조용하기만 했다. 국가사회주의가 대두하기 전의 여러 해 동안만 해도, 가끔 한 번씩 거리에서 싸움이 벌어지고, 나치나 사회민주주의자의 모임이 한두 차례 해산된 것이 전부였다. 공산주의자는 너무 세력이 약하다 보니 차마 모임조차 조직하지 못했다. 1930년에 나치 당의 제복이 공식적으로 금지되자, 당에서는 흰 셔츠 차림으로 조용히 행진을 했다. 1932년에 총통이 크로넨베르크를 찾아 연설할 때에는, 마을 목초지에 세워진 초대형 서커스 천막 안에 무려 4만 명이 조용히 들어앉아 그의 목소리를 들었는데, 나치는 야외 모임을 갖는 것도 금지되었기 때문이다. 바로 그날 '스와스티카(Swastika, 卍)' 깃발이 성에 걸렸다. 잉글랜드나 프랑스였다면 대학생의 장난 정도로 간주되고 말았겠지만, 크로넨베르크에서는 자기 죄를 자랑스럽게 시인한 피의자가 큰 벌금을 물어야 했다.

크로넨베르크는 조용히 나치화되는 중이었으며, 결국 그렇게 되었다. 1933년 3월에 치러진 선거에서 국가사회주의 독일 노동자당(NASDP)은 전체 의석 중에서 3분의 2를 차지하며 다수당이 되었고, 사회민주당은 정권을 잃고 말았다. 오로지 일부 대학에서만 그리고 골수 사회민주주의자만 끝까지 버텼다. 산업화가 되지 않은 크로넨베르크에서는 사회민주주의의 기초를 형성할 노조 자체가 없었다. 이 도시는 1938년에 이르러 완전히 나치화가 되었으며, 그 당시 독일에 있던 모든 도시가 매한가지였다.

　물론 크로넨베르크는 엄밀히 말해서 독일이 아니었다. 처음에는 헤센이었고, 헤센은 워낙 보수적인, 또는 굳이 말하자면 '뒤처진' 곳이었다. 다른 도시에서는 누군가를 가리켜 아둔하다고 욕할 때 '눈먼 헤센 사람'이라고 말했다. 그리고 크로넨베르크는 워낙 오래되고 변화가 없었으며, 주요 교통 노선과 고속도로(Autobahn)에서도 멀리 떨어져 있었기에, 헤센에서도 특히나 더 보수적이었다. 하지만 바로 이런 보수주의야말로 당의 안정성을 더 잘 보장해주는 요소였다. 반면 도시 특유의 급진성은 별반 도움이 되지 않았으니, 어제에만 해도 열성 공산주의자였던 사람들이 오늘은 열성 나치가 되었기 때문이다. 과연 내일은 또 무슨 열성분자가 될지 아무도 모르게 마련이다. 그러니 조용한 도시가 최고였다.

　　"열 계명을 하느님 우리에게 주시니."

　'사냥꾼의 쉼터'의 공용 객실에서 나온 이야기는 예비역 군인들이 흔히 그럴 거라 예상하는 것처럼 옛 시절에 관한 것이었다. 중대장 슈벵케는 평소처럼 자기 몫보다 더 많은 이야기를 했다. 하지만 이야기라면 그에게 맡겨두는 편이 좋았는데, 그는 이야기하는 법을 제대로 아는 사람이었기 때문이다. 이야기 속의 등장인물이 고함을 지를 경우, 슈벵케는 단순히 그 사람이 고함을 질렀다고만 말하는 게 아니었다. 자기도 직접 고함을 질렀다. 그는 크로넨베르크 SA가 15년 전의 11월 9일에 받은 명령에 관해 이야기했다. 일단 집결해서 '봉기(Putsch)'의 지시를 기다리라는 명령이었다.

이들은 모두 185명이었으며, 프랑크푸르트까지 타고 갈 트럭이 오기를 기다렸다. 이들은 하루 종일 기다리기만 했다. 지시는 결국 내려오지 않았고, 트럭도 결국 찾아오지 않았다.

"하지만 나는 크게 실망하지는 않았어." 슈벵케가 말했다. "그때는 너무 이른 편이었거든. 나는 항상 그렇게 이야기했지. 위에 있는 작자들의 문제는 바로 그거야. 그런 작자들이 나 같은 사람, 즉 대중과 상황을 읽을 줄 아는 사람과 총통 사이를 딱 가로막는 거라구. '아무렴', 총통께서 감옥에서 나오시고 당을 재조직하셨을 때에는, 결국 당신께 충성하는 사람들만 받아들이셨는데, 그게 올바른 원칙이야. 바로 그 원칙에 따라 최고들만 뽑았기 때문에 그 무엇도 우리를 막아서지 못한 거라구."

이들의 이야기는 또 다른 역사적 11월 9일로 접어들었다. 바로 1918년의 사건을 말하는 것인데, 여기서도 중대장은 대부분 이야기를 도맡았다. "그때 나는 한밤중에 에르푸르트[7]에서 근무 중이었지. 그런데 민간인 옷을 입은 볼셰비키 하나가 초소로 달려와서는 우리 병사들에게 이야기를 하고 싶어 하는 거야. 우리 쪽에서는 내가 대표로 나가게 되었지. 그 볼셰비키가 한다는 말이, 우리는 도시민과 연합해서 '노동자 군인 위원회'를 구성해야 한다는 거야. 그래서 내가 대답하길, 위원회를 만들더라도 빨갱이는 빼고 우리끼리만 만들 거라고 했지. 그랬더니 그놈이 한다는 말이, 지금 대포 세 문이 우리 초소를 겨냥한다는 거라. 그래서 내가 대답하길, 우리도 기관총 두 정으로 네놈들을 겨누고 있으니 누가 이기나 어디 한 번 해보자고 했지. 사실 그놈들은 대포고 뭣이고 없었고, 우리 역시 기관총이고 뭣이고 없는 상태였지만 나는 그놈들한테 큰소리를 쳤던 거야." "당연히 그러시고도 남

7. 독일 튀링겐 주의 도시.

왔겠죠." 나이가 더 젊은 SA 대원 가운데 하나가 말했다. 다른 부대에 있다가 이쪽으로 옮겨온 대원이었다.

오늘은 이런 식의 이야기가 어찌어찌 밤늦게까지 이어졌다. 아무래도 무슨 일이 일어날 것만 같아서였는데, 정확히 무엇인지는 아무도 몰랐다.

이틀 전에 파리 주재 독일 대사관의 참사관인 폼 라트(vom Rath)가 폴란드계 유대인이 쏜 총에 맞았다.[8] 그 즉시 독일 국영 라디오에서는 유대인에 반대하는 격렬한 캠페인이 시작되었다. 전 세계가 지켜보는 상황에서 독일인들은 유대인 살인자들을 가만히 내버려두고만 있을 것인가? 독일 민족은 총통의 대리인이 유대인 돼지에게 총을 맞아 쓰러졌는데도 우물쭈물 서 있기만 할 것인가? 저 '개돼지들(Schweinehunde)'이 아무런 대가도 치르지 않은 채 도망치게 할 것인가? 유대인 쓰레기들에 대한 독일 민족의 분노를 과연 언제까지 더 억눌러야 한다는 것인가? "만약 폼 라트가 사망한다면, 독일 내 유대인들은 독일 민족에게 답변을 내놓아야 할 것이다. 그것도 내일이 아니라 바로 오늘 말이다. 독일 민족은 이 기생충 암살자들 때문에 너무 오랫동안 고통을 받아왔다."

이 선동은 괴벨스 박사의 작품이었다. 그로 말하자면 대부분 사람이 증오하는, 그리고 어느 누구도 좋아하지 않는 인물이었다. 슈벵케의 충성스러운 서클 내에서도 이 '선전 및 대중 계몽 장관'은 '절름발이 유프(Jupp der Stelzfuss)'[9]라고 은밀히 알려져 있었다. 대학에 있는 사람들은 이와 같은 종류의 방송을 듣지 않았다. 설령 들었다 치더라도, 들으면서 공포에

---

8. 파리 주재 독일 대사관의 외교관 에른스트 폼 라트(1909~1938)는 1938년 11월 7일에 독일 출신의 유대인 망명자 헤르셸 그륀스판(1921~?)이 쏜 총을 맞았다. 이틀 후에 폼 라트가 사망하자 나치는 이 사건을 반유대주의 행동의 기회로 삼아 결국 '수정의 밤(크리스탈나흐트)'이라는 대대적인 유대인 박해 사건이 일어났다.

9. 요제프 괴벨스가 오른쪽 다리를 절었기 때문에 이런 별명이 붙었다. '유프'는 '요제프'의 애칭.

사로잡혔다. 도시민들은 그냥 듣기만 했다. 캠페인이 시시각각 고조되는 중에도 이들은 계속 듣기만 했다. 폼 라트의 상태는 시시각각 나빠지기만 했다. 그가 사망할 것은 분명했으며, 결국 사망했다. 11월 9일, 그러니까 독일 민족의 역사에서도 가장 위대한 날, 즉 지금으로부터 15년 전에 뮌헨에서 자유를 위해 피를 흩뿌린 조국의 해방자들을 기념하는 바로 그날의 일이었다.

오후와 저녁 내내 라디오를 통해 나오는 어조가 점점 더 날카로워졌으며, 이제는 지역 신문인 《크로넨베르크 일보》도 가세했다. 사방에 소문이 가득했다. "무슨 일이 일어나고야 말 거야." 도대체 무슨 일이?

오늘 저녁에 시립극장에서 있었던 축하 행사에서만 해도, 폼 라트나 유대인에 관한 이야기는 전혀 나오지 않았다. 억압의 기운은 전염성이 있었다. '사냥꾼의 쉼터'에서는 평소만 해도 SA 대원들이, 그러니까 '특히' SA 대원들이 유대인의 악행과 '유대인과의 투쟁(Judenkampf)'에서 SA의 주도권에 관해 이야기하게 마련이었다. 하지만 이날은 유대인에 관해서는 물론이고 파리에서 벌어진 살인 사건에 관해서도 아무런 이야기가 나오지 않았다. 왜 그런지는 아무도 몰랐다. "무슨 일이 일어나고야 말 거야." 하지만 도대체 무슨 일이 일어날지는 아무도 몰랐다.

"순종하는 사람은 죄사함을 받겠네."

'사냥꾼의 쉼터'의 문이 활짝 열리더니, 크로넨베르크 SA의 총지휘관인 연대장(Standartenführer) 퀼링이 제복 차림으로 들어섰다.

"차렷!" 슈벵케 중대장이 말했다.

SA 대원들이 자리에서 일어났다.

"하일 히틀러!" 중대장 슈벵케가 이렇게 말하며 경례를 했다.

"하일. 모두 앉도록." 연대장은 경례를 받지도 않고 이렇게만 말했다.

SA 대원들이 자리에 앉았다.

"중대장, 잠시 이리 좀 와보게." 연대장의 말에 슈벵케는 자리에서 일어나 상관에게 다가갔다.

연대장이 말했다. "오늘 밤에 유대교 회당이 불타게 될 거네."

시간은 거의 자정이 되어 있었다.

1장 열 명의 나치, 비극의 방관자

1. 칼 하인츠 슈벵케, 중대장 겸 수위(전직 재단사), 54세

1938년 11월 9일, 자정이 가까운 시각에 크로넨베르크 SA의 연대장 퀼링은 프랑크푸르트 광장과 성벽 길의 모퉁이에 있는 '사냥꾼의 쉼터'에 들어서서 이렇게 말했다.

"오늘 밤에 유대교 회당이 불타게 될 거네." 이때로부터 15년 뒤에, 그 주동자들이며 증인들의 이야기에 근거해 이 장면을 재구성해보자면 이러했다. 우선 여관의 공용 객실에는 제복 차림의 SA 예비군 중대(50세 이상의 남성으로 이루어진 부대였다) 대원이 20명 내지 25명 있었다. 다른 SA 중대의 대원도 5명 내지 10명 있었는데 이들은 이곳에 잠시 들렀을 뿐이다. 다른 손님은 없었다. 1948년에 여관 주인이 내놓은 증언에 따르면, 그는 그날 저녁에 공용 객실을 '들락날락' 했기 때문에 거기 있던 사람들이 나눈 이야기를 듣지도, 기억하지도 못했다.

퀼링의 말이 끝나자, 중대장 슈벵케는 공용 객실에 있는 사람들을 돌아보며 말했다.

"방금 연대장께서 하신 말씀을 자네들도 들었겠지. 이 일을 돕고 싶은 사람은 개인 객실로 따라 들어오게."

연대장이 말했다. "나는 잠시 후에 돌아오겠네." 그러더니 그는 여관에서 나갔다.

증언에 따르면, 그곳에 남아 있던 사람 가운데 절반쯤이 슈벵케를 따라 개인 객실로 들어가서 문을 닫았다. 잠시 후에 슈벵케가 객실 안에서 문을 열고는 바깥에다가 이렇게 말했다. "술은 모두 그만 마시도록." 그러더니 그는 문을 도로 닫았다. 공용 객실에 남아 있던 사람들은 가만히 앉아서 한동안 말이 없었으며, 잠시 후에야 비로소 낮은 목소리로 이야기를 나누기 시작했다. 훗날 이들이 증언한 바에 따르면, 다른 방에서 두런두런 말소리가 들리기는 했지만, 정확히 무슨 뜻인지는 알아듣지 못했다고 한다.

그로부터 20분 뒤에 연대장이 '사냥꾼의 쉼터'로 다시 들어왔다. 공용 객실에 남아 있던 열댓 명의 사람들은 버터 바른 빵을 먹고 커피를 마시거나, 카드놀이를 하거나, 신문을 읽거나, 그냥 멍하니 앉아 있던 중이었다. 이들은 자리에서 일어나 말했다. "하일, 히틀—."

"아직도 저 안에 들어가 있나?" 연대장이 말했다.

"예, 연대장님."

연대장이 개인 객실의 문을 열자, 그 안에서 나오던 말도 뚝 끊기고 말았다. 그 안에 있던 열댓 명이 벌떡 일어나 말했다. "하일, 히틀—."

"그냥 계속하게! 계속해!" 연대장은 문간에 선 채로 말했다. "자네, 중대장."

"예, 연대장님." 슈벵케가 말했다. "제 생각에는 두 명쯤 보내서 정찰을 해봐야 하겠습니다."

"그럼 누구 한 명 데리고 자네가 직접 다녀오게, 중대장."

"예, 연대장님. 자네, 크라머, 나를 따라오게. 나머지는 다른 명령이 있을 때까지 여기에 남아 있도록."

"나는 잠시 후에 돌아오겠네." 연대장은 다시 여관을 나섰다.

슈벵케와 크라머는 성벽 길을 따라 서쪽으로 걸어갔다. 반 블록쯤 내려가 슈하르트 카페 앞에 잠시 멈춰선 이들은 어두운 카페 입구에 가만히 서 있었다. 크라머는 거리 이쪽저쪽을 살폈다. "경찰은 없습니다." 그가 말했다. "다른 신호도 없군." 슈벵케가 말했다.

이들은 거리를 건너 유대교 회당으로 다가갔다. 철제 울타리 문을 밀어서 열고 건물 옆으로 돌아가서 옆문과 뒷문 손잡이를 잡아당겨 보았다. 보일러실 문이 잠겨 있지 않았기 때문에 이들은 그리로 들어갔다. 몇 분 뒤에 이들은 유대교 회당에서 나왔다. 이들이 '사냥꾼의 쉼터'의 개인 객실로 다시 들어가자, 사람들이 자리에서 일어나 말했다. "하일—."

"페히만." 슈벵케가 말했다. "자네랑 하이네케랑, 그리고, 어디 보자, 도베랑. 세 사람, 위층으로 올라오게. 얼른. 그리고 자네들은—." 그는 다른 사람들을 보며 말했다. "여기 그대로 남아 있게. 지금 이건 임무야. 무슨 말인지 알았나?"

거기에 크라머까지 합쳐서 모두 다섯 명이 위층으로 올라가 SA 모임이 벌어지는 방으로 들어갔다. 몇 분 뒤에 이들은 다시 아래로 내려왔다.

"그건 상관없어." 슈벵케가 말하고 있었다. "그걸 사용할 수 있겠군. 우리에게도 '뭔가'가 있긴 있어야 하니까."

"하지만 그건 '바닥청소용 기름'인데요." 페히만이 말했다. "게다가 극장의 재산이구요."

"그건 상관없어." 슈벵케가 말했다. "어쨌거나 그것도 '기름'이니까. 지금 이건 임무야. 연대장께서 하신 말씀은 자네도 들었을 텐데, 페히만."

"예, 중대장님." 페히만이 말했다.

페히만과 하이네케와 도베는 '사냥꾼의 쉼터'에서 서쪽으로 한 블록 떨어진 극장으로 향했고, 슈벵케와 크라머는 유대교 회당의 보일러실로 다시 갔다. 몇 분 뒤에 세 명의 SA 대원도 보일러실로 들어왔다. 이들은 3갤런짜리 양철통 네 개를 들고 있었다. 그때 유대교 회당 위층에서 발자국 소리가 들렸다.

"저는 가봐도 되겠습니까?" 페히만이 슈벵케에게 속삭이는 목소리로 말했다. "오전 6시에 근무가 잡혀 있어서요."

"알았으니, 꺼져, 망할 놈아." 슈벵케가 말했다.

"감사합니다, 중대장님." 페히만이 대답했다. 하이네케와 도베도 그를 뒤따라 나갔는데, 이들은 차마 허락도 구하지 않은 상태였다.

"망할 놈들." 슈벵케가 말했다.

전쟁이 끝나고 나서 페히만은 슈벵케에게 불리한 증언을 했지만, SA 대원들이 보일러실에 들어가 있을 때에 유대교 회당 위층에서 발자국 소리를 들었다는 슈벵케의 주장에 대해서는 찬동했다. 슈벵케는 이때 극장에서 가져온 바닥 청소용 기름과 관련이 있는 뭔가를 갖고 있었다는 사실을 한사코 부정했다. 그의 말에 따르면, 자기는 단지 정찰을 했을 뿐이라고 했다. 네 개의 양철통은 끝내 발견되지 않았다.

슈벵케와 크라머가 '사냥꾼의 쉼터'로 되돌아온 것은 한밤중인 12시 50분쯤이었다. 중대장은 공용 객실의 한쪽에 놓여 있는 탁자로 곧장 다가갔다. 그로부터 10분이 지났다. 공용 객실에서는 아무도 말이 없었다. 개인 객실에 문을 닫고 들어앉은 사람들끼리 나누는 대화가 두런두런 들려왔다. 오전 1시가 되자 두 군데 교회의 종이 울리고 시청 꼭대기의 수탉이 울었다. 곧이어 주위는 다시 조용해졌다. 슈벵케가 크라머에게 뭔가를 말하자,

크라머는 여관 밖으로 나갔다. 개인 객실에 있는 사람들은 어느 누구도 고개를 들지 않았다. 크라머가 돌아와서 슈벵케에게 뭔가를 말했다. 그러자 슈벵케도 여관을 나갔다가 곧바로 돌아왔다.

"SA 대원들!" 그가 외쳤다. "유대교 회당에 불이 났다! 모두 밖으로! 거리를 봉쇄해라! 위험한 상황이니까!"

누군가가 물었다. "그러면 소방대에 전화를 걸까요?"

"이 상황은 내가 지휘한다!" 슈벵케가 말했다. "우선 거리를 봉쇄해라! 위험한 상황이니까! 서둘러!" 그러더니 그는 뒤로 돌아서 밖으로 나갔고, 여관 안의 SA 대원들 모두가 그 뒤를 따랐다.

대원 가운데 마지막 사람이 문을 나서자마자, '사냥꾼의 쉼터'의 주인이 카운터 뒤에 있는 흔들이 문에서 나와 공용 객실로 들어섰다. 그는 거리로 나가는 문을 닫아 걸어 잠근 다음, 불을 끄고 곧바로 잠자리에 들었다.

2. 구스타프 슈벵케, 군인(전직 실업자. 한때 재단사 보조로 일했음), 26세

노이하우젠은 마리아 호수에 자리잡은 작은 여름 휴양지였다. 오스트리아 남부의 오래된 광업 및 직조업 도시인 리히에서 우편 수송 버스로는 한 시간이 걸렸고, 유람용 증기선으로는 두 시간이 걸렸다(요금도 유람선 쪽이 22센트나 더 비쌌다). 1938년 11월 9일에 '황금천사 여관'에 머물던 손님은 독일 헌병대 소속 이병 구스타프 슈벵케와 결혼한 지 한 달밖에 안 된 그의 아내뿐이었다. 이들은 신혼여행 중이었다.

한 달 전에 결혼한 뒤 크로넨베르크에서 겪어야 했던 사흘간의 끔찍한 나날 이후, 두 사람은 사실상 처음으로 단둘이 있는 셈이었다. 만약 구스타프가 막판에 가서 리히에서 출발하는 유람용 증기선 대신에 우편 수송 버스를 타서 요금을 절약하기로 결정만 했더라도, 이들은 '황금천사'에서 매우 좋은 방을 얻을 수도 있었을 것이다. 그는 당연히 군인 요금을 냈으며, 정기 할인을 적용받았음은 물론이고 (신부를 옆에 세워 놓고서 주인과 열심히 흥정을 한 끝에) 결국 사흘간의 특별 할인까지 적용받았다. 비록 슈벵케 부부는 그곳에 겨우 이틀만 머물 예정이었지만 말이다. 리히에 있는 구스타프의 근무지에서 발급한 휴가증의 기한이 사흘이었기 때문이다.

10월에 있었던 결혼식 직후, 크로넨베르크에서 그 끔찍한 사흘 동안 새색시는 시댁에서 시아버지와 시어머니, 그리고 손아래 시누이며 한참 어린 시동생과 함께 지냈다. 시아버지인 SA 중대장 슈벵케는 이 결혼에 반대했는데, 바깥사돈은 심지어 당원도 아니고, 며느리는 어쩌면 '적(敵)', 즉 정권의 반대자일 가능성도 있었기 때문이다(적어도 중대장 슈벵케가 아는 바에 따르면 그러했다. 며느리는 한마디도 하지 않았으니까). 중대장의 부인 역시 며느리를 처음 봤을 때부터 싫어했으며, 며느리의 가족이 '병력(病歷)'이 있다고 헐뜯었다. 결혼식 직후 크로넨베르크에서 그 사흘 동안, 며느리는 내내 울기만 했는데, 구스타프는 누가 그렇게 우는 것을 싫어했다. 중대장의 부인은 이렇게 말하곤 했다. "저도 어쩔 수가 없겠지, 한심한 것. 그건 저 집안의 유전이니까."

중대장 슈벵케는 장남이 차라리 열혈 당원 여성과 결혼하기를 바라고 있었는데, 열혈 당원이라면 누구라도 좋았다. 그의 아들은 열성 당원이 아니었으며, 단지 반유대주의자였을 뿐이다. 1932년에만 해도 그는 기꺼이 당에 가입할 의사가 있었는데, 왜냐하면 아버지 덕분에 그가 SA 경찰이라는 일자리를 난생처음으로 얻었기 때문이었다. 하지만 그건 어디까지나 일자리 때문이었다. 그가 관심을 둔 것은 오로지 일자리뿐이었다. 그게 어떤 일자리든지 간에 말이다. 그는 성품이 착했지만 아버지 같은 기백을 지니지는 못했다.

이건 놀랄 일도 아니었다. 만약 그가 일말의 기백이라도 지녔다면 그게 도리어 놀랄 일이었을 것이다.

구스타프 슈벵케는 스물두 살이 될 때까지 오줌싸개였다.

그의 어머니가 즐겨 꺼내는 이야깃거리는 질병이었다. 왜냐하면 그녀 자신이 갖가지 질병을 앓았기 때문이었는데, 정작 그녀의 남편은 전쟁에 나가 입은 부상을 제외하면 "평생 단 하루도 아팠던 적이 없었던" 사람이었다. 나아가 그녀는 골칫거리인 아들 구스타프 때문에 자기가 겪는 곤란을 크로넨베르크에 사는 모든 사람에게 떠들고 다녔다. 결국 크로넨베르크에 사는 사람은 누구나 구스타프 슈벵케가 오줌싸개라는 것을 알았다. 구스타프 본인도 남들이 그것을 안다는 사실을 알았고, 나아가 남들이 어떻게 그 사실을 알았는지도 잘 알았다.

열두 살이 되기 한참 전부터 그는 어머니를 증오했다. 아버지가 한 번 부르면 그는 당장 달려왔다. 하지만 어머니가 천 번을 불러도 그는 숨어서 나타나지 않았다. 그가 열두 살이었을 때 어머니가 동생을 가졌다. 어머니가 아들에게 물었다. "동생이 생기면 어떻게 할래?" 그러자 아들은 대답했다. "밤에 개가 울기라도 하면 목을 칼로 그어버릴 거야." 머지않아 태어난 꼬마 로베르트는 밤에 울었고, 동생이 울 때마다 구스타프는 자다가 오줌을 쌌다. 물론 꼬마 로베르트도 자다가 오줌을 싸기는 했다. "아기가 우는 것도 그래서야." 어머니는 구스타프에게 이렇게 말했다. "자기가 오줌싸개라는 게 창피해서 우는 거라구." 구스타프는 결코 울지 않았다.

학교에서 돌아오면 구스타프는 동생을 놀이용 수레에 태우고 끌고 다녀야만 했고, 다른 아이들은 그를 '오줌싸개(Bettnässer)'라고 부르는 것도 모자라서, 심지어 '보모(Kindermädchen)'라고도 불렀다. 하루는 구스타프가 친구들과 노느라 로베르트가 타고 있는 수레를 시장터로 내려가는 긴 계단 꼭대기에 세워둔 적이 있었는데, 어쩌다 보니 수레가 계단을 따라 굴러 내려가고 말았다. 한 남자가 달려가서 수레를 멈춰 세우자 로베르트는 땅에 떨어져서 엉엉 울었다. 로베르트는 다행히 다치지 않았지만 구스타프는 태어난 이래 가장 심하게 얻어맞고 말았다.

구스타프는 열다섯 살에 아버지 밑에서 견습생으로 일했는데, 슈벵케 양복점이 망하면서 온 가족이 실업수당으로 먹고사는 처지가 되었다. 그제야 구스타프는 자기 아버지가 일보다는 오히려 정치에 더 관심이 많은 사람이라는 사실을 깨달았다. 자기 제복을 맞추기 위해서라거나, 또는 뮌헨이나 바이마르나 뉘른베르크에서 벌어지는 나치 당 대회 행사에 참여하기 위해서라면, 그는 가족들이 입에 물고 있는 빵조차도 빼앗아갈 사람이었다. 그의 아버지는 낭비꾼이었으며, 덕분에 가족은 굶어야 했다. 그래서 구스타프는 항상 인색했고, 식품이나 천 조각이나 못 같은 것을 모아두곤 했다. 급기야 그는 진짜 구두쇠가 되었으며, 기껏해야 식품이나 천 조각이나 못 같은 물품을 빼면 딱히 모아둘 만한 것조차도 없었던 청년 시절부터 줄곧 구두쇠로 살았다.

마리아 호수에 있는 '황금천사'에서 빌린 방은 멋져도 비싼 곳이었다. 하지만 그에게도 신혼여행이란 특별한 행사였다. 게다가 크로넨베르크에서 먼 곳에 와 있다 보니, 구스타프도 돈을 쓰는 기분이 별로 나쁘지 않았다. 여기서는 기분 나쁠 일이 전혀 없었다. 크로넨베르크에서 먼 곳에 와 있으니 새색시가 우는 일도 없었고, 어머니가 떠드는 일도 없었고, 아버지가 제복을 맞추는 일도 없었고, 그 역시 오줌싸개가 되는 일도 없었고, 놀이용 수레가 계단 아래로 굴러 내려가는 일도 없었다. 두 번 다시 그곳으로 돌아가고 싶은 마음도 없었고, 오늘 밤 그곳에서 사람들이 뭘 했으며 무슨 일이 일어나는지 알고 싶은 마음도 없었다. 새벽 1시에 구스타프 슈벵케 이병은 '황금천사' 여관에서 아내 곁에 누워 잠이 들었다. 불타는 유대교 회당이 있는 크로넨베르크에서 무려 300마일이나 떨어진 곳에서 말이다.

3. 칼 클링겔회퍼, 목수(크로넨베르크 자율 소방대 부대장), 36세

크로넨베르크의 '구(舊)대로(Altstrasse)'에 있는 클링겔회퍼의 집. 부부가 누워 자던 침대 옆에서 전화가 울렸다. 벽에 걸린 화재경보기가 아니라 침대 옆에 놓인 전화가 울렸던 것이다. 이 목수의 누이인 슈하르트 부인이 건 전화였다. 그녀의 남편인 프리츠는 바로 성벽 길에 있는 '슈하르트 카페'의 주인이었다. 그녀는 겁에 질린 듯, 작은 목소리로 속삭였다. "칼, 유대교 회당에 불이 났어. 건물 안에서. '심하게.'" 이때는 새벽 1시 25분이었다.

클링겔회퍼는 옷과 구두와 코트를 걸치고 자전거에 올라탔다. 성벽 길까지 가는 도중에 그는 철야 담당 대원에게 전화를 걸거나, 아니면 카타리나 교회 앞에 있는 경보기를 작동시킬 여유가 충분히 있었다. 하지만 그는 굳이 그러지 않았다. 단지 포석이 깔린 '구대로'를 따라 천천히 자전거 페달을 밟았다. 그러다가 포장도로인 '헤르만 괴링 대로(Hermann-Göring-Strasse)'와 '베르네 길(Werneweg)'을 지나 프랑크푸르트 광장으로 접어들면서, 그는 달리는 속도를 높였다. 플루트 연주와 그림 그리기 말고도 항상 육체노동을 해왔고, 오래된 도보여행 동호회의 회원이기도 해서, 그는 서른여섯인데도 청년 같은 폐활량을 갖고 있었다.

화재 현장에는 경찰조차 나와 있지 않았다. 성벽 길은 SA 대원들이 나와서 봉쇄하고 있었다. 독일에서는 화재 현장에 소방대원이 나타나면 자동적으로 제복 경찰관에 맞먹는 지위를 얻게 마련이었으므로, 클링겔회퍼는 SA가 만들어 놓은 경계선을 넘어가 유대교 회당의 잔디밭으로 통하는 문으로 들어갔다. 깨진 창문에서 연기가 흘러나왔는데, 짙고도 시커먼 연기였다. "기름이군." 소방대원은 냄새도 맡기 전에 이렇게 말했다. 연기가 나오지 않는 한쪽으로 다가간 그는 플래시로 건물 안을 비춰 보았다. 그가 전문가의 눈으로 맨 먼저 파악한 사실은, 이 불이 여러 군데 서로 떨어진 장소에서 타올랐다는 점이었다. 방화가 분명했다.

중대장 슈벵케는 이 소방대원을 아예 못 본 척하고 있었다. 클링겔회퍼는 길 건너 자기 매형의 카페로 가서 문을 쿵쿵 두들겼다. 프리츠 슈하르트가 졸린 표정으로 (또는 외관상으로만 그런 표정으로) 문을 열어주자, 클링겔회퍼는 안으로 들어가 철야 담당 대원에게 전화를 걸었다. "이미 접수했습니다." 철야 담당 대원이 말했다. "부대장님 댁에 있는 경보기가 1시 38분에 울리더군요." 클링겔회퍼는 거리에서 울려 퍼지는 화재 경보를 듣고는 전화를 끊었다.

소방대 가운데 첫 번째가 현장에 도착하자마자 '휘익' 하는 소리가 크게 들렸다. 유대교 회당의 돔에 있는 장미창이 위로 치솟는 불길 때문에 깨져버리고, 불꽃이 밤하늘로 치솟아 올랐던 것이다. 나무로 만든 이 돔은 '아돌프 히틀러 대로(Adolf-Hitler-Strasse)'에 있는 오래된 목제 주택의 나무 지붕널만큼이나 높았다. 이전까지는 '고가(高架)대로(Hochstrasse)'라는 이름으로 지칭했던 이 대로는, 유대교 회당 뒤에 있는 옛 '도시 성벽'의 폐허 위에 지어졌다. 만약 그 위쪽 주택에도 불이 옮겨 붙는다면 시내가 피해를 입었을 것이다. 부대장 클링겔회퍼는 크로넨베르크의 3개 소방대 가운데 2개를 '히틀러 대로'로 보내 달라고 요청했는데, 흥분한 나머지 옛날 이름인 '고가대로'로 보내 달라고 말했다. 그리고 거기서 8마일과 11마일 떨어진 곳에 있는 쿰머펠트와 리클링 같은 마을에 있는 소방대도 불러서, 유대교 회당에 나가 있는 자기네 대원들과 교대하게 해 달라고 소방대장에게 조언했다. 소방대장도 이에 찬성했다. 클링겔회퍼는 탐조등을 들고 가서 불타는 건물의 앞문들을 부수었다. 신도석과 기도대는 모두 차곡차곡 쌓아서 예배당 한가운데 있는 목제 연단 주위에 놓여 있었다. 그래서인지 치솟는 불길의 출처이기도 한 그 한가운데의 불길이 가장 격렬했다. 돔을 떠받치는 나무 기둥은 모두 네 개였고, 연단의 네 귀퉁이에서 위로 뻗어 있는 것이었다. 기둥의 꼭대기 부분은 불길 속에서 아예 보이지 않았다. 예배당 위쪽은 완전히 시커멓게 그을려 있었다.

    이제 약간 지친 이 소방대원은 예배당 내부에서 벽을 따라 빙 돌아가서 더 작은 방으로 들어갔다. 이곳이 아마도 제의실(祭衣室)인 것 같았다. 그곳에는 궤짝이 하나 있었다. 그는 궤짝을 부수어 열고, 그 안의 내용물을 집어들었다. 일종의 예복과 자수 놓은 벽걸이 같은 물건들이었다. 그는 예배당을 지나 밖으로 나왔다. 잔디밭 앞의 정문에는 이제야 경찰관 한 명이 와서 서 있었다. 딱 한 명뿐이었다. 클링겔회퍼는 자기가 꺼내온 물건들을 경찰관에게 건네주었다. 이때가 새벽 3시였다.

    치솟는 불길은 잡을 방법이 없었다. 이제는 돔 그 자체도 타올랐다. 돔의 일부가 굉음과 함께 아래로 떨어졌다. 불기둥이 공중으로 치솟았다. 기둥이 있음을 고려해보면, 이제는 예배당 안으로 들어가는 일 자체가 위험해져 있었다. 클링겔회퍼는 조심스럽게 다시 안으로 들어가보았다. 이제는 돔의 일부분이 사라져버렸고, 치솟는 불길은 이전보다 더 격렬해져 있었으며, 앞쪽에 있는 기둥 두 개는 아래쪽만 보이는 상태였다. 기둥 가운데 하나는 아래에서 4피트쯤 되는 곳까지는 불에 타서 2인치 반 정도로 두께가 줄어들어 있었다. 또 다른 기둥도 같은 높이까지는 불에 탔지만, 그래도 무너지지는 않을 것 같았다. 하지만 뒤쪽에 있는 기둥 두 개는 아예 보이지가 않았다.

이제는 연기가 더 빨리 피어나고 있었다. 클링겔회퍼는 탐조등을 가지고 예배당의 동쪽 벽을 비춰 보다가, 금색으로 자수가 놓인 벽걸이를 보게 되었는데, 그건 아까 그가 궤짝에서 꺼내온 것과 유사했다. 벽걸이는 불에 그을려 있었는데, 이제야 그는 벽걸이 뒤에 있는 벽에 뭔가가 설치되어 있었음을 깨닫게 되었다. 여러 해가 지난 뒤, 나는 그게 무엇인지 알고 있었느냐고 그에게 물어보았다. 그러자 그는 이렇게 대답했다. "아니오." 그건 바로 '언약궤(言約櫃, Ark of the Covenant)'였다고 내가 말해주자, 그는 이렇게 대답했다. "언약궤요……. 그렇군요, 그래요." 사실은 그 자신도 교구 교회에서 교구 위원으로 일했던 것이다.

4. 하인리히 담, 당 지부 사무실 관리실장(전 실업자. 한때 판매원으로 일했음), 28세

하인리히 담은 무려 10년째 도시에 살았지만, 여전히 시골 청년이나 다름없었다. 그는 오후 9시 15분에 당 기념행사를 마치고 집에 돌아왔고, 9시 30분에 크로넨베르크의 당 지부(Kreisleitung) 건물 다락방에 있는 자기 숙소에서 잠자리에 들었다. 하지만 그는 이날 밤에 깊이 잠을 이루지는 못했다. 도시 전체에 이런저런 이야기가 퍼졌으며, 당 지부 건물의 지하에 있는 SA 지부에서는 외지 방문객이며 특이 동향 등에 관한 소문이 흘러나왔기 때문이었다. 그때 아래층에서 무슨 소리가 들리는 바람에 담은 아래층으로 내려가 보았다. 지부장(Kreisleiter)이었다.

"무슨 일로 이 시간에 나오셨습니까, 대장?" 담이 말했다. 다른 시골 사람들처럼, 그는 '지부장 각하(Herr Kreisleiter)' 라는 새로운 호칭을 쉽게 입에 붙이지 못했다. 하지만 누구도 담의 이런 문제에 개의치는 않았다. 왜 냐하면 그는 이 조직에서 시골 사람들을 가장 잘 구워삶을 수 있는 인물이 었기 때문이다.

"마무리할 일이 좀 있어서." 지부장은 고개를 들어 쳐다보지도 않고 대답했다.

이 말에 담은 도로 자러 가버렸다.

새벽 3시에 어디선가 요란하게 무너지는 소리가 들리는 바람에 그는 잠에서 깨고 말았다. '히틀러 대로' 쪽에서 불빛이 어른거리더니, 하늘로 불꽃이 솟구쳤다. 역시나 시골 출신인 아내의 깊은 잠을 깨트리지 않은 채, 그는 불과 10분 만에 유대교 회당에 도착했다. SA 대원들과 소방대원들이 모두 현장에 나와 있었다. 잔디밭으로 들어가는 정문 앞에는 경찰관도 한 명 서 있었다. 구경꾼 몇 명이 SA의 경계선 밖에 서 있었는데, 이처럼 큰 불에도 불구하고 그 숫자는 놀라우리만치 적었다. 담이 중얼거렸다. "어리석은 짓이야(Blödsinn)." 그는 집으로 돌아왔다. 그리고 아내를 깨워서 무슨 일이 일어났는지를 설명해주었다.

"당신 생각은 어떤데, 하인리히?" 그녀가 물었다. 아내는 항상 이런저런 일에 대해 남편의 의견을 물어보곤 했다.

"어리석은 짓이야." 그가 말했다. "그놈들이라면 과연 '우리' 를 저지하기 위해 '우리' 지부 건물을 불태우려고 했겠어?"

그가 옷을 갈아입고 있는데 갑자기 전화가 울렸다. 지부장이 자기 집에서 건 전화였다. "자네 차 좀 끌고 오겠나, 하인리히? 우리가 시골로 나가봐야 할 일이 있어서 말이야." 교수였던 아버지 밑에서 자라난 이 지부장은 시골로 나갈 때마다 항상 담을 데려가곤 했다.

이 지역에서 크로넨베르크 다음으로 큰 도시 슈펠레로 가는 도중에 이들은 피차 아무 말도 하지 않았다. 슈펠레에 들어서고 나서야 지부장은 이렇게 말했다. "자네 생각은 어떤가, 하인리히?"

"당신 생각은 어떠신데요, 대장?"

"예전에 그놈들조차도 '우리'를 저지하기 위해서 지부 건물을 태우려고 시도한 적은 없었잖아." 지부장이 말했다.

"세상에, 대장, 듣고 보니 맞는 말이네요." 담이 말했다. "저는 차마 그런 식으로는 생각을 못했네요. 정말 어리석은 짓이에요."

"지금부터 우리는 시골을 돌아다녀야만 해." 슈펠레에 있는 지부장이 말했다. 이들은 슈펠레에 있는 또 다른 지부 건물 앞에 차를 세웠다. "지방장관의 부관이 전화를 걸어 왔더군. 괴링 제국원수의 명령이라는 거야. 어디나 다, 독일 전역이 마찬가지라는군. 이런 일을 즉시 중지시키라는 거야. '민족의 재산(Volksgut)'에 손을 대는 자는 누구든지 처벌을 받게 된다는 거지." 여기서 '민족의 재산'이라는, 즉 '독일 민족의 재산'이라는 이야기가 나온 순간, 담은 지부장을 흘끗 바라보았지만 굳이 아무 말도 하지 않았다.

날이 밝아올 무렵에야 이들은 비로소 크로넨베르크로 돌아왔다.

"어디로 갈까요, 대장?" 담이 물었다.

"집으로." 지부장이 말했다.

다시 침대에 누운 담에게 그의 아내가 물었다. "당신 생각은 어떤데, 하인리히?"

"어리석은 짓이야." 담이 말했다. 그는 1933년에 가서야 입당한 기회주의자들인 '3월 한철의 제비꽃들' 가운데 한 명이었다. "예전에 그놈들조차도 '우리'를 저지하기 위해서 지부 건물을 태우려고 시도한 적은 없었잖아."

5. 호르스트마르 루프레히트, 고등학생, 14세

유대교 회당의 돔이 무너지는 소리에 하인리히 담이 잠에서 깨어난 것처럼, 화재 현장에서 세 블록 떨어진 클링가제(Klinggasse, 골목길)에 살던 루프레히트 가족도 역시나 잠에서 깨어났다. 이들은 2층 창문 밖으로 불꽃이 솟구치는 것을 보고는 뚜껑문을 열고 옥상으로 올라갔다. 옥상에서 이들은 반쪽짜리 돔이 불타는 모습을 똑똑히 볼 수 있었다. 호르스트의 어머니가 아들의 손을 붙잡았다. 아들은 이런 식으로 누군가가 자기 손을 잡는 것을 싫어했다.

"여보." 그의 어머니가 그의 아버지에게 말했다. "유대인 회당이에요."

아버지는 아무 말도 하지 않았다.

"당연히 유대인 회당이죠." 호르스트는 신이 나서 말했다. "유대인, 죽어라!(Juda verrecke!)"

"내려가자." 그의 아버지가 말했다.

"아, 진짜, 좀 더 있다가요, 아빠."

그의 아버지는 뚜껑문을 열었다.

"불구경 하러 가도 돼요, 아빠? 모두들 저기 나와 있을 거예요. 가도 돼요?"

호르스트는 외아들이었고, 친가 쪽과 외가 쪽을 통틀어서 이 가문에서는 직업학교 대신에 일반 고등학교에 진학한 최초의 인물이었다. 세 식구는 뚜껑문을 통해 다락방으로 도로 내려왔다. 그 컴컴한 곳에서 호르스트는 여전히 엄마에게 한 손을 붙잡힌 채로, 자기 아버지가 계단으로 통하는 문을 여는 대신, 어째서인지 발걸음을 멈추고 서 있는 것을 깨달았다.

"모두들 저기 나와 있을 거예요, 아빠. 가도 돼요?"

"'모두'가 저기 나와 있지는 않아, 호르스트마르. 그러니 '너'도 못 가는 줄로 알아라."

평소 말투로 미루어 보아도 에밀 루프레히트에게는 이것이야말로 긴 설교였다. 여기서 긴 설교라 함은, 여차 하면 '더 긴 설교'가 나올 수도 있다는 의미였다. 호르스트는 엄마에게 붙잡힌 손을 더 이상 비틀어 빼려 하지 않았다.

"그나저나 '유대인, 죽어라!'라는 말은 어디서 배운 거냐?" 그의 아버지가 말했다.

"'하요트'에서요." 호르스트가 말했다. '하요트'란 '히틀러 소년단 (Hitler-Jugend)'의 머리글자 H-J의 독일어 발음이다.

"그렇군." 그의 아버지가 말했다. "'하요트'에서 배웠다 이거지."

"거기서 직접 그렇게 가르치는 건 아니에요, 아빠. 그냥 거기서 들은 것뿐이에요. 다른 애들이 그렇게 말하거든요. 모두들 그렇게 말한다구요."

"결국 '모두들 저기 나와 있을 거'라는 말과 똑같군." 그의 아버지가 말했다.

"그런 말을 들어보셨잖아요, 아빠. 이해를 못하시겠어요?"

"아니."

아버지와 어머니와 아들은 거기 그렇게 가만히 서 있었다. 열네 살이 된 호르스트는 아버지와 어머니의 성품 가운데 어떤 부분을 똑같이 견딜 수 없어 했다. 그가 훗날 장성해서 지칭한 바에 따르면, 그것은 바로 아버지의 '과묵함(Schweigsamkeit)'이었고, 또한 그런 아버지를 향한 어머니의 무조건적인 '순종(Kadavergehorsam)'이었다. 호르스트는 뭔가를 차마 '견딜 수 없어' 하는 열네 살짜리 소년 가운데 하나였다. 그리고 그는 '하요트' 소속이었다.

"호르스트마르." 그의 아버지가 말했다. 그는 결코 아들을 '호르스트'라는 애칭으로 부르는 법이 없었으며, 호르스트는 이것 역시 차마 견딜 수 없어 했다. "너는 유대교 회당이 뭔지 아니?"

"당연하죠." 호르스트가 말했다.

그의 아버지는 아무 말이 없었다.

"그럼 그게 뭔지 아빠한테 말해 드려, 얘야." 루프레히트 부인이 말했다. 지금 그녀는 자기 남편과 자기 아들 모두가 두렵기만 했다.

"그건 바로 유대인의, 그러니까, 유대인이 다니는 교회예요." 호르스트가 말했다.

"그렇다면 교회는?" 그의 아버지가 말했다. "그렇다면 교회는 뭐지, 호르스트마르?"

"그야 하느님의 집이잖아요, 아빠, 아, 진짜."

"그냥 '하느님의 집'이라고만 해야지. '아, 진짜'는 빼고." 그의 아버지가 말했다.

"예, 아빠, 하느님의 집이에요."

"하느님의 집이라고?" 그의 아버지가 물었다.

"예, 아빠."

"그런데 너는, 호르스트마르, 너는 하느님의 집에 불이 났는데도 좋다고 달려가서 구경하겠다는 거냐?"

"아니에요, 아빠, 아, 진짜, 왜 이해를 못하시는 거예요. 설마 아빠도—. '유대인을 편드시는 거예요, 아빠?'"

아버지와 어머니와 아들은 거기 가만히 서 있었다.

"아니, 그야 당연히 아니지, 애야. 당연히 아버지는 그러지 않으셔." 루프레히트 부인은 자기 남편을, 그리고 자기 아들을, 그리고 하느님을, 그리고 히틀러를 모두 두려워했다.

에밀 루프레히트가 다락방 문을 열자, 가족은 다시 아래로 내려와 각자 침대에 누웠다. 하지만 호르스트는 마음이 불편했다. 그리고 또 한편으로는 흥분되었다. 어떤 면에서 그는 아버지를 딱하게 여겼다. 그것도 이전에는 한 번도 느껴본 적이 없었던 방식으로 그렇게 느꼈다. 평생 열차 기관사였던 그의 아버지는 144달러의 월급을 받는 '작은 자'였으며, 작은 일자리와 작은 아내와 작은 집을 갖고 살았다. 그는 평소에도 아무 말이 없었는데, 왜냐하면 사실은 아무런 할 말이 없었기 때문이다. 그는 정치라든지 세계에 대해서는 아무것도 아는 바가 없었지만, 그럼에도 나치가 되기로 '자원한' 사람이었다. 호르스트가 여덟 살이었을 때인 1932년 가을에 그의 아버지는 당에 가입했다. 이제 그는 자기 아버지가 단지 편승자에 불과했음을 알게 되었다.

"너는 하느님의 집에 불이 났는데도 좋다고 달려가서 구경하겠다는 거냐?" 그날 밤에 사람들이 집집마다 불을 질렀다. 하느님의 집에도. 호르스트의 집, 그러니까 그의 아버지의 집에도. 호르스트는 잠결에 몸을 뒤척이다 잠에서 깨어 겁을 먹었다. 밤마다 악몽을 꾸고 겁에 질릴 때면 늘 그랬듯이, 호르스트는 이번에도 부모님의 방문을 열어보고 두 분이 모두 계신지를 확인하기로 했다. 그는 부모님의 방에 다가가 문을 열었다. 밖에서는 날이 밝아왔다. 그의 어머니는 침대에 누워 있었지만, 그의 아버지는 흔들의자에 앉아서 창밖을 쳐다보고 있었다. 시간은 오전 5시 15분이었다.

6. 하인리히 베데킨트, 빵집 주인, 51세

오전 5시 15분이면 아침식사용 '롤빵(Brötchen)'이 오븐에 들어가 있어야 했다. 그리고 6시가 되기 전에 그걸 도로 꺼내고, 아들도 깨워야 했다. 빵집 주인 베데킨트는 '히틀러 대로'의 서쪽 끝에 자리 잡은 자기 가게에서 한창 일하는 중이었다. 그는 실내화를 신고 바지와 앞치마를 걸치고, 묵직하면서 소매가 짧은 회색 러닝셔츠 위에 멜빵을 한 차림이었다. 아무래도 앞치마는 새로 하나 갈아야 할 듯했다. 그는 롤빵을 오븐에 집어넣은 다음, 문을 열기 위해 가게 앞쪽으로 걸어가서, 밝아오는 하늘을 바라보며 담배를 피웠다. 차라리 지금 도시 외곽에 있는 자기 밭에 가서 날씨가 더 추워지기 전에 땅을 한 번 갈아 넘길까 하는 생각이 문득 들었지만, 하늘을 보니 비가 올 것 같았다. 그래서 내일 가기로 했다.

빵집 주인이 가게 앞에 서 있자니, 그가 아는 사람 둘이 프랑크푸르트 광장 쪽에서 걸어왔다. "무슨 일인가, 이렇게 이른 시간에?" 그가 물었다. 그들은 유대교 회당에 밤사이 불이 났다고 대답했다. "그랬군." 그는 이렇게만 말하고 자기가 굽던 롤빵을 보러 돌아갔다. 유대교 회당이라.

1933년에 빵집 주인 베데킨트는 자기 구역의 당 조장이었고, 자기 말마따나 '명랑한 SA 대원(flotter SA Mann)'이었다. 그러던 어느 날, 그가 펠젠켈러에 앉아서 맥주를 마시고 있는데, 누군가가 유대인 만하이머의 구두 가게 유리창에 돌을 던졌다. 베데킨트는 곧장 그 가게로 달려가, 현금 등록기에 들어 있던 돈을 꺼냈다. 어디까지나 도둑맞지 않도록 지키려는 의도였다. 곧이어 경찰이 달려왔다. 다음 날 사복형사인 호프마이스터 영감이 그를 찾아와서, 어제 구두 가게에서 돈이 조금 없어졌더라고 알려주었다. 이 문제는 당 차원에서 알아서 처리하기는 했지만, 사회민주주의자 겸 볼셰비키인 바우머트가 어제 찍은 사진을 보니 이 빵집 주인이 현금 등록기 앞에서 양손에 돈을 움켜쥔 모습이 나와 있더라는 소문이 시내에 돌았다. 물론 소문에 불과한 이야기였지만, 베데킨트는 좋은 핑계가 생긴 김에 SA를 그만두었다. 대신 크로넨베르크에 당의 '수공업 및 상업 사무소'가 생기자, 중재인이라는 별로 인정받지도 못하는 일자리를 제안 받았다.

롤빵을 오븐에서 꺼내는 동안, 빵집 주인 베데킨트는 문득 유대인 교회가 불탄 모습을 한 번 구경하러 가고 싶다고 생각했다. 하지만 다시 생각해보니, 차라리 밭에 나가서 일하는 편이 더 나을 듯했다. 말썽이 생긴 곳에는 찾아가 보았자 도움이 안 되었다. 구두 가게 사건만으로도 충분했다. 화재 현장에는 내일 가자고, 그것도 단지 프랑크푸르트 광장으로 걸어가는 동안 그 앞을 지나가며 흘끗 한 번 쳐다보고 말자고 생각했다. 그러면 딱일 것 같았다.

그래서 그는 롤빵을 다 만들고 나서 부인과 함께 아침식사를 하러 위층으로 올라갔다. 아내는 남편 못지않게 덩치가 크고 강인했으며, 역시 당을 위해 사회사업을 하고 있었다. 그는 평소에도 아내와 이야기를 나누지 않았고, 아들에게도 마찬가지였으며(빵집 주인의 며느리는 자기 남편이 빵집에서 일하며 받는 돈이 적다는 사실 때문에 분개하고 있었다) 딸에게도 마찬가지였다. 딸 역시 나름대로 문제를 겪었으며, 차마 그 문제에서 헤어나오지 못하는 상황이었다. 그런데 사실 빵집 주인 베데킨트는 전혀 쾌활한 사람이 아니었다. 그는 빵집 주인이었다. 그는 빵을 만들었다. 그는 매달 새로 나오는 업계지 《제빵 명장》을 읽었다. 그는 매일 새로 나오는 《크로넨베르크 일보》의 헤드라인을 읽었다. 그는 『나의 투쟁(Mein Kampf)』도 한 권 갖고 있었다(하긴 누가 안 갖고 있겠는가?). 하지만 막상 책을 펼쳐본 적은 한 번도 없었다(하긴 누가 굳이 펼쳐보았겠는가?).

빵집 주인 베데킨트가 만약 매우 사려 깊은 사람이었다고 치면, 그는 아마도 아침을 먹으면서 속으로 이렇게 말했을 것이다. 지금의 삶은 일이나 마찬가지야. 다음번에는 (만약 다음번 삶이란 게 있다고 인간이 확신할 수만 있다면) 분명히 다를 거야. 지금의 삶에서 하필 좋지 못한 때를 만나면, 일은 해도 보상을 받지는 못하는 거야. 하지만 좋은 때를 만나면, 일한 만큼 보상을 받게 되는 거지. 여하간 좋지 않은 때에나 좋은 때에나, 나는 일을 해야만 해. 지금은 물론 좋은 때지. 이 정권? 이 정권은 국민에게 빵을 주기로 약속했고 나는 빵을 만들지. "천년제국?" 만약 그게 정말로 천 년 동안 이어진다면 나쁠 것이야 없지. 백 년 동안이라도 나쁠 것은 없어. 십 년 동안이라도 물론 나쁠 것은 없고.

시간은 오전 6시 15분이었다.

비가 내리기 시작했다. 그래도 빵집 주인 베데킨트는 자기 밭을 향해 출발했다.

7. 한스 지몬, 수금원, 42세

한스 지몬은 평소와 마찬가지로 오전 6시 15분에 자리에서 일어나서, 면도를 하고, 작은 콧수염에 왁스를 바르고, 아침을 먹으면서 세계 정세를 논평했으며, 평소와 마찬가지로 그의 아내와 아들딸이 청중 노릇을 해주었다. 그는 밖으로 나가서 문을 쾅 하고 닫고, 아침 연락을 받기 위해 시립 전력 회사를 향해 출발했다. 그는 곧장 자전거를 몰았으며, 결코 다른 곳으로 새지 않았고, 여전히 세계 정세에 정신이 팔려 있었다.

그는 충분히 그럴 만한 권리가 있었다. 당에서도 가장 낮은 직급인 세포 조장이었던 그는 독일 최초의 나치 겸 크로넨베르크 최초의 나치 가운데 한 명이었다. 파산한 재단사 출신인 중대장 슈벵케는 항상 자기가 최초였다고 주장했다. 심지어 그는 '우리, 당의 역전 용사들(wir älte Kämpfer)'이라는 말을 입버릇처럼 주워섬겼지만, 한 번도 자신의 당원 등록번호를 댄 적은 없었고, 누구도 그의 '금 당원 배지'를 본 적이 없었다. 반면 지몬은 자기 재킷에 당원 배지를 달고 다녀서 모두가 볼 수 있게 했고, 매달 13일이 되면 일부러 사다리 밑으로 지나다니면서 이렇게 말했다. "나한테는 13이 전혀 불운한 숫자가 아니야. 내 당원 등록번호는 5813이거든. 나로 말하자면 당에 가입한 오천팔백십삼 번째 독일인이라 이거지. 이거야말로 행운이라구. 나로 말하자면 그보다 먼저 총통의 '자유운동(Freiheitsbewegung)'에도 참가했단 말이야. 뮌헨에서 있었던 '피의 행진' 보다 '먼저' 말이야.[10]

이런 생각을 하면서 한스 지몬은 '베르네 다리'를 건너 프랑크푸르트 광장으로 접어들었다. 그리고 성벽 길에서 반 블록 아래쪽에 소방차가 서 있고, SA 대원들이 거기 모인 적지 않은 사람들을 제지하는 모습을 보았다. 비가 부슬부슬 내렸지만, 수금원은 그쪽으로 자전거를 돌리기로 작정했다. 뭔가 매우 중요한 일이 벌어진 것이 분명했다.

건물은 사라지고 없었다. 외벽과 목제 돔의 일부만이 여전히 연기를

---

10. '국가사회주의 자유운동(NSFB)'은 1923년 뮌헨에서 있었던 히틀러의 '봉기' 시도 이후에 나치 정당인 '국가사회주의 독일 노동자당(NADAP)'이 불법화되자, 이듬해인 1924년에 그 후신으로 생겨난 합법 정당이다. NSFB는 1924년 총선에서 32개의 의석을 확보했으며, 1925년에 재건된 NADAP에 흡수되었다. 본문에서는 '자유운동'이 '봉기/피의 행진' 보다 앞섰다고 말하는데, 이때의 '자유운동'은 '나치 운동' 전체를 말하는 듯하다.

내뿜으며 남아 있을 뿐이었다. 잔디밭 둘레의 철제 울타리에 난 문 앞에는 경찰관이 하나 서 있었다. 마른 체구의 노파가 아무나 들으라는 식으로 크게 떠들고 있었다. "세상에, 교회를, 교회를, 교회를." 그녀는 계속 이렇게 말했다. SA 대원들이 그녀에게 대답했다(그들 외에는 아무도 말하지 않았다).

"이건 유대인 교회라구요." 한 SA 대원이 말했다.

"사실은 교회라고 할 수도 없지." 또 다른 대원이 말했다.

"그럼 댁도 여기 다니시지 그래요, 할머니?"

"유대인 여자가 되든가요."

"세상에 교회를, 교회를, 교회를." 노파는 계속 이렇게 말하고 있었다.

당원 등록번호 5813에 금 당원 배지를 단 수금원 지몬은 빗속에서 자전거를 타고 아침 연락을 받기 위해 가면서 세계 정세를 숙고했다. 시간은 오전 7시 30분이었다.

8. 요한 케슬러, 노동전선[11] 조사관(전직 실업자, 한때 은행원으로 일함), 46세

7시 30분에 케슬러 '조사관(Inspektor)'은 쿰머펠트부터 타고 온 기차에서 내린 다음, '헤르만 괴링 대로'에 있는 '노동전선'의 자기 사무실로 걸어 들어갔다. 공식적인 출근 시간은 8시였는데, 8시를 20분 남긴 상태에서 그가 사무실에 도착하자 피히트가 다가와서 말했다. "그 소식 들었어? 그들이 어젯밤에 유대교 회당을 불태웠어. 여기서도, 다른 곳에서도 모두."

---

11. '독일 노동전선(DAF)'은 나치의 노동조합 총괄 조직을 말하며, 그 아래에는 노동자의 레저와 휴양을 담당하는 '기쁨을 통한 힘,' 노동 환경 개선을 담당하는 '일의 아름다움,' 실업 문제를 담당하는 '제국 노동부' 등의 하위 조직이 있었다.

그와 피히트는 곧바로 오일러를 불러서 함께 밖으로 나갔다. 세 사람은 빗속에 '베르네 길'을 따라 내려가 '프랑크푸르트 광장'과 '성벽 길'에 도착했다. 화재 현장에서는 여전히 연기가 피어올랐다.

세 사람은 '베르네 길'을 지나서 사무실까지 도로 오는 동안 아무 말도 하지 않았다. 그러다가 케슬러가 말했다. 그는 원래 가톨릭교도였지만, 지금은 변절해 '나치 신앙운동'에서 '설교'를 담당했다.

"이건 변화야. 크나큰 변화라구."

"남의 재산을 불태우다니." 피히트가 고개를 저으며 말했다. "남의 재산을 불태운 거야. 그게 교회든 뭐든지 간에."

"이 일 때문에 해외에서도 우리를 좋아하지 않게 되겠지." 오일러도 말했다.

"지금은 뭐 해외에서 우리를 좋아하기는 하나?" 피히트가 반문했다. 오일러는 대답하지 않았다.

"크나큰 변화야." 케슬러가 다시 말했다. "'진화(eine Evolution)'라구." 케슬러는 화려한 말을 쓰기 좋아하는 버릇이 있었다.

이들 앞에는 카타리나 교회의 트레스코브 목사가 화재 현장을 벗어나 천천히 걸어가고 있었다. 이 노인은 항상 정치와는 거리를 두고 있었다. "목사 양반도 구경하셨군." 오일러가 말했다. 바로 그때 누군가가 저 뒤에서 소리를 질렀다.

"다음 차례는 카타리나 교회다!"

피히트와 오일러는 서로를 바라보며 눈을 크게 떴을 뿐이지만, 변절한 가톨릭교도인 케슬러는 곧바로 멈춰 서서 뒤를 돌아다보았다. 거리 양쪽으로는 사람들이 서둘러 출근하고 있었으며, 그중 일부는 우산을 쓰고 있었다. 걸음을 멈추거나 눈을 크게 뜬 사람은 오로지 케슬러 혼자뿐이었다. 트레스코브 목사는 그저 천천히 걸어가고만 있었다.

9. 하인리히 힐데브란트, 고등학교 교사, 34세

"선생님, 선생님!(Herr Studienrat, Herr Studienrat!)" 힐데브란트 선생은 페퍼만이 자기를 따라잡을 때까지 잠시 기다려주었다. 페퍼만은 지금 대학에 다니는데, 예전에 인문계 고등학교를 다닐 때 힐데브란트의 제자였다. 페퍼만은 힐데브란트를 좋아하고 또 존경했다. 비록 힐데브란트가 나치였고, 심지어 과시적인 데가 있는 나치이기는 했지만, 또 한편으로 그는 문학과 음악을 진정으로 알 만큼 교양이 높은 진정한 유럽인이기도 했다. 비록 진위 여부를 아무도 알 수는 없었지만, 심지어 그는 크로넨베르크에 오기 전에는 한때 나치 반대자였으며, 그가 살아남았던 것은 어디까지나 전직 육군 대령인 아버지의 개인적 영향력 덕분이었다는 이야기도 있었다. 페퍼만과 이야기를 나누게 되자 힐데브란트는 적잖이 불안해졌다. 왜냐하면 상대방은 '잡종(Mischling)' 이었기 때문이다. 게다가 부모 가운데 아버지 쪽이 유대인이었기 때문에, 상황이 더 나쁘다고 할 수 있었다. 그래도 스승은 이 옛 제자를 무척 좋아했다.

"혹시 그 이야기 들으셨어요, 선생님? 그들이— 유대교 회당에 불이 났다더군요."

"유대교 회당에?"

"예."

"자네도 가봤나?"

"아뇨. 혹시 시간이 되시면 같이 가보실래요?"

힐데브란트 선생은 마침 이날 아침에 시간 여유가 있었다. 문학 수업 시간에는 학생들이 시험을 치를 예정이었으며, 그는 시험 날이면 일부러 늦게 출근해서 자신이 제자들을 신뢰하고 있음을 드러내는 것을 원칙으로 삼았기 때문이었다. 그는 잠시 머뭇거리고, 서서히 얼굴을 붉히기 시작하더니 이내 대답했다. "그래, 마침 시간이 되는군."

오전 8시 45분쯤에 두 사람은 화재 현장에 도착했다. 불은 거의 꺼졌지만, 이 건물의 반쯤 무너진 돔에서는 여전히 연기가 피어올랐다. 성벽 길과 '히틀러 대로'에 한 대씩 서 있는 소방차들도 더 이상은 물을 뿜어내지 않았다. 비가 부슬부슬 내리고 있었다.

"유대교 회당을 건드리다니." 페퍼만은 이렇게 말하며 고개를 저었다.

힐데브란트는 얼굴만 붉히고는 아무 말도 하지 않았다. 크로넨베르크 대학에서 유학하는 쾌활한 성격의 미국인 청년 헨더슨이 그들 쪽으로 다가왔다. 그는 페퍼만을 통해서 힐데브란트를 이전에도 만난 적이 있었다. 미국인은 '미국식' 인사법으로 악수 없이 인사만 건네더니 독일어로 이렇게 물었다. "'어떻게 된 건가요,' 선생님?(*Was ist los*, Herr Studienrat?)" 힐데브란트는 고개를 저었고, 자기가 얼굴을 붉히고 있음을 깨닫자 더욱 얼굴을 붉힐 수밖에 없었다.

그가 교실에 도착하자 학생들은 시험을 치르다 말고 자리에서 일어났다. 교사는 인사를 건네고는 자기 책상에 가서 앉았다. 그는 서류가방을 열고 프랑스어로 된 『죄와 벌』을 꺼냈다. 책은 일반 포장지로 겉을 둘러싼 상태였으며, 그는 학생들이 시험을 치르는 동안 이 책을 읽을 예정이었다.

항상 불이로군, 항상 불이야. 제국의회(Reichstag)에 불을 지른 사건도 있었지. 쾨니히스베르크(Königsberg)의 '행진광장(Paradeplatz)'[12]에서 벌어진 책 화형식〔焚書〕 사건도 있었고. 1933년에만 해도 그는 나치 반대자였고, 《바젤 통신》[13]과 《르 탕》[14]을 매일 읽고, 심지어 런던에서 나오는 《타임스》도 가끔은 읽던 사람이었다(물론 그러기가 쉽지는 않았다. 영어에 아주 능숙하지는 않기 때문이다). 이제 그는 나치였으며, 프랑스어로 된 『죄와 벌』을 읽기는 하지만, 일반 포장지로 겉을 둘러싼 상태로 책을 읽어야 했다. 이제 그는 나치였고, 나치는 유대교 회당을 불태우고 있었다.

정오를 알리는 종소리가 들렸다. 학생들은 각자의 답안용 공책을 선생님의 책상까지 들고 와서 저마다 이렇게 말했다. "'안녕하세요,' 선생님." 하지만 선생은 포장지로 겉을 둘러싼 책을 읽기만 할 뿐, 차마 고개를 들지도 않았다.

10. 빌리 호프마이스터, 경찰관, 57세

정오가 되자, 크로넨베르크 경찰서의 사복형사 호프마이스터는 자전거를 타고 '베르네 다리'를 건너 사무실로 향하고 있었다. 그는 목요일 오전마다 그림을 그리곤 했지만, 비가 오니 그림을 그릴 수 없었다. 호프마이스터는 만성 납 중독이었다.[15] 그래서 일주일에 딱 한 번만, 그것도 야외에

---

12. '행진 광장'은 독일 쾨니히스베르크(현재는 '칼리닌그라드'이며, 러시아의 영토다)는 본래 왕립 식물원이었다가 18세기 초부터 군대 연병장으로 사용되었으며, 나치 시절에는 행사와 행진 장소로 자주 사용된 바 있다.
13. 1844년부터 스위스 바젤에서 발간된 일간지로, 1977년부터는 《바젤 신문》이라는 이름으로 간행되고 있다.
14. 1861년부터 1942년까지 프랑스 파리에서 발간된 유력 일간지. 제2차 세계대전 이후 나치에 협력했다는 논란이 일면서 《르 몽드》에 자리를 물려주고 폐간되었다.
15. 납 중독의 별칭 가운데 하나는 '페인트공의 복통(painter's colic)'이다. 페인트의 내구성을 높이기 위해 납을 첨가하다 보니, 페인트를 자주 사용하는 화가나 페인트공의 경우에는 납 중독자가 종종 나왔기 때문이다.

서만 그림을 그리도록 허락을 받았다. 그의 그림은 유화였으며, (목수인 클링겔회퍼가 그리는 그림과 마찬가지로) 미술 비평가가 보았더라면 그 주제나 분위기나 기법 모두에서 '달력 그림'에 불과하다는 평가를 받을 만한 정도의 그림이었다. 하지만 그런 종류 중에서도 그의 그림은 제법 실력이 있고 정교한 편에 속했다.

빌리 호프마이스터는 스물여덟 살 때에 풍경 화가라는 직업을 포기해야만 했다. 1908년에 그는 크로넨베르크의 경찰관이 되었으며, 처음에는 교통경찰로 일하다가, 나중에는 수사과로 자리를 옮겼다. 그리 나쁜 삶은 아니었다. 지난 30년 동안 크로넨베르크에서 벌어진 사망 사건은 겨우 세 건이었으며, 그중에서도 살인은 단 한 건에 불과했다. 나머지 두 건은 '복상사'에 해당하는 것이었다. 앞으로 3년만 더 버티면 그는 은퇴해서 연금을 수령하게 될 것이었다. 나쁘지 않았다. 하지만 빌리 호프마이스터는 그림을 그리고 싶었다.

프랑크푸르트 광장 근처에서 연기가 피어올랐다는 아내의 말을 듣자 (원래 그의 아내는 목요일마다 항상 남편더러 침대에 계속 누워서 좀 쉬라고 야단이었다) 호프마이스터는 무슨 일이 벌어졌는지 단박에 알아챘다. 바로 전날 아침에 전직 은행장인 오스카 로젠탈이 그의 사무실로 찾아와서는, 나치의 규약에서 정한 대로 차렷 자세를 취하고 이렇게 말했다. "저는 유대인입니다. 오스카 이즈라엘 로젠―."

"됐어요, 됐다구요, 은행장님(Bitte, bitte, Herr Direktor)." 호프마이스터가 전직 은행장에게 말했다. "일단 좀 앉으세요, 예?" 크로넨베르크 유대교 회당의 운영위원장이기도 한 로젠탈은 자리에 앉자마자 이런 말을 꺼냈다. 어젯밤에 회당의 유리창이 더 많이 깨졌고, 관리인의 말에 따르면 휘발유 냄새도 났다는 것이었다. 호프마이스터는 노인에게 이렇게 말했다.

"그럼 저희가 즉시 조사하겠습니다, 은행장님. 특히 그 휘발유 냄새라는 것을요. 창문의 경우는— 음, 그런 경우는 좀 어렵겠는데요. 아시다시피, 그게, 음, 어제 파리에서 일어난 저격 사건도 있고 해서 말입니다."

"이해합니다, 형사반장님(Herr Kriminalinspektor)." 로젠탈이 말했다.

"그러면." 호프마이스터 형사반장은 이렇게 말하며 자리에서 일어났다. "잠시 실례하겠습니다. 속기사를 곧 대령할 테니, 휘발유 냄새와 창문에 관한 이야기를 자세히 해주시면, 저희가 조서를 작성해서 정식으로 신고를 접수하도록 하겠습니다."

"아니에요, 아닙니다, 형사반장님." 로젠탈이 말했다. "제 생각에는 조서를 작성하지 않는 게 나을 것 같습니다. 저희는 신고도 하지 않을 생각입니다."

"하지만." 호프마이스터가 말했다. "조서는 꼭 만들어야 하는데요."

"아뇨, 그렇진 않습니다." 로젠탈도 자리에서 일어나며 말했다. "그건 전혀 필요 없을 것 같습니다. 우리의— 그러니까 우리의 입장에서 보면 말입니다. 그러니 저로선 굳이 조서를 작성하지 않는 쪽이 더 낫겠습니다."

"하지만 조서는 '반드시' 있어야 합니다, 은행장님." 호프마이스터가 말했다.

"굳이 그렇게 말씀하시면야, 형사반장님." 로젠탈이 말했다.

나이 많은 경찰관은 무성하고 새하얀 콧수염을 씰룩거리며 말했다. "그럼 제가 직접 조서를 작성하도록 하죠, 은행장님. 일단 저희가 조사를 하고 난 다음에 말입니다. 가능한 한 모든 방법을 동원하겠습니다." 그는 전직 은행장에게 한 손을 내밀며 말했다.

"'부탁드립니다', 은행장님."

나이 많은 유대인은 그와 악수를 나누며 대답했다. "'저도 부탁드립니다 , 형사반장님." 그는 이 말을 남기고 떠났다.

호프마이스터는 유대교 회당에 경찰관을 한 명 보내서 조사를 하게 했고, 하루 일과를 마치고 집으로 가기 전에 직접 조서를 작성해서 크로넨베르크의 경찰 서류철에 집어넣었다. 그로부터 7년 뒤에 미군이 크로넨베르크로 들어오자, 문제의 서류철은 경찰서 뒤의 골목에서 불에 타다 만 상태로 발견되었다. 그가 작성한 1938년에 11월 9일자 조서의 내용은 다음과 같았다.

> **성벽 길 소재 유대교 회당, 깨진 유리창 등에 관한 조서**
>
> 사건 현장에 대한 조사 결과, 11월 8일 밤에 성벽 길 소재 유대교 회당의 유리창 7개가 신원 미상의 범인이 던진 돌에 맞아 파손됨. 돌 가운데 일부는 예배당 내에서, 또 일부는 잔디밭 내에서 발견됨. 회당 건물의 남동쪽 박공면, 즉 보일러실로 통하는 유리창 밖에서는 술병 두 개의 파편이 발견되고, 그 유리창 역시 파손된 것이 발견됨. 술병에는 액체가 들어 있었음이 분명하며, 병의 파편과 그 근처에서는 여전히 그 액체의 냄새가 나고 있었음. 병의 구멍을 종이와 천 조각으로 막은 다음, 불을 붙인 것으로 보임. 작은 규모의 또는 제한된 정도의 폭발이 있었던 흔적이 드러남. 건물이 입은 손상은 외벽이 조금 그을린 것을 제외하면 전혀 드러나지 않음.
>
> 범죄학적으로 가치 있는 단서는 현존하지 않음.
>
> 용의자 수색은 오후 5시 30분 현재까지 성과가 없음.
>
> 피해를 입은 쪽에서도 수사 요구가 전혀 없음.

그게 바로 어제 오후의 일이었다. 그리고 지금 자전거를 타고 '베르네 다리'를 건너는 경찰관 호프마이스터는 걱정이 될 수밖에 없었다. 이 조서는 어제 오후 6시가 되기도 전에 교통과 및 형사과의 과장들에게 각각 전달되었을 것이었다. 그러니 십중팔구 밤새도록 제복 경찰이 그 건물 앞에서 경비 근무를 섰을 것이 분명했다. 당연히 그 사건의 배후에 있던 SA는 경찰을 좋아하지 않았으며, 경찰 역시 SA를 경멸했다. 그러니 뭔가 문제가 있었던 것이 분명했다. 호프마이스터는 유대교 회당에 직접 찾아가보기로 작정했다.

사방에 SA 대원이 깔려 있었지만, 유대교 회당의 문 앞에 서 있는 제복 경찰관은 교통과의 바우만 단 한 명뿐이었다. 호프마이스터는 그에게 말을 걸었고, 바우만이 대답했다. 호프마이스터가 그에게 뭔가 물어보자, 바우만은 대답하는 내내 어깨를 으쓱했다. 곧이어 호프마이스터는 걸어서 그곳을 떠났다.

"하일 히틀러, 형사반장님!"

중대장 슈벵케였다. "안녕하세요." 호프마이스터는 그에게 대답한 다음, 자전거에 올라탔다. 중대장 슈벵케. 1931년에 호프마이스터는 SA가 보유한 불법 무기에 대한 증거를 찾기 위해 슈벵케의 집을 수색하러 파견된 적이 있었다. 그때 슈벵케는 이렇게 말했다. '내 편지에서는 아무것도 찾아낼 수 없을 겁니다, 형사 양반. 댁은 내 집에서 뭔가 찾아낼 수 있을 거라고 생각하는 건가요?' 나치 슈벵케. 이제는 호프마이스터도 나치였다. 슈벵케와 호프마이스터 '모두.' 나이 많은 경찰관은 이제 3년만 더 버티면 그만이었다. 그리고 나면 연금을 받게 될 것이고, 일을 하지 않는다면 그림을 그려도 무방하다고 주치의도 말했으니까.

사무실로 돌아온 호프마이스터에게 경찰서장(Oberinspektor)이 상황 보고 지시를 내렸다.

"반장(Herr Kriminalinspektor)." 경찰서장이 말했다. 아직 젊은 사람이었다. "즉시 수행해야 할 명령이 내려왔네. 일단 내가 읽어주지. 그러고 나면 자네도 직접 읽어보고 확인 서명을 하게."

"'확인 서명'이라고요, 서장님?" 호프마이스터가 말했다.

"확인 서명 말이네, 반장."

명령서에는 크로넨베르크의 유대인 남성 가운데 18세부터 65세 사이에 해당하는 자는 곧바로 보호구금에 처하라고 나와 있었다. 이 명령은 바로 그날, 그러니까 1938년 11월 10일 자정까지 경찰 형사과에서 집행하라고 나와 있었다. 당시에 독일에서는 누구라도 영장 없이 구속할 수 있었다. 호프마이스터 형사반장은 알파벳 F부터 M으로 시작하는 성(姓)을 가진 사람들을 찾아내서 시청의 창고로 호송하는 임무를 맡았다. 현재의 구치소는 너무 좁았기 때문에 그곳을 임시 구금 장소로 사용하려는 것이었다.

"무슨 말인지 알겠나, 반장?"

"예, 서장님."

"오늘 자네의 근무는 자네가 받은 명단에 나온 사람들을 모두 구치소로 호송할 때까지 자동 연장되네. 호송이 모두 끝나면 퇴근하도록 하게."

"예, 서장님."

호프마이스터 형사는 명단을 받아 들고 나와서 즉시 업무를 시작했다. 자전거를 타지 않고 걸어 다녔으며, 무기는 휴대하지 않았다.

기나긴 오후였다. 자칫하면 더 길어질 수도 있었지만, 다행히 명단에 나와 있는 사람들은 모두 자기 집에 있었다. 크로넨베르크에 사는 유대인은 어젯밤 이후 아무도 집 밖에 나오지 않았던 것이다. 그래도 기나긴 오후인 것은 사실이었고, 호프마이스터 형사가 잘로 마로비츠의 양복점 옆에 있는 살림집 초인종을 울렸을 때, 시간은 이미 저녁 9시가 되어가고 있었다.

마로비츠가 문을 열고는 말했다. "어서 들어오십시오, 형사반장님."

"고맙습니다, 마로비츠 씨."

녹색의 유리 튤립 모양 상들리에 아래 놓인 응접실 탁자 위에는 여행
용 가방이 닫힌 채로 놓여 있었다. 소파에는 주인의 코트와 모자도 있었다.

"마로비츠 씨—."

"잠깐 앉지 그러십니까, 형사반장님?"

"그게— 고맙습니다. 잠깐만 앉죠, 마로비츠 씨."

"저를 찾아오신 거죠, 형사반장님."

"그래요, 마로비츠 씨. 이건 어디까지나 보호 목적으로—."

"충분히 이해합니다, 형사반장님. 그럼 가실까요?"

"그러죠, 당신만 괜찮으시다면……. 마로비츠 씨, 그나저나 담요와 먹
을 것, 그리고 약간의 현금은 챙기셨습니까?"

"현금이요, 예. 하지만 담요는 안 챙겼는데요. 먹을 것이야 필요하다면
집사람이 가져다줄 수 있으니까요."

"담요를 챙기시는 편이 좋을 겁니다. 하나쯤은요. 그리고 가능하다면
빵과 소시지나 다른 먹을 것도요, 마로비츠 씨. 잘 아시겠지만, 저는 그
저—."

"말씀만으로도 감사합니다, 형사반장님……. 어머니, 잠깐 나오셔서
호프마이스터 형사반장님하고 인사 나누세요."

"싫다." 다른 방에서 목소리가 들려왔다.

"죄송합니다, 형사반장님. 어머니께서 오늘은 몸이 좋지 않으신가 봐
요. 그럼 제가 잠깐 가서 담요와 먹을 것을 좀 챙기겠습니다."

호프마이스터는 응접실에 혼자 앉아 있었다. 곧이어 누군가 밖에서 문
을 여는 소리가 들렸다. 재단사의 열일곱 살짜리 '잡종' 아들 자무엘이 들
어왔다.

"안녕하세요, 형사반장님. 그렇잖아도 오늘 오후에 게오르크를 봤어요. 유대교 회당 앞에서요. 안전을 위해서 잔해를 완전히 철거했더라구요."

"그랬구나." 호프마이스터가 말하였다. 게오르크는 그의 막내아들이었다.

"그런 일은 매일 일어나는 게 아니잖아요." 자무엘이 말했다.

"그래, 매일은 아니지, 자무엘." 호프마이스터가 말했다.

"저기, 게오르크가 그러는데요. 제가 공군에 가는 건 문제가 없을 거래요. 거기서는 반(牛)유대인도 받는다더라구요. 자기가 직접 말해볼 거라면서— 아, 다녀왔습니다, 아빠. 그런데 그 이불은 뭐예요, 어디 가세요?"

"왔니, 슈물.[16] 오늘 밤은 밖에 나가서 자야 하거든."

"어디서요?"

"시청에서. 호프마이스터 형사님께서 나랑 같이 가주실 거야."

"아." 소년은 말을 멈추었다. "그러면 저도 같이 가도 돼요?"

"글쎄."

"아, 그럼." 호프마이스터가 말했다. "가는 길은 배웅해 드려라. 우리 셋이 같이 가면 되지."

"저기." 마로비츠가 말했다. "와인 한 잔 하시겠습니까, 형사반장님?"

"아니, 괜찮습니다, 마로비츠 씨. 지금은 근무 중이니까요, 아시다시피. 그거 말고 혹시……. 아니, 괜찮습니다. 여하간 말씀은 감사합니다. 진짜로요."

아들이 아버지의 여행용 가방을 들고, 두 어른 사이에 끼어서 걸었다. 세 사람은 오르막길로 이어지는 거리를 지나고, 모퉁이를 돌고, 계단을 올

16. 자무엘의 애칭.

라서 시장터에 도착했다. 거기서 죽 걸어가면 바로 시청이 나왔다.

"이렇게 걷다 보니 굼벵이가 따로 없네요." 아들이 말했다.

"호프마이스터 형사님과 나는 너보다 나이를 더 먹었으니까 그렇지, 얘야. 안 그렇습니까, 형사반장님?"

"그렇죠, 마로비츠 씨." 호프마이스터가 말했다. "우리야 나이를 더 먹었죠." 곧이어 그는 걸음을 멈추고 말했다. "제가 숨이 좀 차서 말인데요, 죄송합니다만, 마로비츠 씨. 오늘은 너무 힘이 들어서요. 괜찮으시다면 자무엘과 함께 먼저 가시죠. 제가 곧 뒤따라가겠습니다."

2장 나치가 자신들을 행복하게 해주었다고 믿었다

이들 열 명은 '작은 자'였다. 오로지 교사인 힐데브란트만이 그곳 지역사회에서 어느 정도 중요한 지위를 차지했을 뿐이다. 내가 '작은 자'라고 말할 때, 이것은 어디에서나 대중매체와 선거 연설의 대상이 되는 사람들만을 의미하지 않는다. 독일처럼 뚜렷하게 계층화된 사회에서는 자기 스스로를 작다고 생각하는 사람을 뜻하는 것이기도 했다. 힐데브란트를 포함한 열 명의 나치 친구들은 나와 이야기를 나누는 과정에서 '우리 작은 자들(wir kleine Leute)'이라고 거듭 거듭 말했다.

이런 식의 자의식은 미국에는 아예 없거나 억압된 것이다. 우리 문화에 거주하는 유럽 출신 학생들은 모두 우리의 인류평등주의를 가리켜 겉치레라고, 그것도 값비싼 겉치레라고 하나같이 입을 모았으며, 그로 인해 한 국가의 지도자가 그 국가의 유권자와 구별되지 않게 되었다고 지적했다. 만약 모든 사람이 작다면, 어느 누구도 작지 않은 것이다. 하지만 국가사회주의의 대두 과정에서는 가장 엘리트적인 충동과 가장 노예적인 충동 모두가 관련되어 있었다. 힌덴부르크, 노이라트, 샤흐트, 심지어 호엔촐레른 가문 같은 '큰 자들' 조차도 나치즘을 받아들였으니, 작은 자들로선 나치즘을 받아들일 만한 이유가 충분했다.[17] "그들이 '예'라고 말하면, 우리도 똑같이 '예'라고 말하는 거죠." 수금원 지몬 씨의 말이었다. 결국 이런 뜻이었다. "'그들'에게 충분히 좋은 것이라면, 우리에게도 충분히 좋은 것이니까요."

'국가사회주의당'에 관해 이야기하는 외국인들은 이런 핵심을 놓치고 있다고 아들 슈벵케는 말했다. 그 당의 정확한 명칭은 "국가사회주의 독일 '노동자' 당"이었다. "저처럼 작은 자들의 정당이죠. 그것 말고 다른 정당은 공산당뿐이었으니까요." 황제와 총통 모두 독일인들의 내면에 '작은 것'에 대한 의식을 요구했지만, 총통의 경우에는 '큰 것'을 격하시키는 대신에 '작은 것'을 격상시켰다. 민주주의 치하의 기회주의적 정치인들도 이와 똑같은 일을 하지만, 절대적인 통치자가 그렇게 할 경우에는 효과가 훨씬 더 뛰어났다. 내 친구들은 하나같이 작은 자들이었다. 총통 본인과 마찬가지로 말이다.

이 열 명은 두각을 나타낸 인물도 아니었다. 이들은 영향력이 있는 인물도 아니었다. 이들은 의사 결정자도 아니었다. 예를 들어, '이들의' 견해가 어떤 상품의 판매를 증대시킬 것이라 간주하고 누군가가 이들에게 공짜 견본품을 선사하는 일 따위는 전혀 없었다. 이들의 중요성은 (링컨이 일반인에 관해 이야기했던 것처럼) 하느님이 이들과 같은 사람들을 매우 많이 창조하셨다는 사실 자체에만 있었다. 인구 7,000만 명의 국가에서 이들의 숫자는 6,900만 명 이상이었다. 이들은 나치였고, 작은 자들이었다. 이들이 자기네 서클 밖으로까지 목소리 높여 자기 의견을 부르짖을 경우, 더 큰 자들

17. 파울 폰 힌덴부르크(1847~1934), 콘스탄틴 폰 노이라트(1873~1956), 마르 샤흐트(1877~1970)는 바이마르 공화국에서 활동한 정치인들 및 관료들이며, 호엔촐레른 가문은 바이마르 공화국 수립 이전까지 프로이센과 독일제국의 역대 국왕을 배출한 왕족이었다.

은 공손하게 귀를 기울이는 척하기는 했지만, 그렇다고 해서 더 자세하게 이야기해보라고 독려하지는 않았다.

우리의 대화는 1년 동안에 걸쳐, 그들이 사용하는 언어로, 그리고 비공식적인 상황에서 이루어졌다. 예를 들어 식사나 '와인 한 잔'이나 (이보다 더 값진) 커피 한 잔을 즐기는 동안에, 가족 모두가 심지어 아이들까지 포함해서 서로의 집을 방문한 동안에, 길고 편안한 저녁 시간 동안에, 토요일 오후 동안에, 일요일 산책 시간 동안에 이루어졌다. 내가 만난 열 명의 친구 중 어느 누구도 미국인과 함께 이런 일들을 할 수 있으리라고 미처 생각하지 못했다. 그들 중 어느 누구도 정식으로 미국에 아는 사람이 있지 않았다. 그들 중 어느 누구도 미국이나 영국에 다녀온 적이 있거나, 또는 민간인 신분으로 독일을 벗어나 본 적은 없었다(예외가 있다면 교사인 힐데브란트 뿐이다. 그는 프랑스에서 상당한 시간을 보낸 경험이 있었다). 그들 중 어느 누구도 영어를 하지 못했다.

그들과 나의 이처럼 친밀한 관계는 하나같이 상당한 어려움을 겪고 나서야 비로소 이루어진 것이었다. 즉 제3의 또는 제4나 제5의 인물을 통해서, 내가 성실하고 선의를 지닌 사람이라는 것을 그들에게 확신시켜야 했다. 결국 열 명 모두 머지않아 내 임무에 관한 설명을 이해하는 것처럼 보였다(만약 예외가 있다면 빵집 주인 베데킨트 정도였을 것이다). 즉 나는 독일계 혈통의 민간인으로, 국가사회주의 치하에서 평범한 독일인의 삶에 관한 이야기를 취재해서 미국에 알리려는 것이며, 그 때문에 우리 동포가 독일을 더 잘 이해하게 만드는 것이 최종 목표라는 것이었다. 이런 설명은 사실이었고, 내가 독일 대학에서 얻은 객원 교수라는 지위 역시 내 주장에 무게를 더해주었다. 하지만 내가 가진 것 중에서도 가장 큰 자산은 독일어에 대한 나의 완벽한 무지였다. 사실 독일어야말로 프랑스어를 할 줄 알았던 교사 힐데브란트를 제외한 나머지 아홉 명이 구사하는 유일한 언어였는데도 말이다. 그들은 내 선생님인 셈이었다. '마누라(Mushi).' 나이 많은 재단사 슈벵케는 내 억양을 칭찬하며 자기 부인에게 이렇게 말하곤 했다. "여기 교수님(Herr Professor)께서 '안녕히 계십시오(Aufwiedersehen)'라고 말씀하실 때의 말투 좀 들어보라구!" 비록 진도는 느리지만 성격은 좋았던 이 '교수님'을 상대하면서, 내 친구들은 각자의 교수법과 인내심을 보여줄 기회를 충분히 가질 수 있었다.

다만 나는 두 가지 면에서 그들에게 거짓말을 하게 되었다. 다른 독일인 동료들과 친구들의 조언에 따라서, 우선 내가 유대인이라는 사실을 그들에게 말하지 않았다. 또한 내가 그들과 사적인 대화 말고도 다른 경로를 통해서 그들에 관한 정보를 확인했다는 사실도 말하지 않았다.

내 생각에 지금쯤이면 나도 그들 모두를 친구라고 불러도 무방할 듯하다(만약 예외가 있다면 역시 빵집 주인 정도겠지만). 내 생각에는 그중에서도 네 사람 정도는, 그러니까 재단사 슈벵케와 그의 아들 구스타프, 은행원 케슬러와 교사 힐데브란트, 그리고 (혹시 한 명 더 추가할 수 있다면) 경찰관 호프마이스터 정도는 자기들의 이야기를 최대한 솔직하게 털어놓았던 것 같다. 열 명 중에서 어느 누구도 평소에 말이 많은 성격은 아니었지만, 내 생각에 그들 중 어느 누구도 내게 의식적으로 거짓말을 하지는 않았다(만약 예외가 있다면 역시 빵집 주인 베데킨트와 재단사 슈벵케 정도다. 그나마 슈벵케도 어디까지나 유대교 회당 방화 사건에서의 자기 역할에 관해서만 거짓말을 했을 뿐이다). 내가 알기로, 몇 달에 걸친 대화 도중에 등장한 이들 각자의 이야기 사이에는 심각한 불일치나 모순이 전혀 드러나지 않았다. 비교적 사소한 불일치와 모순의 경우, 기억의 쇠퇴, 일반적인 겸양, 그리고 다른 무엇보다도 이들이 겪은 대격변의 경험에서 흔히 나타나는 기억의 혼동과 억압

등으로 충분히 설명되는 것처럼 보였다. 나는 한 번도 이들을 다그친 적이 없었다.

열 명의 나치 친구들 가운데 '모든 면에서' 우리와, 즉 나와 여러분과 똑같은 시각으로 나치즘을 바라본 사람은 한 명뿐이었다. 바로 교사인 힐데브란트였다. 하지만 그조차도 나치즘의 강령과 실천 가운데 일부분은 '민주적인 부분'이 있었다고 믿었으며, 지금도 여전히 그렇다고 믿는다. 다른 아홉 명은 버젓하고, 근면하고, 보통 정도의 지능을 가진 정직한 사람들이었음에도 불구하고, 1933년 이전까지는 나치즘이 사악하다는 것을 알지 못했다. 이후 1933년부터 1945년까지도 이들은 나치즘이 사악하다는 것을 알지 못했다. 그들 중 어느 누구도, 한때 우리가 알았고 지금도 우리가 아는 나치즘을 과거에도 알지 못했고, 어쩌면 지금도 알지 못할 것이다. 그러면서도 그들은 나치즘 치하에서 살았고, 나치즘에 봉사했으며, 사실상 나치즘을 만들어냈다.

우리가 아는 나치즘은 노골적이고 철저한 폭정이었으며, 그 신봉자를 타락시키는 한편, 그 적과 신봉자 모두를 노예로 삼았다. 테러리즘과 테러가 공과 사를 가리지 않고 일상에 만연했다. 모든 조직마다 개인이나 집단의 난폭한 불의가 자행되었다. 하느님에 대한 측면 공격과 아울러, 인간의 가치와 그 가치가 함의하는 인권에 대한 정면 공격이 이루어졌다. 하지만 이 아홉 명의 평범한 독일인은 나치즘을 우리와 전혀 딴판으로 알았으며, 지금까지도 전혀 딴판으로 안다. 만약 국가사회주의에 대한 우리의 시각이 약간 단순하다고 치면, 그들의 시각 역시 단순하기는 마찬가지였다. "독재라구요? 그래요, 물론 독재였죠. 그거야 우리 부모님들이 겪어보셨던 '황금기'라는 전설의 시대에도 마찬가지였으니까요. 하지만 폭정이라니. 당신네 미국인들이 하는 말처럼 말인가요? 그건 터무니없는 주장입니다."

내가 당신은 왜 국가사회주의를 신봉했느냐고 물어보았을 때, 빵집 주인 베데킨트 씨는 이렇게 대답했다. "왜냐하면 그게 실업 문제를 해결하겠다고 약속했으니까요. 실제로도 그렇게 했구요. 하지만 그게 어떤 결과로 이어질지는 저도 상상조차 못했던 겁니다. 누구라도 마찬가지였죠."

나는 뭔가 좋은 건수를 잡았다고 생각해서 이렇게 물었다. "그건 무슨 뜻이죠? '그게 어떤 결과로 이어질지' 라뇨, 베데킨트 씨?" "전쟁 말이에요." 그의 대답이었다. "그게 결국 전쟁으로 이어질지는 아무도 상상조차 못했다는 거예요."

국가사회주의의 사악함은 1939년 9월 1일에 시작되었다. 그게 바로 내 친구인 빵집 주인의 견해였다.

여기서 기억해 두어야 할 것이 있다. 이 아홉 명의 독일인 가운데 어느 누구도 외국 여행을 해본 적이 없다(물론 전쟁 때문에 외국에 다녀온 것을 제외하면 말이다). 어느 누구도 외국인을 알거나, 외국인과 대화를 나눠 보거나, 외국 신문을 읽어본 적이 없었다. 외국 라디오 방송을 듣는 일이 합법화된 이후에도 그걸 들어보려는 사람은 아무도 없었고, 그 일이 불법화되었던 시절에도 상황은 비슷했다(물론 한 명 예외는 있었는데, 특이하게도 바로 경찰관이었다). 그들은 외부 세계에 관해 아무 관심이 없었으며, 이는 프랑스나 미국에 사는 동시대인들과 매한가지였다. 이들 중 어느 누구도 나치 정권에 관해 뭔가 나쁜 이야기를 들어본 적이 없었다. 물론 이른바 독일의 적들로부터 그런 이야기가 들려왔지만, 독일의 적은 곧 그들의 적이기도 했다. "러시아인과 미국인이 우리에 관해 한 말들 있지 않습니까." 목수 클링겔회퍼의 말이었다. "그런 말들을 이제는 자기들끼리 주고받더군요."

사람은 누구나 자기가 영위하는 삶과 자기가 보는 것을 우선 생각하게 마련이다. 자기가 보는 것 중에서도 뭔가 특이한 광경이 아니라, 자기의 일상생활에서 접하는 광경을 생각하게 된다. 내가 만난 아홉 명의 친구들의 삶은 (심지어 열 번째 친구인 교사의 삶조차도) 자신들이 아는 국가사회주의에 의해 가벼워지고 찬란해졌다. 이제 와서 돌아보면 그들 중 아홉 명에게는 분명히 그때야말로 자기 삶에서 최고의 시기였다. 그들의 삶이 어땠기에 그러했을까? 우선 그들은 직장이 있었고, 고용이 보장되어 있었다. 아이들은 여름 캠프에 가고, '히틀러 소년단' 때문에 거리를 함부로 쏘다니지 않았다. 어머니라면 과연 무엇을 알고 싶어 하겠는가? 당연히 자기 아이가 어디 있는지, 누구와 함께 있는지, 무엇을 하는지를 알고 싶어 할 것이다. 그 시절에 모든 어머니는 그걸 알았거나, 또는 최소한 자기가 안다고 생각했다. 그게 과연 어떤 차이를 만들어낼까? 부모가 아이에 대한 걱정을 덜게 되면 집안일도 잘 돌아가게 마련이었다. 집안일이 잘 돌아가고, 게다가 직장까지 있다면, 남편이자 아버지인 사람이 과연 무엇을 더 바라겠는가?

이때야말로 그들의 삶에서는 최고의 시기였다. '기쁨을 통한 힘'[18]이라는 프로그램을 이용하면 온 가족이 단돈 10달러에 여름에는 노르웨이, 겨울에는 에스파냐로 휴가 여행을 다녀올 수 있었다. 이 프로그램을 이용하는 사람 대부분은 국내나 해외로의 진짜 휴가 여행을 한 번도 꿈꾸어보지 못한 상태였다. 크로넨베르크에서는 '아무도' (즉 내 친구들이 아는 사람 중에는 아무도) 추위에 떨지 않았고, 아무도 굶주리지 않았으며, 아무도 아픈 상태로 방치되지 않았다. 이들은 누구를 알고 있었을까? 이들은 자기 이웃에 사는 사람들을, 자기 계급과 직업에 속한 사람들을, 자기와 같은 정치적 또는 비정치적 견해를 가진 사람들을, 자기와 같은 종교와 인종에 속한 사람들을 알고 있었다. 새로운 질서의 이 모든 축복들은 (곳곳에서 선전

18. '독일 노동전선'의 하위 조직이다. 관련 내용은 제1장의 등장인물 소개 가운데 여덟 번째인 한스 지몬 항목의 각주를 참고하라.

되었던 것처럼) '모두'에게 도달했다.

　물론 공포도 있었다. 하지만 이 사실은 어디에서도 선전되지 않았으며, '아무에게도' 도달하지 않았다. 가끔 한 번씩, (물론 어디까지나 가끔 한 번씩이지만) 무슨 캠페인을 벌이거나 선정적인 기사에 매달리는 미국 신문에서 독일의 일부 지역 형무소의 비인간적인 상태를 폭로한 적은 있었다. 하지만 내 친구들은 어느 누구도 이런 신문을 읽은 적이 없었다. 그런 신문이 한때나마 독일에 있었을 때에도 그들은 그것을 읽은 적이 없었다. 물론 숫자로 말하자면 그런 신문은 미국보다 독일이 훨씬 더 적었다. 게다가 나중에는 그런 신문 자체가 없는 실정이었다. 그런 신문에 보도된 공포 가운데 어떤 것도 내가 만난 열 명의 친구들의 일상생활을 침범하지 않았으며, 한 번도 이들에게 관심을 불러일으킨 적이 없었다. 내 친구들 가운데 한두 명은 크로넨베르크의 거리에서 '일종의 말썽'이 벌어질 때에 그 옆을 지나간 적도 두어 번 있었지만, 그때마다 경찰이 구경꾼을 쫓아냈기 때문에 그 지역 신문에도 전혀 기사가 실리지 않았다. 여러분이나 나라도 '거리에서 벌어지는 일종의 말썽'은 경찰의 손에 맡겨둘 것이다. 크로넨베르크에 살던 내 친구들도 마찬가지였다.

　실제 지역사회에서 살아가는 실제의 사람들이 영위하는 실제의 삶은 히틀러나 루스벨트와, 또는 그들이 하는 일과는 아무런 상관이 없었다. 일반인이 국가와 마주치는 경우란 아주 흔하지 않은 법이다. 1938년 11월 10일, 그러니까 유대교 회당의 방화가 벌어진 다음 날, 미국의 한 통신사에서는 베를린 교외에서 벌어진 사소한 사건을 하나 보도했다. 유대인 소유의 과자가게 유리창이 깨진 틈을 타서 한 떼의 아이들이 과자를 잔뜩 훔쳐 달아나는 사이에, 그 아이들의 부모를 포함한 한 떼의 어른들은 가만히 서서 그걸 지켜보기만 했다는 것이었다. 그중에는 '갈색 셔츠' 제복을 입은

SA 대원들도 포함되어 있었다. 그때 마침 한 '아리아인' 노인이 그쪽으로 걸어왔다. 그는 거기서 벌어지는 일을 보자마자 아이들의 부모들을 돌아보며 이렇게 말했다. "당신들은 지금 유대인을 괴롭힐 뿐이라고 생각하겠지. 하지만 당신들은 지금 자기가 뭘 하는지도 모르고 있어. 지금 당신들은 자기 아이들에게 '도둑질'을 가르치는 거라구." 노인이 이 말을 남기고 가버리자 그제야 부모들은 군중 사이에서 걸어 나왔다. 그러고는 아이들이 갖고 있던 과자를 내버리게 하고, 아이들을 끌고 황급히 그곳을 떠나버렸다. 이 사건에서는 부모라는 모습의 일반인이 SA라는 모습의 국가를 만난 셈이었다. 하지만 과연 사람들이 그런 사실을 잘 알았을지는 의문이다. 왜냐하면 이 사건에서도 SA 대원들은 간섭하지 않고 그냥 가만히 서 있었기 때문이다.

1938년 11월 11일자 《크로넨베르크 일보》에는 4면 아래쪽에 '보호구금(Schutzhaft)'이라는 표제로 다음과 같은 기사가 실렸다. "그들 자신의 안전을 위하여, 다수의 유대인 남성이 어제 구금 조치되었다. 오늘 오전에 이들은 시외로 이송될 예정이다." 나는 이 기사를 열 명의 나치 친구들에게 보여주었다. 그들 중 누구도 (심지어 교사조차도) 이 기사를 (또는 이와 유사한 다른 기사를) 본 기억이 없었다.

1933, 1934, 1935, 1936, 1937, 1938, 1939년까지, 그러니까 그해 9월 1일에 정부 수반이 나서서 폴란드가 독일을 침공했다는 사실을 알리기 전까지, 국가사회주의 치하에서 내 친구들의 작은 삶은 이전과 마찬가지로 계속되었다. 이들의 삶은 단지 더 나은 쪽으로 변했으며, 항상 더 나은 쪽으로 변했다. 생계에 관한 것이든지, 주택과 보건과 희망에 관한 것이든지 간에 '새로운 질서'가 손대는 곳에서는 어디에서나 항상 더 나은 쪽으로 변했다. "그 당시에 독일 바깥에 있었던 사람들은 아무도 이걸 이해하지 못

한 것 같더군요." 나치에 반대했던 한 여성의 말이다. 그녀는 1943년에 감옥에 들어간 적이 있었다. 표면적 이유는 외국 라디오 방송을 들었다는 것이었지만, 실제 이유는 유대인을 숨겨주었다는 것이었다. 이 당시에만 해도 유대인을 숨겨주는 것은 엄밀히 말해 불법까지는 아니었다. "1938년에 제가 슈투트가르트의 어느 길모퉁이에 서 있었을 때가 기억나네요. 마침 나치의 축제가 한창이었는데, 희망이라곤 없었던 그 오랜 세월이 지나고 나서야 비로소 열광이, 좋은 삶에 대한 새로운 희망이 나타난 거였죠. 환멸로 가득했던 그 오랜 세월이 지나고 나서야 비로소 새로운 믿음이 나타난 거였어요. 자칫하면 저까지도 그 물결에 휩쓸려 넘어질 뻔했죠. 그 당시에 독일의 상황이 어땠는지, 이렇게 한 번 설명 드려볼게요. 한 번은 제가 유대인 친구와, 그리고 당시 열세 살이었던 그 친구 딸과 함께 극장에 들어가 앉아 있었어요. 화면에 나치의 행진 광경이 나오자, 그 여자애가 제 엄마 한쪽 팔을 붙잡더니 이렇게 속삭이는 거예요. '아, 엄마, 엄마, 내가 유대인만 아니었어도 나는 나치가 되었을 거야!' 외부에 있던 사람들은 어떻게 해서 그럴 수 있었는지 이해하지 못하는 것 같더라니까요."

다른 모든 언어와 마찬가지로 독일어에도 차마 번역을 할 수 없는 멋진 표현들이 있는데, '빌드게보르데네 슈피스뷔르거(wildgewordene Spissbürger)'도 그중 하나다. 대강 옮겨보자면 '미쳐서 날뛰는 작은 자들'이라는 의미다. 독일인끼리는 오히려 외국어에서 차용해 독일어화한 '광신자(Fanatiker)'라는 단어를 사용했다. 광신자를 '깡패(Spitbuben)'나 '불량배(Bluthunde)'와 혼동해서는 안 된다. 내가 나치 반대자나 나치를 향해 '제3제국'에 진정한 광신자가 얼마나 많았느냐고, 즉 '미쳐서 날뛰는 작은 자들'이 얼마나 많았느냐고 물어본 경험을 토대로 단언하건대, 그 숫자는 결코 100만 명을 넘지 않았다. 여기서 기억해야 할 사실은 (특히 러시아에서의 공산주의나 심지어 이탈리아에서의 파시즘과 비교해보아도) 국가사회주의 운동이 의외로 일찍 죽어버렸다는 점이었다. 심지어 그 자체의 힘으로 한 세대를 육성할 기회조차 얻지 못했던 것이다.

그렇다면 나머지 7,000만 명의 독일인들은? 나머지 사람들은 전체주의라는 그 기계에서 (그 어떤 긍정적인 의미에서도) 톱니바퀴조차 되지 못했다. 우리와 같은 사람들은 그런 체제에 관해서 오로지 소문으로만 (또는 그 희생자나 반대자의 보고를 통해서만) 듣기 때문에 폭정 하에서 일반인과 국가 사이의 실제 관계를 과장하는 경향이 있다. 국가를 증오하는 자에게는 법률도 가혹할 수밖에 없었지만, 누가 감히 국가를 증오했겠는가? 나치 독일에서는 공산주의 모임에 나가거나 《맨체스터 가디언(Manchester Guardian)》을 읽는 것이 위험천만한 일이었지만, 누가 감히 그런 모임에 나가거나 외국 신문을 읽었겠는가?

1950년대 미국에서 우리는 이와 유사한 소문을 듣는다. 한편에서는 이 나라가 불신과 의심과 공포에 사로잡혔다고 하고, 또 한편에서는 아무도 두려움의 대상이 아니고, 아무도 비방을 당하지 않고, 아무도 비방 때문에 파멸되지 않는다고 한다. 과연 어느 쪽이 진실인가? 나치 독일에서는 과연 어느 쪽이었을까? 열 명의 나치 친구들 중에 어느 누구도 자기 삶에서나, 또는 자기와 함께 살고 일했던 사람들 사이에서 불신이나 의심이나 공포를 알지 못했다(은밀한 민주주의 동조자였던 힐데브란트는 예외였지만). 어느 누구도 비방을 당하거나 파멸을 맞지 않았다. 그들의 세계는 바로 국가사회주의의 세계였다. 그 내부에서, 즉 나치 공동체 내부에서, 그들이 아는 것이라고는 오로지 친목과 일상생활의 일상적인 관심거리뿐이었다. 이들은 '볼셰비키들'을 두려워하기는 했어도 서로를 두려워하지는 않았다. 이들의 두려움은 그것만 아니었으면 완전히 행복했을 나치 공동체, 즉 독일의 공인된 두려움일 뿐이었다. 이들은 그 공동체의 외부로 나가지도 않았고, 시선을 돌리지도 않았고, 귀를 기울이지도 않았다. 이들에게는 그럴 기회조차 없었다.

　독일에서 나치즘이 곧 불신과 의심, 두려움, 비방과 파멸을 의미한다는 이야기는, 우리가 그런 이야기를 하는 사람들로부터 들어서 익히 아는 바다. 그들 중 일부는 나치 공동체 외부에 자기 세계를 갖고 있다는 이유로 나치에게 탄압받은 희생자와 반대자들이었다. 또 일부는 언론인과 지식인으로, 그들 자체가 비나치였거나 나치 반대자였기 때문에, 자연스레 나치의 희생자나 반대자와 공감했던 것이다. 이런 사람들은 나치가 없던 시절 독일에서의 삶이 어떠했는지를 직접 목격했다. 여기에는 두 가지 진실이 있으며, (하나는 나치가 행복했다는 것이고, 또 하나는 나치 반대자가 불행했다는 것이다) 이 두 가지는 서로 모순되지만은 않았다. 1950년대의 미국에서도 마찬가지였다(그렇다고 해서 미국과 독일의 상황이 똑같다고 말하려는 것은 아니며, 단지 아주 조금이나마 비교할 만한 여지가 있다고 말하려는 것뿐이다). 즉 정권에 직접 이의를 제기하지도 않았고, 이의 제기자와 교류하지도 않았던 사람들의 경우, 거대 공동체가 반대자에 대해 품은 불신과 의심 말고 여타의 불신이나 의심을 전혀 보지 못했다. 반대로 정권에 직접 이의를 제기하거나, 또는 이의를 제기할 권리를 신봉했던 사람들의 경우, 오로지 불신과 의심만을 보았으며 그로 인한 폐해를 느꼈다. 따라서 이 당시에 두 개의 미국이 있었다고 하면, 이와 마찬가지로 저 당시에도 그보다 훨씬 더 뚜렷하게 구분된 두 개의 독일이 있었다. 순찰 중인 경찰관을 보고 겁을 먹는 사람이 있는가 하면, 반갑게 손을 흔들며 "안녕하세요" 하고 인사하는 사람이 있는 것처럼, 모든 나라 안에는 사실 두 개의 나라가 있다.

　제2차 세계대전 이후 러시아에 의해 공산화된 동독에서는 국영 공장에서 일하는 노동자가 일주일에 한 번 2시간짜리 모임에 강제 참석해야 했다. 이 모임을 우리는 '교화', 또는 '세뇌'라고 일컫지만, 공산주의자들은 '교육'이라고 부른다. 하지만 이런 교육과 세금 납부를 제외하면, 동독 사람은 더 이상 어떤 일도 강제로 하지는 않는다. 그는 군 복무, 비밀경찰, 식량 배급을 당연하게 여긴다(하긴 누가 그러지 않겠는가?). 물론 포스터와 신문과 라디오와 확성 장치에서는 그를 향해 온갖 선전이 지속되었지만 말이다(하긴 이런저런 목적이 있을 경우라면 누가 그러지 않겠는가?). 그러나 평소에는 대체로 그를 가만히 내버려 두었던 것이다.

대부분의 독일인은 이 정도의 강요를 받으면서도 뭔가 이상하다는 생각을 전혀 하지 않았다. 무려 12년간 나치즘 치하에서 살다 보니, 급기야 거의 모든 사람이 그렇게 되었다. 나치즘 치하에도, (즉 전쟁 이전까지는) 당원들이 당이나 공공 행사에 참석하도록 의무화된 시간은 오로지 금요일 저녁과 일요일 아침뿐이었다. 따라서 이 시점에 이르자 폭정에 봉사하는 것이야말로 야심만만한 사람이나 정치적으로 의심받는 사람에게는 자연스럽게 추천할 만한 일이 되었다. 하지만 자기 일자리나 집이나 가정을 지키고 싶어 하는, 또는 '합창단(Singverein)'이나 '체육회(Turnverein)'에서 영예로운 자리를 지키고 싶어 하는 사람이 반드시 폭정에 봉사해야만 했던 것은 아니다.[19] 내가 크로넨베르크에서 만난 공무원 가운데 몇 명은 당에 가입하지 않았지만, 그렇다고 해서 괴롭힘을 당하지도 않았다. 천성적으로 어디에도 가입하는 법이 없는 부류의 사람들이다 보니 어느 누구도 이들이 어딘가에 가입하리라 기대하지 않았다(물론 이런 부류의 사람들은 결코 승진

19. 독일에서는 19세기부터 체조를 통해 체력을 단련하는 '체육회'와, 주요 행사마다 참석해 축가를 부르는 '합창단'이 전국적인 조직으로 결성되어 대중 사이에서 큰 인기를 끌었다. 훗날 나치는 이들 조직을 통제하면서 선전도구로 활용했다.

하지 못했다). 그리고 내가 만난 한 목사는 자기 아이들을 '히틀러 소년단' 과 '독일 소녀단'에 가입시키지 않았는데도 괴롭힘을 당하지 않았다(물론 나중에 가서는 두 군데 단체에 누구나 자동적으로 가입되었기 때문에 어쩔 수가 없었지만).

비록 전체주의 치하였지만, 공권력이 개인에게 적용되는 정도는 어디 까지나 지역의 상황에 따라 달랐다. 지역의 상황은 어디에서나 매우 다양 할 수밖에 없었고, 국가사회주의 하에서 가능했으리라고 내가 상상했던 정 도보다 훨씬 더 다양했으며, 항상 중앙의 통제를 완화시키는 경향이 있었 다(이는 어디에서나 지방 법원이 법리를 완화시키는 경향이 있는 것과 마찬가지였 다). 다만 그 지역의 수장이 '광신자'인 경우에는 예외였다(이런 경우는 정말 로 예외라 할 만했다. 지역의 수장이 효과적으로 기능하기 위해서는 반드시 그 지 역에서 인기가 있어야 했기 때문이다).

저지 작센의 페첸이라는 마을에 살던 빌헬름 멘싱 목사는 독일에서 나 치가 정권을 잡았던 12년 내내 몇 안 되는 신도에게 반나치적인 설교를 했 다. '당의 역전 용사' 출신인 그곳 시장이 매주 토요일 저녁마다 시장에서 연설을 하고 나면, 이 목사는 매주 일요일 아침마다 설교대에 올라서 일종 의 응답 설교를 했다. 하지만 멘싱은 한 번도 제재를 받지 않았다. 하노버 의 게슈타포가 그를 체포하러 달려오자 시장이 직접 지방장관을 찾아가 중 지를 요청했고, 결국 체포는 이루어지지 않았다. 빌헬름 멘싱은 '원래부 터' 페첸의 목사였기 때문에, 그를 방해하는 행위는 결국 이 마을의 통합을 방해하므로 용인할 수 없다는 논리였다. 목사와 시장 모두 이런 사실을 애 초부터 잘 알았다.

독일에는 멘싱 같은 사람이 충분히 (수천 명쯤 되게) 많지는 않았다. 왜 냐하면 그런 사람이 매일같이 태어나는 것은 아니었으며, 독일 교회도 (다른 나라 교회와 마찬가지로) 그런 사람을 늘리기 위해 애쓰지는 않았기 때문이다. 하지만 그런 사람이 열댓 명쯤은 있어서 저마다 주장을 펼치기는 했다. 분명한 점은 그로부터 몇 년 지나지 않아서 국가사회주의가 그 거대한 '획일화(Gleichschaltung)'를, 즉 국민과 국가의 통합을 성취하고야 말았다는 것이다. 게다가 그 몇 년 가운데 6년은 전쟁 기간이었으며, 이 기간 동안에는 획일화의 속도도 상당히 빨라질 수 있었고, 실제로도 빨라졌다. 하지만 현대의 폭군은 정치 위에 군림하며, 그렇게 함으로써 자신들이야말로 숙련된 정치인임을 증명했다. 그들은 굳이 피렌체 출신 이론가의 책을 읽지 않았어도[20] 정치인이 사람들로부터 증오를 받으면 치명적이라는 것을 잘 알고 있었다. 예를 들어 니묄러[21] 같은 사람이 있다면, 폭정의 입장에서는 어떤 대가를 치르는 한이 있더라도 그를 침묵시켜야 했다. 당시 독일의 목사 중에 가장 유명한 인물 가운데 하나였던 니묄러는 이렇게 말했다. "나에게는 하느님만이 총통이시다." 그는 국가적 명성과 세계적 명성 모두에서 어려운 상대였기 때문에, 나치도 함부로 다룰 수 없었다. 하지만 쉬운 방법도 여러 가지 있었다. 그중에서도 가장 쉬운 방법은 그저 무시하는 것이었다. 이 방법을 통해 멘싱 같은 사람 열댓 명의 영향력을 각자의 마을에 국한시키는 한편, 공연히 건드렸다가 선량한 마을 사람들을 격분시켜서 "아니야, 이건 아니지, 이건 아니라구"라고 말하게 만드는 일을 방지할 수 있었다.

　　일반적인 사람들은 일반적인 버젓함에 관한 일반적인 생각을 침범하는 행동을 관용하지 않게 마련이다. 일반적인 독일인도 마찬가지였다. 하

---

20. 니콜로 마키아벨리(1469~1527)의 『군주론』(1532)을 말하는 것이다.
21. 마르틴 니묄러(1892~1984)는 독일의 신학자 겸 루터교 목사다. 나치 치하에서 '고백교회'를 설립하는 데 관여했으며, 반정부 활동 혐의로 강제수용소에 수감되기도 했다. "그들이 처음 공산주의자들에게 왔을 때"로 시작되는 유명한 시의 저자로도 알려져 있다(이 책의 제13장을 참고하라).

지만 그런 행동의 희생자가 일찌감치 국민의 적으로, 또는 국가와 인종과 종교의 적으로 확실히 낙인찍힌 사람인 경우에는 예외가 된다. 또는 비록 적까지는 아니더라도 (물론 나중에는 적이 되겠지만) 공동체 내에서 공동의 유대에서 벗어난 사람이라든지, 또는 (어디에서나 공동의 침묵의 조건이 되었던) 통일성의 저해 요소에 해당하는 사람인 경우에도 예외가 된다(하다못해 그들의 머리 모양이나, 넥타이 매는 모양만이 남과 다른 경우에도 말이다). 독일인은 히틀러주의 이전부터 사회적 반유대주의를 무심코 받아들이고 실천했으며, 이런 태도는 일반적인 버젓함을 향한 이들의 일반적인 사고방식을 크게 잠식한 나머지, 이후에 나타난 낙인찍기와 탄압 앞에서 제대로 저항하지 못하고 말았다.

뉴잉글랜드의 멋진 휴양지에서 미국인은 '회원 전용', 또는 '출입제한'이라는 간판을 본 적이 있다. 이들은 이런 간판에 점차 익숙해지게 되고, 급기야 워낙 익숙해진 나머지 (자기가 비(非)코카서스인종이거나, 또는 비(非)'아리아인'이지 않은 한) 이런 간판을 아예 의식조차도 못하며, 그렇게 의식조차 못하는 사이에 결국 이를 용인하게 된다. 이보다는 덜 멋진 '최남부' 지역의 면실유 생산지에서 미국인은 '백인용'과 '유색인용', 심지어 "깜둥이는 해 지기 전에 이곳을 떠날 것."[22]이라는 간판을 보는 데에도 점차 익숙해진 나머지 (자기가 비코카서스인종이거나, 어쩌면 미국 북부 사람이지 않은 한) 이런 간판을 아예 의식조차 못한다. 나치 이전 시대의 독일에도 이런 간판은 문자로나 도형으로나 충분히 많았으며, 이에 대한 무저항도 충분히 많았다. 따라서 1933년에 지방마다 '유대인 출입 금지(Juden hier unerwünscht)'라는 간판이 우후죽순으로 생겼을 때, 독일인은 이런 간판을

---

22. 인종차별이 심각하던 20세기 초에 미국 남부의 일부 도시에서 걸어 놓은 간판의 문구로, 그 도시 내에서 유색인종의 거주를 허락하지 않는다는 의미다.

아예 의식조차 못했다. 따라서 국가 전체에는 물론이고 개인에게도, 더 가벼운 방종에 대한 무저항은 결국 더 치명적인 방종에 대한 무저항으로 가는 길을 닦았던 셈이다.

폭군은 폭정이라는 시커먼 일을 하는 데 필요한 몇 사람의 손이 부족하다는 사실을 걱정하지 않는다. 다만 실제의 저항을 걱정할 뿐이다. 공동체가 잠에서 깨어나 자신들의 도덕적 습관을 인식하게 되는 일종의 허용 한계가 어디까지인지를 나치는 미리 계산해야 했다. 국가 위기 상황이나 냉전의 경우에는 허용 한계가 더 늘어났고, 전쟁의 경우에는 허용 한계가 훨씬 더 늘어났다. 하지만 폭군은 반드시 허용 한계 안에 머물러 있어야 하고, 그 한계를 넘어서는 안 되었다. 만약 그의 계산이 사람들의 기질을 크게 넘어서는 정도가 되면 '봉기'에 직면하게 된다. 너무 앞서 가다 보면 대중혁명이 일어나는 것이다.

비록 법적 논의는 불가하겠지만, 이런 의미에서 독일인 전체는 유죄인 셈이다. 왜냐하면 나치 정권 당시에 실시되거나 시도된 일 치고 독일 국민의 찬성을 받지 않은 일은 사실상 없었기 때문이다. 예외가 있다면 단 두 가지뿐이었는데, 그중 하나는 안락사였고 결국 폐지되었다. 또 하나는 알프레트 로젠베르크의 '신앙운동'이었는데 역시나 폐지되었다.[23]

당시에는 한 지역의 깡패들이 공산주의자나 사회민주주의자를 두들겨 패고, 유대인 묘지를 훼손하고, 밤마다 유대인이 사는 집의 유리창을 깨는 일도 가능했다. 그 지역의 경찰들은 게슈타포의 감독을 받았기 때문에, 이런 공격이 있을 때마다 통상적인 (십중팔구 성공을 거두지 못한) 수사를 실시

---

23. 알프레트 로젠베르크(1893~1946)는 아리아인주의와 반유대주의를 비롯하여 나치의 주요 정책에 이론적 토대를 제공한 것으로 악명이 높은 인물이며, 뉘른베르크 재판소에서 유죄선고를 받고 교수형에 처해졌다. 특히 그는 기존의 기독교를 대체하는 신흥종교인 '신앙운동'을 창시했는데, 자세한 내용은 이 책의 제16장을 참고하라.

할 뿐이었다. 이런 와중에도 버젓함이라는 일반적인 요구는 만족될 수 있었다. 크로넨베르크 사람들은 버젓한 사람들이었기 때문에, 비록 각자의 침대에서 돌아눕기는 했어도 계속 잠을 잘 수 있었을 것이다.

하지만 유대교 회당의 화재는 뭔가 달랐다. 이 사건은 공동체가 자칫 잠에서 깨어날 수도 있는 허용 한계에 가깝게 (거의 위험할 정도로 가깝게) 도달하고 말았다. 비록 신성모독까지는 아니었지만, 어쨌거나 가치 있는 물품을 불법적으로 파괴한 것은 분명했다. 이는 (우리 미국인보다 훨씬 더 깊은) 독일인의 재산 관념에 배치되는 일이었으며, 이에 못지않게 법을 준수해야 하는 당국의 책임의식에도 배치되는 일이었다. 크로넨베르크의 유대교 회당에 화재가 일어났을 때에는, 그 지역 SA 대원들이 우발적으로 이용당했다. 그중에는 내 친구인 재단사 슈벵케도 포함되어 있었다. 하지만 그 방화는 그 도시로부터 40마일 떨어진 다른 대도시에서 온 외부인들이 계획하고 지시한 것이었다. 이는 미국의 갱 범죄에서 살인청부업자들이 뉴욕에서 시카고로, 또는 시카고에서 뉴욕으로 가서 범죄를 저지르는 것과 마찬가지였다. 이럴 경우에 그 지역 관리들은 무력한 상태가 되며, 결과적으로는 그 지역사회도 마찬가지로 무력한 상태가 된다.

독일의 지역사회가 (즉 나치즘의 전체 기계장치를 조작했던 100만 명쯤을 제외한, 나머지 7,000만 명의 독일인들이) 할 수 있었던 일이라고는 단지 '간섭하지 않는 것' 뿐이었다. 그들에게는 아무것도 기대할 수가 없었다. 그들은 단지 세금을 납부하고, 지역 신문을 읽고, 라디오를 들으며, 예전에 했던 것과 마찬가지로 살아갈 뿐이었다. 국가적 기념일의 축하 행사가 그 지역에서 열리면 모두가 참석했으므로, 따라서 여러분도 참석했던 것이다. 이전에도 황제의 생일에는 학교와 상점 모두가 쉬지 않았던가? 가치 있는 목적을 위해서는 모두가 돈과 시간을 기여했으므로, 여러분도 그렇게 했던 것이다. 여러분이 미국에 살았다면, 여러분의 부인은 헌옷을 모아서 기증하고, 일주일에 하루는 오후에 적십자나 고아원이나 병원에 가서 봉사를 했을 것이다. 여러분이 나치 독일에 살았다면, 여러분의 부인은 '나치 부인회(Nazi Frauenbund)'에서 똑같은 이유로, 똑같은 일을 했을 것이다. '부인회'는 적십자와 마찬가지로 애국적이고 인도주의적이었다. 예를 들어, 여러분의 부인은 '검둥이'의 혈장을 '백인'의 혈장과 분리 보관하는지를 적십자에 굳이 물어본 적이 있었는가?

독재정권이 있거나 없거나, 독일에서는 저마다 자기 일에나 신경을 썼다. 미국인은 무작위적인 여가를 이용해서 건설적인, 또는 재미있거나 파멸적인 온갖 종류의 업무 외 샛길로 빠지곤 했던 반면, 독일인 대부분에게는 이런 것이 아예 없었다. 독일인은 휴일에도 굳이 자기가 가던 길에서 벗어나 "말썽을 찾아다니지"는 않기 때문이다. 미국인과 비교했을 때, 독일인은 비타협적인 사람이나 조직과 교제할 기회가 더 많지 않았다. 미국인과 비교했을 때, 독일인은 정부에 반대하는 일에 뛰어드는 경우가 훨씬 더 적었다. 물론 미국인 중에도 정부를 향해 "아니오"라고 말하는 사람은 소수다. 하지만 독일인 중에 그런 사람은 극소수였다. 내가 만난 열 명의 친구들 중 어느 누구도 나치 정부를 향해 "아니오"라고 말하지 않았으며, 오로지 그중 한 명인 교사 힐데브란트만이 "아니오"라고 '생각'했을 따름이었다.

한 번이라도 정부를 향해 "아니오"라고 말하게 될 사람이라면 대개의 경우, (물론 항상 그렇지는 않지만) 원래부터 정치적으로 의식 있는 성향을 갖고 있게 마련이다. 하지만 히틀러의 독일에서는 그런 사람조차도 나치이거나 또는 나치 반대자이거나, 둘 중 하나였다. 만약 나치인 경우, 그런 사람은 기꺼이 "그렇소"라고 말했다. 만약 나치 반대자인 경우, 그런 사람은

(내 친구인 교사의 경우와 마찬가지로) 자칫 위험할 수도 있는 과거 기록이 그들의 머리 위에 대롱대롱 걸려 있게 마련이었다. 그러니 항의를 제기할 수도 있었을 법한 유일한 독일인들은 항의를 제기하기는커녕 오히려 신변 안전을 위해서라도 순응할 수밖에 없는 상황이다. 이들은 매카시 시대의 미국에서 한때 공산주의자였던 사람들과도 유사했다. 왜냐하면 이들은 자기 과거가 안전하게 묻혀버리기를 바랐고, 이들의 유일한 관심사는 과연 '자기' 이름이 비(非)미국 행동 조사위원회의 증언에서 언급되느냐 마느냐였기 때문이다. 이들이야말로 모든 미국인 중에서도 '오늘날' 항의나 반대에 참여할 가능성이 가장 적은 사람일 것이다. "제가 살아남았다는 사실이 놀랍기만 합니다." 힐데브란트 씨의 말이다. "다른 누군가에게 벌어진 일이 저에게는 일어나지 않았다는 사실만으로도 기뻤던 거죠. 나중에 가서 폭탄이 다른 도시나 다른 집에 떨어지고, 내 집에 떨어지지 않았을 때와 마찬가지였습니다. 그저 감사한 마음만 드는 거죠." "다른 사람을 딱하게 생각하는 경우보다, 당신 자신의 안전을 다행으로 생각하는 경우가 더 많았던 건가요?" "그렇습니다. 사실대로 말하면 그렇다고 해야겠죠. 당신은 아니라고 생각하시겠죠, 교수님, 하지만 당신께서도 그런 일에 직면해보시면 그게 어떤 건지 아시게 되리라 확신합니다."

여러분은 유대인을 딱하게 생각할 수 있었다. 이들은 모든 공적인 자리에서 자기 정체를 밝혀야 했으며, 남자는 모두 자기 이름에 '이스라엘'을 넣어야 하고, 여자는 모두 자기 이름에 '사라'를 넣어야 했으니까.[24] 이들이 일자리와 집을 잃고, 경찰에 출두해 신고하는 모습을 보면 더욱 딱하

---

24. 나치 정권이 1938년 8월 17일자로 내린 명령이다. 유대계 독일인 중에서도 유대인 특유의 성(姓)을 갖고 있지 않은 남성에게는 '이스라엘', 여성에게는 '사라'라는 유대계 이름을 덧붙이게 해서, 그들이 유대인임을 쉽게 알아차리게 했다.

게 여길 수도 있었다. 이들이 고향에서 쫓겨나 강제수용소로 이송되어, 노예 생활을 하다가 죽음을 맞이하는 모습을 보면 더더욱 딱하게 여길 수도 있었다. '하지만 여러분은 자기가 유대인이 아니라는 사실이 기쁘지 않았던가? 그런 일이 실제로 수천 명, 심지어 수십만 명의 비유대인에게도 벌어졌을 때, 여러분은 그들을 딱하게 여기는 한편, 이전보다 더 두려움을 느꼈다. 하지만 여러분은 비유대인인 여러분에게 그런 일이 일어나지는 않았다는 사실이 기쁘지 않았던가? 이것이야말로 가장 고상한 유형의 기쁨까지는 아니었어도, 여러분은 그런 기쁨을 기꺼이 끌어안고, 자기 발걸음을 이전보다 더 주의 깊게 살펴보았다.

초기에 부헨발트에 갔다가 돌아온 사람들은 (당시 독일의 감옥에서 석방되는 사람이 항상 약속하는 것처럼) 각자의 감옥 체험을 남에게 이야기하지 않기로 약속했다.[25] 하지만 여러분은 그 약속을 깨트려야만 했다. 여러분의 동포에게 자기 경험을 이야기해주었어야 했다. 혹시나 그랬더라면 (비록 가능성 자체는 적었다 하더라도) 여러분은 조국을 구했을지도 모른다. 하지만 여러분은 그렇게 하지 않았다. 여러분은 아내에게, 또는 아버지에게 이야기했을지 모르지만, 그래 놓고는 이들에게도 비밀 엄수를 맹세하게 했다. 그 때문에 비록 수백만 명이 사실을 짐작했지만, 오로지 수천 명만이 사실을 제대로 알았다. 여러분은 부헨발트로 돌아가고 싶었으며, 이번에는 더 나쁜 대우를 받고 싶었을까? 여러분은 거기 남겨진 사람들을 딱하게 생각했던가? 여러분은 자기가 거기서 벗어났다는 사실이 기뻤던가?

"세상 일이 다 그렇지(So war die Sache)." 공동체가 한 가지 방식으로 상당히 많이 느끼고 생각하는 (또는 최소한 말하고 행동하는) 곳에서, 뭔가

---

25. '부헨발트'는 독일 바이마르 인근에 있었던 나치의 강제수용소다. 유대인과 정치범과 전쟁 포로 등을 수용했으며, 모두 5만 명 이상의 사망자가 발생한 것으로 추정된다.

다르게 말하거나 행동한다는 것은 일종의 내적 유배를 의미했다. 비록 법적 형벌이 가해지지 않았더라도, 대부분 사람들은 그런 처지에 놓이는 것을 좋아하지 않았다. 오, 물론 여러분이 평생 동안 이의 제기자였거나, 또는 급진주의자였거나, 또는 악명 자자한 범죄자였다면 그것도 아주 나쁠 것까지는 없었다. 여러분은 이미 그런 일에 익숙할 테니까. 하지만 여러분은 (즉 여러분과 나는) 다른 모든 사람에게 "안녕하세요"라고 인사하고, 또 모든 사람들로부터 "안녕하세요"라는 인사를 받는 데에 익숙해져 있다. 여러분은 다른 모든 사람의 눈을 똑바로 바라보고, 여러분의 눈은 비록 공허하기는 해도 맑았다. 여러분은 공동체에서 존경을 받는다. 왜? 왜냐하면 여러분의 태도가 그 공동체의 태도와 똑같았기 때문이다. 하지만 그 공동체의 태도는 존경할 만한가? 그건 중요한 게 아니다.

여러분과 나는 공동체의 기준에 의거한 공동체의 승인을 원한다. 우리가 범죄자의 승인을 원할 리야 없겠지만, 무엇이 범죄이고 무엇이 범죄가 아닌지는 공동체가 결정한다. 이것이 바로 함정이다. 여러분과 나는, 그리고 열 명의 나치 친구들은 바로 이 함정에 빠져 있었다. 이것은 자기 자신의, 또는 자기 가족의, 또는 자기 일자리의, 또는 자기 재산의 안전에 대한 두려움과는 직접적으로 아무 상관이 없었다. 나는 이 모두를 소유한 상태에서, 즉 결코 잃어버리지 않은 상태에서도 여전히 유배를 당할 수 있는 것이다. 공동체의 어디엔가 있는 누군가가 나를 가리켜 거짓말쟁이라고, 또는 사기꾼이라고, 또는 '빨갱이'라고 다른 누군가에게 말하는 것이다. 누가 왜 그랬는지는 중요하지 않았다. 그러면 (지금까지 내가 한 번도 더 친밀한 관계를 맺은 적이 없었던) 누군가가 내게 "안녕하세요"라는 인사도 건네지 않고 나를 지나쳐가는 것이다. 나는 집에 유배되고, 고립된 상태가 된다. 내 안전은 (내가 이의 제기자, 또는 은둔자, 또는 속물이 되는 데에 익숙해지지 않는 한) 여러 사람 속에 섞여 있어야만 보장된다. 따라서 내일 나를 지나쳐갈 이 사람은 (비록 내게 항상 "안녕하세요"라고 말은 했지만, 정작 나를 위해서는 손가락 하나 까딱하지 않을 이 사람은) 결국 내일 나의 안전이 한 단위만큼 줄어든다는 의미다.

여러분과 내가 삶의 축복이라고 부르는 것들에서 (획일적인 공동체 전체에 의한 무비판적 승인도 여기에 포함된다) 내가 만난 열 명의 친구들은 하나같이 이전보다 상황이 더 나아졌다(물론 재단사 슈벵케는 예외인데, 한때 자기 가게가 있었지만 지금은 학교 수위였기 때문이다). 이들과 이들의 가족뿐만 아니라, 이들의 친구들 모두가, 그리고 공동체 '전체'가, 심지어 과부와 고아와 노인과 병자와 빈자가 그러했다. 독일은 반동적인 융커(Junker)였던 비스마르크 이래로 줄곧 상당수 미국인이 '복지국가'라고 부를 만한 상태였고, 사회민주주의를 모면하기 위해서 사회입법을 도입했다. 하지만 제1차 세계대전 이후의 붕괴 속에서, 그리고 1920년대 말에 또다시 벌어진 붕괴 속에서, 바이마르 공화국은 그 사회 복지를 유지할 수 없었다. 반면 나치즘은 이런 혜택을 복원시켰을 뿐만 아니라 확대하기까지 했다. 이전의 그 어느 때보다도, 그리고 물론 이후의 그 어느 때보다도 더 포괄적으로 만들었다. 이런 혜택은 당원에게만 국한되지 않았다. 오로지 정권의 '적들'만이 이런 혜택에서 배제되었다.

전쟁은 힘들었지만, 폭격이 보편화되기 전까지만 해도 첫 번째 전쟁에 비할 만큼 힘들지는 않았다. 과거의 전쟁에서는 독일 정부도 봉쇄를 미처 예견하지 못했기 때문에 민간인은 도토리를 먹고 버텨야 했다. 하지만 이번에는 점령 국가가 굶는 대신 독일인은 잘 먹었다. 하지만 내 친구들이 '나치 시절'이라고 말할 때, 이들은 1939~1945년을 말하는 것이 아니었다. 오히려 이들에게는 1933~1939년이 그 시절에 해당한다. 1945년 이후의 독일처럼 암담한 시기에는 이전의 그 시간이야말로 무엇보다 더 좋았다고 여겨지게 마련이다.

그때야말로 이들의 삶에서 최고의 시간이었다.

"그래요." 목수인 클링겔회퍼 씨의 말이다. "그때야말로 최고의 시간이었죠. 첫 번째 전쟁이 끝나고 나서, 독일에서는 집집마다 아이를 딱 둘씩만 갖게 되었죠. 가정이고 결혼이고 집이고 나라고 간에 좋지 않았지요. 좋지 않았어요. 바로 거기서 독일은 죽어갔는데, 우리가 생각하기에는 그거야말로 히틀러의 말마따나 힘이 없어서 그런 것 같았어요. 그는 힘에 대해서 이야기하고 있었죠. 1933년 이후에야 우리는 아이를 더 많이 갖게 되었죠. 사람마다 미래를 보게 된 거예요. 부자와 빈자의 차이는 점점 더 줄어들었고, 우리는 그 사례를 곳곳에서 목격하게 되었죠. 사람마다 기회가 생겼어요. 1935년에 저는 아버지의 가게를 물려받았고, 2천 달러의 정부 대출을 받았죠. '들어본 적도 없는' 일이었어요!

좋은 발전은 우리가 민주주의를 하고 있느냐, 아니면 독재정치를 하고 있느냐, 아니면 다른 무엇을 하고 있느냐 여부와는 아무 상관이 없었어요. 정부의 형태는 그거랑 아무 상관이 없었던 거죠. 어떤 사람한테 돈이나 기회가 없게 되면, '체제'에 대해서는 아무 관심도 없게 되는 거예요. 체제 안에 있을 때에는 거기서 혜택을 발견하게 되죠. 체제 밖에 있는 바람에 혜택을 받지 못하게 되면, 비로소 체제에서 잘못을 발견하게 된다고 생각해요. 제 생각에는 지금 러시아도 딱 그렇게 돌아가는 것 같아요. 세상 어디나 그렇게 돌아가는 것 같구요. '안 그렇습니까?' 그때에는 아이들이 학교에서 모두 이렇게 말했죠. '우리는 이 모든 것을 주신 총통께 감사드립니다.' 이제는 아이들이 이렇게 말합니다. '우리는 미국께 감사드립니다.' 만약 공산주의가 대세라면 아이들은 이렇게 말하겠죠. '우리는 스탈린께 감사드럽니다.' 사람이란 다 그런 거죠. 제가 자진해서 그러는 건 아니라는 거 예요."

하지만 그는 자진해서 그렇게 했다.

클링겔회퍼는 자기가 받은 축복을 세어보았다. 누가 그렇지 않겠는가?

내 생각에 그가 말한 갖가지 혜택은 친(親)나치 선전의 산물이었을 것이다. 이것은 또한 사실이기도 했다. 사람들의 태도가 사실이며, 그것도 결정적인 사실인 한에서는 역시나 사실이었다는 말이다. 연합국의 점령부조차도 내 친구들을 나치 반대자로 만들지는 못했다. 그들의 삶에서 국가사회주의 치하에서 보낸 한 시기를 부정하는 것은 완전히 부적절하다는 것을 보여주는 증거가 그들 눈앞에 있었다. 전쟁 이후의 새로운 독일 정부 치하에서 어떤 '회복'이 있다 하더라도, 가까운 미래에 그 시기를 기꺼이 부정할 수 있으리라 낙관하기는 힘들다. 하물며 연합군의 점령 치하에서는 그런 일이 더욱 힘들어 보인다. 어쩌면 사람들이 (최소한 이 사람들이라도) 자기 가치의 근거를 변화시킬 수 있는 때가 찾아오고 나서야, 즉 '세상'이 히틀러 치하에서만큼 '좋아지는' 날이 언젠가 찾아오고 나서야, 비로소 그런 일이 가능하지 않을까. 그들은 우리가 '자유'라고 부르는 것을, 심지어 우리가 갖고 있는 것과 같은 자유를 이미 가지고 있었다. 하지만 내 친구들이 보기에 '자유'란, 자기들이 한때 갖고 있다가 지금은 잃어버린 모든 것들을 적절하게 대체할 수 있는 것이 아니었다. 자기가 노예였다는 것을 몰랐던 사람들은 자기가 해방되었다는 것조차도 모르게 마련이다.

3장 히틀러와 나

         이 아홉 명의 평범한 독일인은 히틀러가 수상으로 취임한 지 4주 뒤에 선언한 국가 위기 상황을 기꺼이 받아들였다. 그리고 심지어 지금까지도 여전히 그렇게 받아들이고 있었다. 하지만 그 결정 때문에 각자의 인권이 침해되었다고는 예전에도 생각하지 않았고, 지금도 그렇게 생각하지 않는다. 심지어 열 명 중에서도 예외적이었던 힐데브란트 씨조차도 이 점에 대해서는 완전히 확신하지 못했다. 그 체제가 어떤 식으로건 억압적이라고 보았던 사람은 열 명 가운데 겨우 두 명뿐이었다. 한 명은 당연히 힐데브란트였고, 또 한 명은 수금원인 지몬이었다. 지몬 씨는 자기가 독일 내에서 가장 오래된 나치 당원 가운데 하나였음에도 불구하고, 당에서 가장 낮은 직위인 세포 조장까지밖에 오르지 못한 이유가 바로 자신의 '민주주의적' 경향 때문이라고 생각했다. 그러나 그는 비록 '작은 히틀러들'이 당의 원칙을 국지적으로 악용했다고는 생각했지만, 이를 계기로 자기 당에 대한 믿음이나 당의 지도로부터 소원해진 적은 단 한 번도 없었다.

    '작은 히틀러들'이란 표현은 내 친구들과 나눈 대화에서 계속해서 등장했다. 이 표현은 히틀러를 깎아내리는 의도가 아니었으며, 오히려 정반대였다. '작은 히틀러들' 은 지역이나 지방의 관리들을 뜻했다. 이들은 여러분이 직접적으로 아는 사람일 수도 있고, 여러분이 동료로부터 자주 이야기를 들어서 간접적으로 아는 사람일 수도 있다. 여러분은 이들이 총통을 (특히 총통의 확신을, 그리고 그 확신으로부터 나오는 총통의 절대성을) 모방한다는 점을 무척이나 혐오한다. 하지만 당 전체가 취하는 유서 깊은 군대식의 명령 원칙 때문에, 여러분은 이 문제에 대해 아무런 조치도 취하지 않는다. 대신 작은 히틀러인 슈미트라는 작자가 대중 앞에서 망신을 당한 직후에 여러분이 그의 후임자로 박수갈채 속에 선출되는 날이 찾아오는 꿈만 꾸는 것이다.

내가 만난 열 명의 친구 가운데, 히틀러에게 도덕적 악이 있었다고 말한 사람은 아무도 없었다. 심지어 오늘날까지도 마찬가지였다. 대신 이들은 (사실로 미루어보건대) 그 당시에 자기들이 저질렀던 것과 같은 치명적인 전략적 실수를 총통도 저질렀다고 생각할 뿐이다. 히틀러의 실수 중에서도 최악은 잘못된 보좌관을 선택한 것이다. 이것이야말로 저 지도자가 지녔던 신뢰성과 충실성의 미덕에 대한, 그리고 저 지도자가 악에 대한 지식이 부족했다는 점에 대한 간접적인 칭찬이었다. 미국의 경우로 바꿔 표현하자면, 프랭클린 델라노 루스벨트나 드와이트 아이젠하워의 치하에서 뭔가 일이 잘못되었을 때마다 그 지지자들이 내놓는 설명과도 상당히 비슷한 데가 있었다.

아버지상(像)에 대한, 또는 아버지에 대한, 또는 어머니나 아내에 대한 우리의 믿음을 일단 한 번 고정시키고 나면, 그 믿음을 단번에 완전히 박살낼 정도로 용서가 불가능한 잘못이 생기지 않는 한 (하지만 아버지나 어머니나 아내가 우리에게 저지를 법한 잘못 중에서 차마 용서가 불가능한 잘못이 과연 무엇이겠는가?) 우리는 그 믿음을 계속 고정시킨 채로 놓아두어야 한다. 그 상은 우리의 가장 뛰어난 자아를 상징한다. 그것은 우리 자신이 추구하는 모습이며, 동일시를 통해서 곧 우리 자신이기도 하다. 용서가 불가능한 잘못이라는 결정적 증거가 없는 상황에서, 그 믿음을 포기한다는 것은 곧 자기 죄를 자백하는 것이나 다름없다. 따라서 히틀러는 부하들에게 배반당한 것이었으며, 작은 나치들 역시 히틀러와 함께 배반당한 것이었다. 어쩌면 그들은 보어만과 괴벨스를 미워했을지도 모른다.[26] 왜냐하면 보어만은 마지막에 가서 권력을 잡았는데, 그들은 나치의 마지막을 부끄러워했기 때문이다. 또 괴벨스는 '유대인 정신'을 가진, 즉 유대인과 마찬가지로 말이 유창하고 교활하기 짝이 없는 정신을 가진 소인배였기 때문이다. 어쩌면 그들은 '사냥개(Bluthund)'[27] 힘러를 가장 미워했는지도 모른다. 왜냐하면 그는 냉혹하게 사람을 죽였는데, 그들이라면 결코 그런 일을 하지 않을 것이기 때문이었다. 하지만 아마 그들은 히틀러나 그들 자신을 미워하지는 않았을 것이다.

"당신도 아시다시피." 이른바 '작은 자' 인 열 명의 친구들 중에서도 가장 작은 자였던 재단사 슈벵케가 말했다. "정권 내에서는 히틀러에 반대하는 비밀전쟁이 항상 이루어졌죠. 그놈들이 불공정한 방법으로 그와 싸웠던 겁니다. 저는 힘러가 싫었어요. 괴벨스도 마찬가지구요. 만약 히틀러가 진

26. 마르틴 보어만(1900~1945)은 나치 정권에서 히틀러의 비서로 활동하며 막대한 권력을 휘둘렀다. 히틀러 사후에 괴벨스와 보어만은 나치 정부와 당의 총책임자 자리를 각각 물려받았지만, 괴벨스는 불과 하루 만에 자살했고 보어만도 도주 중에 피살된 것으로 알려졌다. 보어만의 사망 사실은 한동안 미확인 상태였기 때문에, 사반세기 넘도록 지명수배가 내려졌다. 이후 보어만의 시신으로 추정되는 시신이 발견되어 유전자 감식을 통해 최종 사망 판정이 내려졌지만, 일부에서는 그때까지도 생존설을 주장하는 등 논란은 그치지 않았다.
27. 문자적으로는 '블러드하운드' 라는 사냥개를 뜻하지만, 은유적으로는 '잔인한 인물' 을 뜻하기도 한다.

실을 전해 듣기만 했어도 상황은 전혀 달라졌을 겁니다." 마지막 문장에서 "히틀러가"를 '내가'로 바꿔도 무방할 것이다.

"유대인들을 죽인 일이요?" 자칭 "민주주의적"이라던 수금원 겸 '당의 역전 용사' 지몬이 반문했다. "맞아요, 그건 잘못이겠죠. 혹시나 그들이 전시에 반역을 모의하지 않은 이상에는 말이에요. 하지만 유대인은 실제로 반역을 모의했다니까요. 제가 만약 유대인이었다 하더라도, 저 역시 그렇게 했을 거예요. 물론 학살이야 잘못이긴 하지만, 그래도 어떤 사람은 그런 일이 정말로 일어났다고 하고, 또 어떤 사람은 일어난 적이 없다고 하죠. 당신도 해골이나 신발 사진을 나한테 보여줄 수야 있겠지만, 그것만으로는 그 일을 증명할 수 없어요. 하지만 제가 확실히 장담할 수 있는 건 하나 있죠. 그건 바로 힘러의 짓이었다는 거예요. 히틀러는 그 일과 아무 상관이 없었다는 거죠."

"혹시 히틀러가 이 일을 알았다고 생각하지는 않나요?"

"저는 모르겠어요. 이제는 우리도 영영 모르게 되겠죠."

결국 히틀러는 내 친구의 가장 훌륭한 자아를 보전하기 위해 죽은 셈이었다.

부분적이고도 은밀하게나마 나치 반대 성향이었던 교사를 제외하면, 오로지 은행원 케슬러만이 히틀러의 개인적이거나 공적인 선함에 대해서 일말의 의구심을 지녔다. 작은 자인 그는 천성적으로 말이 유창했기 때문에, 그 지역에서 공식 당(黨) 연설가 노릇을 했다. 그조차도 어쩌면 자기 자신의 경험을 투사해서 그렇게 말하는 것일 수도 있었다. "히틀러는 뛰어난 웅변가이고 타고난 연설가였죠. 제 생각에는 그가 자기 격정에 휘말려 점차 진실로부터 멀어졌던 것 같아요. 무려 '진실'로부터요. 그런데도 그는 항상 자기 말을 믿어 의심치 않았죠." "음모가 놈들, 그러니까 힘러, 괴벨스, 로젠베르크, 보어만, 그런 놈들이 그를 운명의 주인공으로 만들어버린 거죠." 크로넨베르크의 당 지부 사무실 관리실장이었던 전직 판매원 담이 말했다. "그놈들이 워낙 능숙하게 해치우다 보니 히틀러 역시 결국에는 그걸 진짜라고 믿게 된 거죠. 그때 이후로 그는 망상의 세계 속에서 살게 된 거예요. 뭐랄까, 훌륭하고도 위대한 인물에게 바로 그런 일이 벌어졌던 거죠." 그런 일은 역시나 작은 자인 '나, 하인리히 담'에게도 똑같이 벌어질 수 있다는 듯한 투였다.

이 신자들은 (왜냐하면 그들이야말로 정말 '신자'였으니까) 히틀러의 숭배자까지는 아니었는데, 이는 미국에 사는 우리가 루스벨트나 아이젠하워의 신자까지는 아니었던 것과 매한가지다. 이들이 보기에 히틀러는 곧 자기들과 비슷한 사람, 즉 '작은 자'였으며, 그가 한 일은 자기들 같은 '작은 자들'이 위대해져서 전 세계를 지배할 수 있는 능력을 지니고 있음에 대한 입증, 즉 "당신네 미국인들"이 이야기하는 민주주의에 대한 입증이나 다름없었다. '우리와 같은, 작은 자'는 선동적인 폭군의 현대적 유형이라고 할 수 있는데, 그 원형은 플라톤의 폭도 민주주의에서 말하는 '국민의 친구'다. 이런 히틀러들이며 스탈린들이며 무솔리니들은 더 평범한 어정뱅이였고, 반(半)문맹이었던 히틀러야말로 그중에서도 가장 평범한 사람이었다.

왕들과 황제들은 하느님의 은혜에 의거하여 다스리지만, 이런 히틀러들은 자기 자신의 은혜에 의거하여 다스린다. 하느님의 은혜란, 당신의 자녀에게 아버지를 주시고, 자녀의 이익을 위해 아버지가 다스리는 것이다. 아버지는 자기 역할에 걸맞은 지혜를 부여받으며, 아버지의 지팡이는 (또는 아버지의 냅킨 링이나 아버지의 흔들의자는) 그를 자기 자녀와 완전히 동떨어진 상태로 만들어준다는 점에서 황제의 왕관과 마찬가지의 기능을 담당한다. 하지만 이런 히틀러들은 트렌치코트를 입는다. 그들은 실제로 아버지상인가? 아니면 '지도자'와 '아버지'는 사실 서로 분리할 수 있는 두 개의 잠재의식적 실체인 걸까?

정신분석학의 전문용어 중에는 '카리스마적 지도자'라는 가장 최근의 신조어가 있다. 만약 '카리스마적'이라는 단어가 그리스어의 '카리스마 (charisma)'[28]에서 유래한 것이 맞다고 치면, 이는 아마도 자기 국민을 돌보기 위해서 카리스마를 부여받은 사람을 의미하는 듯하다. 황제와 히틀러 양쪽 모두 독일 국민을 '돌보았던' 것은 맞지만, 황제의 카리스마는 하느님으로부터 부여받은 것이었다. 따라서 그는 굳이 사람들 앞에서 자상함을 드러내려고 아기들에게 입을 맞추지 않아도 그만이다. 그는 다른 무엇도 굳이 할 필요가 없었다. 아버지들 중에서도 가장 완벽한 아버지인 그는 멀리 떨어진 포츠담에 살았다.[29] 여러분은 평생 가야 그를 한두 번쯤 큰 행렬 중에서 보거나, 아니면 한 번도 못 보고 죽을 수도 있다. 여러분의 생물학적 아버지와는 달리 그는 사소한 일로, 또는 부당하게 여러분을 처벌하는 일이 결코 없다. 여러분의 생물학적 아버지와는 달리 그는 여러분이 사생활에서 '나쁘게' 행동하도록 내버려 둔다. 예를 들어 여러분이 아내를 때리거나, 술을 마시거나, 비열한 일을 하더라도, 그가 여러분을 매질하거나 자기 사랑을 거두어들이지는 않는다.

내 친구들 가운데 나이가 많은 축에 드는 일곱 명은 안정적인 사회에서 자라났기 때문에, 그들의 완벽한 아버지는 포츠담에 있었고 그들의 완벽하지 못한 아버지는 집에 있었다. 그 일곱 명 가운데 하나인 은행원 케슬러 씨는 일찌감치 아버지를 잃고 홀어머니 밑에서 자라났다. 다른 여섯 명

---

28. 그리스어의 '카리스마'는 본래 "공짜로 얻은 호의"나 "은혜로운 선물"이라는 뜻이다.
29. 포츠담은 역대 프로이센 국왕과 독일제국 황제의 궁전이 있는 곳이었다.

가운데 최소한 네 명은 자기 아버지를 (또는 '양쪽'의 아버지 모두를) 미워했던 반면, 힐데브란트의 경우에는 자기 아버지를 두려워하지도 미워하지도 않았다고 나는 어느 정도 자신 있게 말할 수 있다.

나이가 많은 재단사 슈벵케는 '아직까지도' 자기 아버지를 미워했다. 93세인 그의 아버지는 인근의 마을에서 아직까지도 살고 있다. 슈벵케는 벌써 여러 해 동안 아버지를 만나지 않았다. 그는 예전부터 아버지를 마음 속으로만 미워했지만 ("그 양반은 술을 너무 마셨죠." "그 양반은 착한 우리 어머니에게 잔인하게 대했죠") 나중에 가서는 공공연하게 미워했다. 그는 아버지가 자기를 학대하던 한 재단사 밑에서 도제 생활을 계속하라고 명령하자 아예 가출해서 군대에 들어가버렸다. 시골 소년이었던 하인리히 담은 자기 아버지를 무서워했는데, 그의 아버지는 야심만만하고 욕심이 많았던 농부였다. 마을에서 여관 겸 술집을 운영하였고, 자정에 술집 문을 닫으려는 주인에게 시비를 거는 대여섯 명의 주정꾼 정도는 얼마든지 쉽게 다룰 수 있을 만큼 힘이 셌다. 담은 자기 아버지가 임신 중이었던 어머니한테 돌 쌓는 일을 시켜서, 결국 어머니가 일하다 말고 쓰러진 적도 있었다고 회고했다. 그로부터 몇 년 뒤에 어머니가 죽고 나서, 그의 아버지는 이렇게 말했다. "어쩌면 내가 일을 너무 많이 시킨 모양이지." 하지만 아들은 아버지를 미워한다기보다는 오히려 너무 많이 두려워했는데, 그건 지금도 마찬가지였다.

이와는 대조적으로, 내 친구들 가운데 다섯 명은 현재 십대이거나, 또는 곧 십대가 될 자녀를 두었는데, 이들은 하나같이 자녀의 건방짐을 (즉 '독립성'을) 보면서 놀라워했다. 이들의 태도를 묘사하는 데에는 '반대했다'거나 '분개했다'는 것보다 차라리 '놀라워했다'고 쓰는 편이 더 낫다. 아들 슈벵케는 자기 아버지인 늙은 재단사를 가리켜 이렇게 말했다. "제 아들놈이 저한테 말대꾸하는 식으로 제가 우리 아버지에게 말대꾸를 했다면, 아버지는 저를 죽이려고 하셨을 겁니다." 그러면서 그는 고개를 설레설레 저었다. "이제는 상황이 완전히 바뀌었어요." 목수 클링겔회퍼의 말이다. "제가 어렸을 때에만 해도, 저는 말하라는 지시가 있을 때에만 말했습니다. 지시가 없으면 절대로 말하지 않았죠. 그런데 이제 우리 애들은 모든 것에 대해 저하고는 의견이 맞지 않아요. 게다가 저는 이제 아무것도 못합니다. 우리 마누라가 상전이거든요." 이 말과 함께 그는 허허 웃었다. 얼핏 보기에 상당히 급진적으로 보이는 이런 변화의 원인은 아마도 독일 여성의 해방, 그중에서도 특히 주부의 해방에서 찾을 수 있을 것이다. 나치는 이런 변화를 극복하려 시도한 바 있었다. 독일의 아이들은 예나 지금이나 매한가지로 거의 전적으로 어머니의 손에서 자란다. 나의 비나치 친구들 중에서도, 아버지와 자녀 사이의 관계는 우리 미국의 아버지와 자녀 사이의 관계에 비해 더 먼 것이 일반적이었다. 하지만 과거의 어머니가 아버지의 뜻을 자녀에게 전달하는 데에 그쳤다면, 현재의 어머니는 자신의 뜻을 직접 자녀에게 전달한다.

내 친구들의 자녀는 분열된 사회에서 자라나게 된 것이 분명하다. 여기서는 황제뿐만 아니라, 심지어 생물학적 아버지조차도 원래의 자리에서 쫓겨난 상태였다. 내 친구들은 자기 일자리를, 또는 자기 집을, 또는 자기 지위를, 또는 자기 안정을 잃었으며, 이들의 자녀는 그런 사실을 알고 있었다. 황제는 이제 역사 속의 등장인물에 불과해졌으며, 다시 돌아오리라는 기약도 없이 사라져버렸다.

진정한 아버지상은 진정한 '상(像)', 즉 이상적인 본질의 상징이다. 빌헬름 2세가 지배자로서나 인간으로서나 선한 사람이냐 악한 사람이냐 여부는 그의 지위와 무관하다. 한 사람의 생물학적 아버지가 겪은 실패는 그 사람의 태도에 영향을 끼칠 수밖에 없는 반면, 진정한 아버지상이 겪은 실패는 마치 동화에 나오는 '벌거벗은 임금님' 이야기처럼 백성들도 보이지 않는 옷이 눈에 보이는 척 가장하고 넘어가게 마련이었다. 제1차 세계대전 이전에 독일에서는 대담한 지식인들이 황제의 정책을 공격한 적도 있었지만, 내 친구들은 대담한 지식인들이 아니었다.

우리는 진정한 아버지상을 굳이 판단하려 들지 않는다. 우리는 각자의 생물학적 아버지를 판단하려 들지 않을 것이다. 물론 그러지 않을 수야 없겠지만. 우리는 성공과 실패에 관한 자기 나름의 판단 기준을 이용해서 자기와 비슷한 사람을 판단하게 마련이다. 1943년 또는 1944년까지만 해도 히틀러는 성공을 거두었다. 스탈린그라드 침공 직전까지만 해도 그는 전 세계 역사에서 오로지 10여 명만이 갖고 있었던 천재성을 과시했으며, 이런 천재성을 이용해서 사회 문제에서도 사회 문제 특유의 갖가지 어려움을 헤치고 계속해서 성공을 거두었다. 내 친구들은 모두들 서슴없이 나름의 분석을 내놓았다(일개 병사라면 누구나 군사 전문가로 행세하게 마련이며 당시에 독일인이라면 누구나 병사였기 때문이다). 즉 히틀러가 폴란드를 침공한 것이 또는 침공한 '시기'나 침공한 '방법'이 잘못이었다고, 아니면 러시아를 공격한 것이 잘못이었다는 분석이었다(물론 그 와중에 총통은 러시아를 꼼짝달싹 못하게 만드는 뛰어난 지략을 발휘했지만 말이다). 또는 이탈리아와 동맹을 맺은 것이 잘못이었다고, 또는 지나치게 빨리 전 세계를 상대한 것이 잘못이었다고 말했다. 하지만 이런 잘못들은 어디까지나 전략적 실수에 불과하다고 말했다. 나 역시 그런 실수를 저지르게 마련이라고 내 친구들은 말했다. 심지어 나폴레옹조차도 그런 실수를 저지르게 마련이라고 했다.

내 친구들은 히틀러를 애도하지 않았다. 이는 자신의 천재성을 과시하다가 파멸에 이른 우리 미국의 국가 지도자들을 우리가 애도하지 않는 것과 매한가지다. 그런 천재들이 자기가 들어갈 석관(石棺)을 만드는 과정에서는, 정당 일꾼들의 (즉 선거 때마다 이용만 당하고 보상은 제대로 못 받는) 냉소적인 도움을 반드시 받아야 한다. 내가 만난 나치 친구들은 히틀러를 신격화하지도 않았고 그를 찬양하지도 않았다(만약 찬양과 신격화라는 두 가지가 구분이 가능하다고 치면 말이다). 절대적 지배를 가능하게 한 절대적 권리나 절대적 권력이 그에게 있는지 여부에 대해서, 그들은 단 한 번도 의문을 제기한 적이 없었다. 하지만 그들은 그를 총통이나 지도자로 생각하지는 않았는데, 얼핏 보기에는 이제껏 한 번도 그렇게 생각하지는 않았던 것 같았다. 이는 단순히 연합군의 점령 이후 이들의 재교육 담당자들이 그런 단어의 사용 자체를 금지했기 때문만은 아니었다. 그들은 그를 히틀러라고 생각할 뿐이었고, 그들이 무엇을 재건하길 원하든지 간에, 히틀러주의를 재건하고자 꿈꾸는 것까지는 아니었다.

그들은 비록 낭만적이기는 했지만, 그렇다고 해서 히틀러를 되살리려는 낭만까지는 없었다. 그들은 히틀러라는 이름을 입에 올리는 행위를 굳이 삼가지 않았다. 그의 이름을 말할 기회가 있으면 꼭 말했다. 다만 정작 그렇게 할 기회 자체가 드물었을 뿐이다. 독일의 노병들은 요즈음 들어서 활활 타오르는 난로에 침을 뱉으며 옛날 이야기를 늘어놓을 일이 없었다. 왜냐하면 난로에 넣을 장작조차 없었기 때문이다. 내 친구들이 무엇보다도 놀랐던 점은 미국인들이 지금도 여전히 히틀러의 생존에 관한 이야기를 꺼낸다는 점이다. 즉 그가 사지 멀쩡한 채로 아르헨티나나 에스파냐에 머무르고 있다든지, 또는 일종의 인격신으로 독일에 머무르고 있다든지 하는 이야기를 말이다. 하지만 독일인이 보기에 히틀러는 과거에 살았고, 성공했고, 실패했고, 죽었고, 지금도 여전히 죽은 상태로 남아 있었다.

내 친구들의 의견을 보면, 아돌프 히틀러는 1943년까지, 또는 1941년까지, 또는 1939년까지만 해도 독일에 좋은 일을 해주었다. 그의 전략에 대한 저마다의 평가에 따라서, 그가 좋은 일을 했던 시기는 저마다 다를 수 있었다. 그 이후로 그가 독일에 얼마나 나쁜 일을 저질렀는지는, 단지 지금의 독일을 바라보기만 하면 쉽게 알 수 있다. "우리를 보면 아시잖아요, 교수님." 히틀러는 그 시대에 속한 사람이다. 그가 후세에 남긴 유산은 내 친구들에게, 즉 폐허 속에서 아등바등 살아가는 사람들에게 속해 있었다. 혹시 머나먼 미래에 가서 히틀러가 재기할 수 있을까. 내 생각에는 아닐 것 같았다. 머나먼 미래는 독일을 과거와 같은, 또는 현재와 같은 상태로 남겨둘 가능성이 없을 것이다.

4장 "당신이라면 어떻게 하셨겠습니까?"

내가 만난 열 명의 친구들 중에서 어느 누구도 강제 이송 체계나 강제수용소의 운영과 관련된 사람을 직접 만난 적은 없었다. 심지어 게슈타포라든지, 또는 보안대(Sicherheitsdienst)라든지, 또는 독일 육군을 뒤따라 동쪽으로 가서 유대인 대량 학살을 자행한 점령지 분견대(Einsatzgruppen)와 관련된 누군가를 개인적으로 알지도 못했다. 그들 중 어느 누구도 잔혹행위를 자행한 이들 기관과 관련된 누군가를 아는 사람을 알지도 못했다. 심지어 경찰관 호프마이스터조차도 비록 '보호구금' 또는 '재정주'라는 명목으로 유대인을 체포해야 했지만 (그러면서도 그는 "유대인에게 토지를 제공한 다음, 자기 돈을 가지고서가 아니라 자기 손으로 직접 일하는 법을 배울 수 있도록 한다"는 핑계가 잘못되었다고는 전혀 생각하지 않았다) 혹시나 나중에 서로 얼굴을 마주했을 때에 과거의 일에 대한 부끄러움이나 뻔뻔함 때문에 혐오감을 자아낼 만한 누군가를 아는 것은 결코 아니었다. 그에게 명령서를 보여주며 서명하라고 지시했던 크로넨베르크의 경찰서장조차도 '더 높은 곳'과 말썽에 휘말릴까봐 걱정이라고만 그에게 말했을 뿐이다.

전쟁이 끝나기 60일 전, 교사인 힐데브란트는 중위 계급을 달고, 점차 붕괴되는 육군의 파견 기지를 지휘하던 중에, 군의관으로부터 한 가지 이야기를 전해 들었다. 자기네 기지에 있는 친위대(Schutzstaffel, SS) 대원 한 명이 '동부에서' 유대인들을 쏴 죽인 기억 때문에 미쳐갔다는 것이다. 국가사회주의의 체계적인 도살에 관해서 내 친구들 중 누군가가 가장 많이 알았던 정도라야 딱 여기까지였다.

나는 이들 열 명 모두 상황을 전혀 몰랐다고 장담할 수 있다. 만약 열 명 가운데 아무도 몰랐다고 치면, 7,000만 명의 독일인 가운데 상황을 아는 사람은 극소수였을 것이다. 물론 크로넨베르크에서도 내가 만난 열 명보다 더 지적인 사람들 중에는 상황을 아는 사람의 비율이 더 높았을 것이다. 이들보다 더 예민하거나 더 세련된 사람들(예를 들어 크로넨베르크 대학이라든지 대도시의 경우처럼, 사람들이 소문을 더 널리 전하고 더 많이 듣는 곳에 사는 사람들) 사이에서도 그 비율은 더 높았을 것이다.

여기서 내가 말하는 '안다'는 결국 지식, 즉 확고한 지식을 말한다. 저항에 나서려는 (또는 그보다 더 강력한 형태의 행동을 취하려는) 사람이라면 확실한 정보를 원하게 마련이며, 민주주의 국가에 비해 독재국가에서는 더더욱 그렇게 마련이다. 비록 확신을 갖고 나서도, 그들은 여전히 아무런 행동도 취하지 않을 수 있다. 내가 만난 열 명의 친구들의 경우에도, 내 생각에 그들은 결국 아무런 행동도 취하지 않았을 것 같다. 하지만 이것은 또 다른 이야기다. 여러분이 개별 사건들에 관해서 한 다리, 또는 두 다리 거쳐서 들은 이야기, 그리고 여러분이 이런 개별 사건들을 대여섯 개쯤 더해서 추측하는 전반적 상황, 그리고 여러분이 누군가로부터 들은 이야기가 (즉 상대방이 사실이라 믿는 이야기가) 있다고 치자. 이런 것들을 모두 합치면 설득력이 있을 수 있다. 여러분은 이런 정보를 '도덕적으로 확신하게' 되고, 자기 마음속에서 만족하게 된다. 하지만 도덕적 확신과 정신적 만족조차도 저항을 촉발하는 확고한 지식까지는 아니다. 이와 같은 문제의 경우, 여러분이나 여러분의 아웃들은 자기들이 이를 '알게' 되리라 기대하지도 않으며, 따라서 피차 행동에 나서리라 기대하지도 않는다.

잔혹행위 체제의 가동에 참여한 사람들을 보자. 과연 그들이 각자의 아내에게 이야기를 했을까, 아니면 하지 않았을까? 독일에서도 가능성은 반반이다. 왜냐하면 우리 미국과 마찬가지로, 거기서도 남편들은 굳이 아내들에게 바깥일을 이야기하려 들지 않기 때문이다. 마찬가지로 그들의 아내들은 굳이 다른 사람들에게 이야기하지 않을 것이고, 다른 사람들도 역시나 마찬가지일 것이다. 그들의 직업은 (점잖게 표현하자면) 극비의 성격을 지녔기 때문이다. 그런 일의 경우, 남자들이 입을 열었다 하면 일자리를 잃게 마련이다. 나치즘 치하에서는 단순히 일자리만이 아니라 그 이상을 잃을 수도 있었다. 나는 문제가 되는 사람들이, 즉 직접적인 지식을 갖고 있었으며, 어느 정도까지는 그 체제에 반대하고 심지어 분개하기까지 했던 사람들이 그 일에서 어떤 역할을 담당했다고 말하려는 것은 아니다. 다만 나는 (목수 클링겔회퍼의 말을 빌리자면) 사람이 다 그런 식이라고 말하려는 것뿐이다. 그리고 그들이 자발적으로거나 비자발적으로 관여했던 일이 더 비난할 만한 것일수록, 그들은 더 많이 그런 식이었다고 말하려는 것뿐이다.

나는 한때 형사 호프마이스터에게 연행되었던 크로넨베르크의 유대인 재단사 마로비츠를 만났을 때에도 이러한 문제를 제기해보았다. 그는 부헨발트에서 돌아온 이후에도 여전히 이곳에 사는 유일한 유대인이었다. 1939년에 석방되면서 그는 자기 경험을 입에 올리지 말도록 금지당했으며, 혹시나 섣부른 짓을 하지 못하도록 매일 경찰서에 나와서 신고를 해야 했다. 단순히 신고만이긴 했지만. 그렇다면 그가 과연 자신의 부헨발트 경험을 누군가에게 말하기는 했을까? 그의 말을 빌리자면 아내에게, 그리고 "당연히 아주 가까운 친구들 두어 명에게" 말했다고 한다.

"그렇다면 전쟁이 끝날 무렵에 크로넨베르크에서는 그 전모가 얼마나 널리 알려져 있었습니까?"

"그러니까 소문을 말하시는 겁니까?"

"아니요. 그 전모가, 일부라도 얼마나 널리 '알려져' 있었냐구요."

"오. 널리 알려져 있었죠. 아주 널리 알려져 있었어요."

"어떻게요?"

"오, 이야기야 어찌어찌 해서 스며 나가게 마련이죠. 항상 조용한 가운데, 항상 간접적으로 말이에요. 그래서 사람들은 뭔가 소문을 듣게 되고, 나머지 이야기는 충분히 짐작이 가능한 거죠. 물론 대부분 사람들은 유대인, 또는 다른 정권의 적들에 관한 이야기를 믿지 않았어요. 그런 이야기를 하는 사람들이 하나같이 과장한다고 자연스레 생각했죠."

소문이나 추측만으로도 사람들은 상황을 충분히 알 수 있었을 정도였다. 만약 정말로 알고 싶어 했거나 최소한 믿으려고 했다면 말이다. 이런 소문이나 추측은 항상 '자연스레' 이야기를 과장한다고 의심받곤 하는 사람들과 관련되어 있곤 했다. 괴벨스의 최측근으로 선전부에서 라디오를 담당하던 인물은 뉘른베르크 재판소에서 이렇게 주장했다. 즉 자기는 유대인을 가스로 죽인다는 이야기를 듣고서 상관에게 그 내용을 보고했다는 것이다. 그러자 괴벨스는 그 보고가 거짓이라고, 즉 '적국의 선전'이라고 일축했으며, 그 문제는 그걸로 끝이었다는 것이다. 뉘른베르크 재판소에서는 이 증언을 받아들이고 그를 무죄 석방했다. 크로넨베르크에서 내가 만난 열 명의 친구들 중 어느 누구도, 아울러 크로넨베르크에 있는 다른 누구도 각료의 최측근까지는 아니었다. 게다가 나치는 물론이고 나치 반대자조차도 이런 소문이 사방으로 전해지게 내버려 두지는 않았다. 즉 소문을 거부하지도 않았지만, 소문을 받아들이지도 않았던 것이다. 그런 소문은 실제로 적국의 선전이거나, 또는 적국의 선전처럼 '들렸다.' 그러니 자기 나라가 살아남기 위해 싸우는 상황에서, 그리고 자기 아들이나 형제가 전쟁에서 죽어가는 상황에서, 과연 누가 굳이 적국의 선전처럼 '들리는' 소문을 들으려 했을 것이며, 또 과연 누가 굳이 심지어 그런 소문을 남에게 반복하려 했을 것인가?

누가 굳이 그런 보고의 진위를 조사해보려 들었겠는가? 누가 굳이 '말썽을 자초하려' 하겠는가? 독재정부 하에서 누가 굳이 정부의 잘못에 대한 의혹을 추적하는 첫 번째 사람이 되려 하겠는가? 설령 추적한다 하더라도, 과연 어떻게 추적한단 말인가? 아울러 그런 소문이 진짜든 가짜든 간에 그런 혼란의 시기에, 그리고 악과의 전쟁이 벌어지는 시기에, 누가 감히 자기 생명과 아주 동떨어진, 자기 서클과 아주 동떨어진, 다른 무엇보다도 자기 능력과 아주 동떨어진 일에 몰두하는 첫 번째 사람이 되려 하겠는가? 뿐만 아니라, 설령 진짜로 뭔가를 하나 발견한들 어떻게 하겠는가?

예를 들어 미국에 있는 가상의 한 지역사회에서 한 남자가 경찰에 의해 학대나 고문을 당한 사건에 관해 여러분이 간접적으로 들었다고, 또는 심지어 직접적으로 들었다고 치자. 여러분은 한 친구에게 그 이야기를 하면서, 그 경찰이 부패했다는 사실을 상대방에게 이해시키려 한다. 친구는 여러분의 이야기를 믿지 않는다. 그는 직접적인 증언을 원하며, 혹시 여러분이 간접적으로 그 이야기를 들었다면, 최소한 간접적인 증언이라도 원한다. 여러분은 이야기의 원래 출처인 목격자에게 찾아가는데, 그 목격자는 애초에 여러분을 절대적으로 신뢰하기 때문에 그 이야기를 해주었던 것이다. 그런데 이제 와서 여러분은 그 이야기를 믿지 않는 또 다른 사람에게, 그것도 경찰과 친구인 또 다른 사람에게 목격자가 직접 이야기해주기를 바란다. 물론 이야기의 원래 출처인 목격자는 이 제안을 거절한다. 그리고 만약 여러분이 그 이야기의 확실한 소식통으로서 자기 이름을 팔아먹는다면, 자기는 그 주장을 부인할 것이라고 여러분에게 경고한다. 그렇게 되면 여러분이 도리어 의심의 대상이 되어서, 경찰에게 불리한 거짓 소문을 퍼트린다는 의심을 받게 되는 것이다. 그리고 위에서 말한 미국에 있는 가상의 한 지역사회에 있는 경찰이 '정말로' 부패했다면, 그들은 어찌어찌 해서 결국 여러분을 '처벌할' 것이다.

그러니 미국에 있는 가상의 한 지역사회와는 전혀 다른 나치 독일에서 누군가가 어떤 사실을 발견해냈다면, 과연 무슨 일이 벌어졌을까? 그 사실을 알게 된 사람은 어떻게 될까? 과연 어떻게 될까?

사실은 "그 일에 대해 할 수 있는 일이 전혀 없다(nichts dagegen zu machen)"고 해야 맞다. 내가 친구들 각자와 벌인 논의는 어떤 식으로든지 간에 거듭해서 이런 핵심에, 그리고 바로 이 표현에 도달하곤 했다. 마치 경험이 부족한 누군가를 향해 똑같은 질문을 던질 때마다, 죄의식을 상징하는 듯 놀란 눈으로 순진무구함을 드러내며, 그들은 거듭해서 이런 질문을 던졌다. "당신이라면 어떻게 하셨겠습니까?"

그렇다면 스톡홀름이며, 앙카라며, 엘파소에 있었던 혁명적인 영웅들이며, 성인(聖人)들이며, 순교자들의 (또는 굳이 원한다면 '말썽꾼' 들의) 몫은 무엇이란 말인가? 미국에 있는 우리야 물론 독일처럼 개인적 항의조차도 위험하고, 심지어 은밀한 지식조차도 강탈당하는 등의 경험을 하지는 못했다. 하지만 전쟁이 한창일 무렵, 미국 서부 연안에 있는 일본계 미국인 동포 11만 2,000명이 영장 없이 체포되어, 정당한 법적 절차도 없이 강제 격리 수용소로 보내졌을 때, 이 소식을 들은 미니애폴리스나 샬럿의 훌륭한 시민에게 우리는 과연 무엇을 기대했던가? 여기서도 "그 일에 대해 할 수 있는 일이 전혀 없다"고 해야 맞다. 심지어 미국 연방 대법원도 마찬가지였는데, 여기서는 이런 행위가 군대의 권한 내에 있다는 결론을 내렸기 때문이다. 게다가 미니애폴리스나 샬럿의 훌륭한 시민에게도 (남의 일보다 먼저 신경써야 할) 그들 나름의 말썽이 있을 터이니까.

내가 생각하기에는 그들에게도 그들 나름의 말썽이 있다는 것이 결국에는 '뭔가 행동을 취하는', 또는 심지어 뭔가를 알아내는 일에서 내 친구들이 범한 실패를 설명해주지 않나 싶다. 한 사람이 짊어질 수 있는 책임에는 한계가 있게 마련이다. 만약 그가 이 한계보다 더 많은 책임을 짊어지려 한다면, 결국 쓰러지고 만다. 따라서 자기가 쓰러지지 않기 위해서는 자기 역량을 넘어서는 책임을 거절하게 마련이다. 어떤 경우든지 간에, 이 세상에는 그가 반드시 짊어져야 할 책임이 있으며, 이런 책임은 정상적인 조건에서도 충분히 무겁다. 좋은 변화이건 나쁜 변화이건 간에 커다란 변화가 찾아오는 시기에는 책임도 그 정도가 더 심해지고, 심지어 그 양도 곱절로 늘어나게 마련이다. 내 친구들은 각자의 사적 책임을 충분히 잘 짊어졌다. 그들 각자는 훌륭한 가장이었으며 (아마도 재단사 슈벵케 정도를 제외하고 나면) 훌륭한 직업인이었다. 하지만 그들은 공적 책임을 떠맡는 데에는 익숙하지 않았다.

나치즘이 그들에게 강요한 공적 책임은 그들의 역량을 넘어섰다. 그들은 나치가 되기로 선택하기는 했지만, 그렇다고 해서 공적 책임을 떠맡기로 선택한 것까지는 아니었다. 처음에만 해도 자신들의 죄에 대한 자각과 자책감을 장차 짊어질 수밖에 없으리라는 사실은 그들도 알지 못했고, 차마 그런 사실을 생각하지도 못했다. 나치 반대주의는 어떤 종류이든지 간에 (차마 행동까지는 아니더라도 하다못해 그런 생각이나 감정조차도) 공적 책임을 요구할 것이었다. 왜냐하면 고립된 개인이 이미 익숙한 것보다 훨씬 더 무거운 부담을 짊어진 상태에서 자기 한계를 넘어서는 부담을 선택해야 하는 셈이었기 때문이다. 그리고 내 생각에는 자발적 성격을 지닌 공적 책임이란 독일에서건, 미국에서건, 다른 어디에서건 간에 항상 이렇지 않나 싶다. 즉 그 책임을 떠맡아서 생기는 최선의 결과인 보상은 지체되는 반면, 최악의 결과일 경우에는 즉각적인 처벌이 따라오게 마련이다.

미국인의 경우, 자발적인 성격의 책임에 대해 독일인보다는 훨씬 더 익숙해져 있다. 하지만 이곳 미국에서 비록 부담의 한계는 더 클지라도 거부의 원칙 역시 유효하다. 즉 한편에는 나의 사적 책임의 부담, 그리고 또 한편에는 필수적인 공적 책임의 부담이 있다고 쳤을 때, 부담의 총량이 더 클수록, 나는 사적 책임을 앞에 두고 공적 책임을 뒤에 둔다. 예를 들어 내가 새로운 집을 짓는데, 하필이면 민간 방위대에도 들어가야 하는 상황이라면, 남성 클럽에서 하던 내 일에는 차질이 생긴다. 그리고 나치 독재 치하에서 나치 반대주의에 관여해 받는 부담은 감히 남성 클럽에 비할 바가 아니다.

책임을 지닌 사람들은 결코 책임을 회피하지 않으며, 만약 책임을 거부해야 할 때가 되면 오히려 책임을 부정해버린다. 그들은 커튼을 쳐버린다. 그들은 자기들이 하지 않을 수 없는, 그리고 차마 맞서 싸울 수 없는 악에 대한 생각으로부터 스스로를 분리시켜버린다. 그들의 부정은 초연함을 강요한다. 훌륭한 사람이 (심지어 훌륭한 미국인이라 하더라도) 중요한 일 때문에 기차를 타러 달려간다고 하면, 길거리에서 개가 자기를 무는 것도 개의치 않고 오로지 기차를 타는 데에만 정신을 집중하게 마련이다. 일단 기차에 오르고 나면, 그 사람은 (예를 들어 개에 물린 것처럼) 자기가 어떻게 할 수 없는 일보다는, 오히려 자기가 반드시 해야만 하는 일에 관해서 생각해야 한다. 만약 그가 충분히 빨리 달렸다면, 그리고 그의 임무가 생사를 가를 만큼 중요하다면, 그는 개의 옆을 지나갈 때에 심지어 개가 무는 것조차도 깨닫지 못할 것이다.

미국 연방 수사국(FBI)은 (준법 및 불법행위를 한 미국인에 관한 이곳의 중앙기록은 급격히 늘어나고 있다) 그 성격상 미국에서 뭔가 새로운 기관이었다. 하지만 독일에서는 이런 기관의 역사가 매우 오래되었으며 (나치 정부가 모든 독일인의 이력 전체를 찾아내고 추적하는 일을 더 쉽게 해주었다는 점을 제외하면) 그 유래도 국가사회주의와는 아무 상관이 없었다. 프랑스를 비롯한 다른 유럽 국가들에도 이와 유사한 체제가 있었지만, 독일의 체제는 역시나 독일답게 극도로 효율적이었다. 미국인 관광객들은 유럽의 호텔 접수대에서 형식상 작성하는 경찰 제출용 신원 확인 카드를 익히 알 것이다. 이에 비해 독일인이 자국의 한 도시에 살러 오거나, 또는 떠날 경우에는 단순히 카드 한 장만 작성하지 않는다. 오히려 경찰에 제출할 긴 이력서를 작성해야 하는 것이다.

경찰관 호프마이스터는 독일의 신원 확인 체제가 얼마나 철저하게 짜여 있는지를 열광적으로 내게 설명한 바 있다. 이는 나치즘 이전에나, 나치즘 당시에나, 나치즘 이후에나 매한가지였다. 도시마다 범죄인 등록부가 하나씩 있어서, 그 안에는 그 도시에서 태어난 사람 가운데 '말썽'을 한 번이라도 저지른 사람에 대한 최신 기록이 (그 사람이 현재 어디에 살든지 간에) 들어 있었다. 아울러 이 등록부에는 이 도시에서 단 한 번이라도 범죄를 저질렀거나 체포되었던 사람에 대한 기록 전체가 (그 사람이 원래 어디서 태어났든지 간에) 들어 있었다. "생각해보세요." 열성 나치까지는 아니었던 경찰관 호프마이스터가 말했다. "독일에서는 어떤 사람이 도망치거나 자취를 '감추는' 일이 거의 불가능하다니까요. 예나 지금이나 마찬가지죠. 이런 나라에서는 말입니다. 선생님, 항상 법과 질서가 지배하게 마련이라니까요."

어떤 사람이 경찰과 충돌을 빚게 되면, 도망치기는 거의 불가능했다. 그러니 혹시 여러분이 이전에 한 번이라도 경찰과 충돌을 빚은 적이 있다거나, 또는 여러분이 경찰의 의심을 산 적이 한 번이라도 있었다는 의심이 든다면, 차라리 경찰의 편에 서서 경찰과 접촉하는 편이 훨씬 더 낫다. 가장 좋은 방법은 물론 경찰과 아예 접촉하지 않는 것이다. 거리에서 개가 사람을 문 일이건, 누군가가 마누라를 두들겨 팬 일이건, 누군가가 유대인을 두들겨 팬 일이건, 다른 무슨 일이 벌어지건 간에 아예 쳐다보지도 않는 것이다. 여러분에게는 나름대로 말썽이 있기 때문이다.

어디에서나 사람에게는 나름대로 말썽이 있게 마련이다. 크로넨베르크에서 200마일 떨어진 곳에는 테슈 운트 슈타베노브[30]의 대규모 화학공장이 있었다. 1942년에 이곳의 공장장은 (그는 내 친구들 같은 '작은 자'가 아니라 무려 공장장씩이나 되었다) 치클론 B 가스를 제조하라는 정부 명령을 처음으로 받았다. 이 가스는 살충제로 사용할 수 있었지만, 실제로 그렇게 사용될 가능성은 적어 보였다. 특히 그 명령이 '기밀'로 분류된 상황에서는 더욱 그러했다. 테슈 운트 슈타베노브는 이전부터 육군의 화학전 부대를 위해서 독가스를 생산했으며, 이 공장에는 아예 자문 역할을 하는 공병대 대령이 상주했다. 하지만 이 제품은 육군을 위한 것이 아니었으며, 따라서 자문을 거치는 과정도 전혀 없었다. 공장장은 이른바 '유대인 문제에 대한 최종 해결책'이 결국 가스를 이용한 대량살상이었다는 사실을 전해 듣거

---

30. 독일의 화학 회사. 나치 정부에 자사의 살충제 '치클론 B'를 대량 납품해서 강제수용소의 가스실에서 사용하도록 했으며, 전후에 회사 관계자들이 대량 학살 공모 혐의로 유죄를 선고받아 처형되었다.

나, 또는 짐작했을 것이다. 그리고 이 특별한 목적에 가장 잘 어울리는 준비물은 다름 아닌 치클론 B였다. 뉘른베르크에서 우리가 알게 된 바에 따르면, 전체 근절 계획은 서면명령 없이 지휘되었는데, 이것은 그 자체만으로도 주목할 만한 사실이다. 하지만 정부를 위해 독가스를 생산하는 임무를 담당한 '큰' 자라면, 실상을 전해 들었거나, 또는 짐작했을 것이다. 어쩌면 공장장은 자기와 마찬가지로 '작은' 자가 아니었던 공병대 대령에게 그 명령서를 보여주었을지도 모른다.

내가 아는 나치들처럼 작은 자들이 아니었던 이 두 명의 큰 자들은 자기네 앞에 놓인 책상 위에 정부의 명령서가 놓여 있는 바로 그 순간에, 과연 무엇을 했던가?

그들은 무슨 말을 했던가?

그들은 무슨 말을 하지 않았던가?

우리는 이 질문에 대한 답변을 뉘른베르크에서 발견하지 못했다. 또한 우리는 이 질문에 대한 답변을 뉘른베르크에서 결코 발견하지 '못할' 것이 뻔했다. 이는 우리가 단지 상상할 수밖에 없는 사실이었다. 그렇다면 우리는 이를 어떻게 상상할 수 있는가? 우리는 자기 책상 위에 정부의 명령서가 놓여 있는 공병대 대령도 아니고, 공장장도 아니고, 큰 자건 작은 자건 간에 나치도 아니다. 그렇지 않은가?

사람에게는 나름대로 말썽이 있게 마련이다.

내가 만난 열 명의 나치 친구들 가운데 어느 누구도 인간성에 반하는 범죄를 저지른 이 거대한 정부의 체제에 관해 알지 못했다(즉 '그 당시에' 알지는 못했다는 뜻이다). 내가 생각하기에 (SA 중대장이었던 재단사 슈벵케는 아마도 예외라고 할 수 있겠지만) 그들 중 어느 누구도 우리가 우리 자신에게 적용하는 척도에서 '잘못'이라고 말해야 마땅한 어떤 일을 저지르지는 않았다. 결국 이들은 우리와 마찬가지로 존경할 만한 사람들이었다. 전직 은행원 케슬러는 1938년 유대교 회당 방화 사건이 벌어지기 바로 전날에, 자기 친구인 전직 은행장 로젠탈에게 이런 말을 한 적이 있었다. "당에는 나 같은 사람도 있으니까." 즉 도덕적이고 종교적인 감성을 지닌 사람들이 당에 있다는 의미였다. "앞으로는 더 나아질 거야. 두고 보라구." 그리고 교사인 힐데브란트는 나치즘이 대두하기 직전 독일의 상황을 고려할 때에, 장차 그 운동이 프롤레타리아적이고 급진적이 될 것으로 기대해야 맞다고 생각했다. 즉 처음에는 바보들과 악당들이 주도적 위치에 있기는 하지만, "버젓한 시민들이 점점 더 많이 가담하면, 더 나은 모습으로 변화되어 '시민적(bürgerlich)'으로 발전할 것이 분명하다"고 생각했다. "어쨌거나 프랑스혁명에서도 로베스피에르의 역할을 한 사람들은 있었으니까요. '안 그렇습니까?'"

　내 친구들의 말은 진심이었다. 비록 계산을 잘못하기는 했지만, 그들의 말은 진심이었다. 그리하여 도덕적이고 종교적인 감성을 지닌 은행원은 (그 도덕적으로 잘못된 계산에 근거해서 보자면) 가장 야만적인 이교주의를 설교하게 되었다. 그리고 버젓한 부르주아 교사는 나치 교육위원회에서 제공한 나치 교과서에 나오는 '나치 문학'을 가르치게 되었다. 교사들은 위에서 가르치라는 것을 가르치거나, 그렇지 않으면 그만두어야 하는 입장이 되었다. 그리고 제3제국 초기에 공직을 그만둔다는 것은 결국 실업을 의미했다. 나중에 가서는, 어떤 사람이 나치에 반대한 정치적 과거를 가졌다는 것이 결국 강제수용소를 의미했다. "일단 당에 들어가고 나면 말입니다." 빵집 주인 베데킨트는 자기가 거기서 '나오고 싶었다'는 말을 한 번도 하지 않았다. "거기서 쉽사리 나올 수는 없었습니다." 예전부터 항상 비정치적이었던 사람이라면, '동떨어진' 상태로 살아갈 수도 있었다. 하지만 시민의 정치적 책임을 항상 받아들였던 정치적인 사람이라면, 결코 그렇게 살아갈 수는 없다. 1908년부터 크로넨베르크에서 자기 임무를 수행했던 경찰관 호프마이스터는 유대인을 (단지 유대인이라는 이유만으로) 체포하라는 명령을 받은 1938년에도 역시나 자기 임무를 수행했다. 그가 체포한 사람 가운데 하나인 유대인 재단사 마로비츠는 이 경찰관을 가리켜 '버젓한 사람'이라고 일컬었다. 이때 그가 사용한 독일어 단어는 '품행단정한(anständig)'이었다.

이 모든 상황을 고려한다 한들, 나치가 저지른 악 자체의 숫자와 끔찍함이 감소되는 것은 결코 아니다. 혹시나 감소되는 것이 있다면, 단지 나치의 악을 저지른 사람의 숫자와 끔찍함이 감소될 뿐이다. 공무원들의 효율성과 성실함으로 유명한 나라이다 보니, 이 모두를 관리하기 위해서는 겨우 몇 명만으로도 충분했다. 경찰관 호프마이스터는 1933년 크로넨베르크 시청에서 열린 대중 충성 맹세 행사에서 총통에게 충성을 맹세했다. 공무원 전체가 그 행사에 참석해서, 육군원수 괴링이 보내온 메시지를 들었다. "총통께서는 모든 공무원이 이 맹세를 충실히 지킬 것을 알고 계십니다." 그들은 실제로도 그러했다. 즉 독일인들이 그토록 치명적으로 스스로를 묶어 놓은 성스러운 맹세를 워낙 철저히 준수했던 것이다(이들보다 더 자유로운, 또는 더 가벼운 양심을 지닌 사람보다도 그 정도가 더했다). 심지어 1944년 7월 20일에 히틀러를 겨냥한 폭탄 테러라는 궁극적 저항조차도 나치에 반대하는 수많은 육군 장교들로부터 흔쾌히 동조를 얻지는 못했는데, 다른 일이라면 뭐든지 하겠다던 이들조차도 정작 자기가 맹세한 충성을 깨려고 들지는 않았기 때문이다. 저항세력이 히틀러를 체포해서 유죄 판결을 내리려는 것이 아니라, 아예 히틀러를 암살하기로 결정한 것도 바로 이런 이유에서였다. 총통이 사망하기 전까지, 수십만 명에 달하는 사람들이 이처럼 총통을 향한 충성 맹세에 얽매여 있었기 때문이다.

공무원과 군대가 '충성을 지키는' 상태로 안전하게 유지되자, 행정 면에서도 극소수의 인원만으로도 유지가 가능했다. 따라서 나치의 탄압이라는 전체 프로그램을 수행하는 일은 더욱 극소수의, 인구 7,000만 명의 국가에서 많아야 100만 명쯤의 인원만으로도 가능했다. 그 100만 명 중에는 전과자와 미래의 전과자, 당구장에 죽치는 건달들, 낙담한 청년 실업자들 등이 포함되어 있었다(이런 사람은 규모가 큰 나라마다 100만 명씩은 있게 마련이다). 그리고 독일에는, 특히 북부와 동부에는 신병으로 징집할 수 있는 특별한 계층이 있었는데, 다른 어디보다도 동부 유럽과 아시아에서 더 유명했던 이들은 난폭하게 자라난 청년 '머슴들(Bauernknechte)', 즉 준(準)농노 상태의 농장 일꾼들이었다. 제1차 세계대전 말까지만 해도, 이들은 지주들로부터 거의 절대적인 봉건적 지배를 받은 바 있다.

자칭 '민주적' 인물이며, 논쟁을 좋아하는 수금원 지몬 씨는 1942년에 미국 서부 연안에서 일본계 미국인을 대대적으로 강제 이송한 사건에 대해 크게 관심을 보였다. 그는 이전까지만 해도 이 사건을 들어본 적이 없었지만, "일본놈은 일본놈일 뿐"이라는 서부 연안 육군 총사령관의 성명에 관해 내가 말을 꺼내자마자, 대뜸 주먹으로 탁자를 내려치며 이렇게 말했다. "당신 말씀이 맞습니다. 일본놈은 일본놈일 뿐이고, 유대인은 유대인일 뿐이죠." "그리고 독일인은 독일인일 뿐이구요." 내가 말했다. "물론이죠." 독일인은 자랑스러운 듯 말했다. "그건 단지 혈통의 문제일 뿐이에요."

그는 혹시 서부 연안의 강제 이송과 관련된 사람 가운데 누군가를 알고 있느냐고 내게 물어보았다. "아니오." 내 대답을 듣자, 그는 내가 그 사건과 관련해서 무슨 일을 했느냐고 물었다. "아무것도 안 했죠." 내 대답을 듣자, 그는 의기양양하게 말했다. "그것 보세요. 당신은 그런 모든 일에 관해 공개적으로 알게 되었죠. 당신네 정부를 통해서, 당신네 언론을 통해서요. 하지만 우리는 그런 걸 통해서 알지 못했어요. 당신의 경우처럼, 그 무엇도 우리에게 강요되지는 않았어요. 우리의 경우에는, 심지어 아는 것조차도 강요되지는 않았어요. 당신이 생각하기에는 잘못이 분명한 일들을 당신은 '아셨던' 거죠. 당신은 그게 잘못이라고 생각했던 거죠, 안 그렇습니까, 교수님?" "맞아요." "그런데 당신은 아무 일도 하지 않았어요. 우리 역시 그런 일들에 관해 '들었지만,' 또는 '짐작했지만,' 우리는 역시 아무 일도 하지 않았어요. 그러니 어디서나 마찬가지인 거죠." 일본계 미국인들은 유대인과 같은 대우를 받지는 않았다고 내가 반박하자, 그는 이렇게 말했다. "만약 그들이 실제로 그런 대우를 받았다면요? 그랬다면 어떻게 되었을까요? 양쪽 모두의 경우에, 뭔가를 하는 것과 뭔가를 하지 않는 것이 사실은 똑같다는 걸 이해 못하시겠어요?"

"맨 처음에는요." 그는 말을 이어나갔다. "그러니까 아직 1933년 봄이었을 때에, 우리의 SA 지도자들 가운데 한 명이 '시장(Oberbürgermeister)'의 해임에 반대해 항의했어요. 해임된 사람은 사회민주주의자인데, 선량하면서도 정말로 비정치적인 사람이었죠. 그러자 그 SA 지도자는 체포되어 어디론가 끌려갔어요. 잊지 마셔야 할 점은, 그때로 말하자면 SA가 정권 내에서 아직 강력한 힘을 지녔을 때였다는 겁니다. 그 사람은 결국 돌아오지 못했죠. 그의 가족은 아직 이곳에 삽니다. 우리는 그가 유죄 판결을 받았다는 소식을 들었습니다만, 과연 무엇에 대해 유죄였는지는 전혀 듣지 못했어요. 국가의 적들에 대해서는 공개재판이 없었거든요. 그런 것은 필요하지도 않다고들 하더군요. 재판에 회부될 권리조차도 박탈되었기 때문이라면서요." "당신 생각은 어떠신가요?" "그건 법률적인 질문이죠. 법원이 그렇다고 하면 그런 거죠, '안 그렇습니까?(gell?)'" (여기서 "gell?"

은 영어의 "isn't it so?"에 해당하며, 표준 독일어로는 "nicht wahr?"이고, 프랑스어로는 "n'est-ce pas?"에 해당하는 뜻이다. 그리고 헤센 사람들이 즐겨 사용하는 말이다).

꼭대기에서는 수백 명의 사람이 각각의 층위를 향해 계획하고 지시한다. 각각의 층위에서는 수천 명의 사람이 정책에 대해 저마다의 목소리를 내는 법이라고는 없이 감독하고 통제한다. 수만 명의 전문가들, 즉 교사, 변호사, 언론인, 과학자, 예술가, 배우, 운동선수, 사회사업가 등은 적극적으로 봉사하기 위해 열성을 드러내거나, 또는 소극적으로나마 자기 일자리를 잃는 것이나 봉기를 일으키는 것을 탐탁해 하지 않는다. 100만 명의 '푀벨(Pöbel)'은 (영어의 people과 비슷하게 발음되며, '하층민'이라는 뜻이다) 우리가 흔히 말하는 지저분한 일들을 해치운다. 그런 일로는 살인, 고문, 강도, 방화 등이 대표적이다. 그런가 하면 나치의 역사에서도 다른 어떤 사건보다도 더 많은 독일인을 비인간적 행위에 동원한 사건이라고 간주될 법한 사건도 있었으니, 바로 1933년 4월의 불매운동 당시에 유대인 상점과 사무실 앞에 '보초'를 세워놓은 것이었다.

그렇다면 다른 수백만 명의 사람들은?

그들은 단지 이전과 같은 생활을 이어갔고, 계속해서 말썽과 거리를 두고 있었다. 이보다 더 쉬운 일이 있었겠는가? "오로지 공산주의자들만 말썽을 겪었죠." 지몬 씨의 말이다.

"그리고 러시아에서는." 내가 말했다. "오로지 공산당을 반대하는 사람들만 그랬구요."

"세상 일이 다 그렇죠." 지몬 씨가 말했다.

"하지만." 내가 말했다. "공산당 말고도 사회주의자와 유대인, 그리고 종교계의 정권 반대자도 있었죠. 그들 역시 '말썽을 겪은' 셈이었어요, 안 그런가요?"

"오, 맞아요." 지몬 씨는 솔직하게 대답했다. "하지만 그런 일은 더 나중에 벌어졌죠. 저는 처음에 어땠는지를 말한 거예요."

'오로지 공산주의자만 말썽을 겪었다.' 그렇다면 다른 수백만 명의 독일인은? SA와 히틀러 소년단과 독일 소녀단은 국가 행사 때마다 행진해서 언덕을 오르내렸는데, 특히 독일에서는 그런 일이 잦았다. '노동전선(Arbeitsfront)' 이라는 국가의 노사 관련 기관에서는 노동자들의 근무를 중단시키면서까지 SA의 행진을 구경하라고 동원했다. 이것은 워싱턴에서도 정부 소속 근로자들에게 오전 근무만 시키는 대신, 터키 대통령이나 에티오피아 황제를 환영하도록 수도의 거리에 나와 늘어서라고 지시해서 군중을 만들어내는 것과 유사했다. 나치 독일에서는 군중 수를 늘리는 것이 의무적이었다. 제복을 가진 사람은 일요일에 그것을 입고 활보했으며, 금요일 저녁의 돌격대(SA) 모임을 끝내고 집으로 돌아오면, 자기가 길에서 유대인 지인과 마주쳤지만 그냥 고개만 끄떡 하고 지나 왔다고 아내에게 말해주었다. 그러면 그의 아내는 이렇게 말했다. "굿(Gut)." 이 독일어를 영어로 옮기면 '좋아요' 라는 뜻도 되고, 또 '그래요' 라는 뜻도 되었다.

5장 입당자들, 3월 한철의 제비꽃들

            국가사회주의 독일노동자당(NSDAP)에서 당
원 신분은 절대적으로 아무 의미가 없었다. 다른 여러 조직의 회원 신분과
마찬가지로, 그 용도는 어디까지나 회원 자격에서 배제된 비회원의 입맛을
자극하려는 목적에만 국한되었다. 이것은 오랜 유혹물로서, 부동산 중개업
자라면 누구나 아는 사실이다. 1924년 12월에 감옥에서 석방된 히틀러는
자기가 이전 추종자들의 35퍼센트만을 받아들일 것이라고, 그리고 추종자
100퍼센트가 다시 자기를 따르게 하는 데에는 그것이면 충분하다고 선언
했다.
    1933년 3월에 의기양양한 NSDAP의 당원이 되는 문이 활짝 열리자,
수백만 명이 입당했다. 이른바 '3월 한철의 제비꽃들'로 일컬어진 (오래된
나치들은 물론이고, 오래된 나치 반대자들조차도 이들을 이런 모욕적인 명칭으로
불렀다) 이들은 철새에 불과했다. 히틀러는 결코 이들을 믿지 않았으며, 그
중 높은 지위까지 올라간 사람은 소수에 불과했다. 히틀러의 생각이 맞았
다. '3월 한철의 제비꽃들'이 굳이 입당한 이유는 좋은 것, 나쁜 것, 나치와
관련된 것, 나치와 무관한 것, 심지어 나치 반대와 관련된 것까지 제각각이

었다. 그리고 그중 일부는 아예 이유 자체가 없었다. 즉 '모두가' 그렇게 하기 때문에 따라 했을 뿐이다.

그렇다고 해서 나치 당원 신분이 마치 미국에서 성금 모금일에 성금을 내고 기념품을 받는 것과 마찬가지였다고 말하려는 것은 아니지만, 양쪽에 유사점이 아주 없지는 않았다. 또한 나치의 구역 관리자 체계는 미국의 민간 방위 조직과도 똑같지 않지만, 양쪽을 비교하는 것이 전적으로 불가능하지만은 않다. 적극적인 열성분자들은 필요할 때마다 (그리고 종종 필요 이상으로) 감독을 실시했다. 크로넨베르크의 구역 관리자 중에는 이런 사람들이 소수에 불과했다. 이들은 사람들 앞에서 으스대고, 사람을 차별하고, 고발하겠다며 위협하고, 때로는 실제로 고발하기도 했다. 하지만 다수의 사람은 모임 공지를 담당하거나 기부를 요청하는 것을 제외하면, 공식적으로 범죄의 경로를 계속 따라가지는 않았다. 전쟁 직후 미군 점령 하의 크로넨베르크에서 미국의 지원을 받아 이루어진 프로젝트의 가장 열성적인 조직가들 가운데 일부는, 한때 나치의 지원을 받아 이루어진 프로젝트에서 가장 열성적인 조직가들이기도 했다. 이런 사람들 가운데 일부는 과거의 과실, 또는 잘못을 벌충하려 노력했다. 하지만 그들 대부분은 누구의 지원을 받아 이루어진 프로젝트건 어디에서나 똑같이 열성적인 조직가들이었을 뿐이다.

사람들이 입당한 이유는 제각각이다. 일자리를 얻기 위해서, 또는 일자리를 유지하기 위해서, 또는 더 나은 일자리를 얻기 위해서, 또는 더 나쁜 일자리밖에 얻지 못하는 신세를 면하기 위해서, 또는 계약을 따내기 위해서, 또는 계약이나 손님이나 고객이나 환자를 유지하기 위해서. 한때 독일 국민 세 명 중에 한 명이 국가를 위해 일한 적도 있다. 바이마르 공화국 당시에만 해도 공무원은 비정치적이고 비당원이게 마련이었지만, (아울러 항상 안전하게 보수적이었지만) 이런 독일 특유의 전통도 깨지고 말았다. 일찍이 사회민주당원들이 시작했던 '공무원들의 정치화'를 결국 나치가 완수한 셈이 되었다.

공무원 가운데 절반은 입당하든지, 아니면 자기 일자리를 잃든지 양자택일을 해야 하는 입장이었다고 추정해도 지나치지는 않을 것이다. 그리고 나머지 절반은 그렇게 하라는 충고를 충분히 받았으며, 거의 모두가 그 충고에 따랐을 것이다. 중앙 및 지방 정부와 시청에서 일하는 직원들은 오로지 연금만을 바라고 살아가는 입장이었기 때문에 설령 거부할 생각을 했다 치더라도 당원 신분을 실제로 거부하지는 않았다. 이는 우리 미국에서 태머니파의 '떡고물'을 사람들이 거부하지 않았던 것과도 매한가지였다.[31] 미국에는 주(州) 공무원이 자기네 연봉 가운데 1퍼센트, 또는 심지어 2퍼센트를 여당에 지원하도록 강요하는 (유서 깊지만 명예롭지는 않았던) 관습이 있는데, 이를 가리켜 '철퇴 휘두르기'라고 한다. 1954년에 펜실베이니아 주지사는 자기네 주에서 그런 체계가 실제로 가동되었다고 시인했다. 그렇지만 거기서 '철퇴질'이 개입되지는 않았다고 말했다. 기부는 자발적이었으며, 주 공무원이 기부하지 않았다는 이유로 파면되는 일은 없을 것이라고도 말했다.

"파인 주지사[32]는 물론 자기가 사용한 '자발적'이라는 단어가 암시하는 것만큼 순진한 사람은 아니다." 《피츠버그 포스트 가제트》는 사설에서

---

31. '태머니파'는 1789년에 설립된 미국 민주당 계열의 정치 조직으로, 특히 18세기 초중반에 뉴욕 시를 중심으로 부패 정치의 온상이 되었다. 특히 '두목(보스)'이란 별명으로 통하던 윌리엄 트위드 (1823~1878)가 주도권을 잡은 시기에는 시 행정에 개입하며 공금 착복과 인사 개입 등을 통해 이민자들의 뒤를 봐주고 그 대가로 부정 선거를 주도하는 등 그 악명이 절정에 달했다.
32. 미국의 정치인 존 시드니 파인(1893~1978)은 1951년부터 1955년까지 펜실베이니아 주지사로 재직했다.

이렇게 말했다. "여러분의 정치적 상관, 즉 여러분에게 공공 분야의 일자리를 제공해주는 사람이, 자기 당의 복지를 위해서 여러분에게 푼돈을 요구하면, 이 상황에는 '자발적'이라 할 만한 것이 거의 없다시피 하다. 물론 여러분이 반드시 푼돈을 내놓아야 할 필요가 없다는 것은 충분히 사실이지만, 만약 여러분에게 두뇌나 야심이 있다고 치면 푼돈을 내놓는 편이 더 나을 것이다. 정치적 상관에게 비협조적인 인물로 간주된다는 것은, 선심성 직책으로 승진하거나 그 직책에 머무르는 최상의 방법이 아니기 때문이다." 유럽 어디에서나 마찬가지로, 독일에서도 당원 신분은 공식적이었으며, 당은 정기적인 당비로 유지되었다. 공무원이 반드시 국가사회주의당에 입당할 필요까지는 없었지만, 만약 두뇌나 야심이 있는 공무원이라면 입당하는 편이 더 나을 것이다.

전후 서독에서는 외무부에 전직 나치가 수백 명이나 있다는 사실이 밝혀졌으며, 이 가운데 대여섯 가지의 충격적인 사례에서는, 아데나워 정권에 나치즘이 진짜로 침투했음이 밝혀지기도 했다. 하지만 나머지 사람들의 경우, 그들이 나치즘 이전에나, 동안에나, 이후에나, 외무부의 고위 관료였는지, 또는 속기사였는지, 또는 사환이었는지 여부까지 우리에게 말해주지는 않는다. 또는 그들 중 얼마나 많은 사람이 (혹시나 그런 사람이 진짜로 있었다면) 예를 들어 자신의 나치 반대주의를 감추기 위해서, 또는 비인간적인 정책을 경감시키기 위해서, 또는 심지어 자기가 열망하던 (또는 꿈만 품었던) 봉기에 가담하기 위해서 NSDAP에 입당했는지 여부를 우리에게 말해주지도 않는다.

고(故) 에른스트 폰 바이체커[33]의 사례를 살펴보자. 나치의 외무장관 리벤트로프[34]는 스위스 주재 공사였던 그를 외무차관으로 승진시켰다. 그는 나치가 되었을 뿐만 아니라, 검은 셔츠를 제복으로 삼은 나치 SS에서 준장이라는 계급까지도 받아들였다. 리벤트로프의 외무차관으로서, 그는 수천 명의 유대인을 강제 이송하여 노예 상태와 죽음에 이르게 만든 문서에 서명했다. 뉘른베르크에서 미국인 검사는 그를 가리켜 '악마의 외무차관'이라고, 그리고 '살인 주식회사의 중역진'이라고 불렀다. 미국의 군사재판소에서는 인간성에 반하는 범죄 혐의로 그에게 유죄를 선고했다.

그곳에 있는 사람은 분명히 나치였다. 하지만 그의 재판에서 (미국까지 포함하여) 연합국의 외교관들은 모두 그가 나치즘을 증오했다고 증언했다. 독일에서 벌어진 반나치 저항운동의 지도자 가운데 살아남은 사람들도 모두들 그가 지원과 격려를 보냈다고 증언했다. 저명한 연합국의 성직자, 학자, 과학자, 그리고 국제 적십자사의 간부들도 나치의 명령을 경감시키거나 회피하기 위해 그가 철저히 노력했다고 증언했다. 독일 유대인들은 물론이고, 나치 점령국의 유대인들 역시 그의 불법 조력 덕분에 목숨을 건졌다고 증언하기 위해 줄지어 늘어설 정도였다. 노르웨이 저항운동 지도자이며 세계 교회 협의회의 의장인 아이빈드 베르그그라브 감독(監督)[35]은 이렇게 말했다. "폰 바이체커는 나치가 아니었다. 그는 나치 반대자였다. 나는 이 사람의 영혼의 본성을 잘 알고 있다. 나는 그가 고통당하고 봉사하는 것을 보았다. 만약 그가 유죄라면, 우리 모두가 유죄일 것이다."

'나치 교사,' '나치 배우,' '나치 언론인,' '나치 변호사,' 심지어 '나치

---

33. 에른스트 폰 바이체커(1882~1951)는 바이마르 공화국과 나치 정권에서 활동한 외교관으로, 전후에 뉘른베르크에서 유죄선고를 받았으나 정상 참작으로 사면되었다. 물리학자인 칼 프리드리히 폰 바이체커(1912~2007)와 전직 독일 대통령 리하르트 폰 바이체커(1920~)의 아버지이기도 하다.
34. 요아힘 폰 리벤트로프(1893~1946)는 나치 정권의 외무부 장관이다. 1939년에 '독일-이탈리아 우호조약(강철조약)과 '독일-소련 불가침조약'을 성사시킨 장본인이며, 전후에 뉘른베르크에서 유죄선고를 받고 교수형에 처해졌다.
35. 아이빔 베르그그라브(1884~1959)는 노르웨이의 루터교 감독이다. 제2차 세계대전 당시 나치가 노르웨이를 점령하자, 체포와 연금에도 불구하고 저항운동에 적극적으로 관여해서 명성을 얻었다.

목사' 같은 표현들도 사실은 '악마의 외무차관'이라는 표현처럼 무의미할 수 있다. 어느 곳의 어느 정권에서나 대부분 교사들은 읽기와 쓰기와 산수를 가르치게 마련이다. 어느 곳에서나 배우들은 일자리를 찾아다니게 마련이다. 대부분 언론인은 화재나 사고를 보도하게 마련이며 (또한 대부분의 변호사들은 이들의 꽁무니를 따라다니게 마련이며) 관리자가 원하는 것을 쓰게 마련이다. 그 관리자가 누구이든지 간에 말이다. 그리고 독일에서 대부분의 목사들은 항상 그리스도가 십자가에 못 박혔다는 이야기를 하면서도, 정작 매일같이 자기 주위에서 또 다른 예수가 십자가에 못 박히는 모습은 보지 못하고 말았다. 하긴 누가 보았겠는가?

미국에는 미국 변호사 협회(ABA)의 정책과 강령에 대해 격렬하게 이의를 제기하는 변호사가 수없이 많다. 하지만 이들이 변호사로 활동하고 싶다면, ABA라는 직능단체에 속하는 편이 더 낫다. 미국에는 심지어 미국 의학 협회(AMA)의 정책에 이보다 더 격렬하게 이의를 제기하는 의사도 많지만, 이들이 의사로 활동하고 싶다면 AMA라는 직능단체에 소속되는 편이 더 낫다. 이들은 오로지 회비만 납부할 수 있고, 그나마도 투덜투덜 마지못해 납부하는 것일 수 있다. 하지만 기록은 이들이 그곳에 속했음을 보여준다. 따라서 이들 역시 그 조직이 이들의 이름을 빌어 발표하는 정책에 대해서는 공식적으로 '유죄인' 셈이다. 이와 유사하게 나치 독일에서 전문직 직능단체는 모두 국가사회주의 조직으로 '흡수'되었다.

"그랬던 겁니다." 내가 만난 나치 친구들이며, 독일에 있는 내 지인들은 하나같이 (그리고 내가 만난 나치 반대자 친구들의 경우, 전부는 아니고 대부분이) 이렇게 말했다. 그러면서 항상 한숨을 곁들였는데, 그 한숨은 결국 이런 뜻이었다. "당신은 믿지 않는군요, 그렇죠?"

철도 노동자의 아들이었던 한 나치 반대자는 자기 아버지의 체험담을 내게 알려주었다. 1931년에 독일 국영 철도에서는 불황을 이유로 직원들을 해고했다. 정치에는 관심이 없었던 셰퍼 씨는 자기네 지역 조장이 국가사회주의당에 가입했음을 알아냈고, 혹시 자기 일자리를 계속 지킬 수 있을지 모른다는 기대로 같은 당에 가입했다. 전쟁이 끝나고 나서 한참 뒤에, 그는 자기네 지역 조장이 사실은 나치 반대자였으며, 그 역시 '자기 일자리'를 계속 지킬 수 있을지 모른다는 기대 때문에 당에 가입했던 것이었음을 알게 되었다. 왜냐하면 그 조장의 상관, 즉 그 지역 감독관이 열혈 나치였기 때문이다. 결국 조장은 셰퍼가 자기 결단에 따라 입당했다고 간주한 나머지, 몰래 그를 해고하려 했다. 하지만 이 시도는 성공하지 못했는데, 왜냐하면 그 지역 감독관이 나치를 보호했기 때문이다. "그랬던 겁니다." 크로넨베르크에서는 이런 사건이 분명히 하나 있었다. 하지만 이런 사건이 딱 하나만 있지는 않았을 것이고, 비단 크로넨베르크에서만 있지도 않았을 것이다.

그렇다고 해서, 독일에서 국가사회주의를 겨냥한 대대적인 반대가 한 번이라도 있었다는 뜻은 아니다. 여기서 말하는 '반대'를 단순히 '열광하지 않음' 이상의 뭔가로 가정할 경우에는 분명히 그렇다. 그런 반대의 정확한 범위를 발견하려는 시도조차 단 한 번도 없었다. 어쩌면 그 어떤 시도조차도 실행이 불가능했기 때문일 수도 있다. 하지만 우리는 1939년 이전까지는 독일 바깥에서도, 즉 독일 내부에 비하자면 반대하는 게 덜 위험했던 곳에서도 국가사회주의에 대한 대대적인 반대가 거의 없었음을 잘 안다. 목수 클링겔회퍼가 한 말처럼, 그 체제의 바깥에서 살았던 사람, 그리하여 그 체제의 혜택을 받지 않은 사람일수록 그 악을 더 잘 볼 수 있었다. 하지만 그 악을 이미 목격한 (또는 목격했던) 사람들 가운데, 그 체제의 희생자들의 피난을 허락하라고 자기네 정부를 향해 목소리를 높여 요구했던 사람이 과연 몇 명이나 되는가? 최소한 수백만 명의 독일인은 자기네의 반대를 더욱 강화하려는 마음에서 외국의 목소리에 귀 기울였다. 하지만 미국에서는 그런 목소리가 적게 나왔고, 영국과 프랑스에서는 그런 목소리가 오히려 더 적게 나왔다. 독일 바깥에서 이루어지는 도덕적 분개는 자유였지만, 그래도 여전히 드물기만 했다.

당에서는 비(非)당원 신분 역시 당원 신분과 마찬가지로 별 의미가 없었다. 어떤 사람이 뭔가 좋거나 나쁜 이유 때문에 또는 아무런 이유도 없이 입당한 것처럼, 또 어떤 사람은 뭔가 좋거나 나쁜 이유 때문에 또는 아무런 이유도 없이 입당하지 않았다. "전쟁이 끝나고 나니까 말입니다." 교사 힐데브란트 씨는 말했다. "당내의 모든 비당원 신분자는 졸지에 '반나치의 영웅'이 되고 말았죠. 그런 영웅들 가운데 일부는 어디까지나 (미국 돈으로 매달 60센트씩에 불과한) 당비를 내기가 아까웠기 때문에 정식 나치가 아니었던 것이지, 다른 이유에서 그랬던 것은 아니었습니다." "반대요?" 논쟁적인 수금원 지몬 씨가 말했다. "도대체 '반대'가 무슨 뜻이랍니까? 고용주들이 당에 반대했던 까닭은 당이 임금을 올렸기 때문이고, 자본가들이 당에 반대했던 까닭은 당이 수익을 깎았기 때문이고, 게으름뱅이들이 당에 반대했던 까닭은 당이 일자리를 찾아주었기 때문이었죠. 하지만 이제 와서는 다들 뭐라고 합니까? 모두들 이러지 않습니까. '불쌍한 유대인들.' 그 당시에 입당하지 못한 사람들 중에는 '도주 중'이었던 범죄자들도 있었습니다. 그런데 이제 와서는 그들 모두가 '반나치 성향의 고발자'가 되었다니까요."

"저는 원래 담배 판매원이었습니다." 담 씨가 말했다. 그는 크로넨베르크의 당 지부 사무실 관리실장을 지낸 인물이었다. "하지만 1930년에 정부의 담뱃세가 100퍼센트 인상되면서 일자리를 잃고 말았죠. 저는 노동청에 신고하고, 일자리가 나오면 뭐든지 이력서를 제출했습니다만, 일자리를 얻지는 못했습니다. 처음에 저는 실업 급여를 받았습니다만, 당시에는 결혼을 하지 않아, 차라리 고향의 본가로 돌아가라는 조언을 해주더군요. 고향에는 아버지의 농장이 있었지만, 아버지가 돌아가시면 제일 큰 형이 물려받을 예정이었습니다. 그러다가 1932년 봄이 되자, 크로넨베르크의 국가사회주의자들이 마을의 '맥주홀(Bierstube)'에서 신규 당원 모집 행사를 하더군요. 가구마다 딱 한 사람씩만 참석할 수 있었는데, 우리 식구들은 제가 가야 한다고 입을 모았습니다. 저도 동의했죠. 안 될 이유가 있겠습니까? 게다가, 그건 그렇고, 교수님, 사람들이 기억을 아무리 더듬어보아도, 지금까지 우리 마을에서 신규 당원 모집 행사를 개최한 정당은 그 당이 '유일했다'고 합니다."

목수 클링겔회퍼가 경멸을 담아 말한 바에 따르면, "언젠가 무슨 일이 일어날지도 모른다"는 이유로 입당을 원하지 않았던 사람들조차도, 상황이 좋을 때에는 자기야말로 나치 중에서도 가장 열성분자라는 사실을 사방에 알리고자 원했다고 한다. "성벽 길에서 카페를 운영하는 제 매형 슈하르트도 바로 그런 사람이었죠. 저는 그 양반과 언쟁을 벌이곤 했습니다. 입당하지 말라고는 안 했어요. 아니었죠. 다만 찬성인지 반대인지 입장을 '명확히' 좀 하라는 것뿐이었어요. 그는 항상 이렇게 말했죠. 자기가 비정치적인 까닭은 어디까지나 '사업과 관련된 이유' 때문이라구요. 하지만 자기 마음은 물론 당에 공감했다더군요. 그래서 그는 '동계 원조 활동'[36]에 큰 기여를 했고, 항상 깃발을 걸어 놓았고, 하루에도 1천 번씩 '하일 히틀러'를 외쳤죠. 그러다가 미군이 오니까 그 양반은 나치가 아니었다고, 자

---

36. 나치의 하부 조직인 '국가사회주의 국민복지회(NSV)'가 주관하여 1933년부터 1945년까지 시행된 자선 행사로, 매년 10월부터 이듬해 3월까지 불우이웃에게 식량, 의복, 연료 등을 제공했다.

기는 한 번도 입당한 적이 없다고 말하는 겁니다. 그런 사람은 항상 양다리를 걸치게 마련이죠. 당신은 그들을, 그들의 교활함을 존경합니다. 하지만 당신도 그들처럼 되고 싶지는 않을 거예요, 안 그렇습니까?" "물론이죠." 내가 말했다.

클링겔회퍼 씨와 대화를 나누는 도중에, 또는 대화 직후에 내가 작성한 기록을 보면, 그가 다음과 같이 거듭해서 말했다고 나와 있다. "자율 소방대가 다른 무엇보다도 먼저입니다!" "자율 소방대에 제 삶을 바쳤다니까요!" 나로선 직접 쓴 기록조차 차마 믿을 수 없을 지경이었다. 이 정직한 중년의 독일인 목수는 마치 어린아이처럼 소방대 일에 열광했기 때문이다. 인구 1만 명 이하의 독일 도시라면 어디나 그렇듯이, 크로넨베르크에도 자율 소방대가 있었다. 1927년에 내 친구 클링겔회퍼는 소방대장으로부터 소방대에 들어오라는 요청을 받았는데, 왜냐하면 이곳에는 경보 나팔수가 부족했기 때문이었다. 그 당시에는 구역마다 한 명꼴로 나팔수가 있었다. 나팔수는 자기 침실에 화재경보기를 설치해 두다가, 경보기가 울리면 창문을 열고 밖에다가 나팔을 불어서, 그 구역에 있는 다른 소방관들과 다른 모든 사람들을 깨워야만 했다. 클링겔회퍼는 그 당시에만 해도 소방대 일에는 관심이 없었지만, 나팔을 부는 일에는 관심이 있었기 때문에 결국 소방대에 들어갔다. "'아무렴요.' 제가 원래 그래요. 저는 뭐든지 항상 가입했거든요."

공화국 시절이었던 1932년부터 클링겔회퍼는 매년 여름마다 2주간 가게를 비우고 자비를 들여가면서 국립 소방대원 훈련소에 들어가 훈련을 받았다. 1933년에 그는 '자율 소방대(freiwillige Feuerwehr)'에서 조장이 되었는데, 마침 나치가 권력을 잡게 되자, 당원이 된다면 소방대에서 진급할 가능성이 높아질 것이라며 그의 '동료들' 가운데 몇 명이 말해주었다. "당신도 아시다시피." 그가 말했다. "히틀러 시대 이전에만 해도, 소방대원들이 자기네 지휘관을 직접 선출했습니다. 하지만 1933년 이후로는 소대장들이 승진을 제안하면 시장의 승인을 받아야만 하게 되었습니다. 물론 시장도 나치였죠. 그래서 나치가 아니었던 예전 소방대장이 1934년에 사임하자, 소대장 중에 승진해서 그의 자리를 차지한 사람도 역시 나치였습니다. 그래서 저도 입당했죠. 게다가 저는 그 당이 좋다고 생각했거든요."

"만약 '소방대' 일을 하지 않았더라면, 당신도 입당을 안 하지 않았을까요?"

"그 당시에는 아니었겠죠. 하지만 나중에는 입당했을 거예요. 오, 그럼요, 당연하죠. 하지만 그 당시에는 아니었을 겁니다."

"왜 당시에는 아니었다는 거죠?"

"왜냐하면 저는 일당 국가에 반대하거든요. 그것도 한 가지 이유였죠. 게다가 저는 열혈 민족주의자도 아니었어요. 프랑스인도 사람이고, 결국 저와 똑같다고 본 거죠. 이것도 또 한 가지 이유였어요. 그리고 인종정치는 전혀 이치에 맞지 않았어요. 더 이상은 순수한 인종이라는 것 자체가 없고, 근친교배는 어쨌거나 좋지 않으니까요. 그건 식물과 동물을 통해서도 알 수 있고, 모든 사람이 다른 모든 사람과 친척관계인 작은 마을에서 나타나는 정신질환과 정신박약을 통해서도 알 수 있죠. 그것도 또 한 가지 이유였어요. 제가 젊었을 때에만 해도, 우리는 청년운동 단체인 반더포겔(Wandervogel)[37]에서 이런 모든 이야기를 나누었어요."

"음." 내가 말했다. "당신은 나치가 되지 말아야 하는 이유 세 가지를

---

37. '반더포겔(떠돌이 새)'은 1901년에 결성된 청년운동 단체다. 도보 여행을 통해 자연과 친밀해지고 인격을 수양하는 것을 목표로 삼아 큰 인기를 얻었다. 1933년에 '히틀러 소년단'을 제외한 모든 청년단체를 금지하는 나치의 명령에 따라 활동이 금지되었다가 전후에 재조직되었다.

제게 이야기해주신 거군요."

"그런데 문제는 제가 '아직까지' 그 당에 속해 있다는 겁니다!" 그는 신나게 웃어 젖혔고, 나 역시 따라서 웃었다.

입당하자마자 그는 SA에 가입해서 구역 담당 간부가 되라는 요청을 받았다. "저는 '싫다' 고 했죠. 자율 소방대가 더 중요했기 때문이었고, 실제로도 그래서라고 말했어요. SA는 제 답변을 마음에 안 들어 했고, 실제로도 마음에 안 든다고 말하더군요." 그러면서 그는 또다시 웃었다. "하지만 그때까지만 해도 우리는 독립적이었어요. 그러다가 언제더라? 1934년에 룀[38]이 숙청되면서 재조직이 이루어졌죠. 곧이어 우리는 소방대가 SA의 기술 부대가 되든지, 아니면 경찰의 하위 부서가 될 거라는 이야기를 들었어요. 그리고 그해 여름의 소방대원 훈련소에서는 둘 중 어느 쪽이 좋은지를 우리한테 물어보더군요. 당시 그곳에는 50명이 훈련을 받았는데, 헤센주의 각 군(郡)에서 한 명씩 온 사람들이었어요. 우리 50명 모두가 똑같은 이야기를 했죠. 둘 중 어느 쪽도 싫다구요. 소방대는 앞으로도 독립적인 상태로 남아 있어야 한다구요.

우리가 그렇게 '말했다' 니까요, 그럼요. 그러다가 가을이 되자 우리는 경찰 밑으로 들어가게 되었고, 우리의 이름도 '소방 경찰(Feuerlösch-Polizei)' 로 바뀌게 되었죠. 무슨 '그따위' 이름이 있냐구요, 교수님?" 그는 또다시 웃었다.

"끔찍하군요." 나는 이렇게 말하며 그와 함께 웃었다.

"다 그런 거죠(So war die Sache). 음, 그래도 최소한 SA 밑으로 들어간

---

38. 에른스트 룀(1887~1934)은 독일의 군인이며 나치 초기의 지도자 가운데 한 명이었다. 나치의 민병대인 돌격대(SA)의 창립자 겸 사령관으로 한때 히틀러의 경쟁자였지만, 1934년의 '장검(長劍)의 밤' 때에 힘러의 SS에 의해 숙청당했다.

것은 아니었으니까요. 저는 새로운 소방대장을 보좌하는 자리까지 승진했죠. 1938년 말에 이르러, 크로넨베르크 같은 도시의 경찰은 다시 SS 밑으로 들어가게 되었어요. 그래서 우리 '자율 소방대' 도 결국 나치 SS의 일부가 되고 말았죠! 이걸 어떻게 생각하세요, 교수님?"

"당신은 어떻게 생각했는데요?"

"'자기 주머니 속에서 주먹을 꽉 쥐는 격(Man macht eine Faust im Sack)' 이었죠."[39] 이번에는 그도 웃지 않았고, 나 역시 마찬가지였다. 곧이어 그는 표정이 환해지며 미소를 짓더니, 이렇게 말했다. "'다시 말하지만, 자율 소방대가 다른 무엇보다도 먼저입니다!' "

"반대요?" 또 한 번은 클링겔회퍼 씨가 이렇게 말했다. "누가 알았겠습니까? 다른 누군가가 반대하는지, 또는 반대하지 않는지를 과연 누가 알았겠느냐구요. 어떤 사람이 자기는 반대한다고, 또는 반대하지 않는다고 말하더라도, 그건 상황에 따라서 달라집니다. 어디서, 언제, 누구에게, 어떻게 말하느냐에 따라서 달라진다구요. 그러고 나서도 당신은 그 사람이 '왜' 그렇게 말했는지를 반드시 추측해봐야만 합니다. 심지어 행동에 나설 경우에도 마찬가지죠. 1944년에 몇몇 사람이 히틀러를 죽이고 정부를 장악하려 시도했을 때, 그들은 분명히 '반대한' 것이었습니다. 하지만 왜 그랬을까요? 어떤 사람은 국가사회주의의 독재를 미워했고, 어떤 사람은 국가사회주의의 민주주의를 싫어했고, 어떤 사람은 개인적으로 야심이나 질투심이 있었고, 어떤 사람은 군부가 이 나라를 다스리기를 바랐고, 또 어쩌면 일부는 정부가 교체되어야만 처벌을 피할 수 있는 범죄를 저질렀기 때문일 수도 있습니다. 또 일부는 순수하고 고상하기 때문이었다고 저는 확

---

39. 우리나라의 표현 가운데 "이불 속 활개"와 유사한 말처럼 보인다. 즉 속으로는 분개했지만, 차마 그런 감정을 겉으로는 드러내지 못했다는 의미다.

신합니다. 그들은 모두 행동에 나섰지만, 동기는 제각각이었던 겁니다."

"그러면 이곳 크로넨베르크에서는요?"

"이곳 크로넨베르크에서요? 음, 우리는 모두 2만 명이 됩니다. 그 2만 명 가운데 과연 얼마나 많은 사람이 반대했을까요? 그걸 당신이 어떻게 알겠습니까? 그걸 제가 어떻게 알겠습니까? 은밀히 반대하면서 뭔가를 (즉 그들에게 큰 위험을 의미하는 뭔가를) '했던' 사람이 몇 명이었느냐고 만약 당신이 제게 물어보신다면, 글쎄요, 저 같으면 스무 명쯤일 것이라고 대답하겠습니다. 그리고 오로지 선한 동기만으로 그런 뭔가를 공개적으로 했던 사람은 몇 명이었을까요? 아마 다섯 명, 어쩌면 두 명뿐이었을 거예요. 사람이란 원래 그런 겁니다."

"당신은 항상 '사람이란 원래 그런 것'이라고 말씀하시는군요, 클링겔회퍼 씨." 내가 말했다. "사람이란 원래 그런 것이라고, 당신은 정말 확신하시는 겁니까?"

"적어도 이곳에서만큼은, 사람이란 원래 그런 겁니다." 그가 말했다. "그러면 미국에서는 사람들이 뭔가 다릅니까?"

변명, 변명, 변명. 독일인을 위한 변명이었다. 이것은 또한 인간을 위한 변명이기도 했다. 오래전에 '너는 불의를 행하는 것이 좋으냐, 아니면 불의를 당하는 것이 좋으냐' 하는 질문을 받고서, 인간은 이렇게 대답했다. "저는 둘 다 싫습니다." 모든 독일인이 (자기가 그렇게 한다는 사실을 알았거나 몰랐거나 간에) 내릴 수밖에 없었던 치명적인 선택으로 말하자면, 우리 미국인은 이제껏 단 한 번도 직면해본 적이 없는 선택이었다. 하지만 사생활에서나 직장 생활에서나 우리는 물론 매일같이 이와 비슷한 종류의 (물론 그만큼 치명적인 것까지는 아닌) 선택에 직면하게 된다. 진부한 표현을 사용하자면, 우리가 소크라테스를 부러워하기보다는 오히려 존경하기가 더 쉽다는 것은 여전히 사실이다. 그리고 날이 흐린 일요일이 되면, 십자가를 지기보다는 예배만 드리기가 더 쉬운 것이다. 나는 베를린에서 배우었지만 전쟁 이후로는 채용이 금지된 젊은 남성을 만났다. 그는 이런 말을 했다. "저는 히틀러를 위해 연기를 하면서 편안하게 사느냐, 아니면 러시아 전선에 가서 그를 위해 죽느냐, 이 둘 중에서 선택을 해야만 했습니다. 저는 러시아에서 그를 위해 죽지는 않는 쪽을 선택했습니다만, 그건 제가 나치 반대자라서 그랬던 것이 아닙니다. 물론 저는 나치 반대자가 아니었죠. 그 이유는 단지 제가 영웅은 아니었기 때문이었습니다. 히틀러를 위해 죽거나 조국을 위해 죽거나, 아시다시피 그 전쟁에서는 이 두 가지가 결국 매한가지였죠. 제가 만약 그러기를 원했다면 저는 군이 징집될 때까지 기다릴 필요가 없었습니다. 오히려 애국자처럼 자원 입대를 했겠지요. 어디 말씀해 보세요, 교수님." 그는 너무 점잖은 사람이었기 때문에, 만약 나라면 '그가' 처한 상황에서 어떻게 했겠느냐고 차마 물어보지 못했다. "만약 당신이라면 '제가' 처한 상황에서 어떻게 하셨겠습니까?"

6장 반공산주의라는 종교, 공산주의보다는 독재를!

　　　　　　　　"그 일은 뮌헨에서 시작되었죠." 내 친구인 케슬러 씨가 말했다. 그는 한때 가톨릭교도였고, 독일 남부에 있는 바이에른의 이웃 주 뷔르템베르크에서 온 사람이었다. "독일에서 가장 예술적이고 교양 있고 가톨릭적인 도시, 예술과 노래와 사랑과 '안락(Gemütlichkeit)'의 도시, 독일에 온 외국인 관광객들이 항상 방문하고 싶어 하는 유일한 도시. 바로 그곳에서 그 일이 시작된 겁니다. 그 어떤 '세계관(Weltanschauung)', 또는 철학도 없는 순전히 국지적인 사건이었죠. 그 도시 외부에 있는 사람은 아무도 주목하지 않았어요. 그 일이 곳곳으로 퍼져 나가서 뿌리를 내리게 된 다음에야 비로소, 바이에른 사람들은 이렇게 물었죠. '히틀러가 누구야? 이 황당한 이름을 가진 정당은 또 뭐야? 그 배후에 누가 있는 거야?'

　　히틀러는 일개 병사였습니다. 수백만 명의 다른 병사들과 마찬가지였어요. 다른 점이 있다면, 그가 군중을 다루는 '감'을 가졌다는 것, 그리고 그가 열정적으로 말할 수 있었다는 것이었습니다. 사람들은 이런저런 당의 강령에는 아예 관심을 두지 않았어요. 그들이 모임에 나간 이유는 단지 뭔가 새로운 것을, 뭐든지 새로운 것을 듣고 싶어서였어요. 그들은 경제 상황이 절망적이라 생각했기 때문에, '새로운 독일'이라는 말이 솔깃하게 들렸겠지요. 하지만 깊은, 또는 넓은 관점에서 보자면, 그들은 사실 아무것도 보지 못했던 거였습니다. 히틀러는 항상 정부에 반대하는, 패배한 전쟁에 반대하는, 평화조약에 반대하는, 실업에 반대하는 이야기를 했거든요. 사람들은 그 모두를 좋아했습니다. 지식인들이 나서서 '이게 도대체 뭐야?' 하고 물을 즈음이 되자, 그것은 일반인 사이에서 확고한 기반을 갖고 난 다음이었습니다. 그것은 바로 '노동자의, 사회주의자의(Arbeiter, Sozialist)' 정당이었으며, '사회질서를 통제하는 노동자들의' 정당이었습니다. 지식인을 위한 정당은 아니었던 거죠.

독일의 상황은 점점 더 나빠져만 갔습니다. 사람들의 일상생활 밑에 놓여 있던 것이, 진정한 뿌리가 사라지고 말았어요. 자살이 늘어난 것을 좀 보세요. 부도덕이 늘어난 것을 좀 보세요. 사람들은 뭔가 '급진적인' 것을, 진정한 변화를 원했습니다. 이런 열망은 점차 공산주의라는 형태를 취하게 되었고, 특히 독일 중부라든지, 또는 산업 지역이라든지, 또는 북부의 여러 도시에서 특히 그랬습니다. '그것'은 히틀러의 발명품이 아니었어요. '그것'은 진짜였죠. 미국 같은 나라에는 공산주의가 없는데, 거기에는 '급진적' 변화를 향한 열망 자체가 없기 때문이에요.

히틀러주의는 마찬가지로 급진적인 뭔가를 내놓아서 공산주의에 대응해야만 했어요. 공산주의는 항상 무력을 사용했죠. 히틀러주의도 이에 무력으로 대응했어요. 대중의 마음속에서 항상 명료하고 항상 강했던 공산주의의 진짜로 확고한 적은 바로 국가사회주의였어요. 그와 같은 종류 중에서는 공산주의에 대응한 '유일한' 적이었죠. 그러니 독일을 공산주의로부터 구하고 싶은 사람이라면 (물론 '당연히' 구해야만 했죠) 자연스레 국가사회주의로 갔던 겁니다. 1932년에 나온 나치의 표어는 이거였어요. '여러분의 조국이 볼셰비키에게 넘어가기를 원한다면, 공산주의자에게 투표하세요. 여러분이 자유로운 독일인으로 계속 남기를 원한다면, 나치에게 투표하세요.'

두 개의 맷돌 사이에 놓인 격이 된 중도 정당들은 그 두 가지 급진주의 사이에서 아무런 역할도 하지 못했습니다. 그 지지자들은 기본적으로 '시민(Bürger)', 즉 의회적 절차에 따라 일을 결정하는 '고상한' 사람들이었죠. 이들은 정치적으로 무관심했습니다. 최악의 경우에는 그저 현재의 상태를 계속해서 유지하기를 원하는, 또는 단지 약간만 수정하기를 원하는 사람들이었죠.

저는 미국의 '시민', 즉 중산층에게 물어보고 싶습니다. 만약 당신들 같으면, 당신네 국가가 그런 상황에 처해 있을 때 무엇을 선택했겠습니까? 독재입니까, 아니면 볼셰비키주의에 의한 파괴입니까? 볼셰비키주의는 마치 노예제처럼, 그리고 영혼의 죽음처럼 보였습니다. 우리가 나치즘에 동의하느냐 마느냐는 사실 문제가 되지 않았어요. 나치즘이야말로 유일한 방어 수단처럼 보였으니까요. 그게 바로 우리의 선택이 되었던 겁니다."

"저 같으면 차라리 양쪽 모두 아니라고 했겠는데요." 내가 말했다.

"물론 그러시겠죠, 교수님. 당신은 부르주아시니까요. 저 역시 한때는 마찬가지였죠. 기억하시겠지만, 저는 예전에 은행원이었으니까요."

내가 만난 열 명의 친구들 중에서 오로지 두 사람, 즉 재단사 슈벵케와 수금원 지몬만이 이른바 '역전 용사(alte Kämpfer)'였고, 이들은 나치 이외의 다른 무엇도 되고 싶어 하지 않았다. 이들은 모두 국가사회주의가 독일에는 (따라서 자기 자신에게는) 공산주의로부터의 구원이나 다름없었다고 확신했다. 그리고 이들은 저 예민한 은행원과 비슷하게도 공산주의를 가리켜 '볼셰비키주의'니, '영혼의 죽음'이니 하고 일컬었다. '볼셰비키주의'

는 외부에서 온 것, 다시 말해 러시아라는 야만적인 세계에서 온 것이었다. 반면 그 적인 나치즘은 독일의 것이었으며, 따라서 그들의 것이었다. 그러니 그들은 차라리 나치즘을 더 선호한 것이었다.

그렇다면 그들은 공산주의, 또는 '볼셰비키주의'가 무엇인지 알기는 했을까? 그렇지 않았다. 내 친구들의 경우에도 마찬가지였다. 케슬러 씨, 교사인 힐데브란트, 그리고 1941년에 대학에 입학한 아직 젊은 호르스트 마르 루프레히트를 제외하면 아무도 제대로 몰랐다. 이들이 아는 볼셰비키주의란 이들의 상상 속에서나 구체적인 모습을 갖춘 허깨비였을 뿐이다. 거기에는 단순히 공산주의뿐만이 아니라 사회민주주의자며 노동조합도 포함되어 있었고, 물론 유대인과 집시도 당연히 포함되어 있었다. 심지어 예전에 그들을 문 적이 있었던 개의 주인인 이웃 사람과 문제의 개 한 마리도 포함되어 있었다. 다시 말해 그들의 과거와 현재에는 물론이고, 미래에도 가능한 모든 고난의 원인들이 한데 모여 있었던 셈이다. 1930년인지 1931년이 되기 전까지만 해도, 내가 만난 열 명의 친구들 가운데 (재단사 슈벵케와 수금원 지몬을 제외한) 어느 누구도 자기가 알고 지내는 공산주의자를 미워한 적은 없었으며, 그들을 허깨비로 여긴 적도 없었다. 산업화가 되지 않은 작은 도시 크로넨베르크에는 그런 사람들이 물론 극소수에 불과했다. 이들 역시 허깨비가 아니라 실제의 이웃이었으며, 여러분의 집에 쳐들어와서 불을 지를 가능성은 결코 없는 사람들이었다. 그런데 1933년인지 1934년이 지나고 나자, 바로 그 이웃들이 '본래의 모습 그대로' 보이게 되었다. 즉 순진한 척 위장했던 허깨비의 하수인으로 보이게 되었다. 볼셰비키의 허깨비는 결코 재산이 없지 않았던 내 친구들의 재산 관념을, 이 '영락한' '시민'들의 계급 관념을, 옛 황제의 이 무기력한 백성들의 정치 관념을, 이 '형식적인' 교회 출석자들의 종교 관념을, 이 예외가 없는 사람들의 도덕 관념을 모조리 건드리고 말았다. 그건 바로 '영혼의 죽음'이었다.

　　문제는 공산주의가 이 나라를 위협하느냐 마느냐가 아니었다. 왜냐하면 이 나라에서는 퇴락하는 상황이 지속되었기 때문에, 그런 일이 이미 일어났거나, 또는 곧 일어날 것이 뻔했기 때문이었다. 진짜 문제는 그런 일이 이미 일어났다고 과연 독일인이 확신했느냐 아니냐 여부였다. 그리고 이들은 그런 일이 일어났다고 확신했다. 이들은 워낙 굳게 확신했기 때문에 (1933년에 있었던 제국의회의 방화 사건도 이런 확신을 가져온 수단이었다) 나치는 궁극적으로 반공산주의를 일종의 종교로, 즉 질문으로부터도 면제되고, 증거가 없더라도 그 정의(定義)만으로도 충분히 답변이 가능한 것으로 수립할 수 있었다. 1937년에 교황은 국가사회주의의 '오류들'을 공격했지만, 이에 대해 나치 정부가 자신들의 정책에 대해 내놓은 답변은 "볼셰비키주의의 위협에 대항해 세계를 지키는 최전선 방어막에 위험한 일격을 가했다"면서 도리어 교황을 비판하는 '통보'로 이루어져 있었다.

　　이 독일인들은 볼셰비키주의를 저지하기 위해서라면 무슨 일이든지 하고, 무엇이든지 되고, 어디에라도 가입할 태세가 되어 있었다. 그리하여 그들은 결국 나치가 되고 말았다. 나치즘은 볼셰비키주의를 실제로 저지하지 않았다. 그러나 나치즘이 볼셰비키주의를 과연 어떻게 저지했는지, 어떤 수단을 이용해 어떤 결과를 얻었는지 등등은 독일인에게 전혀 문제가 되지 않았다. 즉 이런 단점만으로는 최소한 이들을 나치즘에서 멀어지게 만들기에 충분하지 않았다. 그 부족함들 (사소한 것이건, 끔찍한 것이건 간에) 가운데 그 무엇도, 그 모순들 (작은 것이건, 재난에 가까운 것이건 간에) 가운데 그 무엇도 결코 이들을 흔들지 못했다. 이들이 보기에 나치즘은 예나 지금이나 그 약속을 지킨 셈이었다.

　　내가 만난 열 명의 친구들 가운데 입당했을 당시에 실업자 상태였던 사람은 은행원 케슬러, 판매원 담, 슈벵케 씨의 아들 겸 재단사 도제인 구스타프 이렇게 세 명뿐이었다. 이들 중에서 앞의 두 명은 그 당시에 중년에 접어든 한 집안의 가장이었다. 세 명 모두 내가 보기에는 실업자 신세였기 때문에 입당한 모양이었다. 물론 그렇다고 해서, 이들이 만약 실업자가 아니었다면 절대로 입당하지 않았으리라고 장담하는 것은 아니다. 이른바 '역전 용사'인 재단사 슈벵케와 수금원 지몬은 입당 당시인 1925년에만 해도 각자 일자리가 있었지만 (재단사는 자영업자였다) 그 당시에 막 끝난 인플레이션 때문에 거의 굶어 죽을 지경까지 몰린 바 있다. 이들을 비롯해서 다른 모든 '프티부르주아' 독일인이 거의 모두 비슷한 상황이었다.

나이 많은 경찰관 빌리 호프마이스터는 1937년에 입당했는데, 왜냐하면 신임 경찰서장이 자기 부하 모두에게 반드시 입당하라고 지시했기 때문이다. 혹시 거절할 수도 있지 않았느냐고 내가 묻자, 그는 이렇게 대답했다. "저야 백만장자까지는 아니었으니까요." 그를 포함해 모두 다섯 명으로 구성된 크로넨베르크의 '형사반(Sicherheitspolizei)'은 결국 게슈타포로 강제 흡수되었는데, 이는 자율 소방대가 SS로 강제 흡수된 것과 마찬가지였다. 학생인 호르스트마르 루프레히트는 고작 여덟 살 때부터 나치가 되었다. '히틀러 소년단'의 '아동반' 조직인 '유년단(Jungvolk)'에 가입했기 때문이다. 그는 '히틀러 소년단'의 지도자가 되겠다는 야심을 갖고 있었고, 그 야심을 실현했다. 미국에서 살았다면 그는 분명히 '스카우트 지도자'가 되었을 것이다.

열 명 중에서 가장 적극적인 교회 신도는 두 명, 그러니까 목수인 클링겔회퍼 씨와 빵집 주인 베데킨트 씨였다. 두 사람 모두 자기네 교구교회에서 교구 위원으로 일했으며, 오늘에 와서는 '모두가 그랬다'는 테마를 가장 강조하는 사람들이기도 했다(내 생각에는 어제에도 마찬가지였을 것 같지만 말이다). 이들은 둘 다 '3월 한철의 제비꽃들'이었다. 한때 교회와 좋은 관계를 유지했던 것처럼 당과도 좋은 관계를 유지하려는 충동의 배후에 있는 이들 특유의 감성은, 열 명 중에서 오로지 이들 두 명만이 소매업자였다는 사실에서 비롯된 게 분명하다. 목수는 자신의 교회 활동이 장례용 관(棺) 제작 주문에 "해가 되지는 않았다"고 솔직히 시인했다. 하지만 그가 교회 신도가 된 이유가 단지 그렇게 함으로써 사업에 도움이 되기 '때문인지' 여부는 그도 나도 차마 단언할 수 없었다.

클링겔회퍼건 베데킨트건, 어느 누구도 (입당하기 전에는 물론이고 당원 시절에나 심지어 그 이후로도) 당의 강령인 저 역사적인 '25개조'를 읽지는 않았다(열 명 중에서 그걸 실제로 읽어본 사람은 오직 교사뿐이었다).[40] 하지만 이들은 가장 열렬한 교회 출석자가 그 운동의 초기에 겪는 것과 유사하게, '적극적 기독교'를 위한 강령의 요구에 진심으로 감명을 받았다.[41] 내 친구들은 이런 주장을 모두 들어본 바 있었다. 빵집 주인은 당과 교회 간의 갈등이 점점 더 격렬해지던 1937년에 교구 위원회에서 떠났다. 그는 자기가 자발적으로, 즉 '좋은 나치'로서 떠났던 것이라고 말했는데, 왜냐하면 당에 대한 자신의 충성심이 그 위원회에서 자신의 위치를 손상시킨다고 느꼈기 때문이라고 했다. 그가 다니던 교회의 목사도 그의 주장을 확인해주었다. 하지만 그는 교회를 떠나지는 않았다. "저는 뭐든지 항상 가입했거든요"라고 말했던 클링겔회퍼 씨는 끝까지 교구 위원으로 남아 있었다.

40. 1920년 2월 24일의 '독일 노동자당'(훗날의 '국가사회주의 독일 노동자당') 집회에서 발표된 25개 강령으로, 대(大)독일주의, 베르사유 조약의 폐기, 식민지 요구, 반공산주의, 반유대주의, 산업의 국유화 등의 내용으로 되어 있다.
41. 나치 강령 제25조에서는 국가와 풍속과 도덕에 위배되지 않는 한도 내에서 "신앙의 자유"를 보장하며, 유대교 및 유물론에 저항하는 "적극적 기독교"를 지지한다고 나와 있다. 이른바 '적극적 기독교'는 성서 가운데 유대교와 관련된 부분을 거부하고, 예수 그리스도를 비(非)유대인으로 간주하며, 나아가 히틀러를 곧 새로운 계시의 선포자로 간주하는 등의 교리를 내세웠다.

세련된 편이었던 힐데브란트까지도 포함해서 내가 만난 열 명의 친구들은 독일인이 '움직임(Bewegung)'이라고 부르는 것으로부터 영향을 받았다. 이는 곧 인간으로 이루어진 바다의 일렁임이었으며, 당을 초월하고 정치를 초월한 뭔가였으며, 그 당시에도 분석을 요구하지 않았고 그 이후에도 분석을 요구하지는 않았던 큰 파도였다. 분명히 이 사람들은 볼셰비키 공포증의 희생자들이었다. 이들은 역시나 경제적 곤경의 희생자들이기도 했으며, 이보다 더 나쁜 사실은 이들이 경제적 절망의 희생자이기도 했다는 것이다. 자신의 절망을 조국의 절망과 동일시함으로써, 이들은 이런 절망에 더 쉽사리 고통을 받았다. 하지만 그들은 탐색자이며 확언자이기도 했다. 즉 이들은 단순한 희생자라기보다 오히려 행위자였다는 것이다.

　　물론 이들의 조국은 외부의 영향 때문에 갈기갈기 찢겨 있었지만, 그보다 더 잔인한 것들이 그 내부에서 나왔다. 독일인은 1918년 이후로 서로의 목을 졸랐으며, 불화는 항상 더 날카롭고 더 지독하게 자라났다. 그런 부패의 과정에서, 이른바 '독일인이 된다는 것'의 원칙은 (비스마르크 치하에서 처음 얻었고, 혹시나 사라지지 않을까 노심초사하며 그토록 소중하게 유지했던 원칙은) 실제로 상실되어버렸다. 본래 이 나라의, 그리고 이 나라 사람들 모두의 통합은 오로지 '독일인이 된다는 것'이라는 이 한 가지 원칙에 의해서만 가능했다. (저 나이 많은 광신자 슈벵케도 포함해서) 내가 만난 열 명의 친구들은 과거의 정당들이나 과거의 정당 정치인들 간의 분열적 투쟁을 지켜보면서, 그리고 이 원칙을 지지했던 신비적인 직조물이 갈기갈기 찢겨 나가는 과정을 지켜보면서, 이렇게 물었다. "독일은 어디에 있는가?" 나치즘은 (더 정확히 '히틀러는') 이 사실을 알았다. 내 친구들에게는 이것, 즉 독일의 정체성 확인보다 더 중요한 사실이 또 없다는 사실을 알았던 것이다. 어떤 사람이 한 공동체에 소속되고, 또 자기가 그곳에 소속되어 있다는 사실을 인식하게 되면, 그 공동체는 반대로 그에게 정체성을 부여하는 것이었다. 이런 움직임으로 말하자면, 독일인 이외의 사람들이 딱 보자마자 그 실제 모습을 파악할 만한 것이었다. 그리고 이런 움직임으로 말하자면, 내 친구들의 자신감을 회복시킨 것이기도 했는데, 이는 마치 길을 잃었던 아이가 자기 집을 보자마자 자신감을 회복하는 것과 마찬가지였다. 또는 라인 강 높은 언덕에 앉아서, 놀라우리만치 아름다운 노을 속에서 금빛 빗으로 금빛 머리카락을 빗으며, 강 너머 바위를 바라본 뱃사람들을 유혹하는 로렐라이의 모습을 보자마자 자신감을 회복하는 것과도 마찬가지였다.

국가사회주의란, 의회 정치와 의회 토론과 의회 정부 모두에 대해 내 친구들이 느낀 혐오의 결과물이었다. 그 모든 정당들과 당파들의 흥정과 거래에 대해, 제휴에 대해, 혼란에 대해, 공모에 대해 느낀 혐오의 결과물이었다. 그것은 '악당들'을 겨냥한 일반인의 거부가 빚어낸 최종 결과물이었다. 그 동기는 "그놈들을 모두 내쫓자"는 것이었다. 1920년대에 내 친구들은 마치 레슬링 경기를 구경하는 관객과도 같은 심정이었다. 즉 그 모든 신음과 괴성과 드잡이와 땀에도 불구하고, 이들은 혹시 이 경기가 선수들끼리 '짜고 하는 것'은 아닐까 하는, 즉 선수들이 그저 싸움을 하는 척하는 게 아닐까 하는 의구심을 떠올렸다. 나라 전체를 뒤흔든 스캔들에, 즉 한쪽의 정당이나 당파가 다른 정당이나 당파를 '폭로한' 일에 내 친구들은 불쾌감을 느꼈으며, 급기야 혐오감을 느꼈다. 어떤 사람은 1954년에 미국에서 있었던 저 유명한 육군-매카시 청문회에서 이와 비슷한 반응을 감지했을 것이다.[42] 즉 사람들은 단순히 이쪽, 또는 저쪽에 대해 반감을 가진 것이 아니라, 오히려 '그 모든 일' 자체가 '혐오스럽다'고, 또는 '수치스럽다'고 느낀 것이다.

독일이라는 국가를 상징하는 선박은 요동했지만, 구명대를 유일하게 갖고 있던 관리들은 함교(艦橋)에서 자기네의 특권을 놓고 논쟁을 벌였다. 공산주의자와 나치 지도자들을 제외하면, 어느 누구도 3만 5,000마르크에 달하는 내각 장관들의 봉급에 반대하지 않았다는 사실을 내 친구들은 목격했다. 오로지 공산주의자와 나치만이 이에 반대했다. 이들이 나치즘에 대해 공통적으로 겪은 (즉 둔감한 수금원 지몬에게도, 그리고 민감한 경찰관 호프마이스터에게도 매한가지였던) 가장 씁쓸한 한 가지 실망은 그 어떤 관리도 1,000마르크 이상의 월급을 받지 못하게 하겠다고 히틀러가 약속해 놓고, 그 약속을 지키지 못했다는 사실이었다.

내 친구들은 독일이 정화되기를 원했다. 이들은 독일이 자국의 정치인들을, 즉 '모든' 정치인들을 정화하기를 원했다. 이들은 국민을 대표하지 않는 여러 대표자들 대신에, 국민을 대표하는 지도자 한 명을 세우기를 원했다. 히틀러는 바로 그런 사람이었다. 순수한 사람이었고, 반(反)정치인이었으며, '정치'에 오염되지 않은 사람이었다. 사실 정치란 부패를 위한 구실에 불과했으니까. 1950년대 초에 미국에서 벌어졌던 '밍크코트' 스캔들[43]에 상응하는 스캔들이 1930년대 초 베를린에서도 일어난 바 있는데, 이때 나치는 사회민주주의자인 시장의 아내가 그 도시에서 사업을 하려는

---

42. 미국의 극우 정치인 조지프 매카시(1908~1957)는 위스콘신 주 상원의원으로 활동하던 1950년대 초에 공산주의자 색출 운동을 벌인 인물이다. 정관계에서 암약하는 공산주의자가 많다는 발언으로 논란을 일으켰지만, 매카시는 자기 주장을 뒷받침하는 증거를 전혀 제시하지 못했다. 결국 1954년에 한 달 넘게 지속된 육군-매카시 청문회에서 그런 모순적 면모가 적나라하게 드러나면서, 매카시는 결국 정치적 영향력을 상실하고 실의 속에 지내다가 일찍 사망하고 말았다.

43. 트루먼 대통령 재임 당시인 1952년에 미국 국세청(IRS)의 직원 가운데 다수가 재력가로부터 자기 부인에게 선물할 여성용 밍크코트를 뇌물로 받고 탈세를 눈감아주었다는 사실이 드러나 큰 물의를 빚었다. 당시 공화당의 대선 후보인 아이젠하위의 러닝메이트였던 리처드 닉슨은 본인의 후원금 스캔들에 대해 해명한 일명 '체커스 연설'에서 트루먼 정부의 스캔들을 꼬집으며 '내 아내는 밍크코트가 없고, 버젓한 공화당원답게 천 코트를 입는다'고 말했다. 이 연설에서 자기가 받은 선물 중에 논란의 여지가 있는 것들은 모두 반환하겠지만, 자기 딸들이 선물로 받은 강아지 '체커스'는 이미 한 식구라서 반환이 불가능하니 널리 양해를 바란다는 닉슨의 말은 악화된 여론을 반전시키는 '결정적인 한 수'였다.

어떤 사람으로부터 모피코트를 받았다는 사실을 집중적으로 부각시키며 시장 선거에서 유세에 나섰다.

"그 모든 떼거리", "그 모든 패거리", "그 모든 짓거리"에 반대하여, 그 '모든' 의회 정치인들에게 반대하여, 그 '모든' 의회 정당들에 반대하여, 내 친구들은 히틀러주의를 불러냈으며, 히틀러주의는 그 모든 것들을 전복해버렸다. 1934년 6월 30일에 룀이 숙청당함으로써 정점에 이르렀던 국가사회주의당 내부의 권력 투쟁은 본질적으로 의회적이고도 정치적인 사건이었지만, 내 친구들은 그런 사실을 전혀 몰랐다. 이들은 그 사건을 도덕적 타락에 대한 청소로 받아들였다. 설령 이들이 공식 선전 배후에 있는 현실을 흘끗 엿보았다 하더라도, 이들이 품은 처음의 우려는 총통이 즉각적이면서도 단호한 검을 가지고 행동에 나섰다는 사실 때문에, 그리고 룀에 대한 '논의'는 이미 끝났다는 사실 때문에 결국 사라져버렸을 것이었다. 다시 말해, 총통이 국가와 국민을 하나로 엮어주었다는 것이었다.

이것이 바로 내 친구들의 자신감을 회복시키고 매료시킨 '움직임'이었다. 독일인 가운데 이를 맨 처음부터 지켜본 사람들은 (그런 사람들이 아주 많지는 않았다. 아니, 내 생각에는 어디에도 없었을 것 같다) 히틀러를 가리켜 '쥐잡이(Rattenfänger)'라고 불렀다. 미국 아이들이라면 누구나 『하메른의 피리 부는 사람(The Pied-Piper of Hamlin)』이라는 동화를 읽어보았을 것이다. 독일 아이들 역시 누구나 그 동화를 읽는다. 그리고 이 동화의 독일어 원제는 바로 『하메른의 쥐잡이(Der Rattenfänger von Hameln)』다.

7장 "우리는 우리의 피로써 생각한다."

하인리히 힐데브란트는 1937년에 입당했다. 내가 만난 열 명의 친구들 가운데 입당하지 않는 것을 두려워한 사람은 그가 유일하지도 않았겠지만, 그는 두려움이 (더 정확히 말하자면 두려움과 이득이지만, 그는 이렇게 말한다. "과연 누가 그 두 가지를 구분할 수 있겠습니까?") 자신의 입당 이유라는 사실을 그때나 지금이나 알고 있는, 그리고 그 사실을 말하는 유일한 사람이었다. 그는 과거에 동(東)프로이센에서 나치 반대자이며 적극적인 중도 민주주의자였지만, 1935년에 조용히 헤센으로 이주한 후로는 불안 속에서 자기 과거를 묻어두고, 크로넨베르크의 '레알김나지움(Realgymnasium)'[44]에서 문학과 프랑스어를 가르치는 자리를 얻었다. 나치 반대자이며 교양 있는 사람이었던 그는 자신의 행동 경로를 지시한 일차적 고려에 대해서 다른 사람들보다도 더 명료하게 자각했다. 그리고 한때 자기가 증오했던 체제 내에 들어오자마자, 즉 늑대의 탈을 쓴 양이 되

---

44. '레알김나지움'은 6년제 실업계 학교인 '레알슐레'와 9년제 인문계 학교인 '김나지움'의 절충형으로, 고전어 대신 현대어를 가르치고 수학과 과학 등의 학습을 강조한 것이 특징이며, 수업 연한은 9년제다.

자마자 그는 이렇게 하는 일에 상당한 이득이 있음을 깨달았다.

"어쩌면." 그가 말했다. "그건 제가 했던 일을 무의식중에 정당화하고 싶었기 때문인 것도 같네요. 만약 그렇다면, 저는 성공한 셈이구요. 하지만 이제는 그렇다고 말하고, 또 이제는 그렇다는 걸 알고 있지요. 그 체제에는 좋은 것들과 뛰어난 것들도 분명히 있었어요. 그래도 그 체제 자체는 사악했죠."

"예를 들면요?"

"사악함의 예 말인가요?"

"아뇨, 그건 저도 알고 있어요. 제 말은 '좋은 것들과 뛰어난 것들'의 예를 들어보시라는 거예요."

"어쩌면 저는 좋은 '것들'이라고 말하는 대신에, 오히려 좋은 '것'이라고 말해야 할지도 모르겠네요. 난생처음으로 저는 황제 시절이나 바이마르 시절에나 줄곧 저보다 더 낮은, 또는 더 높은 계급에 속했던 사람들과 진정한 동류가 되었으니까요. 그들로 말하자면 우리가 항상 내려다보거나 올려다보거나 했던, 그러나 우리가 결코 '같은 눈높이에서' 바라보지는 않았던 사람들이었죠. '노동전선'에서 저는 그런 사람들을 직접 만나면서 알게 되었어요. 저는 교사조합을 대표했거든요. 저는 그들의 삶을 알게 되었고, 그들은 저의 삶을 알게 되었죠. 제가 생각하기에는, 심지어 미국에서도 (어쩌면 그럴지도 모른다는 겁니다. 저야 그곳에 가본 적이 없었으니까요) 이른바 '일반인'에 관해 이야기하는 교사가 정작 그런 사람을 한 명이라도 직접, 그러니까 한 명이라도 제대로 알지 못할 수 있을 겁니다. 사실은 자기도 바로 그 계급 출신이면서 그럴 수도 있죠. 육군 장교를 아버지로 둔 제가 딱 그랬으니까요. 국가사회주의는 바로 그런 구분을, 그런 계급 차별을 무너트렸습니다. 반면 우리가 이전에 겪었던 민주주의는 그렇게 하지 못했으며,

지금도 역시나 그렇게 하지 못하고 있습니다."

"빵집 주인 베데킨트가 저한테 그러더군요." 내가 말했다. "그러니까 '노동전선에서는 우리처럼 단순한 노동계급 사람들이 학식 있는 사람들과 나란히 섰다'고 말이에요."

"저도 베데킨트가 생각납니다." 교사가 말했다. "입당하기 전까지만 해도 저는 그를 잘 몰랐어요. 그리고 지금도 역시나 잘 모르죠. 왜일까요? 왜냐하면 그는 저보다 아랫길에 있는 사람이기 때문이죠. 빵집 주인은 별 것도 아니지만, 교사는 대단한 뭔가이니까요. '노동전선'에서 우리는 모두 함께 대단한 뭔가에 속해 있었죠. 우리는 뭔가를 공통으로 갖고 있었던 거죠. 그 당시에만 해도 우리는 서로를 알 수 있었어요. 무슨 뜻인지 이해하시겠습니까, 교수님?"

"이해합니다. 왜냐하면 방금 당신이 저를 '교수님'이라고 부르셨기 때문이죠." 나는 이렇게 말하며 미소를 지었다.

"맞습니다. 빵집 주인은 저를 '선생님(Herr Studienrat)'이라고 부르죠. 그게 저의 지위니까요. 그리고 저는 당신을 '교수님(Herr Professor)'이라고 부르구요. 빵집 주인을 친구로서 받아들이느냐는 제게 달린 문제이고, 저를 친구로서 받아들이느냐는 당신께 달린 문제죠."

"미국에서는 빵집 주인이건 교사건 간에 교수를 굳이 깍듯하게 '교수님'이라고 부르지는 않을 겁니다만." 내가 말했다.

"전혀요?"

"거의요. 누가 저를 '교수님'이라고 부른 적이 있었는지 기억이 안 나네요. 물론 친구들은 말다툼을 벌이다가 말고 비꼬듯이 '아이고, 교수님, 정신이 나가셨네요' 하고 농담을 하긴 합니다만."

"독일에서는 그렇지 않아요." 그가 말했다. "유럽 어디에서나 마찬가지죠. 제가 알기로는, 심지어 영국에서도 그렇다더군요. 독일에서는 나치즘 이전부터 늘 그랬고, 지금도 또다시 그렇거든요. 직책이야말로 계급 차별의 진정한 반영이에요."

나는 최근에 저명한 물리학자인 독일인 친구로부터 들은 이야기를 힐데브란트 씨에게 말해주었다. 그가 암스테르담에서 열린 과학회의에 참석하고 독일로 돌아오던 참이었는데, 미국인 동료가 그와 동행했다. 네덜란드와 독일의 국경에서 미국인은 자기 여권을 잃어버렸음을 깨달았다. 내 친구는 네덜란드와 독일 양쪽의 여권 검사관이 나이 지긋한 사람이라는, 즉 제국 시절의 유물이 분명하다는 사실을 눈치 채고, 그들에게 이렇게 설명했다. "실례합니다, 저는 대학교수인 칼 오토 박사, G 남작입니다. 제가 장담하건데, 여기 W 교수께서는 합법적으로 발급된 유효한 여권을 소지하고 계셨습니다만, 안타깝게도 지금은 분실하고 말았습니다. W 교수의 국경 통과로 인한 문제의 책임은 모두 제가 지겠습니다." "한마디로 도박이었지." 물리학자는 그 사건을 내게 설명하면서 이렇게 말했다. "하지만 결국 성공했어. 나이 지긋한 두 검사관은 대학교수 겸 박사 겸 남작인 사람의 말에 꼼짝없이 압도된 거였지. 결국 W는 나와 함께 무사히 국경을 넘었어. 그 친구, 얼떨떨해 하더군."

"그 미국 분은 무엇 때문에 얼떨떨해 했을까요?" 내가 이야기를 마치자 교사가 물었다.

"왜냐하면." 내가 말했다. "미국에서는 떠돌이 약장수도 자기가 '교수'라고 주장하는데다, 자기가 '남작'입네 '백작'입네 하는 사람은 십중팔구 사기꾼이기 때문이죠. 미국의 여권 검사관이라면 칼 오토 박사의 말을 듣자마자 자기 동료를 바라보며 이렇게 말했을 겁니다. '여기 또 한 분 납셨군, 조. 여기 계신 '교수님'께서는 입국하고 싶으신데, 마침 여권이 없으시다는 거야. 도대체 댁은 뭘 파는 양반인가요, '교수님.' 코카인이라도 팔아요?'"

"방금 하신 말씀은 조금 과장된 거겠죠?" 교사가 물었다.

"조금은요." 내가 말했다. "하지만 진짜 조금뿐이에요."

"무슨 말인지 이해가 되네요." 그가 말했다. "그건 바로 당신네 미국인이 갖고 있는 절대적 평등의 정서인 거예요. 하지만 여기서는 우리 중 누구도 그런 정서를 갖고 있지 않아요. 반면 나치즘에는 민주주의의 요소가 들어 있었고, 그건 진짜였어요. 저보다— 이걸 뭐라고 말해야 할까요? 저보다 아랫길에 있는 사람들이 저를 받아들였어요."

'저보다 아랫길에 있는 사람들이 저를 받아들였어요.'

나치 독일에서 이 독일인 교사는, 내가 감히 말하건대 한창 대두하는 전체주의 치하에서 모든 교사가 처하게 되는 상황에 놓였던 것이다. 즉 다른 종류의 노동자들은 미처 모르는 (또는 안다 하더라도 덜 고통스럽게 알았던) 충동을 갖게 되는 독특한 상황에 놓였던 것이다. 국가사회주의의 발전은 독일 공동체 내에서 교직을 원래의 자리에서 가차 없이 끌어내렸다. 원래 유럽 어디에서나 교사는 미국의 교사보다 훨씬 더 존경을 받았으며, 봉급도 훨씬 더 많이 받았다. 아울러 유럽에서 교사는 상당한 (그 나라 국민 대부분의 경제적 능력으로 감당이 가능한 것보다 훨씬 더한) 수준의 교육을 받게 마련인 까닭에, 누군가가 교사라는 사실 하나만으로도 그의 가족은 부유하다는 증거가 될 수 있었다. 그리고 미국과 달리 유럽에서는 부유하다는 것이 크게 존경을 받고 크게 봉급을 받는 요건이 되었다.

독일에서는 작은 공동체인 마을마다, 그리고 심지어 소도시에서도 교사와 목사가 각별히 두드러지는 인물이었으며, 시장이나 상인보다 훨씬 윗길로 여겨졌다. 그리고 교회와 국가가 일체화되었기 때문에, 이들은 그 공동체의 종교적이고 지적인 생활에서는 물론이고, 나아가 도덕적이고 문화적인 생활에서도 중재자 노릇을 했다. 성직자라고는 매달 두 번째 일요일에만 찾아오는 방문 목사밖에 없는 마을의 경우, 그밖의 일요일에는 교사가 설교를 대신하는 것이 '자연스러운' 일이었다. 1918년까지만 해도 종교교육은 초등학교 교육의 한 요소였다. 그리고 마을 교회의 오르간 연주자는 십중팔구 교사였다.

목사가 연장자들을 관장한다면, 교사는 젊은이들을 관장하면서 젊은이들이 연장자들과 맺는 관계도 관장했다. 도시가 아닌 시골 마을에서는 학부모가 여전히 교사를 말 그대로 두려워했다. 저녁에 교사가 학부모의 집을 찾아와서, 댁의 자녀가 그날 학교에서 어떤 잘못을 저질렀는지 말해줄 경우, 이는 곧 학부모가 바로 그 자리에서 구체적인 체벌을 하겠다고 약속을 해야 한다는 의미였다. 이런 방문은 단순히 사교적인 방문이 아니었으며, 학생의 어머니는 물론이고 아버지도 교사가 집에 들어오면 자리에서 일어나게 마련이었다. 만약 더 행복한 사례에서, 교사가 사교 목적의 초대를 받아들일 의향이 있을 경우, 부모는 집을 청소하고, 불을 지피며, 케이크를 굽고, 좋은 와인을 꺼내 놓아야 했다.

재단사 슈벵케가 어렸을 때에만 해도, 그러니까 19세기 말에만 해도, 교사는 '평생 동안' 한 마을에 살았다. 교사는 사범대학을 졸업하자마자 한 마을에 정착하거나, 또는 젊은 시절에 한두 차례 변화를 겪은 뒤에 한 곳에 자리를 잡았다. 목사는 두세 개 마을을 순회하게 마련이었기 때문에, 거처가 바뀌거나 심지어 직업상의 사다리를 따라 올라갈 가능성이 더 높았다. 반면 어린 시절의 칼 하인츠 슈벵케를 가르친 교사는 그 마을 아이들 가운데 일부의 할아버지를 예전에 가르친 적도 있었다. 그의 제자들은 장성하여 부모와 조부모가 된 이후에도, 그 교사가 자기네 집 문간에 나타나면 스승으로 여기고 깍듯이 대했다. 그리고 부모가 목사와 가까운 관계가 아닌 집의 경우, 대신 교사와 가까운 관계를 가질 수밖에 없었다. 교사는 철없는 아이들로부터 가족의 비밀을 얻어 듣는 것 말고도, 이런저런 일들을 (특히 그 집 아버지의 이해력이나 자신감을 초월하는 수준의 공적 업무를) 처리하도록 도와 달라는 부탁을 학부모로부터 받고는 했다.

칼 하인츠의 마을에서는 교사가 여름이면 오후 9시 정각에, 그리고 겨울이면 해가 진 이후에 거리를 지나갔다. 만약 거리에서 아이를 하나 발견하면, 그날 저녁에 그 아이의 집에서 교사가 문 두들기는 소리를 들을 수 있었다. 교사는 자유 재량으로 자신의 '회초리(Rohrstock)'로 체벌을 했다. 만약 '회초리'가 개암나무 가지로 만든 것이라면, 교사가 잠시 교실에서 나간 사이에 학생들이 거기에 칼집을 내서, 나중에 교사가 회초리를 휘두르면 부러져 나가게 만들 수 있었다. 하지만 피츄 선생은 무려 3세대에 걸쳐 학생들을 가르치며 쌓은 경험 덕분에 대나무 회초리를 갖고 다녔다. 이렇게 하면 회초리에 칼집을 내기도 어려운 데다가, 개암나무보다 유연성이 훨씬 더 좋기 때문에, 학생을 체벌하면 상처에다 모욕까지 줄 수 있었다.

어느 날, 열한 살이었던 미래의 중대장 슈벵케는 버찌를 훔치는 혁명적 행동을 수행하기 위해 오후에 학교를 땡땡이쳤다. 그날 밤에 피츄 선생이 슈벵케 가족의 집에 들렀다. 칼 하인츠는 운이 좋았다. 그의 아버지는 여느 가난한 소농들과 마찬가지로 종종 다른 농부들과 일하기 위해 집을 떠나 있는 경우가 잦았으며, 그날 밤도 마침 집에 없었기 때문에 어머니가 대신 이 결석자를 때려주었던 것이다. 이 소년의 행운이 무엇인가 하면, 그의 어머니가 아들을 때렸다는 사실에 있었다. 다시 말해, 어머니는 이 문제를 아버지에게는 일러바치지 않을 것이었는데, 그랬다가는 아버지가 아들을 훨씬 더 심하게 때렸을 것이기 때문이다. 하지만 이런 행운은 지속되지 않았다. 왜냐하면 피츄 선생은 이 학생의 아버지가 집을 비웠으며, 그 어머니의 매질은 때때로 믿을 수 없을 만큼 가볍다는 것을 알았기 때문이다. 다음 날 아침, 수업이 시작되자마자 칼 하인츠는 대나무 회초리로 맞았다. 매질이 워낙 심했기 때문에 소년은 교사의 한쪽 다리를 깨물었다. 그러자 교사는 그를 더 심하게 때렸다. "더 심하게요?" 내가 물었다. "아주 더 심하게요." 늙은 재단사가 말했다. "우리 반 아이들 모두가 구경하다 말고 비명을 질렀을 정도였죠. 그놈의 피츄 늙은이가 그랬어요." 크로넨베르크 유대교 회당의 방화범은 말을 이었다. "그 인간이야말로 철저한 악마였죠."

그런 철저한 악마도 제자들에게 호의를 잔뜩 베풀어주기는 했지만, 칼 하인츠에게는 결코 그러는 법이 없었다. 왜냐하면 이 학생은 그의 반에서도 특히 가난했기 때문이다. 교사가 좋아하는 학생들은 매일 30분씩 학교를 빼먹고 교사의 집으로 가서 구두를 닦아 놓아야만 했다. 십중팔구 우등생, 그리고 집안이 좋은 열등생이 바로 그런 학생들이었을 것이다. 부모들이 이 사실을 알았을까? 당연히 그랬다. 그렇다면 그 아이들은 돈이라도 받고 그런 일을 한 걸까? 당연히 아니었다. 그렇다면 부모들과 아이들은 그 문제를 어떻게 생각했을까? 그들은 아예 생각조차 하지 않았다.

비록 권위주의자까지는 아니더라도, 독일 사회에서 교사들이 담당했던 권위자의 역할은 1918년부터 1933년까지의 '민주주의' 시기에도 거의 위축되지 않았다. 이것은 「슬리피 할로의 전설」에 나오는 이카보드 크레인의 생애와 시대에 잘 나와 있듯이,[45] 교사를 어수룩한 양반의 대명사로 간주하던 미국의 전통에서 보면 전적으로 낯선 것이다. 지금까지도 종종 그

---

45. 미국의 작가 워싱턴 어빙(1783~1859)의 산문집 『스케치북』에 등장하는 단편소설 「슬리피 할로의 전설」의 주인공. 미신적이고 어수룩한 성격 때문에 밤늦게 길을 가다가 이른바 '목 없는 기사'의 유령(으로 생각되는 누군가)을 보고 혼비백산해 줄행랑친다.

러지만, 독일의 교사는 예전에만 해도 그 공동체에서 비실업계 중등학교를 나온 유일무이한 사람이게 마련이었다. 그를 제외한 나머지 마을 사람들도 당연히 읽고 쓸 줄은 알았지만, 중요한 문서를 제대로 읽어달라거나 써 달라고 그에게 들고 오는 일이 아주 없지는 않았다. 또한 교사는 그 마을에서 유일무이한 대학 졸업자일 가능성이 높았다. 그리고 교사는 학습뿐만 아니라 유동성도 중요시하는 적극적인 세계주의자이게 마련이었다. 교사보다 더 부유한 상인은 두세 명쯤 더 있을 것이고, 지주라면 당연히 교사보다 더 부유하게 마련이었지만, 이런 사람들은 굳이 여행에 돈을 허비하지 않았다. 미국의 직업 가운데 독일의 교사에 상응하는 직업은 전혀 없다. 그리고 힐데브란트 씨가 도달한 것처럼, '선생님(Studienrat)'의 지위에 (이 단어는 정확히 말해 고등학교 교사를 가리킨다) 도달한 사람이 지니는 위신은 그 어떤 미국의 교사도 차마 꿈꾸어보지 못할 정도로 높았다.

한 공동체에서도 공인된 지성의 보관소인 교사는 흔히 정치적으로 보수적이게 마련이어서, 개혁가들로부터 영향을 받지 않게 마련이었다. 비록 남부끄럽지 않은 수준의 보수를 받기는 했지만 정부의 봉급을 받고 살아가야 했기 때문에, 그 공동체에서 가장 부유한 구성원과 한편이 되게 마련이었다. 가장 부유한 구성원이라면 자기 자녀를 위한 특별 교습의 대가로 교사에게 보수를 제공할 만한 여력이 있었다. 공무원인 교사가 비스마르크와 의견이 불일치할 가능성은 드물었다. 그럼에도 교사는 정치적 주인공이 되지도 않을 것이며, 의도적인 정치적 지지자가 되지도 않을 것이었다. 그는 정치보다 더 위에 있는 사람이 될 것인데, 이는 공직이 정치보다 더 위에 있다는 사실 때문만이 아니라, 지성이 정치보다 더 위에 있다는 사실 때문이기도 했다. 교사의 직업은 곧 생각하는 것이었으며, 이 일을 하는 것은 그 공동체에서 오로지 그 직업 하나였다. 이는 편자 제작자의 직업이 편자 제작이고 역시나 그 공동체에서 오로지 그 직업 하나만이 그 일을 하는 것과 매한가지였다. 일반인은 전문가에게 조언하는 것을 삼갔고, 명령하는 것은 더욱 삼가게 마련이다. 독일 교육의 역사적 무능은 학자들의 무책임에서 부분적으로 기인하는지 몰라도, 히틀러 이전의 공동체에는 비록 경직되고 얕기는 했지만 독립적인 정신도 있기는 있었다.

이런 정신은 비록 약하다 하더라도 일종의 보루였다. 물론 국가사회주의 자체에 대항하는 보루까지는 아니었지만, 국가사회주의가 '실천에서 이론으로' 나아가는 것에 대항하는 보루이기는 했다. 왜냐하면 나치즘은 현대의 공산주의와는 달리 실천에서부터 시작했기 때문이다. 나치즘의 대중운동은 애초부터 비지성적이었고, 그때에만 해도 단지 실천뿐이었기 때문에, 차마 이론화되기 전부터 반지성적이 될 수밖에 없었다. 무솔리니의 공식 철학자인 조반니 젠틸레[46]가 파시즘에 관해서 했던 말은, 오히려 나치 이론에 관해서 한 말이라고 해야 더 잘 어울린다. "우리는 우리의 피로써 생각한다." 그 마을의 교수라든지, 고등학교 교사라든지, 심지어 초등학교 교사 같은 사람들이 체현하는 '사고에서의 전문성'은 예를 들어 역사, 경제학, 문학, 예술, 철학, 정치학, 생물학, 교육 그 자체에 대한 나치의 시각을 부정할 수밖에 없었다.

따라서 실천에서 이론으로 이행하는 과정에서, 나치즘은 일종의 역공으로 사고에서의 전문성을 부정해야만 했다. 그리고 나서는 그 진공을 메우기 위해서 나름대로 전문적인 사고를 수립해야만 했다. 하지만 이 두 번째 과정은 결국 완수되지 못했다. 다시 말해 나치가 진공을 메우기 위해 찾

---

46. 조반니 젠틸레(1875~1944)는 이탈리아의 철학자 겸 정치가다. 한때는 베네디토 크로체(1866~1952)에 버금가는 지식인으로 존경을 받았지만, 훗날 무솔리니의 대필자가 되는 등 '파시즘 철학자'로 악명을 떨치다가 암살당했다.

아낸 사람은 기존의 전문가들보다 수완이 더 못한, 또는 무책임한 사람뿐이었다는 이야기다. 이런 사람들의 시각은 부정직하게도 또는 더 나쁜 경우 정직하게도 당의 노선에 맞춰져 있었다. 비정치적인 목사는 비정치적 상태로 있음으로써 나치의 요구사항을 만족시켰다. 하지만 비정치적 교사는 비정치적 상태로 있는다는 것 자체만으로 애초부터 위험인물이었다. 물론 그 자신은 반항하지 않을 것이었고, 부득이한 상황이 아니라면 반항을 가르치지도 않을 것이었다. 하지만 그는 부득이하게 위험해질 수밖에 없었다. 즉 교사가 학생에게 진실을 가르치기 시작한다면 위험해질 수밖에 없었다. 그리하여 단순히 실천이 아니라 이론이 되고자 하는 과정에서, 국가사회주의는 학문적 독립성의 파괴를 요구했다.

이 운동은 초기부터 교사에 대한 공동체의 태도를 기존의 존경과 부러움 쪽에서 오히려 분개 쪽으로, 기존의 신뢰와 두려움 쪽에서 오히려 의심 쪽으로 야금야금 옮겨 놓았다. 이런 전개는 마치 원래부터 그랬던 것처럼 보였다. 이런 전개에는 계획이 필요하지도 않았고, 실제로도 계획은 전혀 없었다. 애국주의, 충성, 의무, 순수성, 노동, 단순성, '피,' '순박함' 같은 비지성적인 미덕에 대한 나치의 강조가 독일 전역으로 침투하면서, '작은 자들'의 자존감은 상승한 반면, 학문적 직업은 사회의 맨 한가운데에 있다가 졸지에 맨 가장자리로 밀려났다. 비유하자면, 독일은 제 머리를 잘라내려는 준비에 착수하였다. 1933년이 되자, 내가 만난 열 명의 친구들 가운데 최소한 다섯 명은, 그리고 내 생각에는 아마도 여섯 내지 일곱 명은 '지식인'을 믿을 수 없는 인간으로 간주하게 되었다. 그리고 이처럼 믿을 수 없는 인간들 중에서도 학자들이야말로 가장 교활한 자들이라고 간주하게 되었다.

재단사 슈벵케는 제1차 세계대전 이전에만 해도 크로넨베르크 대학에서 가장 유명한 교수들 가운데 몇 명의 양복을 만든 바 있었다. 어쩌면 자기보다 더 나은 이들의 지위에 대해 분개했는지 몰라도 (물론 그는 실제로도 분개했지만), 그는 자기가 그처럼 저명한 인물들의 재단사 역할을 한다는 사실에 대해 자부심을 품고 자랑을 늘어놓았다. 1925년에 그는 배를 곯으면서 새로운 정치운동에 가담했는데, 저 교수들 역시 더 이상은 양복을 새로 맞출 수가 없기는 했지만 적어도 아직까지는 직위를 유지하고 있었다. 하지만 그는 더 이상 교수들과 한편이 될 수 없었다. 왜냐하면 교수들은 가라앉고 있었기 때문이다. 물론 그도 가라앉기는 마찬가지였지만, 교수들은 훨씬 더 많이 가라앉을 것이기 때문이었다. 1927년에 그는 혹시나 예전 손님을 다시 받을 수 있을지 모른다는 기대를 품고 당을 떠났다. 적어도 본인은 이것이 이유였다고 말했다. 하지만 그가 나치에 반대하는 '보이콧'이라고 말하는 것이 계속되었다(사실 그의 매출이 감소한 것은 부분적으로 기성품 양복이 맞춤 양복의 자리를 빼앗았기 때문이었다).

1931년에 재단사 슈벵케는 다시 입당했는데, 그가 주입받은 나치의 교리에 개인적 경험이 합쳐지자, 교수 전반에 대한 그의 적대감이 새삼스레 각성되었다. 그들 가운데 상당수는 공산주의자였기 때문이라고 그는 내게 말했다. 하지만 실제로 공산주의자는 하나도 없었다. 1933년에 당이 권력을 잡게 되자, 그는 학교 수위 일자리를 얻으면서 아울러 '건물관리인(Hausmeister)'이라는 직책도 얻게 되었으며, 그 지역 SA 예비군 중대의 지휘도 맡게 되었다. 그때 이후로 그는 아무런 어려움도 없이 학자들을 (즉 자기 단골이었을 때에만 해도 자기를 도와주었던 사람들을) 현재 '자기'가 대표하는 '새로운 독일'이라는 거대한 공동체의 경계 밖으로 완전히 내쫓아버렸다.

그는 물론 '새로운 독일'에 대해서는 물론이고, 심지어 자기 자신에 대

해서도 확신을 품지 못했다. 50년 동안 칼 하인츠 슈벵케로 살아온 이후에
도 그는 여전히 칼 하인츠 슈벵케였으며, 교수님은 여전히 교수님이었다.
'새로운 독일'은 물론 슈벵케의 것이었지만, '새로운 독일'이 미처 갖지 못
한 뭔가를, 즉 독일적인 뭔가를 교수님은 갖고 있었다. 1933년 이후로 재
단사 슈벵케는 더 이상 예전에 했던 것처럼 자기 모자에 손을 대며 교수님
에게 인사하지는 않았다. 오히려 그는 학자 가운데 절반은 반역자이며 나
머지 절반은 바보 멍청이에 불과하다는 폭로를 받아들였다. 따라서 과거에
만 해도 "분부만 내리십시오, 어르신" 하고 말했던 재단사 슈벵케가 대표
하는 '새로운 독일'이 그 나머지 절반을 엄밀한 감시 하에 용인해야 한다
는 주장을, 그 어느 때보다도 더 즐겁게 받아들였다.

8장 반유대주의라는 악마가 선잠에서 깨어나다

재단사의 아들 구스타프 슈벵케는 스무 살 때 나치가 되었다. 그때는 1932년으로, 아버지의 사업은 이미 망한 다음이었다. 아버지의 도제로 일한 다음부터는 그 역시 전혀 일거리를 찾지 못했다. 열아홉, 열여덟, 열일곱, 열여섯 살의 힘세고, 똑똑하고, 잘 훈련된 청년들에게 일거리가 전혀 없었다. 4년 동안이나 그는 수십만 명의 다른 청년들과 매한가지로 이 마을에서 저 마을로 걸어 다니며 일거리를 찾아보았다. 가끔 한 번씩 임시직을 얻는 것 말고, 이 시기에 그는 실업 구제 공공 용역으로 2개월간 일하면서, 그 대가로 식사와 잠자리와 일주일에 2달러의 봉급을 받았다. 그러나 그의 '고질병'인 자다가 오줌싸는 버릇이 재발하는 바람에, 그는 집으로 돌아가 다시 시작해야 했다. 하지만 그는 결코 부랑자나 건달이 되지는 않았다. 그는 오로지 유스호스텔이나 작업 현장에서만 잠을 잤다. 그러다가 1932년에 구스타프 슈벵케는 SA 경찰관이 되어서 그 대가로 용돈과 제복을 얻었다. 덕분에 그는 드디어 양지에 서게 되었던 것이다.

구스타프 슈벵케가 원했던 것, 즉 그가 유일하게 원했던 것은 바로 안정이었다. 그가 원했던 일자리, 즉 그가 처음이자 마지막으로 원했던 일자리는 바로 국가의 일자리였다. 임기와 보험과 연금만 보장된다면, 국가의 일자리 가운데 그 어떤 것이라도 좋았다. 내가 상상하기에, 1912년에 독일에서 태어난 소년들 가운데 안정을 원했던, 그리고 1933년 이전까지만 해도 자기가 결코 그 목표를 달성하지 못하리라 생각했던 사람은 비단 구스타프 혼자만이 아니었다. 그러다가 그는 결국 그 목표를 달성했다. 1935년에 당 경찰이 헌병대에 통합됨으로써 그의 꿈이 실현되었던 것이다. 마침내 그는 어딘가에 '속하게' 되었다. 그는 마침내 어엿한 남자가 되었다.

어린 시절에 구스타프는 항상 아버지 곁에 붙어 있었으며, 어머니로부터 멀리 떨어져 있었다. 그는 오후마다 자기 집 맞은편에 있는 아버지의 작업장에서 숙제를 했다. 그곳에서 그는 정치적 권력의 형태를 취한 아버지의 남자다움을 만끽한 반면, 가정 내 권력의 형태를 취한 어머니의 여자다움에는 굶주렸다. 일곱 살이 되었을 때, 그는 아버지가 '바이마르 헌법'을 '똥(Dreck)'이라고 부르는 것을 들었다. 그리하여 구스타프도 헌법을 증오하게 되었다. 물론 그는 '헌법'이 정확히 무엇을 말하는지도 아직 몰랐다. 그가 열한 살 때에, 한 손님이 양복을 맞추러 찾아와서는 8,000마르크를 내기로 했다. 그런데 불과 8일이 지나고 보니, 8,000마르크로는 버터 1파운드밖에 살 수 없었다. 이런 인플레이션의 원인이 무엇이냐고 구스타프가 묻자 그의 아버지는 대답했다. "유대인이지." 그리하여 구스타프는 유대인을 증오하게 되었다. 하지만 그는 유대인을 개인적으로 한 명도 알지 못했으며, 설령 알았더라도 그들을 괴롭히지는 않았을 것이었다. 물론 그의 아버지라면 충분히 유대인을 괴롭히고도 남았겠지만.

나이 많은 칼 하인츠 슈벵케는 제1차 세계대전 이전 '황금기'의 산물이었다. 그 황금기에도 그는 자기 말마따나 "일개 재단사에 불과한" 사람이었다. "하지만 결혼할 즈음에는 제가 가진 양복만 열 벌이 넘었습니다." 강철 같은 얼굴의 나이 많은 멋쟁이가 말했다. "그로부터 25년이 흐르고 나자, 그러니까 1918년에 그들의 '민주주의'가 저를 박살내고 나자, 저에게는 양복이 없었습니다. 단 하나도요. 기껏해야 스웨터와 바지뿐이었죠. 육군 군복조차도 해져버렸습니다. 훈장은 팔아버렸지요. 저는 아무것도 아니었습니다. 그런데 갑자기 누군가가 저를 필요로 한다는 겁니다. 국가사회주의가 저를 위한 자리를 마련했다는 겁니다. 저는 아무것도 아니었습니다. 그런데 누군가가 저를 필요로 한다는 겁니다."

"그리고 지금 와서." 내가 말했다. "당신에겐 또다시 스웨터와 바지밖에 남지 않게 되었군요."

"그렇습니다." 그가 말했다. "이제는 그들의 '민주주의'가 또다시 저를 박살내고 만 거죠."

"국가사회주의가." 나는 부드럽게 말했다. "자기네 적들을 그렇게 많이 남겨놓지는 않았을 텐데요."

"그들이 그렇게 만든 겁니다. 그들의 '민주주의'가 우리에게 무슨 짓을 했는지 당신도 보고 계시잖습니까."

슈벵케 씨가 말하는 '그들'은 항상 유대인을 뜻했다. 내가 만난 열 명의 친구들 중에서도 그는 가장 거친 사람이었다. 또 그는 매우 편협한 사람이었다. 사실들을 이해하는 능력이야 있었지만, 그런 사실들은 그에게 아무런 쓸모가 없었다. 그는 사실들을 잘 알지도 못했고, 사실들을 전달하지도 못했다. 그는 남에게 말할 수 있는 사람이었지만, 남의 말을 들을 수 없는 사람이었다. 나는 그가 말하도록 그냥 내버려 두었다.

"그들은 600만 명의 유대인이 살해당했다고 말합니다." 여기서 그는 "우리"가, 또는 "나치"가 그들을 죽였다고는 말하지 않았다. "하지만 오늘날 전 세계에 그들이 얼마나 많다구요. 당신도 보시면 아시겠지만, 그들은 예전과 마찬가지로 많기만 합니다. 미국에만 해도 1,500만 명의 유대인이 있고—."

"기껏해야 600만 내지 800만일 겁니다. 제 생각에는요." 내가 말했다.

"그들이야 당연히 그렇다고 주장하겠지요. 그러면 지금 러시아에는 그들이 얼마나 많은지 알고 계십니까? 그들은 정부를, 돈을, 모든 것을, 어디에서나 조종하고 있습니다."

나는 그에게 한 가지 이야기를 해주고 싶었지만, 결국 하지 않았다. 다음과 같은 이야기였다. 제3제국 치하의 독일에서 한 유대인이 전차를 타고 가면서 히틀러의 신문인 《민족의 관찰자》[47]를 읽고 있었다. 그의 지인 가운데 유대인이 아닌 사람이 옆에 앉아 있다가 말했다. "자네는 왜 굳이 《민족의 관찰자》를 읽는 건가?" "보게나." 유대인이 말했다. "나는 하루 종일 공장에서 일한다네. 집에 돌아오면 마누라는 바가지를 긁고, 아이들은 몸이 아픈데, 먹을 것을 살 돈은 없다니까. 그러니 내가 집으로 가는 동안에 뭐하러 유대인 신문을 읽겠나? '루마니아에서 유대인 학살.' '폴란드에서 유대인 피살.' '유대인 규제를 위한 새로운 법안.' 아니지, 선생, 하루에 30분 동안, 전차를 타고 가면서 나는 《민족의 관찰자》를 읽는다구. '세계 자본주의자인 유대인.' '러시아를 좌우하는 유대인.' '영국을 지배하는 유대인.' 그들이 이야기하는 사람은 바로 나라구. 이 신문을 읽음으로써 나는 하루 30분 동안은 대단한 인물이 되는 거야. 그러니 내버려 두라구, 친구."

국가사회주의는 곧 반유대주의였다. 반유대주의를 제외하면 그 성격은 과거에도 있었던 1,000여 가지의 폭정과 똑같은 성격을 갖고 있었으며, 단지 거기에다가 현대적인 편의성만 더했을 따름이었다. 이른바 '초인'을

47. '국가사회주의 독일노동자당'의 기관지로서 1920년부터 1945년까지 간행되었다.

이야기했다는 이유로 나치가 애호하는 철학자였던 니체가 '반유대주의적 사기'라고 부른[48] 전통적인 반유대주의는 독일인 전반이 나치의 신조를 손쉽게 받아들이는 과정에서 중요한 역할을 담당했다. 하지만 나치즘을 가능하게 만들었던 요인은 그런 편견이 아니라 오히려 분리, 즉 유대인과 비유대인의 분리 그 자체였다. 내가 만난 열 명의 친구들 가운데 교사인 힐데브란트 씨를 제외하면, 어느 누구도 인구 2만 명에 불과한 소도시에서 유대인과 친밀하게 알고 지낸 적이 없었다. 당연히 그곳에는 900년이 넘은 유서 깊은 유대인 공동체에 600명 내지 800명의 유대인이 살고 있었는데도 말이다. 게토(ghetto), 즉 유대인 거주 구역의 마지막 흔적은 지금으로부터 한 세기 하고도 더 오래전에 사라지고 말았다. 이후 여러 세대에 걸쳐서 이들은 소도시에서 함께 살아왔지만, 비록 아침저녁으로 "안녕하세요"라는 인사를 건네면서도, 이들 사이에는 눈에 보이지 않는 벽이 있었다.

내가 만난 열 명의 친구들은 모두 유대인과 사업 관계를 맺어, 때로는 구매자가 되기도 했고 때로는 판매자가 되기도 했다. 유대인 보석상 슈프링거는 슈벵케 부자와 마찬가지로 이 소도시 '합창단'의 일원이기도 했다. "제 마누라가 낀 결혼 반지도 바로 슈프링거한테서 산 거였죠." 재단사는 이렇게 말하며 늙은 부인의 한 손을 토닥였다.

"굳이 유대인에게서 살 이유가 있었나요?" 내가 물었다.

"아무렴요." 유대인 회당의 방화범이 말했다. "우리야 늘 슈프링거랑 거래했으니까요. 유대인 치고는 버젓한 사람이죠." 나는 문득 이 헤센 지방

---

48. 일반적으로는 니체의 '초인' 사상이 나치에게 영향을 주었다고 알려졌지만, 사실 니체는 나치즘에 나타난 것과 같은 민족주의와 반유대주의를 혐오해 마지않았다. 다만 니체의 여동생 엘리자베트(1846~1935)와 그녀의 남편 베른하르트 푀르스터(1843~1889)가 반유대주의자였던 관계로 이러한 오해가 오랫동안 남은 것뿐이다. 특히 엘리자베트는 나치 정권과 유착 관계였기 때문에, 그녀의 장례식에는 히틀러를 포함한 나치 고위층이 참석하기도 했다.

재단사의 선조들에 관한 타키투스의 고찰을 떠올렸다. "카티족(헤센 사람)은 게르만족 치고는 똑똑하다."

내가 만난 열 명의 친구들 가운데 일곱 명은 제법 오랫동안 슈프링거를 알고 있었으며, 이들이 유대인에 대한 비난을 내놓을 때마다 내가 잠시 말을 끊고 '혹시 버젓한 유대인을 한 명이라도 알고 있느냐'고 질문했을 때에는 일곱 명 모두 슈프링거를 제일 먼저 언급했다. 이들은 그와 거래했고, 그와 함께 노래했고, 참전 용사 모임에서 그와 함께 행진했다. 하지만 그가 이들의 집을 방문한 적도 없고, 이들이 그의 집을 방문한 적도 없다. 이들 중 누구도 그의 자녀가 몇 명인지, 그의 선조가 어디서 왔는지를 알지 못했다.

"그래서 그 사람은 어떻게 되었죠?" 나는 재단사에게 물었다.

"오, 그는 떠나버렸습니다."

"어디로요?"

"저야 모르죠. 남아메리카겠죠, 아마. 일찌감치 그랬죠." 그가 말한 '일찌감치'란, 다시 말해 1938년의 유대교 회당 방화 사건이 벌어지기 이전이라는 의미였다. "그들 중 상당수가 남아메리카인지 어딘지로 갔거든요."

일곱 명 가운데 누구도 슈프링거의 이후 상황에 대해서는 몰랐다.

나는 학생이고 '히틀러 소년단'의 지도자였던 호르스트 루프레히트에게도 혹시 어린 시절에 유대인 친구가 있었는지 물어보았다. 그는 유대교 회당과 유대인 학교에서 모퉁이를 돌기만 하면 나오는 집에 살았기 때문이다. "당연하죠." 그는 곧바로 대답했다. "유대인 아이하고는 한 번도 싸운 적이 없었어요."

"아니, 내 말은 그게 아니야." 내가 말했다. "내 말은 뭔가 하면, 자네 한 번이라도 유대인 아이와 같이 논 적이 있었나?"

"오, 아뇨." 그가 말했다.

"왜 아니었지?"

"'왜 아니었느냐' 구요? 저도 모르겠어요. 그애들은 자기들끼리 놀았고, 우리는 우리들끼리 놀았거든요."

중세의 암흑시대에만 해도 유대인은 자기들끼리 친교를 유지하기 위해서 자발적으로 분리될 수밖에 없었는데, 이는 콘스탄티누스 이전의 로마에서 기독교인이 (당시의 유대인과 마찬가지로) 그렇게 할 수밖에 없었던 것과 똑같았다. 중세에만 해도 이들의 분리는 비유대인에 의해 승인되었으며, 점차적으로 강요되었다. 하지만 나폴레옹 이후로 독일 내에서 공식적인 게토가 철폐되면서부터, 분리를 야기하는 조건은 이미 줄어든 다음이었다. 18세기 말에 이르러 모제스 멘델스존이 모세오경을 루터의 고지 독일어로 번역하자, 이제는 언어적 분리도 크게 감소되고 결과적으로는 그런 분리도 폐지되는 쪽으로 나아갔다.[49] 19세기 말과 20세기 초에 이르자, 경제와 교육과 직업 분야의 공식적 차별은 점차 사라졌다. 최후의 보루였던 군대와 고위 공직에서도 제1차 세계대전 이후로는 차별이 사라져버렸다.

유대인에 대한 차별이 사라지자 유대인도 사라져버렸다. 이들의 숫자는 기껏해야 독일 전체 인구의 1퍼센트를 넘은 적이 한 번도 없었으며, 이들의 배교(背敎)가 이탈리아 다음으로 가장 높았던 나라가 바로 독일이었다. 제1차 세계대전 이후, 사회과학자들은 앞으로 두 세대 안에 독일 내에는 유대인이 더 이상 없을 것이라고 예견했다. 가장 큰 요인은 정통신앙에서 '자유주의'를 통한 불가지론으로의 이행이었다. 그로 인해 수천 명의 유대인이 명목상 프로테스탄트로 개종했는데, 그럴 경우 경제적으로는 물론이고 특히 사교적으로도 이득이 있었기 때문이다. 심지어 유대인은 가톨

---

49. 독일의 유대계 철학자 모제스 멘델스존(1729~1786)은 1783년에 구약성서를 독일어로 번역 출간한 바 있다.

릭교도로도 개종했다. 개종은 대학과 직업에서 '냉랭한' 차별을 어느 정도 나마 제거하는 경향이 있었다. 비유대인 귀족이나 군 장교나 교수 중에는 부유한 유대인 가문의 딸과 결혼하는 사람들이 있었는데, 이때 이들의 동기가 항상 돈 때문인 것도 아니었다. 상당수의 저명한 유대인은 자기네 신앙에서 떨어져 나온 뒤로는 최대한 빨리, 그리고 최대한 멀리 거기서 벗어나려 들었다. 그리고 저명한 비유대인 남성은 단순히 유대인 여성이 부유해서라기보다 젊고 아름답고 교양 있기에 배우자로 선택하기도 했다. 물론 이런 상황이 독일의 '작은 자'에게는 아무런 영향도 끼치지 못했다. 도리어 그런 이야기를 전해 들었을 때에 '유대인 부호'에 대한 증오만 키우게 했을 뿐이었다. 지식인과 예술가와 '보헤미안' 등이 종교적 차이에도 아랑곳없이 통혼한다는 이야기를 전해 듣더라도, 그런 증오가 누그러지는 일은 없었다.

따라서 배교나 개종을 통한 유대인의 비유적 '자살'이 유대인의 숫자를 감소시키기는 했지만, 그렇다고 해서 반유대주의까지 감소시키지는 못했다. 오히려 그 반대였다. 히틀러가 오스트리아에서 태어나기 4년 전, 그 나라의 가장 유명한 반유대주의자 폰 쇠네러는 이렇게 말했다.[50] "누군가가 자기는 유대인이라고, 또는 기독교인이라고 말하는 것은 문제가 되지 않는다. 그는 인종 때문에 타락한 것이니까(Ob Jud, ob Christ ist einerlei, in der Rasse liegt die Schweinerei)." 개종과 통혼 때문에 증오의 근거도 변화를 겪었으며, 과거에는 경제적이고 사회적인 쪽이 강조되었다면, 나중에는 인종적인 쪽이 강조되었다. 그리고 이렇게 되는 과정에서, 나머지 조건이야 어찌 되었건 간에 독일의 '혈통'을 갖고 있던 '작은 자'의 반유대주의가 새롭

50. 게오르크 리터 폰 쇠네러(1842~1921)는 오스트리아의 정치가로 범(凡)게르만주의와 게르만 민족주의 신봉자였다. 청년기의 히틀러도 그에게 큰 영향을 받은 것으로 평가된다.

고도 유해한 형태로 조장되고 말았다. 제1차 세계대전의 발발보다 더 오래 전부터, 중하위 계급이 즐겨 찾는 휴가처, 예를 들어 보르쿰 섬[51] 같은 곳에 서는 '유대인이 없다(judenfrei)'는 사실을 자랑처럼 떠들었다.

　모든 명예로운 직업에서 배제된 지 여러 세기가 지나, 18세기와 19세 기에 이르러 비로소 해방이 시작되자, 유대인들은 조합이나 연맹이 조직되 지 않은 '자유직업'으로 관심을 돌렸다. 예를 들어 의료, 법률, 언론, 교직, 연구가 그러했으며, 소매업 가운데 상당수도 당연히 그러했다. 유대인 중 에서도 더 가난한 사람들의 경우, 과거 여러 세기 동안 도시 밖으로 쫓겨나 면 유일하게 종사할 수 있는 직업이 하나뿐이었으니, 그것이 바로 소매업 의 선조 격인 행상이었다. 그리하여 유대인은 전반적으로 제1차 세계대전 이후 인플레이션 시기에 비교적 잘살았는데, 왜냐하면 비유대인과 비교했 을 때 유대인 중에는 임금이나 봉급이나 연금을 고정 수입으로 살아가는 사람이 더 적었기 때문이다. 그래서 나치즘 이전에 살았던 크로넨베르크의 '토박이' 유대인들은 거의 모두가 '안락하게' 살았다. 여기서 굳이 '안락 하게'라고 쓴 까닭은 크로넨베르크에서는 어느 누구도 부자까지는 아니었 기 때문이다.

　이런 '원래의' 유대인들 말고 이곳에는 '새로운' 유대인도 있었으니, 이들은 제1차 세계대전 직후에 주로 폴란드에서 왔다. 이들은 독일어가 아 니라 이디시어를 말했고, 최대한 열심히 살아갔다. 다시 말해, 이 표현은 그들이 행상을 했다는 뜻일 수도 있고, 그들이 뚜쟁이 짓을 했다는 뜻일 수 도 있었으며, 그 외에 이들의 직업에 관해 가장 쩨쩨하고 가장 황당무계한 추측이 가능했다는 뜻일 수도 있다. 크로넨베르크의 유대인 공동체 가운데 에는 '동부인', 또는 크로넨베르크 '토박이' 유대인들이 하는 말마따나

---

51. 독일 북서부 연안에 있는 섬으로 19세기 중반부터 휴양지로 유명했다.

'유대 놈(kike)'이 매우 드물었다. 물론 그래도 몇 명 있기는 했다.

재단사인 잘로 마로비츠는 원래 러시아의 군인이었지만, 제1차 세계대전 이후 독일의 포로수용소에서 석방된 후 '아리아인' 아내와 결혼했다. 그는 정직하고 존경할 만했으며, 좋은 사람인 동시에 좋은 유대인이었지만, 크로넨베르크 '토박이' 유대인들이 하는 말따나 '유대 놈'이었다. 마로비츠의 장남 자무엘은 부모가 정식으로 결혼하기도 전에 태어났다. 이것이야말로 독일 '토박이' 유대인들 사이에서는 대단한 스캔들이었는데, 왜냐하면 이들의 사생아 비율은 전후의 시기에도 거의 전무에 가까웠기 때문이었다. 하지만 마로비츠는 정직한 사람이었다.

폴란드 출신인 립스키 집안의 3형제도 정직했지만, 이들의 직업은 그리 명예롭지는 않았다. 이들은 잡화 행상이었기 때문에 품위라고는 거의 없다시피 했다. 어쩌면 그들은 굳이 품위를 따질 만한 여유가 없었을지도 모른다. 그들 중 어느 누구도 아주 똑똑하지는 않았다. 재단사 슈벵케가 극렬 반유대주의자라는 사실을 잘 알면서도, 이들은 여전히 그의 집에 찾아와서 그에게 비누를 팔아보려 했다. 그때마다 슈벵케는 그들에게 욕을 하며 눈앞에서 문을 쾅 닫아버렸지만, 그들은 항상 또 찾아왔다. 립스키 가운데 가장 어린 동생은 어째서인지 브루노라는 훌륭한 독일어 이름을 갖고 있었는데, 허리 아래로는 심한 장애가 있었다. 걸을 때마다 그는 두 다리를 앞으로 먼저 내던지다시피 했는데, 이 모습만 가지고도 아이들은 충분히 웃음을 터트렸다. 1920년대로 돌아와서, 제국방위군(Reichswehr)[52]이 10만 명으로 제한되었을 때, 크로넨베르크에는 흰 셔츠를 입고 훈련하던 '비전투' 대대가 하나 있었다. 브루노는 자기가 그들 옆에서 호각을 불며 행진하겠다고 고집

---

52. 1919년부터 1935년까지의 바이마르 공화국 군대를 말하며, 이후 히틀러 치하의 독일 '방위군 (Wehrmacht)'으로 통합되었다.

했다. 만약 허락만 떨어졌다면, 그는 나중에 SA와 나란히 걸었을 것이다. 이처럼 그는 아주 똑똑하지는 않았다.

크로넨베르크의 유대인은 나치즘이 등장하기 전부터 아주 빠르게 사라지고 있었다. 1933년 이후로 그들은 크로넨베르크 밖으로, 그리고 독일 밖으로 빠져나가기 시작했다. 그래도 대부분은 여전히 그곳에 남아 있었는데, 그들은 '그런 일'이 영원히 계속되리라고는 믿지 않았기 때문이다. 그러다가 이들은 1938년 말에 유대인 회당의 화재와 유대인 학살법을 목도하게 되었다. 하지만 소도시에서 거의 모든 유대인이 선택, 유전, 무기력, 사회적 강제 등을 통해 속해 있던 공식 조직체로서의 유대인 공동체는 1933년 '이전'부터 꾸준히 줄어들었다.

크로넨베르크의 유대인이 쇠퇴한 데에는 한 가지 특별한 이유도 있었다. 유대인 공동체는 이 소도시 자체와 마찬가지로 보수적이고, 구식이고, 경건했다. 더 젊은 세대는 제1차 세계대전 이후로 화요일과 목요일의 기도회라든지, 유월절 의식 때에 입는 흰색 예복인 '키틀(Kitl)'이라든지, 심지어 히브리어 학습조차도 외면하고 말았다. 물론 이들 중 거의 모두가 공립학교보다는 유대교 회당 부설 학교에 들어가는 것을 더 선호했던 것은 사실이다. 하지만 이것은 기독교의 예배가 공립학교의 프로그램에 포함되어 있던 과거의 습관이 그대로 남아 있는 것에 불과했다. 보석상 슈프링거를 보라. 그는 이 공동체의 일원이기는 했지만, 1920년대에 그의 아버지가 사망하자, 그는 묘비명을 히브리어가 아니라 독일어로 새겨 놓았다!

크로넨베르크 유대교 회당에서도 1920년대에 이와 같은 종류의 압력에 굴복하여, 새롭고도 더 용인할 만한 '독일식' 관습을 시작하는 동시에, 오래된 성례와 전례 형태 가운데 일부는 포기했다. 그리하여 이곳은 점점 더 자유주의적으로 변했다. 나치가 권력을 장악했을 즈음, 이 유대인 회당의 '샤메스(Shames)', 즉 관리인은 비유대인이었다.[53] 그리고 그가 찾아가서 불을 켜주어야 하는 집들, 즉 그때까지도 여전히 토요일을 안식일로 준수하는 신도의 가정은 겨우 열댓 군데뿐이었고, 유대인 소유의 상점도 토요일에는 문을 열고 일요일에는 문을 닫았다.

자유주의에 대한 양보도 크로넨베르크의 유대교 회중의 감소를 막지는 못했다. 하지만 1933년 이후로 회중은 다시 늘어나기 시작했는데, 그중에 이민을 가는 사람들이 있음에도 그러했다. 여전히 남아 있던, 그리고 신앙으로부터 멀어졌던 사람들 가운데 일부가 돌아왔던 것이다. 유대인 자선 단체의 활동은 그 이전의 어느 때보다도 더 활발했으니, 한편으로는 지속적인 보이콧 때문에 생겨난 수요 때문이기도 했고, 또 한편으로는 유대교 회당 부설 학교로 돌아온 아이들로 인해 늘어난 수요 때문이었다. 공립학교에는 다녔지만 '히틀러 소년단'에는 가입하지 못한 아이들의 경우, 다른 아이들이 축하 행사를 위해 조퇴한 이후에도 혼자 교실에 남아 있어야만 했기 때문이다.

당시 독일에서 유대인이 사라져갔던 것은 물론 사실이었다. 적어도 더 높은 수준의 문화와 계층에서는 혼합이 점점 늘어났다. 하지만 유대인과 독일의 '작은 자들' 사이에 놓인 눈에 보이지 않는 벽은 예전과 마찬가지로 높았고, 이것이야말로 두 개의 면을 가진 벽이었다. 이것은 명료하고도 단순하게 배제의 문제만이 아니었다. 오히려 두 가지 방향으로 생겨난 분리의 문제, 즉 한 소도시에 있는 두 가지 공동체가 개별적으로 존재하는 것

---

53. 이디시어 '샤마스(shames)'의 어원은 히브리어 '샴마슈(shammash)'이며 '하인'이라는 뜻이다. 본래는 유대교 회당의 제반 업무를 돕는 역할을 담당했지만, 시간이 흐르면서 유대교 회당의 관리인으로 성격이 바뀌었다. 본문의 다음 문장에서 '샤마스'가 안식일마다 유대인 가정을 방문해서 불을 켜주었다는 내용은, 안식일에 '일하는' 것을 금기로 여기는 유대교의 전통 때문인 것으로 보인다. 현대 이스라엘에서도 안식일마다 이방인을 고용해 필수적인 일을 시키는 경우가 종종 있다고 전한다.

에 대한 문제였다. 이런 조건이야말로 독일에 있는 소도시의 상황을 미국에 있는 반유대주의와는 다르게 만들어준다.

이런 분리 상태에서 악마는 선잠이 들었고, 히틀러가 태어나기 이전의 시기 동안 그렇게 선잠을 자면서 힘을 길렀다. "제가 어렸을 때에는 말입니다." 어린 시절에 교사에게 매를 맞았던 늙은 재단사는 이렇게 말했다. "마을에 유대인 아이가 대여섯 명쯤 있었을 겁니다. 그 아이들은 자기네만 다니는 학교가 있어서 이디시어를 배우고—."

"히브리어겠죠."

"히브리어가 맞다면 아마 그거겠지요. 그 아이들은 서로 그 말로 이야기를 할 수 있었기 때문에 독일 아이들은 그 아이들의 말을 이해할 수가 없었죠. 혹시 어떤 문제가, 그러니까 아이들끼리 문제가 생겼을 경우에, 그 아이들은 이디시어로 서로 말을 주고받습니다. 그렇게 되면 다른 아이들이 겁을 먹어요. 제 말씀이 무슨 뜻인지 아시겠습니까?" 나는 안다고 말했다. 나야 물론 알았다.

전직 은행원인 내 친구 케슬러는 어린 시절에 뷔르템베르크 주의 한 가톨릭 마을에서 자랐는데, 한 달에 한 번씩 유대인 행상이 그곳을 찾아왔다. 행상은 마을 사람들의 모든 업무를 대행해주었는데, 심지어 은행 업무도 해주었다. 하지만 그는 이런 부가서비스에 대한 요금을 받지 않았고, 매달 그 마을을 찾아올 때마다 이틀 내지 사흘 동안 마을 사람들의 집에서 신세를 지는 것으로 보수를 대신했다. "우리 같은 아이들은 그를 가족의 한 사람처럼 여겼습니다." 케슬러 씨의 말이다. "물론 한 가지만 빼구요. 저녁식사를 하고 나서 우리가 '성인전'에서 한 대목을 골라 읽을 때면, 행상은 한쪽 구석에 가서 벽을 마주보면서 숄을 걸치고 자기 이마에 띠를 두른 채, 우리와는 전혀 다른 기도문을 외우는 거였습니다. 아마도 그 모습에 우리가 겁을 먹었던 모양인가 봐요. 어머니가 우리더러 겁먹지 말라고 하시던 게 생각납니다. 저 사람은 유대인이라서 저러는 거라고 하셨지요. 물론 그때는 '유대인'이 무슨 의미인지 우리도 몰랐지만요.

제가 그를 기억해낸 것은 그로부터 여러 해가 지난 다음의 일이었습니다. 첫 번째 전쟁이 끝난 다음에, 그러니까 제가 뮌헨에서 나치의 선전을 처음 들었을 때의 일이었죠. 제가 예전에 겁을 먹었던 일이 기억나더군요. 어쩌면 단지 신기해 보인 것뿐인지도 모르지만, 제 생각에 아이들의 눈에는 무서움과 신기함이라는 두 가지가 똑같이 보였을 겁니다. 그 유대인이 한쪽 구석에 서서 벽을 바라보며, 이마에는 띠를 두르고 우리 같은 아이들이 이해할 수 없는 기도를 드리는 거죠. 이디시어로요."

"히브리어겠죠." 내가 말했다.

"맞아요, 히브리어로요."

"그렇다면 그 행상에 관한 기억 때문에 당신이 반유대주의자가 된 건가요?"

"아뇨. 그건 반유대주의 선전을 듣고 나서부터였죠. 그 선전에 따르면 유대인은 그 행상이 결코 하지 않았던 온갖 끔찍한 일을 저질렀다고 했거든요. 그렇기는 해도, 저는 그가 기도를 드릴 때에 겁을 먹었습니다. 그것 말고 다른 면에서는 제가 정말로 그를 좋아했던 것 같지만요. 그 선전을 듣고 나니, 저는 그를 제가 알던 그 사람으로 생각할 수가 없었고, 대신 유대인으로 바꿔 생각하게 되었죠. 유대인으로서 그렇게 혼자 기도를 하는 바람에 저를 겁먹게 했으니까요. 그래서 결국에는 옛날의 그 기억 역시 저의 반유대주의 가운데 일부일지도 모른다고 생각하게 된 거죠. 지금도 저는 그 당시를 떠올리면 겁이 납니다. 겁내지 말라시던 어머니의 목소리가 들리는 듯하다니까요."

9장 사라진 유대인들,
"모두가 알았다"와 "아무도 몰랐다"

　　　　　　　　　여러분이 모르는 사람들, 여러분이 아무런 관심도 갖지 않은 사람들, 여러분이 한 번도 입에 올린 적이 없었던 사람들이 여러분의 공동체에서 다른 곳으로 떠날 경우, 여러분은 그들이 지금 떠나고 있는지, 또는 그들이 이미 떠나버렸는지 여부를 깨닫지 못하게 마련이다. 덧붙여 여론과 정부 그 자체가 그들을 깔보았다면, 여러분은 이들의 이탈을 깨닫지 못하게 마련이며, 설령 깨달았다 하더라도 금세 그 사실을 잊어버릴 것이다. 백인 거주 구역에 사는 우리 백인 가운데, 우리와 그저 얼굴만 알고 지내다가 이미 다른 곳으로 떠나버린 흑인 이웃의 목적지에 관심이 있는 사람이 과연 얼마나 되겠는가? 어쩌면 그는 우리 구역에서 떠나라는 압력을 받았을 수도 있다. 적어도 그런 가능성이 우리에게 떠오를 경우, 만약 우리가 특별히 예민하다고 치면, 그리고 우리가 차마 되돌릴 수조차 없는 어떤 잘못이 저질러졌다고 느낀다면 어떨까? 이때는 차라리 그 흑인이 공산주의자였다는 이야기를 듣거나, 그가 어디로든 이곳을 떠나 "자기랑 같은 사람들과 함께 있어서" 더 행복할 것이라는 이야기를 듣거나, 심지어 이곳을 떠나는 대가로 웃돈을 두둑하게 받았다는 이야기를 듣는 쪽이 더 안심이 된다.

내가 만난 열 명의 나치 친구들 가운데 네 명, 즉 재단사와 그의 아들, 빵집 주인, 수금원은 '카체트(KZ)',[54] 즉 강제수용소로 끌려간 유대인은 오로지 반역자들뿐이라고 말했다. 그들 이외의 나머지는 각자의 재산을 가지고 떠나도록 허락을 받았으며, 각자의 사업을 매각해야 하는 경우에는 '법원'이나 '재무부'에서 그들에게 시장가치에 따라 대금을 지불했다는 것이다. "제가 들은 바에 따르면, 늦게 떠난 유대인은 기껏해야 50마르크 내지 100마르크밖에는 가져가지 못했다더군요." 내가 재단사에게 이렇게 말했을 때, 그는 한창 '법원' 이야기를 하던 중이었다. "그건 저도 모릅니다." 그가 말했다. "제가 그것까지 어떻게 알았겠습니까?" 방금 전까지만 해도 그는 '법원'의 조치에 관해 '알고' 있었지만, 나는 굳이 이 사실을 그에게 상기시키지는 않았다. "제가 들은 바에 따르면 말입니다." 나는 '재무부'에 관해 이야기하던 수금원 지몬 씨에게도 이렇게 말해보았다. "유대인들은 각자의 재산에서 오로지 일부만을 가져갈 수 있었다더군요." "음, 안 될 것은 없지 않습니까?" 지몬 씨가 말했다. "만약 그들이 떠나기를 원했다면, 국가도 거기서 한몫을 차지할 권리가 있으니까요. 어쨌거나 그들은 바로 이곳에서 돈을 벌었던 거잖아요."

사실은 무엇인가 하면, 내 친구들은 실제로도 상황을 알지 못했던 모양이라고 나는 생각했다. 그들이 알지 못했던 까닭은 굳이 알고 싶어 하지 않아서였다. 그래서 그들은 결국 알지 못했다. 그 당시에 몹시 알고만 싶어 했더라도 그들은 알아냈을 것이다. 하지만 누가 감히 알고 싶어 했겠는

---

54. 독일어에서 '강제수용소(Konzentrationslager)'라는 단어의 이니셜이다.

가? 우리 백인들은 흑인 이웃이 떠났을 때에 그가 왜, 또는 어디로, 또는 무엇을 가지고 떠나는지를 굳이 알아보고 싶어 하겠는가? 교사, 학생, 목수, 은행원, 이렇게 네 사람은 최소한 '시장가치' 라는 허구의 진실성에 대해 의구심을 가졌다. 그리고 경찰관은 (그로 말하자면, 여러분이나 나나 겨우 5분만 앉아서 이야기를 나누어도 서슴없이 우리의 물건과 재산을 믿고 맡길 만한 인물이었다) 이른바 '백인 유대인' 에 대해서 경멸을 표시했는데, 이는 유대인이 다급하게 매각할 수밖에 없었던 재산을 얼씨구나 하고 가로챈 기회주의자들을 가리키는 표현이다. 내 친구들 가운데 네 명은 그 당시에도 진실에 대해 의구심을 품었다. 하지만 그렇다고 그들이 과연 어떻게 했어야 했겠는가?

　"당신이라면 어떻게 하셨겠습니까? 교수님?' 잊지 마시라. 내가 만난 열 명의 친구 가운데 교사를 제외한 아홉 명은 유대인과 전혀 교제하지 않았으며, 따라서 그들에게 무슨 일이 벌어지는지에 대해서도 관심이 없었다. 그것도 나치즘이 대두하기 '이전부터' 그러했다. 그리고 이런 계획을 법에 근거하여 수행한 주체는 바로 그들의 정부였다. 이런 상황에서는 질문한다는 것 자체만으로도 정부의 정의에 공격을 가하는 것과 마찬가지였다. 이는 크건 작건, 정치적이건 사회적이건 간에 위험을 의미했으며, 심지어 애초에 자기가 좋아하지도 않는 사람들을 대신하여 위험을 자초하는 것이었다. 그렇다면 열렬한 기독교인, 그것도 마태복음 5장을 진지하게 받아들이는 종류의 기독교인이 아닌 이상, 과연 누가 굳이 질문하는 위험을 감수하려 들겠는가?[55] 만약 불의가 질문을 통해 밝혀질 수 있다 하더라도, 과연 누가 저항에 대한 형벌을 감수하려 하겠는가? 미안한 말이지만, 내 친

---

55. 신약성서 「마태복음」 5장은 유명한 '산상수훈' 가운데 일부인데, 저자는 아마도 "너희 원수를 사랑하며 너희를 박해하는 자를 위하여 기도하라" (44절 중 일부)는 구절을 염두에 둔 것 같다.

구들 중 어느 누구도 독실한 기독교인은 아니었다.

하지만 목수 클링겔회퍼는 나치즘 시대 내내 교회의 교구 위원으로 남아 있었으며, 내가 만난 대부분 교구 위원처럼 독실한 기독교인이었다. 우리의 대화 도중에 그가 즐긴 휴식은 다름이 아니라 종교적 질문으로 돌아가는 것이었다. "물론 당신께서 관심을 두지 않는다는 점을 저도 압니다만, 교수님, 그래도 저는 당신의 견해를 듣고 싶군요." 하루는 이런 휴식 도중에 마태복음 24장을 함께 읽었다. 나는 관심이 있다거나 없다고 말하지는 않았지만, 독일인 친구와 함께 큰 소리로 책을 읽은 것 덕분에 내 독일어가 향상되었다고는 말했다. 나는 독일어 실력을 향상시키기 위해서 9절부터 13절까지 읽어나갔다.

"그때에 사람들이 너희를 환난에 넘겨주겠으며, 너희를 죽이리니, 너희가 내 이름 때문에 모든 민족에게 미움을 받으리라.

그때에 많은 사람이 실족하게 되어, 서로 잡아주고 서로 미워하겠으며,

거짓 선지자가 많이 일어나 많은 사람을 미혹하겠으며,

불법이 성하므로 많은 사람의 사랑이 식어지리라.

그러나 끝까지 견디는 자는 구원을 얻으리라."

나는 읽기를 멈추고 고개를 든 다음, 클링겔회퍼 씨를 바라보았다. 워낙 원기 왕성한 그는 평소에 이렇게 말하곤 했다. "자율 소방대에 제 삶을 바쳤다니까요!" 하지만 지금 그는 머리를 여전히 숙인 상태였다. 나는 기다렸다. 그러자 그는 고개를 들지도 않고 이렇게 말했다.

"그건 힘든 일입니다. 그건 끔찍스럽게도 힘든 일이에요."

그리고 그건 '정말로' 힘든 일이었다. 가장 순조로운 상황 하에서도 기독교인이 되는 것은 또는 심지어 기독교인이 되기를 원하는 것조차도 힘든 일이었다고 전한다. 나치 독일의 상황은 '가장 순조로운' 것과는 거리가

멀었다. 예를 들어 다음과 같은 사례를 고려해보라.

유대인은 '자유직업'에서 높은 비율을 차지했기 때문에, 고객에게 상품이나 서비스를 제공한 대가로 돈을 받아야 하는 입장에 놓인 경우가 흔했다. 예를 들어 상업이라든지 의료에 종사하는 경우가 그러했다. 그런데 미국에서만 해도 나는 의사가 내미는 청구서에 기꺼이 돈을 낼 수가 없었다. 물론 내 담당 의사는 좋은 사람이지만, 그가 내미는 청구서는 제아무리 의사에게는 낮은 금액이라 하더라도, 내게는 지나치게 높은 금액이었기 때문이다. 애초에 내가 원해서 아팠던 것이 아니었으므로, 이제 내 몸이 낫고 나면 나는 더 이상 필요도 없는 의료서비스를 굳이 구매하지 말았어야 했다고 후회하는 것이다. 물론 내 담당 의사에게는 호감을 갖고 있다. 진짜다. 그리고 나를 상대하는 치과의사며, 상인이며, 변호사며, 내 시계를 고쳐준 보석상에게도 마찬가지로 호감을 갖는다. 설령 이들 중 누군가가 유대인이었다 하더라도, 나는 여전히 호감을 가졌을 것이다. 왜냐하면 나는 반유대주의자가 아니기 때문이다. 하지만 내가 만난 나치 친구들은 반유대주의자였음을 기억하시라.

만약 미국의 유대인들이 모조리 다른 나라로 이민을 간다고, 그것도 최대한 빨리 그렇게 한다고 상상해보자. 이들은 설령 손해를 본다 치더라도 자기 자산을 처분하고, 불과 일주일이나 한 달 안에 받아낼 수 있는 미수금을 모조리 받아낸다. 그들은 '독촉'이라는 문구가 들어 있는 청구서를 발송한다. 하지만 이번 달에는 나도 돈을 낼 수가 없다. 이쯤 되면 내 머릿속에 자연히 떠오르는 생각은, 나의 유대인 치과의사나 의사나 상점주가 혹시 이민을 가려는 것이 아닐까 하는 생각일 것이다. 자기 일을 끝내고, 자기 사무실이나 상점을 닫고, 자산을 매각한 뒤 온 가족을 데리고, 시민권을 잃어버려서 자기 청구서를 가지고 나를 설득할 능력조차도 잃은 상태로 떠나버리는 것이다(이때 만약 그가 미수금 청구서를 다른 누군가에게 넘겨버리면, 나는 훗날에 가서 돈을 내야 하겠지만). 나는 좋은 사람이므로 이렇게 말할 것이다. "능력이 되는 대로 돈을 갚겠습니다."

하지만 나는 갚지 않을 것이다. 사실은 갚아야 할 의무가 없다. 그리고 나는 갚아야 할 의무가 없다는 것을 잘 안다. 비록 내가 깨어서 활동하는 버젓한 시간에는, 내가 굳이 그 돈을 갚아야 할 의무가 없다는 사실을 몰랐을지도 모르지만 말이다. 하지만— 오, 만약 그 의사와 그의 청구서가, 그 치과의사와 그의 청구서가 애초에 존재하지 않았더라면 어땠을까. 크로넨베르크에서 활동하던 유대인 의사는 1936년에 이민을 갔다. 나는 미국으로 돌아온 이후에 그를 만나서 이야기를 나눌 수 있었는데, 1936년에 굳이 이민을 결정한 계기가 무엇인지 물어보자, 그는 일반적이고도 합당한 이유를 내놓았다. 그러면서 이렇게 덧붙였다. "제가 결심을 굳히게 된 바로 그 사건이 기억납니다. 저는 프랑크푸르트 기차역의 공중전화 부스에 들어가 있었는데, 그때 옆 부스에 있던 남자가 이렇게 말하더군요. '그놈한테 돈 주지 마. 그냥 돈 주지 말라구. 그놈하고 말다툼도 하지 마. 그놈한테 욕도 하지 마. 공연히 입 아플 필요 없어. 점잖게 대해 주라구. 하지만 그놈한테 돈은 주지 마. 내 말 똑똑히 새겨들어. 앞으로 6개월, 아니면 1년만 더 있으면 그놈한테는 아예 돈을 안 내도 될 테니까. 그때까지 기다리게 해.' 대략 이런 내용이었죠. 물론 '유대인'이라는 말은 언급되지 않았어요. 그 사람이 누구인지, 또는 무엇에 관해 이야기하는지는 저도 몰랐습니다. 하지만 그 일 때문에 저는 결단을 내렸습니다. 제가 미국에 있는 보증인을 찾아내고, 모든 것을 정리하기까지 서너 달쯤 걸렸습니다. 저는 청구서를 발송했죠. 어떤 사람들은 돈을 지불했습니다. 다 지불하는 사람도 있고, 일부만 지불하는 사람도 있었죠. 저는 미수금 가운데 절반 이상을 받았습니다. 어쨌거나 이들은 저의 환자들이었고, 게다가 버젓한 사람들이었으니까요. 1936년만 해도 여전히 때가 이른 편이었습니다. 더 나중에는 물론 상황이 달라졌지요."

1934년에 나는 하노버 외곽의 시골 마을에 사는 먼 친척들을 찾아간 적이 있었다. 이 유대인들은 작은 상점을 운영했다. 이들은 그곳에서 무려 일곱 세기 동안이나 살았지만, 그 숫자가 워낙 적었기 때문에 정식 유대인 공동체를 만들지는 못했다. 아이히도르프라는 그 마을에는 반유대주의가 없었다. 물론 유대인과 비유대인 간의 통혼도 없었지만 말이다. 나치즘이 정권을 잡은 초기만 해도, 비유대인 친구들은 공개적으로 이 유대인 상점과 거래했다. 그러다가 나중에 가서는 비밀리에 거래했다. 어린아이들이 (그 일은 어린아이들부터 시작되었다) 길에서 유대인을 향해 욕을 하면, 나중에 집으로 끌려가서 부모에게 매를 맞았다. 마을 사람들은 공무원 몇 명, 그리고 젊은 불량배 몇 명을 제외하고는 나치즘이 득세하도록 내버려두지 않을 작정이었다. 아이히도르프에서는 어림없다는 것이었다.

그러다가 9년 뒤인 1943년에 아이히도르프의 유대인들은 어딘가로 '보내지고' 말았다. 그렇게 작은 공동체에서 이들이 '보내지는' 것을 아무도 못 볼 리는 없었다. 전쟁이 끝나자 이들의 이웃 가운데 하나는 이렇게 말했다. "모두가 알았죠. 하지만 아무도 거리에 나오지는 않았어요. 일부는 커튼 뒤에 숨어서 내다보았지만, 그런 사람조차도 많지는 않았어요."

"당신은 그렇게 하셨습니까?"

"아뇨."

"왜 안 하셨죠?"

"왜냐구요? 그걸 굳이 내다보아서 무슨 득이 있었겠습니까?"

크로넨베르크는 물론 아이히도르프보다 더 큰 도시였다. 내가 만난 열 명의 나치 친구들 가운데 어느 누구도 유대인들이 무리지어 떠나는 모습을 보지 못했다. 그들에게 반드시 봐야 할 의무는 없었기 때문이다. 경찰관 호프마이스터는 유대인의 출발을 자세히 알았지만, 그 역시 오로지 그들의 출발만 알았을 뿐이고, 그 목적지까지는 몰랐다. 그리고 교사인 힐데브란트 씨를 제외하면, 어느 누구도 그때 이후로 유대인과 편지를 주고받지는 않았으며, 그들이 어떻게 되었는지 알지도 못했다. 1933년 이래로 유대인이 이주한다는 것은 모두가 잘 알았다. 내 열 명의 친구들 모두 유대인들이 떠나고 있다는, 또는 떠났다는 소식을 전해 들은 적이 있었다. 한 유대인 여성은 베데킨트 씨의 빵집에 찾아와서 외상값을 갚으면서, 그에게 갚아야 할 외상값이 전혀 남아 있지 않다는 사실을 확실히 해두고 싶어 했다. "떠나십니까?" 그가 물었다. "예." 그녀가 대답했다. 그게 전부였다. 내 친구들 가운데 세 명은 전쟁 당시 어느 날 새벽에 유대인을 가득 실은 버스가 '시장터'를 떠나는 것을 본 적이 있었다. 그게 전부였다.

전쟁이 시작된 직후에, 유대인들로 이루어진 한 무리가 거리에서 전차 선로에 블록을 놓으며 일하는 모습이 목격되기도 했다. 그 당시에 유대인은 일반 노동 이외의 다른 일이 금지되어 있었다. 호프마이스터는 자기가 아는 몇 사람에게 손을 들어 인사를 건네기는 했지만, 그렇다고 해서 상대방에게 말을 걸지는 않았다. 목수 클링겔회퍼는 자기가 아는 사람에게 말을 걸었는데, 한때 그의 고객이기도 했던 그 사람은 원래 변호사였다. "그렇다면 왜 지금 여기 와 있느냐고 그에게 물어보셨습니까?" 내가 물었다.

"아뇨. 저야 알고 있었으니까요."

"어떻게요?"

"모두가 알고 있었죠."

"어떻게요?"

"오— 우린 그냥 알았어요."

"그러면 당신은 그에게 뭐라고 하셨습니까?"

"저는 어떻게 지냈느냐고 물었습니다. 그러자 그가 '잘 지낸다'고 말하더군요. 그는 괜찮아 보였습니다."

"그럼 그와 악수도 나누셨습니까?"

"아뇨⋯⋯. 한참 양손을 써가며 일하는 사람과는 악수를 나누지 않게 마련이니까요. '안 그렇습니까?'"

"그야 그렇죠. 적어도 미국에서는요. 하지만 당신네 독일인들은 툭하면 악수를 나누지 않습니까. 적어도 제 생각에는 그렇거든요. 그나저나, 클링겔회퍼 씨, 거리에서 그에게 이야기를 걸었다는 사실 때문에 당신이 용감했다고 생각하십니까?"

"용감했다구요? 아뇨, 용감한 게 아니죠. 물론 약간은 그랬을지도 모르지만. 아니, 전혀 아니에요. 제 충성심은 널리 알려져 있었으니까요."

원래 은행원이었다가 실직한 이후, 그 지역의 당 소속 대중 연설가 겸 '노동전선'의 부장이 된 케슬러 씨는 크로넨베르크 역의 승강장에서 슈타인이란 유대인이 자기와 마찬가지로 북부행 기차를 기다리는 모습을 보았다. 그는 업무 방면으로 슈타인과 잘 아는 사이였다. 그가 실직했을 때, 슈타인은 도움을 주려고 매번 그를 고용해서 자기 옷가게의 장부 정리를 시켰다. 이 유대인은 노인이었다. 그게 언제였더라? 그때는 1939년 초였다.

"그는 저를 못 본 척하더군요. 아마 자기가 먼저 아는 척을 했다가는 제가 민망해 하리라고, 또는 제가 자기와 이야기를 나누고 싶어 하지 않으리라고 생각했던 모양이에요. 하지만 그건 틀린 생각이었죠. 저는 '광신자'가 아니었으니까요. 결국 제가 그에게 다가가 악수를 나누면서 요즘 어떠시냐고 물어보았죠. 그는 이러더군요. '잘 지냅니다.' 사업이 어떠시냐고는 차마 물어보지 못했어요. 왜냐하면 그가 사업을 매각했다는 걸 저도 알았으니까요. 그러다가 기차가 오기에 제가 그랬죠. '지금 떠나시는 겁니까, 슈타인 씨?' 물론 그는 떠나는 중이었어요. 그렇지 않았다면 거기서 기차를 기다렸을 리 없었죠. 문제는 하루쯤 떠났다 돌아오느냐, 아니면 영영 떠나느냐의 차이죠. 저도 차마 그것까지는 못 물어보겠더군요. 그냥 이렇게만 물었죠. '지금 떠나시는 겁니까, 슈타인 씨?' 그러자 그가 대답하더군요. '그렇습니다.' 그래서 제가 말했죠. '그럼 안녕히 가세요.' 그러면서 저는 한 손을 내밀었습니다. 하지만 그는 이미 돌아선 다음이었죠."

"그럼 두 분 모두 그 기차에 타셨던 겁니까?"

"그렇죠."

"같이 앉으셨나요?"

"아뇨. 그는 기차 끝에 달린 비흡연실에 탔고, 저는 흡연실에 탔죠."

"원래 담배를 태우셨나요?"

"아뇨."

내가 만난 열 명의 친구들과의 대화에서 유대인 이야기를 내가 먼저 꺼낸 적은 없었다. 두 번째 대화의 시작에서부터 네 번째 대화의 끝 사이 어디에선가 그들 각자가 이 주제를 꺼냈으며, 힐데브란트, 케슬러, 클링겔회퍼를 제외하면 그들 각자는 계속해서 그 주제로 돌아갔다. 나는 재단사 슈벵케에게 이렇게 묻곤 했다. "당신은 1925년의 '강령'을 좋아하셨습니까?" "'당 강령' 말인가요?" 그는 이렇게 말하곤 했다. "예, 그건 아주 좋았죠. 아주요. 유대인 문제를 예로 들어보자면……" 그러나 나중에 나눈 또 다른 대화에서 그는 자기가 '당 강령'을 한 번도 본 적이 없다고 말했다.

열 명 중에서는 오로지 교사인 힐데브란트만이 반유대주의자가 아니었다. 훌륭한 노인이었던 경찰관 호프마이스터는 비록 반유대주의자가 되고 싶어 하지는 않았지만, 실제로는 반유대주의자였다. 아직 학생인 청년 루프레히트는 자기가 반유대주의자는 아니라고 생각했지만, 그의 경우를 어떻게 생각해야 할지는 나도 확신이 서지 않았다. 그는 말이 유창했다. 케슬러와 클링겔회퍼는 힐데브란트 다음으로 내 친구들 중에서 가장 감수성이 풍부한 사람들이었으며, 가장 정도가 덜한 반유대주의자였다. 이들의 반유대주의는 결코 '인종적'이지 않았으며, 오히려 거의 전적으로 경제적이고 '이성적'이었다.

클링겔회퍼는 역시나 목수였던 자기 아버지의 일을 물려받은 경우였는데, 그의 아버지는 유대인이 괜찮다고 아들에게 말한 적이 있었다. "그들도 다른 사람들과 똑같은 사람들이죠. 하지만 돈 문제에서는 그들을 믿을 수 없습니다. 그게 전부예요. 당신이 사업 때문에 유대인을 찾아갈 때랑, 유대인이 사업 때문에 당신을 찾아올 때랑은 이야기가 전혀 달라진다는 겁니다."

"당신은 왜 그렇다고 생각하시는 거죠?" 내가 물었다.

"저도 모르겠습니다. 저도 모르겠어요. 다만 제 아버지가 모제스라는 유대인에 관해서 저한테 해주신 이야기가 기억나네요. 그는 '역전 대로 (Bahnhofstrasse)'에서 피혁제품 상점을 운영했죠. 제 아버지는 그와 함께 일도 많이 하셨기 때문에 서로 사이가 좋았습니다. 그런데 모제스는 항상 일요일 아침에만 청구서에 적힌 대금을 지불했는데, 항상 '정해진 액수'를 내놓아서, 잘만 하면 챙길 수도 있었을 '거스름돈'이라곤 전혀 없었죠. 그러면서 항상 3퍼센트를 제했습니다."

"왜죠?"

"저도 모릅니다. 그게 그의 습관이었던 것 같아요, 제 생각에는. 그래서 제 아버지는 항상 금액을 좀 더 올리는 방식으로 '당신이 주는' 청구서를 조작해서 그 3퍼센트를 결국 받아내셨죠. 남들이 들으면 '사기꾼이 또 다른 사기꾼을 속이는 격'이라고 하겠지만, 실제로는 그렇지 않았습니다. 모제스는 좋은 사람이었어요. 제 아버지도 그를 좋아하셨습니다. 하지만 제 아버지는 항상 그렇게 말씀하셨어요. 돈 문제에서는 그들을 믿을 수 없다구요. 아버지 말씀이 맞았어요."

"혹시 유대인에게 사기를 당하신 적이 한 번이라도 있으신가요?"

"아뇨. 하지만 그건 제가 미리 경고를 들었고, 따라서 미리 조심했기 때문이었죠. 미리 조심하기만 한다면 그들과 말썽이 생길 일도 없거든요."

"그렇다면 당신은 프로이덴탈 교수를 상대하면서도 조심하셨나요?" 프로이덴탈은 1933년에 자살한 사람으로, 클링겔회퍼 씨의 고객이었으며, 그에게 결혼식 선물로 피아노 덮개를 보내기도 했다. 내 친구는 이 선물을 무척 자랑스러워했다.

"아뇨. 그를 상대할 때에는 굳이 그러지 않아도 되었죠."

전직 은행원은 목수보다도 훨씬 생각의 규모가 컸다. 즉 유대인은 이 나라의 경제력 가운데 지나치게 많은 부분을 차지해왔다는 것이었다. "그들은 전체 인구에서 자기네가 차지하는 비율에 알맞게 경제력도 감소시켰어야만 했던 겁니다."

"어떻게 해야만 그들이 그럴 수 있었을까요?"

"그건 저도 모르죠. 하지만 그들의 시민권을 박탈한다거나, 또는 그들을 학대하지 않고서도 뭔가 방법을 찾아낼 수 있었을 겁니다."

"그들이 자기네 영향력을 나쁜 방면으로 행사했나요?"

"어떤 면에서는 그랬죠. 제 생각에는 누구라도 그랬을 겁니다. 특히 유대인처럼 남들에게 업신여김을 당했다면 말이에요. 하지만 유대인의 경우에는 그 영향력의 사용이 아주 나빴던 것만 같군요."

"당신의 말은 그들이 경제생활에서도 '유대인 정신'을 도입했다는 의미인가요? 다른 국가사회주의자들이 그런 말을 하는 걸 들었거든요."

"음, 그거야 물론 선전에 불과합니다. 즉 그 모든 '인종' 관련 이야기의 일부입니다만, 저라면 그렇게 말하지는 않겠어요. 이른바 '유대인 정신'이라는 것은 실제로 있기도 하고, 또 있지 않기도 합니다만, 분명한 점은 일부 유대인의 호전성과 경쟁심이 결국 악습으로 귀결되었다는 겁니다. 예를 들어서 언론에 등장하는 외설이 그러한데, 그건 신문이나 잡지를 판매하기 위한 수단에 불과했죠."

"그러니까 '일부 유대인의' 경우라는 거군요." 내가 말했다.

"오, 그럼요, 일부의 경우죠. 전부는 아니에요."

"그리고 일부 비유대인의 경우이기도 하구요."

"물론이죠. 제가 '유대인 정신'에 관해서 말하기를 좋아하지 않는 이유도 바로 그거예요. 하지만 비율로 따지자면 이 모든 일에서는 유대인이 비유대인보다 훨씬 더 많았어요. 제 말은 바로 이런 의미입니다."

내가 만난 열 명의 친구들은 국가사회주의가 몰락한 이후에도 유대인에 대한 자기 태도를 결코 바꾸지 않았다. 내가 생각하기에, 이 가운데 극단적인 반유대주의자였던 다섯 명은 또는 청년 루프레히트까지 포함해서 모두 여섯 명은 예나 지금이나 태도에 거의 변함이 없는 듯했다. 무엇보다도 나를 놀라게 했던 사실은, 전쟁에서 패배하고 자기네 삶이 망가졌음에도 그들은 변하지 않았다는 점이다. 나치즘이 무력에 의해 패배했다는 사실조차도, 나치가 유대인을 이전보다 더 사랑하게 만들지는 못했던 것이다. 변화가 있었다면 오히려 '덜' 사랑하게 만들었을 것이다. 자기 조국의 파괴도 변화를 만들지 못하기는 매한가지였다. 정복자들이 지불하라고 강요한 10억 달러 가운데 4분의 3이 손해배상금 명목으로 이스라엘에 있는 유대인들에게 간다는 사실도 변화를 만들지 못하기는 매한가지였다. 그리고 다섯 명의 극단주의자들은 그 지역의 '미국 문화원(Amerika-Haus)'이라든지, 다른 어떤 '재교육' 기관에 들어가 본 적도 없었고, 이후로도 줄곧 그러할 것이었다.

그들은 그리고 은행원, 목수, 경찰관조차도 어느 정도까지는 유대인들이 나치의 주장만큼 충분히 나빴다는 사실을 내게 납득시키기 위해서 무척이나 애를 썼다. 나는 가만히 앉아 있다가 종종 나의 단순함을 드러내는 질문을 하나씩 던졌고, 내 친구들은 각자의 논증을 들이밀었다. 내가 그 논증을 물리치더라도 그들은 또다시 각자의 논증을 들이밀었다. 그들에게 남아 있는 유일한 열정, 그들을 여전히 따뜻하게 만들어주는 유일한 모닥불이라곤 마치 반유대주의 하나뿐인 것 같았다. 그들이 말을 이어가는 동안, 나는 통상적인 분석을 생각했다. 우리가 상처를 입힌 사람에게 한 행동을 우리는 반드시 정당화해야 한다. 그게 안 된다면, 우리의 유죄인 관점을 다른 사람들에게 납득시킴으로써, 그들을 우리의 유죄로 끌어들여야 한다. 나는 조금 생각해보았지만, 말을 많이 하지는 않았다. 내가 과연 뭐라고 말할 수 있었겠는가?

10장 기독교인의 의무로서 반유대주의

　　　　　　　　수금원 지몬 씨가 나를 찾아왔을 때 일이다.
그는 내 아내를 위해 튤립을 가져왔는데, 이는 그의 집을 방문할 때마다 내
가 그의 아내를 위해 사탕을 가져간 것과 매한가지였다. 우리는 커피를 마
셨는데, 이는 그의 집을 방문할 때마다 우리가 항상 와인을 마신 것과 매한
가지였다(사실 와인은 '나 혼자' 마셨다. 왜냐하면 그는 "히틀러와 마찬가지로"
금주가였기 때문이다). 그는 미국에 관해서 이런저런 것들을 알아내는 데에
관심이 있거나, 최소한 미국에 관해서 이야기하는 데에 관심이 있었다. 그
러다가 내가 우리의 연방제에 속하는 여러 주들의 권력제한에 관해서 그에
게 이야기하던 차에 이런 일이 벌어졌다.

　"혹시 거기 사는 유대인과 알고 지내십니까, 교수님?" 그가 물었다.

　"오, 그럼요." 내가 말했다. "많이, 상당히 잘 알고 있죠. 거기서는 유대
인들이 우리 사이에서 살아가거든요. 아시다시피, 다른 사람들과 마찬가지
로 말이에요."

　"흑인들과는 같지 않다는 거군요." 자칭 '역전 용사'인 그가 말했다.
"하지만." 그는 말을 이어갔다. "저는 유대인에 관해서 당신께 여쭤보고 싶

어요. 거기서는 당신이 누군가를 딱 보자마자 유대인인지 아닌지를 구분할
수 있나요? 여기 사는 우리는 그렇게 할 수 있어요. 언제나요. 그들은 당신
이나 나와는 같지 않거든요."

"그걸 어떻게 구분할 수 있다는 거죠?" 내가 말했다. "때로는 그들도
당신이나 나와 똑같은 '외모'일 텐데요."

"물론이죠." 그가 말했다. "'때로는' 그렇죠. 하지만 그건 외모로 구분
하는 게 아니에요. 독일인이라면 누구나 구분할 수 있어요. 언제나요."

"글쎄요." 나는 마치 혼잣말처럼 이렇게 중얼거렸다. "속담에도 있듯
이, 사람이라면 매일 뭔가 새로운 것을 배우기야 하겠지요."

"맞아요." 그가 말했다.

그래서 내가 말했다. "예를 들어 당신이 예수를 봤다면, 그분이 유대인
인지 아닌지 구분할 수 있겠어요, 지몬 씨?"

"제 생각에는 할 수 있을 것 같아요." 그가 말했다. "만약 그분이 유대
인이라면 말이에요. '하지만 그분이 설마 유대인이었겠어요?' 만약 그분
이 유대인이었다면, 왜 유대인들이 굳이 그분을 죽였겠어요? 왜 그런지 당
신은 알고 계세요?" 그는 내 답변을 기다리지도 않고 계속 말을 이어갔다.
"저는 지금껏 한 번도 어떤 목사가 예수를 유대인이라고 말한 걸 들어본 적
이 없었어요. 많은 과학자들도 예수는 유대인이 아니었다고 말했죠. 사실
예수는 로마군에 있던 그리스인 병사의 아들이었다고 히틀러 본인이 말한
걸 제가 들은 적도 있어요."

"저는 한 번도 들어본 적이 없는 이야기인데요." 내가 말했다. 물론 거
짓말이었다. 라인홀트 하니슈[56]의 회고록을 보면, 1910년에 빈의 싸구려
여인숙에서 그와 함께 살던 히틀러가 그런 말을 했다고 나온다.

"아무렴요." 지몬 씨가 말했다. "그리고 그거 아십니까, 교수님. 유대

인은 비밀 성서를 갖고 있는데, 바로 탈무드라는 겁니다. 아마 당신께서는 이것도 전혀 들어보신 적이 없겠지만, 그래도 사실이에요. 유대인이야 물론 아니라고 발뺌하죠. 당신도 유대인을 아무나 붙잡고 이걸 물어보신 다음에, 상대방이 그런 건 있지도 않다고 말할 때의 모습을 잘 살펴보세요. 하지만 독일인이라면 누구나 그것에 대해 알고 있어요. 저는 직접 본 적도 있었죠. 그들이 저지르는 제의용 살인이라든지, 그 외의 모든 것이 바로 그 안에 들어 있거든요. 거기에 뭐라고 나와 있는가 하면 (여기서 기억하셔야 할 것은, 그게 차마 기억도 못할 만큼 옛날에 작성되었다는 겁니다) 유대인더러 반드시 독일인 여성과 결혼해서, 독일 인종을 허약하게 만들라고 하는 겁니다. 당신께서는 이걸 어떻게 생각하십니까?"

내가 어떻게 생각했느냐고? 나로선 당장 크로넨베르크 대학의 신학부 학장에게 전화를 걸어서, 비록 지금이 일요일 밤이고 바람도 거세기는 하지만, 독일어 탈무드를 우리 집으로 한 권 갖다 주십사고 부탁하고 싶은 심정이었다. 그 정도면 충분할 거라고, 내가 사실은 유대인이라는 사실을 굳이 말해주는 것보다 더 나을 거라고, 나는 속으로 말했다. 하지만 내가 만약 지금에 와서 유대인이라고 그에게 말한다면, 그는 애초에 내가 자기를 속였다며 격노할 것이다. 그렇다면 나로선 그가 눈앞에 있는 유대인조차도 제대로 알아보지 못했다는 사실을 지적할 만한 기회도 날려버릴 것이었다. 나는 우선 이 문제를 일 분쯤 심사숙고하기로 했다.

"그러니까 당신은 그걸 한 번도 보신 적이 없다는 거군요." 나는 시치미를 떼고 말했다. "그 뭐라더라— 그—?"

---

56. 라인홀트 하니슈(1884~1937)는 젊은 시절인 1910년에 오스트리아 빈에서 화가 지망생인 히틀러와 잠시 함께 살면서 그림 판매를 돕던 동업자였다. 훗날 히틀러가 권좌에 오르자 자신들의 관계에 대한 회고를 기록으로 남겼는데, 그 진위 여부에 대해서는 일부 논란이 있다.

"탈무드요." 수금원이 말했다. 그는 체구가 작고, 안경을 끼었으며, 짙은 콧수염이 필요하지만 실제로는 가느다란 콧수염뿐인 남자였다. "하지만 그들에게 속지 않도록 조심하셔야 합니다, 교수님. 저는 실물을 본 적이 있어요. 하지만 유대인들은 당신께 가짜를 보여줄 겁니다. 설령 당신이 그들을 잘 구워삶았다 하더라도 말이에요. 심지어 당신이 계신 대학에서도, 유대인에게서 돈을 받은 교수들이 나서가지고는 그게 진짜라고 말할 겁니다. 여기에도 그런 교수들이 있어요. 예전에는 말이에요. 물론 지금도 또다시 나타났죠."

내가 어떻게 생각했느냐고? 나는 대학의 학장에게 전화를 걸지는 말자고 생각했다. 그리고 나중에 가서 이렇게 말했다. "우리는 이야기를 더 많이 나눠야만 하겠습니다, 지몬 씨." 우리는 앞으로도 수많은 '지몬 씨들'로 이루어진 세대를 더 많이 만나야만 할 것 같다고 나는 생각했다. 그런 사람들은 이 '지몬 씨들'로 이루어진 세대가 '진짜' 탈무드와 함께 살아가는 황무지에서 누군가에게 인도되거나 이끌린 것도 아닌데도 갑자기 나타나는 것이다.

내가 건장하고 나이 많은 '광신자'인 재단사 슈벵케를 방문했을 때 일이다. 그는 스웨터와 바지 차림이었다. 우리는 버터를 바르지 않은 빵과 수프를 먹었는데, 독일 시골의 빵이 어떤 것인지를 생각해보면 말처럼 아주 가벼운 식사는 아니었다. 그의 부인은 케이크를 하나 구웠으며, 나는 차(茶)를 가져갔다. "이렇게 해서." 내가 말했다. "우리는 결국 당신 아버지의 인생 이야기에서 결말에 도달했군요. 이로써 당신네 양쪽 모두의, 그리고 당신네 바로 위까지의 조상들 모두의 이야기에서도 결말에 도달한 거구요. 정말 놀랐습니다, 슈벵케 씨. 당신이 그토록 여러 세대까지 거슬러 올라가서, 그분들 하나하나에 대해 그렇게 많이 안다는 사실이요."

"우리 독일인이 원래 그렇답니다." 내 친구가 말했다. "우리는 자기 가문을 자랑스럽게 생각하죠. 하필 미국인들이 제 성서를 가져가버렸기 때문에 (그 일을 하려고 파견된 자는 유대인이었어요. 당연지사겠죠) 출생, 세례, 결혼, 자녀, 사망과 관련된 그 모든 정확한 날짜를 당신께 말씀드리지는 못하겠군요."

"당신네 가문은." 나는 매우 조심스럽게 말했다. "마치 항상 운이 좋았던 것 같군요. 한 번도 큰 말썽을 겪지는 않은 것 같아요. 한 번도 자기 고향이나 자기 땅을 빼앗긴 적도 없는 것 같구요. 매우 특이한 가문이군요. 항상 그렇게 행운이 따랐다니 말이에요."

"항상 그랬죠, 항상이요." 재단사가 말했다. "아무리 멀리까지 거슬러 올라가더라도, 그러니까 저의 불운에서 더 위로 올라가면 상황은 항상 매우 좋았죠. 제 아버지도, 제 할아버지도, 제 증조할아버지도, 그분들 모두가요."

이 이야기는 우리의 열네 번째 대화에서 나왔다. 두 번째 대화의 와중에, 그러니까 우리가 그의 조상들의 삶에 관해 놀라우리만치 자세하게 검토를 시작한 지 얼마 안 되었을 때에, 그는 유대인들에 관해 언급하며 다음과 같이 말했다. "저로선 예전부터라도 그들을 미워할 이유가 충분합니다. 왜냐하면 여러 세대 전에 그들이 제 조상님들을 망쳐놓았기 때문이죠. 유대인들은 그분들에게서 모든 것을 훔쳐냈고, 그분들을 망쳐놓고 말았어요." 그의 얼굴에는 효심에서 비롯된 분노가 나타났다.

내가 생각하기에, 이 친구는 자기가 한 말을 모두 믿는 듯했다. 적어도 자기가 그 말을 하는 순간만큼은 그런 것 같았다. 우리의 두 번째 대화 때에 한 말은 물론이고, 우리의 열네 번째 대화 때에 한 말도 물론이었다. 어쩌면 내가 그런 모순을 지적해야 했을지도 모른다. 하지만 그런다고 해서 그의 반유대주의를 완화하지는 못했을 것이고, 사람은 누구나 자기가 생각하는 대로 살게 마련이다. 그래서 나는 굳이 모순을 지적하지 않았다.

내가 담 씨를 방문했을 때 일이다. 그는 원래 시골 출신이었지만, 헤센의 장자상속제에 따라 큰형님이 가족 농장을 물려받게 되자, 농사를 포기하고 크로넨베르크로 이주해서 일자리를 얻었다. 그러다가 그는 불황 때에 일자리를 잃고 고향으로 돌아갔으며, 1932년에 나치가 그 마을에서 개최한 신규 당원 모집 행사에서 입당했고, 나중에는 크로넨베르크 당 지부 사무실의 관리실장까지 승진했다. 담 가문은 무려 A.D.808년에 그 마을에 정착했는데, 마침 그 시골 마을의 건립 1,200주년을 기념할 때라서 나도 그 행사에 참석했다.

"그렇습니다." 담 씨가 말했다. "저희 가문은 항상 대단한 반유대주의 자였습니다. 제 아버지와 할아버지는 뵈켈 박사[57]의 추종자였는데, 그는 1880년대에 헤센에 '반유대주의 정당'을 창당한 인물이었습니다. 우리 집에는 그 당의 깃발이 있었는데, 거기에는 '유대인으로부터의 자유'라는 반유대주의 문구가 적혀 있었습니다. 하지만 미국인들이 가져가버렸죠."

"당신은 유대인을 상대해본 적이 있었습니까?" 내가 물었다.

"그야 늘 상대했죠." 그가 말했다. "시골에서야 그러지 않을 도리가 없었어요. 뵈켈 박사는 농민신용조합을 만들었는데, 그 조합 역시 반유대주의적이었고, 유대인으로부터 농민을 구하는 것을 목표로 삼았습니다. 조합이 만들어지기 전까지만 해도 우리는 가축 상인들에게 휘둘리는 실정이었죠. 그들은 하나같이 유대인이었고, 모두 한통속이었습니다."

"그들이 모두 한통속이라는 건 어떻게 아셨습니까, 담 씨?"

---

57. 오토 뵈켈(1859~1923)은 독일의 포퓰리즘 정치가로, 반유대주의를 본격적으로 이용해 정계의 발판을 마련한 최초의 인물로 평가된다.

"그들이야 늘 그러니까요. 그들은 우리를 자기네 손바닥 위에 올려놓고 있었습니다. 한 번은 그중 한 사람이 무슨 일을 했는지 아십니까? 제 아버지한테서 송아지를 한 마리 사서 도시로 끌고 가더니만, 거기서 제 아버지의 사촌 되는 분한테 도로 팔아버렸습니다. 그것도 '수익을 챙기고' 말입니다."

"그렇군요." 내가 말했다. "하지만 그건 단지 수익창출에 불과하지 않습니까. 당신 역시 수익창출을 신봉할 텐데요, 안 그렇습니까? 설마 당신도 공산주의자는 아니겠지요!"

"그야 물론이죠." 그가 말했다. "하지만 생각해보세요. 다른 사람도 아니고, 제 아버지의 사촌 되는 분한테 팔았다니! 당신 사촌이 그 송아지를 갖고 싶어 한다는 사실을 제 아버지가 진즉에 아셨더라면 당신이 직접 그분께 송아지를 팔았지, 결코 유대인에게 팔지는 않았을 겁니다."

"하지만 그건—." 내가 말했다.

"보세요, 교수님. 유대인이 암소를 하나 산다고 해보죠. 그가 살 때만 해도, 그 암소는 끔찍하고, 하나부터 열까지 잘못되어 있어서, 공짜로 준다고 해도 마다할 물건이 됩니다. 그래서 그는 겨우 몇 마르크에 암소를 구입하죠. 그러고 나서 그는 그 암소를 또 다른 농부에게 팔아버립니다. 그런데 이때가 되면 그 암소는 세상에서 가장 훌륭한 암소가 되는 겁니다. 제 말이 무슨 뜻인지 아시겠습니까?"

"알 것 같군요." 나는 이렇게 말하면서도, 마음속으로는 이른바 '미국식 거래법'을 떠올리며 빙그레 미소를 지었다. "하지만 독일인도 그러지 않습니까?" 다시 말해 비유대인도 그러지 않느냐는 뜻이었다. "최대한 싸게 사서 비싸게 파는 것은 누구나 마찬가지가 아닐까요?"

"맞습니다. 하지만 그건 단지 그것뿐이죠. 보세요, 교수님." 그는 인내심을 발휘하며 계속 말을 이어갔다. "독일인은 서로 직거래를 할 수 없는 실정입니다. 항상 유대인이 하나씩 그 사이에 끼어 있으니까요. 모든 유대인은 '장사꾼(Händler)' 입니다. 그들은 노동자이거나 농민이었던 적이 결코 없었습니다. 이건 아이들조차도 다 아는 사실입니다. 모든 장사는 유대인의 손을 거치게 마련이죠. 우리 같은 불쌍한 독일인이 뭘 어찌하겠어요?" 하지만 그가 말한 '불쌍한 독일인' 을 가리켜 아돌프 히틀러는 『나의 투쟁』에서 '천재 인종' 이라고 부르지 않았던가.

나는 담 씨가 좋았다. 그는 전형적인 시골뜨기라고 할 만했다. 당에서는 농민들 사이에서 뭔가 일을 해야 할 때마다 그를 이용했는데, 그 이유는 그가 농민의 '언어' 를 말했기 때문에, 즉 농민의 정신을 지녔기 때문이다. 하지만 그는 여전히 시골뜨기였다. 또 한 번은 그가 도시로 나를 방문한 적이 있었다. 그때가 우리의 마지막 대화였기 때문에 나는 크로넨베르크에서 가장 좋은 식당에 가서 1달러짜리 호화판 만찬에 그를 초대했다. 나는 우리의 첫 번째 대화 가운데 하나로 이야기를 돌렸는데, 그는 이 '지방 (Gau)' 전체에서 교회를 떠나기를 거부한 '지부실장(Kreisamtsleiter)' 은 자신뿐이라고 이야기한 적이 있었다. "나는 애초에 교회에서 태어난 사람이라고 그들에게 말했죠." 그는 이렇게 이야기했다. "그러니 죽어도 교회에서 죽겠다고 했어요. 그것도 '독일의 교회' 가 아니라 '기독교 교회' 에서 죽겠다구요."

"그런데 말이죠." 식사를 마치고 담배에 불을 붙이면서 내가 말했다. "미국에 사는 기독교인 상당수가 차마 이해하지 못하는 것은, 어떻게 해서 당신 같은 독일 기독교인들이 유대인 박해를 받아들일 수 있었느냐 하는 겁니다. 유대인이 제아무리 나빠도 그럴 수는 없었을 텐데요. 어떻게 해서 당신들은 '기독교인으로서' 그런 일을 받아들였던 건가요?"

이 주제에 관해서 내가 이야기를 주도한 것은 이때가 처음이었다. "유대인들이요?" 그가 말했다. "하지만 유대인들은 기독교라는 종교의 '적들' 아닙니까. 다른 사람들이야 그들을 근절할 만한 또 다른 이유를 갖고 있겠지요. 마찬가지로 우리 기독교인들은 그렇게 해야 하는 '기독교인으로서의 의무'를 갖는 겁니다. 교수님께서도 유대인들이 우리 주님을 어떻게 배반했는지는 알고 계시지 않습니까?"

내 친구들 중 어느 누구도 나치의 인종 이론에 대해서는 관심조차 없었으며, 심지어 열혈 나치를 자처했던 재단사나 수금원도 상황은 마찬가지였다. 이들 열 명 가운데 다섯 명은 그 이야기를 꺼내자마자 웃음을 터트렸는데, 심지어 목수도 마찬가지였다. "그건 터무니없는 이야기였죠." 클링겔회퍼 씨가 말했다. "SS하고 대학에서나 통하는 거였습니다. 제 머리통 모양을 좀 보세요. 마치 헛간만큼이나 널찍하잖아요. 갈색머리인 제 마누라 좀 보세요. 당신이 보시기에는 '우리'가 독일인이 아닌 것 같습니까? 그렇지는 않잖아요. 그건 그들이 SS와 대학생들에게나 가르치는 내용입니다. SS의 '물렁한 놈들(Flott)'은 자기를 대단하게 만들어주는 이야기라면 뭐든지 믿으려 하고, 대학생 녀석들은 복잡한 이야기라면 뭐든지 믿으려 하니까요. 교수란 사람들도 마찬가지죠. 당신도 혹시 '인종의 순수성' 도표를 보신 적이 있으신가요?" "예." 내가 말했다. "음, 그렇다면, 당신도 아시겠군요. 그 전체 체계를요. 아시겠지만, 우리 같은 독일인들은 그런 체계를 좋아하지요. 모두가 딱 맞아떨어지니까요. 그렇기 때문에 과학인 거죠. 체계와 과학이요. 하지만 그건 여러 집단들을, 즉 흑색과 백색과 회색을 볼 때에만 그렇고, 실제 사람을 볼 때에는 그렇지가 않습니다. 우리 같은 '작은 자들'에게는 그들도 차마 그런 '어리석은 이야기(Dummheit)'를 가르칠 수가 없어요. 그러니 그들도 아예 시도조차 안 했죠."

내 친구들이 믿었던 그리고 지금도 믿는 것은 전설의 누적일 뿐이었다. 이런 전설을 믿으면서도 그들은 아무런 죄의식도 느끼지 않았는데, 이는 미국에 사는 우리가 전설에 불과한 조지 워싱턴의 벚나무 이야기를 믿으면서도 아무런 죄의식을 느끼지 않는 것과 매한가지였다. 다만 그들의 경우에는, 스스로를 '작은 자들'이나 '작은 민족'으로 자처함으로써, 자기들이 독일인인 것을 제외한다면 그 무엇에도 해당하지 않는다고 여겼다. 이로써 그들 사이에 있는 또 다른 민족, 즉 독일인도 아니고 따라서 독일인인 그들보다 더 못한 민족의 전설이야말로 특히나 귀중한 먹잇감이 되었다.

유대인에 관한 나치의 견해가 틀렸다는 사실을 내 친구들에게 증명한 사람은 아무도 없었다. 사실은 아무도 그렇게 할 수 없었다. 나치가 한 말의 진위 여부, 그리고 내 극단주의자 친구들이 믿은 내용의 진위 여부는 그리 중요하지도 않았다. 이것이야말로 정말 놀라운 부분이었다. 그 이야기의 진위 판별에 도달할 방법 자체가 전혀 없었다. 즉 논리와 증거의 절차를 이용하는 방법 중에는 전혀 없었다는 것이다. 수금원이 내게 한 말에 따르면, 유대인은 더럽다고 했다. 그가 어린 시절에 살던 소도시에 있던 어느 유대인 여성의 집은 돼지우리나 마찬가지였다는 것이다. 반면 빵집 주인이 내게 한 말에 따르면, 유대인은 청결에 대해 광신적인데, 그것이야말로 충분히 깨끗한 '독일인'과는 상반되는 것이라고 했다. 이처럼 모순되는 주장이 난무하는 상황이다 보니, 만약 진실이 있다 하더라도 그것이 과연 무슨 차이를 만들 수 있겠는가?

나는 가끔 한 번씩, 그것도 항상 머뭇거리는 투로 이렇게 제안했다. 어쩌면 중세에 유대인이 시민권과 토지 소유권을 박탈당한 것이라든지, 또는 1648년 이후로 유대인이 길드의 도제 제도에서도 축출된 것이라든지, 또는 무려 1,000년 이상 대부업이라는 분야에만 오로지 종사했던 것이라든지, 떳떳한 채무자를 독촉하는 비열한 채권자가 될 위험이 상존했던 것 등의 이유 때문에라도 초기 유럽에 살던 대부분의 유대인은 생존을 위해서 교활해질 수밖에 없었을지도 모른다고 말이다. 나아가 이런 상황에서 그들의 지능을 계속해서 갈고닦다 보면, 그 어떤 민족 내에서라도 유별나게 고상하면서도 유별나게 비열한 성향이 불균형한 정도로 많이 산출되게 마련이라고, 따라서 그들이 변경의 직업에 종사하면서 생겨난 그런 유별남은 애초에 그 원인이 되었던 불이익이 거대 공동체에서 제거되면 함께 사라지게 마련이라고 말이다. 나는 은행원 케슬러에게도 다음과 같은 사실을 상기시켰다. 지금은 유대인이 은행장 직위에 오르는 것을 기독교인이 금지하지만, 그들의 조상만 해도 도리어 유대인에게 은행장이 되라고 강요했다고 말이다. 그는 뷔르템베르크 주 출신의 슈바벤 사람이었고, 슈바벤 사람은 유머 감각을 갖고 있었다(물론 타키투스의 말마따나 "게르만족 치고는" 말이다). 그래서 그는 이 농담을 이해했다.

내가 만난 열 명의 친구들 가운데 어느 누구도, 내가 이런 이야기를 꺼냈을 때에 굳이 논쟁하지는 않았다. 또한 은행원과 교사를 제외하고는 그들 중 누구도 가만히 듣고 있지는 않았다. 내가 한 이야기는 이들 모두가 이미 오래전부터 알았던 것이다. 하지만 이른바 모두가 알지만 아무도 배우지 못하는 뭔가도 분명히 있었다. 미국에 사는 사람이라면 누구나, 일본인, 또는 일본놈이 믿을 수 없는 민족이라는 것을 1941년 12월 8일(일본의 진주만 습격—편주)자로 알게 되지 않았던가?

1935년에 베를린 주재 미국 대사관에서, 독일 외신청의 한 관리가 내게 이런 이야기를 해주었다. 북해 연안의 한 소도시에는 지금껏 단 한 명도 유대인이 없었다고 한다. 그러다가 1933년 4월에 괴벨스가 유대인에 대한 보이콧을 지시하자, 그곳의 '시장(Bürgermeister)'은 다음과 같은 답장을 보냈다고 한다. "보이콧을 위해 필요하오니 유대인을 한 명 보내주시기 바랍니다."

11장 뉘른베르크의 탄식, 그들은 뉘우치지 않았다

제2차 세계대전이 끝나기 오래전에, 연합국은 자기들이 이길 경우에라도 '전쟁 책임' 조항을 평화조약에 또다시 집어넣지는 않을 것이라고 결정했다. 왜냐하면 독일인이 또다시 이를 거부할 것이기 때문이었다. 대신 이번에는 막대한 법적 재판 절차를 거치는 한이 있더라도, 국제법 하에서 독일인들에게 유죄를 선고하고, 그들에게 이 사실을 납득시키려고 했다. 그리고 이번에는 그런 죄목에다 '평화 위반'이란 혐의를 덧붙인 다음, '전쟁 범죄'와 '인간성에 반하는 범죄'라는 혐의까지도 포함할 것이었다. 뉘른베르크에서 국제 군사재판소(IMT)가 개정하던 날, 미국의 연방 대법원 검사인 잭슨 대법관은 이 사건을 가리켜 "역사상 보기 드문 순간"이라고 불렀다. 그리고 나치 지도자들이 교수형을 당한 다음 날 《뉴욕 타임스》는 "인간이 국제 도덕의 새로운 세계로 들어섰다"고 썼다.

나치 지도자들은 교수형을 당했지만, 이런 조치가 딱히 감명을 주지는 못했다. 자신들에게 불리한 법적 재판 절차가 진행되는 동안, 이들은 단지 명령에 따라 행동했을 뿐이었다고 항변했다. 하긴 나치 독일은 독재 치하가 아니었던가? 즉 설령 누군가가 유죄라 하더라도, 자기들을 심판하는 자들 역시 자기들과 마찬가지로 유죄라는 것이었다. 러시아인의 경우가 특히 그렇다고 보았는데, 독일인들은 이렇게 물어보았다. 만약 카틴 숲에서 폴란드군 장교들이 학살당한 사건의 가해자가 러시아인이 아니라 독일인이었다고 하면, 과연 뉘른베르크 재판소는 이미 내린 것과 같은 혐의를 거기에도 적용하지 않았을까?[58] 그들은 국제법이 오로지 유추에 의한 법률일 뿐이라고, 즉 성문화되지 않은 것이며 설사 성문화되었다 치더라도 국내법을 대신하지는 못할 것이라고 했다. 적어도 자기들이 국내법을 위배하지 않았음은 분명했으니까. 그리고 설령 국제법이 성문화되었다 치고, 나아가 국내법을 대신할 수 있다 치더라도, 어느 한쪽이 다른 한쪽을 기소한다든지, 또는 양쪽이 아니라 어느 한쪽만 재판을 받게 한다는 것은 용인되지 않는다고 말했다.

　뉘른베르크의 교수대 바닥 문이 인류를 위한 국제 도덕의 새로운 세계로 들어가는 출입구로서 충분히 넓었는지에 대해 의문을 제기한 미국인도 일부 있었지만, 1946년에만 해도 그런 의문이 아주 많지는 않았다. 대부분 미국인은 (비록 잭슨 대법관의 성급한 황홀감까지 공유하지는 않았지만) 그 조치에 만족했다. 하지만 뉘른베르크에서 모두 12회에 걸쳐 계속된 '국제' 재판소는 연합국의 협조 없이 미국이 단독으로 수행해야만 했다. IMT(국제군사재판소)라는 '대단한 볼거리' 이후에 뉘른베르크는 관심에서 멀어졌다. 유럽 내의 다른 세 군데 연합국 정부의 관심에서만 멀어진 것이 아니라, 미국 시민 대부분의 관심에서도 멀어졌다. 그것은 댐에서 넘친 물이자

---

58. '카틴 숲 학살 사건'은 1940년에 소련 스몰렌스크 인근 카틴의 숲에서 소련 비밀경찰이 폴란드인 군인과 경찰 등 2만여 명을 학살하고 암매장한 사건이다. 이 사건은 독일이 처음 발견하여 세상에 알렸지만, 전쟁 중인 관계로 도리어 독일이 진범으로 의심을 받았으며, 전쟁 후에도 연합국의 다른 나라들이 소련의 체면을 생각해 발언을 자제하는 바람에 최근까지도 그 전모가 밝혀지지 않았다.

기껏해야 바닥에 흘린 우유에 불과했다.

하지만 독일인에게는 비록 그것이 고민거리까지는 아니더라도 오점이 아닐 수 없었다. 단지 자기네 사이에 나치가 있다는 사실 때문만은 아니었다. 내가 만난 열 명의 친구들이 보기에, 뉘른베르크에서 혐의자들에게 유죄를 선고하는 데 사용된 방법은 한마디로 실패였다. 그 방법이 잘못되었다는 뜻은 아니다. 다만 그 일이 그들에게 본질적으로 효과가 없었다는 뜻이다. 그 일은 전쟁에 패배한 데에 따르는 부수적인 처벌로만 간주되었다. 즉 나사못을 한 번 더 조인 것에 불과하다고 여겼던 것이다.

그들 모두가 말한 바에 따르면 내 친구들은 작은 자들이었다. 그들은 이렇게 반문했다. 독재국가에서 지배적인 목소리를 내지도 못했던 그들이 왜 국가의 행위를 참회해야 한단 말인가? 아직 살아 있는 국가의 장관들도 참회하지 않았는데? 참회라는 것은 애초에 법적 재판 절차에서 핵심도 아니고, 심지어 그 배경도 못된다. 게다가 뉘른베르크 재판소 같은 군사재판 절차에서는 더더욱 그러하다. 효과적으로 참회를 촉구하려면, 우선 우리 모두가 죄인이라는 고발을 고발자가 명기해야 했다. 그런데 뉘른베르크의 고발에서는 이를 명기하지 않았다.

만약 역사상 모든 전쟁에서, 전후에 공식적인 유죄 판결이 나오지 않은 상태에서 패배자가 아무렇게나 취급되는 일은 결코 없었다고 가정한다면, 이번처럼 전쟁이 끝난 후에 공식적인 유죄 판결에 근거하여 독일인이 받은 대우를 지켜본 내 친구들은 아마 크게 감명을 받았을 것이다. 하지만 실제로 이들의 관점에서 이들은 단지 패배에 흔히 따르는 대가를 지불했을 뿐이었다. "우리를 교수형에 처하려는데 왜 이렇게 돈을 많이 쓰는 거지?" 미국인 검사가 재판이 지연된 것에 이의를 제기하면서 자국 정부가 이 재판 절차 때문에 하루에 수천 달러씩을 썼다고 지적하자, 괴링은 피고석에서 옆 사람에게 이렇게 말했다고 전한다. 독일인을 재교육하기 위해 우리가 독일에 파견했던 담당자는, 결코 되돌릴 수 없는 5년이란 세월이 흐른 뒤에야 비로소 자기가 도리어 재교육되었음을 깨달았다. "지금 와서 돌이켜보면." 전직 고등판무관 맥클로이[59]는 이렇게 말했다. "전적으로 승전국 사람들로만 구성되지는 않은 재판소를 만들 수 있었다면 좋았을 것이다." 그렇다면 우리는 왜 그런 재판소를 만들지 못했을까?

1950년 10월에 미국의 더글러스 맥아더 장군은 뉘른베르크를 모범으로 삼은 법적 소송 절차를 승인했는데, 이는 만약 남한이 전쟁에서 승리할 경우에 북한과 중국의 전범들을 재판하기 위해서였다. 법무관들은 영화 촬영기사를 대동하고 한반도 최북단의 압록강까지 곳곳을 누볐다. 그로부터 1년 뒤에 UN 사령관인 매슈 리지웨이 장군은 UN에서 보호 관리 중인 전쟁 범죄의 '확실한 사례'가 499건에 달하며, "피의자가 126명"에 달한다고 말했다. 하지만 그로부터 1년 뒤에, 북한과 중국의 전쟁 범죄자들은 재판도 받지 않고, 교수형도 당하지 않은 채 무사히 집으로 돌아갔다. 국제 변호사이기도 했던 덜레스 장관이 전한 (본인 말마따나) 좋은 소식은, UN 지휘부가 전쟁 범죄 혐의로 기소된 적국 포로들을 석방할 경우, 북한과 중국의 지휘부도 적국 포로들을 석방하는 데에 동의했다는 것이었다. 그리하여 "역사상 보기 드문 순간"은 그냥 지나가버리고 말았다. 한국에서 벌어진 전쟁은 승패 없이 휴전으로 끝났다. 국가 간의 정복과 마찬가지로, 국제법도 제대로 가동하려면 우선 패배자를 필요로 하기 때문이다.

패배자는 자신의 유죄를 납득하기가 힘들게 마련이다. 패배하는 과정에서 자기들이 겪은 고통만 해도 자기들이 저지른 (심지어 자기들이 진짜로

---

59. 존 제이 맥클로이(1895~1989)는 미국의 금융가 겸 관료다. 제2차 세계대전 중에는 전쟁부 차관으로 일했고, 전후에는 독일 주둔 미국 점령부의 고등판무관과 세계은행 총재를 역임했다.

저질렀는지 아닌지도 의심스러운) 침해에 대해서는 충분한 속죄가 될 뿐만 아니라, 그 이상도 된다는 것이 패배자의 생각이다. 골목에서 싸우는 사내아이들이 딱 이런 식이다. 얻어맞아서 피투성이가 된 녀석이 애초에 자기가 맞을 짓을 했다고 솔직하게 시인하는 모습은 보기 드물게 마련이다. 오히려 그런 녀석이 하는 말이라곤, 기껏해야 "형! 얘가 나 때렸어!" 정도가 아닐까. 사실은 자기가 좀 더 맞아야 한다고 시인하는 모습은 더더욱 보기 드물다. 물론 어른이 그래서는 안 되는 법이지만, 가끔은 어른도 그런 짓을 한다. 나의 친구들이 딱 그러했다.

동물을 훈련시킬 때에도, 처벌이 효과를 거두려면 일단 잘못을 저지른 동물이 자신의 죄 때문에 처벌을 받는다고 인식시키는 것이 원칙이다. 여러분은 그 동물을 반드시 범죄 현장에서 붙잡아야만 한다. 그렇지 않으면 그 동물은 자기가 한 일을 잊어버릴 것이고, 결국 자기가 받은 처벌을 그저 억울하게만 여길 것이기 때문이다. 인간 역시 자신의 유죄와 무죄를 따지는 방법을 알고는 있지만, 여기서는 자기가 가한 상처가 아니라 오히려 자기가 받는 상처가 척도 노릇을 한다. 내가 국가사회주의자 친구들을 데리고 제아무리 멀리까지 역사를 거슬러 올라가더라도, 그들은 십중팔구 자기의, 또는 자기 조국의 고난을 소재로 역사를 쓰기 시작하려 들 것이다. 내가 1939년에 관해 이야기하면, 그들은 1945년에 관해 이야기했다. 내가 1914년에 관해 이야기하면, 그들은 1918년에 관해 이야기했다. 내가 1871년에 관해 이야기하면, 그들은 1809년에 관해 이야기했다.[60] 대학 교육을 받은 미국인으로서 나는 제1차 세계대전 이후에 독일의 피해 보상금 지불을 위한 '도스 계획'이란 것이 있었음을, 그리고 그 지불로 인한 부담을 줄여주기 위해 장기 할부를 가능하게 만든 '영 계획'이란 것이 있었음을 알았다.[61] 하지만 내가 만난 열 명의 친구들 (그들 중 다섯 명은 초등학교

6년 이후로는 학교에 다닌 적이 없었다) 가운데 일곱 명은 그 '영 계획' 때문에 피해 보상금 지불이 1988년까지 계속되리라는 사실만 알고 있었다. "그때가 되면." 경찰관 호프마이스터가 말했다. "제 아들놈은 나이가 여든이나 되어 있을 겁니다."

　나의 동료 미국인들은 독일인들의 이런 자기 연민에 질색했다. "그 사람들이 어떤지, 제가 한마디로 말씀드리죠." 점령지 분견대의 장교 한 사람이 이렇게 말했다. "그들은 개하고 똑같아요. 만약 당신이 그들을 걷어차지 않는다면, 그들이 당신을 물 겁니다. 만약 당신이 그들을 걷어찬다면, 그들은 칭얼거리며 울 거예요." 미군 점령지 분견대의 한 판사는 근무지를 옮기려고 노력 중이었다. "워낙 그렇거든요." 그의 말이었다. "그래서 지금은 독일인 한 사람이 칭얼거리기 시작하면, 저는 곧 상대방이 유죄임을 알 수 있겠다고 짐작하죠. 그들은 하나같이 칭얼거려요. 그들은 하나같이 불운에 관한 사연을 갖고 있죠. 음, 그들이야 '물론' 불운을 겪은 바 있죠. 하지만 그들은 애초에 다른 사람들에게 그보다 더한 불운을 많이 안겼다구요. 물론 그들은 그런 사실을 잊어버렸죠."

　그런데 이 판사는 전혀 동등하지 않은 것들을 동등하게 여기는 오류를 범한 셈이다. 왜냐하면 독일인이 얻은 불운은 '그들 자신'이 자초한 것이었던 반면, 독일인이 가한 불운은 다른 누군가가, 그것도 독일인과는 일면

---

60. 즉 저자는 프로이센-프랑스 전쟁(1870~1871)과 제1차 세계대전(1914~1918)과 제2차 세계대전(1939~1945)을 독일이 먼저 '시작했다'는 사실을 지적하지만, 그가 만난 나치들은 이들 전쟁 모두에서 독일이 패배하여 '고통 받았다'는 사실만을 지적했다는 뜻이다. 맨 마지막의 1809년은 아마도 나폴레옹 전쟁(1803~1815) 가운데 하나인 프로이센-프랑스의 전쟁(1806~1808)에서 프로이센이 굴욕적으로 패배하여 나폴레옹이 이끄는 프랑스군이 베를린에 입성했던 사건, 또는 그 이후의 사건들을 가리키는 것으로 보인다.
61. 미국의 기업가 겸 외교관 오언 영(1874~1962)이 제안한 '영 계획'(1929)은 제1차 세계대전 직후 독일의 배상을 규정한 '도스 계획'(1924)의 후속 조치로서, 독일의 악화된 경제 상황을 고려해 배상액과 경제 제재를 경감하는 것이 내용이다.

식도 없는 다른 누군가가 겪었기 때문이다. 담 씨는 자기 경력과 자기 집과 자기 재산을 잃고 지금은 비공인 노동자로서 매달 47달러밖에 못 벌었다. 그는 과거에 자기가 저지른 유대인에 대한 보이콧과, 현재에 자기 아이들이 겪는 영양실조 사이에 상응 관계가 있음을 깨닫지 못했다. 그는 '자신의' 합법적 행동에서 비롯된 궁극적 결과 때문에 학살당한 유대인들을 보지 못했다. 그리고 다른 모든 사람들과 마찬가지로 담 씨는 정부 수반이었던 히틀러로부터 유대인을 보이콧하라는 명령을 받았다(물론 히틀러는 이 명령에서 예외였으니, 그는 독일 민족으로부터 명령을 받았기 때문이었다).

나는 크로넨베르크 유대교 회당의 화재에서 재단사 슈벵케가 가담했음을, 그것도 기꺼이 가담했음을 확신한다. 어쩌면 '그가' 범죄 현장을 목격했을지도 모른다는 점을 고려해보라(물론 그는 그렇지 않다고 부인했지만). 그는 극도의 불운에 의해 분노를 품은 사람이었으며, 그 불운에서는 '유대인들'이 중심적인 역할을 담당했다. 게다가 그는 이런 식으로 분노를 품은 수많은 사람들 가운데 겨우 한 명일 뿐이다. 심지어 그는 지도자가 아니라 추종자일 뿐이었다. 아울러 그는 나치 독일의 애국자였다. 그리고 희생된 것은 사람이 아니라 건물 한 채에 불과하지 않았던가. 이런 식으로 핑계는 계속되었다. 그가 받은 손해란 (이에 대해서는 그도 시인했는데) 생애의 후반에 가서 3년간의 징역을 살게 된 것, 그리고 자기 직업, 자기 건강, 자기 집, 자기 재산, 그리고 굶어죽지 않도록 넉넉히 돈을 벌 기회를 놓친 것뿐이었다. 결국 정의는 나치의 흉악 범죄를 이끌어낸 정신을 응징하지 못했다. 하긴 어떻게 그게 가능했겠는가? 다만 슈벵케 씨 하나만을 (적어도 본인이 보기에는 그러했다) 끔찍한 복수로 응징했을 뿐이다.

나의 친구들은 열 명 모두 각자의 곤란을 이야기하며 칭얼거리고, 칭얼거리고, 또 칭얼거렸다. 나는 미국과 관련된 이들의 불평에 대해서는 공감했다. 크로넨베르크의 제화공 중에는 철학자라는 평판을 듣는 (실제로도 충분히 그럴 만한) 사람이 하나 있었는데, 그는 이렇게 말했다. "당신네가 오기 직전에 저는 취리히에서 열린 독일과 스위스의 축구 경기를 라디오 중계로 듣고 있었습니다. 마침 스위스가 우리한테 지고 있었고, 경기가 거의 끝나가던 참이었습니다. 그런데 갑자기 스위스 아나운서가 목소리를 높이며 말하더군요. '상대편 팀에 파울이 선언되었습니다.' 그러면서 계속 중계를 하더군요. 하지만 만약 상황이 반대였다면, 즉 그 경기가 독일에서 열렸다면 어떻게 되었을지 아십니까? 우리 독일의 아나운서는 이렇게 외쳤을 겁니다. "스위스 팀에 '또다시' 파울이 선언됩니다!" 그러면서 그는 '스위스' 라는 뜻의 독일어 '슈바이처(Schweitzer)' 를 마치 '돼지' 라는 뜻의 독일어 '슈바인(Schwein)' 과 비슷하게 발음했을 겁니다. 심지어 파울을 범한 선수의 이름을 거명하고, 이후로도 계속해서 그 이름을 들먹였을 겁니다. '저 발츠라는 선수가 아까 파울을 범한 바로 그 발츠인데……' 어쩌구 하면서요. 이해하시겠습니까? 그게 바로 우리의 문제입니다."

독일에서는 전쟁이 일종의 스포츠처럼 보였지만 (물론 전적으로 자기들끼리만 하는 스포츠는 아니었지만) 정작 독일인은 그 스포츠를 아주 잘하지는 못했던 것처럼 보였다. 빵집 주인 베데킨트는 고대 로마인에 관한 책을 읽은 적도 없었지만, 정작 독일인에 관해서는 똑같은 점을 지적하며 이렇게 말했다. "처칠은 영국인에게 '피와 눈물' 을 약속했고, 그것도 '전쟁이 시작되자마자' 그렇게 약속했습니다. 하지만 독일에서는 그런 말을 전혀 들을 수가 없습니다. 설령 들었다 해도 맨 마지막에 가서야 듣게 되고, 그때가 되어서도 당신은 우리가 여전히 칭얼대는 소리를 듣게 될 겁니다. 아시다시피 우리는 모든 전투에서 승리했습니다. 다만 전쟁에서 진 것뿐이죠. 우리는 훌륭한 패배자까지는 아닙니다. 저는 당신네에 대해서는 모릅니다.

당신네는 한 번도 패배한 적이 없죠, 안 그렇습니까?"

미국인들은 독일인들이 겪는 곤란을 겪어본 적이 없는데, 이것은 어디까지나 행복한 우연 때문이었을 것이다. 즉 우리가 독일인들이 저질렀던 것만큼 다른 국가에 말썽을 일으킨 적은 없었기 때문일 것이다. 미국인들은 상처를 입은 적도 없었고, 따라서 상처를 입은 기분을 느낀 적도 없었다. 설령 상처를 입었다 하더라도, 미국인은 그 성격상 칭얼거리지는 않았다. 이 모든 칭얼거림에는 뭔가 어울리지 않아 보이는 유치함이 있었는데, 그들이 스스로를 '작다'고 바라본다는 사실에도 불구하고 이런 유치함은 경감되지 않았다. 미국인도 무기력한 상태가 될 수는 있겠지만, 그래도 본인은 그걸 모를 것이다. 영국인의 굳은 윗입술은 그 나라 특유의 겉치레하는 태도일지 모르지만, 그는 계속 그런 태도를 유지한다. 반면 이 독일인들은 다른 누군가로부터 공격하라는 지시를 받자(또는 공격하지 말라는 지시를 받지 못하자) 기꺼이 공격을 가했으며, 그 때문에 다른 누군가로부터 반격을 받자 기분이 상한 것이다. 독일은 다른 어떤 민족보다도 더 열렬하게 희생과 인내를 독려하지만, 기묘하게도 큰 성공은 거두지 못했다.

내가 만난 나치 친구들은 자기 자신을 딱하게 여겼는데, 왜냐하면 자기가 부당하게 상처를 입었다고 생각했기 때문이다. 그리고 그들은 실제로도 부당하게 상처를 입은 면이 없지는 않았다. 왜냐하면 세상을 살다 보면 누구나 그렇기 때문이다. 그리고 실제로도 독일에서는 20세기의 다른 전쟁들에 비하자면 상궤를 벗어난 정도의 부당한 피해, 즉 가해한 것보다도 더 큰 피해가 훨씬 더 많이 누적되었던 것도 사실로 보인다. 따라서 독일인들은 칭얼거리는 것이다. 하지만 내게 이렇게 말한 여성도 있었다. "그건 저 자신의 잘못이에요. 제가 좀 더 용기가 있었어야 했는데." 어떤 남성은 이렇게 말했다. "제가 좀 더 남자답게 굴어서 애초에 '아니다'라고 말했어야 했습니다." 그런가 하면 1944년의 성공하지 못한 '봉기' 직후, 처형대에서서 고해 신부에게 다음과 같이 말한 성직자도 있었다.[62] "잠시 후면 말입니다, 신부님. 제가 당신보다는 아는 게 더 많아질 겁니다." 이들 역시 모두 독일인들이었다.

독일인이기 때문에 칭얼거리기가 더 쉬워질 수야 있겠지만, 독일인이기 때문에 칭얼거리기가 불가피했던 것만은 아니다. 히틀러의 '독일 기독교인'에 대항했던 '교회 내의 교회'였던 독일 고백교회에서는 1945년 10월에 "슈투트가르트 사죄 고백"을 발표했다.[63] "우리는 민족과 함께 거대한 고통을 느끼는 한편으로 거대한 유죄에 대해 연대책임을 느끼고 있다. 우리는 크나큰 고통을 무릅쓰고, 우리 때문에 다른 많은 민족과 국가에 극심한 고통이 가해졌음을 말하고자 한다. 우리는 이를 종종 회중 앞에서 증언하였으며, 이제 온 교회의 이름으로 선포하는 바다. 진실로 우리는 여러 해 동안이나 국가사회주의라는 폭력 정권으로 끔찍스럽게 나타난 영(靈)에 대항하여 예수 그리스도의 이름으로 싸웠으나, 우리는 좀 더 용감하게 증언하지 못한 것에 대해 우리 자신을 고발하는 바다……." 이것 역시 독일인의 말이다.

한편으로는 악행자를 처벌하면서도, 또 한편으로는 패배자에게 상처를 주지 않으려는 뉘른베르크의 사법적 시도는 성공할 가능성이 충분하지 않았다. 왜냐하면 처벌과 상처가 똑같은 것으로 나타났고, 패배자가 악행자와 똑같았기 때문이다. 내가 만난 열 명의 친구들을 향해 '그들'이 바로 악행자임을 납득시키려는 시도는 이보다도 더 성공할 가능성이 없었다. 지

---

62. 알프레트 델프(1907~1945)는 독일의 예수회 사제로, 1944년의 히틀러 암살 계획에 관여했다가 체포되어 이듬해에 처형되었다.
63. '독일 복음교회 위원회(EKD)'에서 1945년 10월 19일에 발표한 선언문에는 나치와 제3제국에 제대로 저항하지 못한 자신들의 무능을 시인하며 사죄하는 내용이 담겨 있었다.

금 와서 돌이켜보면, 다른 어느 나라에서보다도 유독 독일에서 그나마 성공적으로 이루어졌을 만한 아주 희박한 한 가지 가능성이 있기는 했다. 즉 '게르만 정신'에 대한 독일인들의 애착을 이용하는 방법인데, 바로 이 정신이 좋은 것이기는커녕 오히려 사악한 것임을 그들에게 납득시키는 방법이다. 이 방법을 어떻게 실현할 수 있는지는 물론 나도 모른다. 하지만 이들을 거칠게 다룬다고 그게 가능하지는 않을 것이 분명하다. 일찍이 나치도 유대인에게 똑같은 방법을 이용했지만, 결국 그들에게 아무것도 납득시키지 못했기 때문이다.

12장 주권자 국민이 익숙치 않은 독일

제국의 범죄에 대해 당신들은 유죄라고 독일인 전체를 납득시키려 시도하는 과정에는 특별한 어려움이 있다. 독일 민족은 이제껏 단 한 번도 하나의 개인으로서 자기네 정부에 대한 주권의 책임을 인정한 적이 없었기 때문이다. 자치적인 성향의 미국인은 자국 정부를 단지 자신의 대리인으로만, 즉 자기 손안에 있는 살아 있는 도구로만 간주한다. 따라서 정부가 자기 목적과 맞지 않는다면, 미국인은 기존 정부를 버리고 새로운 정부를 시험한다. 유권자인 미국인이 국가를 구성하는 것이다. 하지만 내가 만난 나치 친구들과 비나치 친구들은 정부에 대한 이런 관점을 (즉 사회에서 지속되는 사실인 '국민의 뜻'이 어떤 수단에 의해 대표되는데, 그 수단은 오늘 여기 있다가도 내일 사라져버릴 수 있다는 관점을) 한마디로 이해하지 못했다. 정부는 반드시 '체현되어야' 했다. 그런데 정부가 법률 속에 체현되었다고 말하는 것이야말로 이들의 관점에서는 지나치게 까다로운 표현이다. 왜냐하면 법률은 인간이 제정하기 때문이다. 나치는 심지어 바이마르 헌법을 굳이 폐지하려는 시도조차 하지 않았다.

영국의 입헌군주제를 예로 들어보자. 이것이야말로 내 친구들이 한 번도 가져본 적이 없는 것이기는 했지만, 내 친구들도 무지막지 애를 쓰고 나면 이를 이해할 수는 있을 것이다. 반면 우리 미국의 입헌 민주주의의 경우, 내 친구들은 이를 결코 이해하지 못할 것이다. 이렇게 말해놓고 보니, 마치 내 친구들이 전제정치를 원했다는 말처럼 들릴지도 모른다. 하지만 여기서 말하는 전제정치가 단순히 '지배자의 압제'가 아니라 오히려 '지배자의 독립적인 지배권'일 경우, 내 친구들은 실제로 전제정치를 원한 셈이 된다.

이는 전체주의를 의미하는 것도 아니다. 즉 반대가 전혀 없어야 한다는 의미도 아니었다. 다만 이는 설령 반대가 있다 하더라도, 전반적인 정책의 층위 아래에 있는 문제만으로 한정되어야 한다는 의미였다. 비스마르크는 제국의회의 '조언' 없이 통치하지는 않았다. 다만 그는 제국의회의 '동의' 없이 통치했으며, 훗날 황제는 역시나 비스마르크의 '동의' 없이 통치하기로 선택했다. 오스트리아-헝가리 제국의 마지막 황제이며, 새하얀 구레나룻으로 유명한 프란츠 요제프에 관해서는 다음과 같은 이야기가 전해진다. 한번은 그가 야당 대표단을 맞이하여 요청을 듣고 난 다음, 수상을 돌아보며 이렇게 말했다는 것이다. "이들은 야당이 아니오. 그저 '당파적인' 반대당일 뿐이오!" 지금 와서 생각해보면 내 친구인 경찰관 빌리 호프마이스터는 프란츠 요제프와 외모가 흡사했는데, 그의 말에 따르면 독일 경찰관들은 자기 안전이 극도로 위험에 처했을 때를 제외하면 권총을 사용하는 법이 결코 없었다고 한다. "그러면 예를 들어서요." 내가 말했다. "당신이 어느 자동차에 정지 명령을 내렸는데, 자동차가 정지하지 않았다고 치죠. 그러면 당신은 총을 쏘지 않을 겁니까?" "우리는 총을 쏘지 않을 겁니다." 그의 대답이었다. "하지만 우리가 자동차를 향해 정지 명령을 내리면 자동차는 항상 섭니다." 이러니 반대가 가능하겠는가.

독일 사회민주당의 역사는 시사하는 바가 크다. 1890년에 황제는 (비스마르크가 총리직에서 물러난 뒤였기 때문에) 반사회주의법이 소멸하게 내버려 두었다. 사회민주당은 법적 지위를 얻은 지 불과 한 세대 만에 혁명 지하조직에서 정당으로 변신했다. 물론 개혁 성향이었고 심지어 급진적으로 개혁 성향이기는 했지만, 영국이나 심지어 오스트리아의 유사한 정당만큼은 아니었다. 즉 정부의 기반 그 자체를 바꿔놓기 위한 자체적이고 독립적인 강령을 갖고 있는 야당까지는 아니었다는 것이다.

1914년에 사회주의자들은 전쟁 원조를 바라는 황제의 요구를 지지하여, 독일은 어디까지나 방어전을 수행한다고 선언했다. "위험에 처했을 때, 우리는 곤경에 빠진 조국을 버리지 않을 것이다." 그로부터 한 세대 뒤에, 그러니까 자기네 조국이 곤경에 빠진 뒤에, 이 정당은 아데나워 정부의 반사회주의 연합보다 오히려 더 민족주의적 성향이 되었다. "사회주의자가 그 반대자들보다 덜 민족주의적이라는 이유로 체포되는 일은 두 번 다시 없을 것이다." 사회주의자 지도자인 슈마허의 말이다.[64] 그런데 이들로 말하자면, 이전까지만 해도 "인간의 복지와 세계 의회"를 외친 바 있었다.

1918년 이후에 독일의 '불법' 군대가 창설되는 과정에서는 사회주의 지도자 제베링의 동의 하에 제국 전쟁장관의 허가와 지원이 있었으며,[65] 바이마르 말기에 이르러서는 오로지 프로이센 사회주의자 지도자들만이

64. 쿠르트 슈마허(1895~1952)는 독일의 정치인으로, 사회민주주의자였기 때문에 나치 치하에서는 강제수용소에 수감되기도 했다. 전후 서독에서 사회민주당의 당수로 활동하며 콘라트 아데나워와 대립했지만, 극좌와 극우 모두를 지양함으로써 민주주의의 정착에 기여했다.
65. 칼 제베링(1875~1952)은 독일의 정치인으로, 바이마르 공화국 당시에 사회민주당에서 활동했다. 프로이센의 내무부 장관으로 재직하던 시절, 육군 참모총장 한스 폰 젝트(1866~1936)의 제안을 받아들여 폴란드로부터의 공격에 대비한 독일군을 비밀리에 양성하도록 묵인했다. 당시 독일은 '베르사유 조약'에 의거해서 육군과 해군을 각각 1만 명 안팎으로만 보유할 수 있었고, 무기의 종류와 개수에서도 제약을 받았다.

군건히 저항했다. 좌파, 우파, 중도파를 망라한 독일 내의 다른 모든 나치 이전 정당들과 마찬가지로, 사회민주당은 나치와 공산주의자보다 나은 독립적인 대안을 전혀 제공하지 못했다. 반면 나치와 공산주의자는 (정치를 초월한 군주라는 전통에 대한 그 어떤 격세유전적인 추종에도 제약받지 않는) 저마다의 강령에 따라서 지배할 채비가 되어 있었다. "볼셰비키에 관해서라면 이런 이야기를 꼭 해주셔야 합니다." 나치 '광신자' 슈벵케가 말했다. "즉 그들의 '아니오'는 대략 4분의 3쯤은 '그렇소'라는 겁니다."

항상 그랬던 것은 아니었다. 제1차 세계대전 직전까지만 해도, 제국의회의 대의원 가운데 4분의 1은 사회민주주의자였다. 그 당시에만 해도 의회 정부는 부자들의 독무대였는데, 대의원은 봉급을 받지 않았기 때문이다. 게다가 그때는 독일에서 사회민주주의자가 된다는 것이 그로부터 30년 뒤에 미국에서 공산주의자가 되는 것만큼이나 불온한 것으로 간주되었다. 비스마르크 치하에서 그랬던 것처럼, 그때에도 사회민주주의자는 곧 반역자로 낙인 찍혔기 때문에, 미래의 야당은 자기 조국의 성격과 그 정부의 기반을 변화시키기 위해 싸웠다. 이들의 노동자 교육 운동은 우리의 성인 교육 프로그램과는 달리 특정한 사회적 목적을 위한 교육이기는 했지만, 유럽에서도 가장 진보하고 가장 널리 퍼진 운동이었다. 이들의 노동조합이며, 거기 속한 조합원들은 정치적으로 의식이 있고 호전적이었다. 날 때부터 공민권을 갖는 미국의 노동자들과는 달리, 독일을 비롯한 유럽 각국의 모든 노동자들은 저마다 힘겹게 싸워서 공민권을 얻어낼 수밖에 없었다. 이렇게 체면을 차리는 쪽으로 변모하기 직전에, 그러니까 제1차 세계대전이 발발했을 즈음에, 독일 사회민주주의자들은 독일인 전체의 3분의 1쯤에 해당하는 사람들 사이에서 근본적인 변화를 요구하는 힘이었다. 그러나 사회민주주의자들이 1914년에 전쟁을 치르는 정부를 지지함으로써 마침내 얻어낸 바로 그 '체면'이 결국에 가서는 그들의 힘을 죽여버리고, 그들의 흔적을 나치와 공산주의자들에게 남겨주고 말았다.

한 번은 바이마르에서, 한 번은 본에서, 우리 시대에 두 번이나 독일을 이긴 적들은 (내 친구들이 보기에) 독일을 뒤집어엎으려고, 그리고 지배하지 않는 정부를 세우려고 시도했다. 반면 (내 친구들이 보기에) 히틀러는 독일을 똑바로 세웠다. 그는 독립적인 군주였고, 대중의 지지도 받았는데, 그런 지지의 이유 가운데 상당 부분은 바로 그가 독립적인 군주라는 사실에 있었다. 독일인의 생각에는 '이것'이 바로 정부였다.

그 아래를 받치던 버팀목을 빼버린다면, 서독의 본 공화국 역시 바이마르 공화국과 매한가지로 머지않아 무너질 것이다. 그 이유는 독일인이 현 정부를 억압적이라고 생각해서라기보다는, 오히려 현 정부를 '지배가 아니라'고 생각해서다. 수상은 정당 정치인으로서 역시나 자기와 똑같은 정당 정치인들에게 좌지우지 당한다. 정당 정치인들은 자신의 권력, 즉 수상의 권력을 군주에게서 가장 멀리까지 떨어져 있는 그 피조물들(국민)로부터 이끌어낸다. 자기들이 국민에 대해 책임을 지는 정도까지는 말이다. 나의 지인 중에는 비나치인 50세 여성이 하나 있는데, 그녀는 자기가 십대 때의 일을 기억하고 있었다. 즉 그 당시에는 (봉건적인 동부도 아니고, 제국적인 남부도 아니고, 무려 현대적인 베스트팔렌에서조차도) 백작의 마차가 '텅 빈' 상태로 지나갈 때마다 농민이 일일이 모자를 벗으며 절을 했다는 것이다. 경찰관 호프마이스터도 내게 말했다. "모든 상황을 따져 보면, 5,000명에게 저마다 1만 마르크씩의 돈을 내는 것보다는, 차라리 지배하는 법을 아는 한 명에게 2,000만 마르크의 돈을 내는 편이 더 싸죠."

비스마르크 수상은 독일을 지배했다. 그는 '철혈(鐵血) 수상'이었다. 하지만 국왕 겸 황제는 그를 해임할 수 있었고, 실제로도 그를 해임했다.

비스마르크는 의회주의를 증오한 까닭에, 반대급부로 왕권을 강화한 바 있었다. 그래서 국왕 겸 황제는 왕권의 독립성을 이용할 수 있었고 실제로도 이용했기 때문에, 결국 자기가 생각하는 '독일 민족의 이익'을 위해 유럽에 무모한 공격을 감행했던 것이다.[66] 국왕 겸 황제는 틀렸고, 비스마르크는 옳았다. 하지만 독일 민족은 국왕 겸 황제야말로 자기들을 지배하는 것을 업으로 삼은 사람이라고 간주했기 때문에, 그가 싸우라고 명령하자 기꺼이 이에 따랐다. 월계관을 얻은 미국인들은 물론이고, 영국의 계관시인들조차도, 그런 명령은 우리가 따라야 할 이유가 없다고 믿을 (후자의 경우에는 '말할') 것이다. 하지만 내가 만난 나치 친구들은 물론이고, 비나치 친구들조차도 그것이야말로 충분한 이유가 된다고 믿었다. "전쟁은 왕이 시작해도, 죽기는 백성이 죽는다." 그들은, 이 독일인들은, 훌륭한 병사들이었다. 다른 누구도 아닌 비스마르크가 독일인에게 결여되었다고 말한 바로 그것을, 즉 '시민의 용기'를 그들은 실제로 결여하고 있었다. 이것은 인간이 다른 사람들에 의해 통치되게 만들어주는 것도 아니고, 다른 사람들을 통치하게 만들어주는 것도 아니었다. 다만 이것은 인간이 자기 스스로를 통치하게 만들어주는 용기를 말했다.

그렇다고 해서 내가 만난 나치 또는 비나치 친구들이 나쁜 사람들이었다는 뜻은 아니다. 물론 정말로 나쁜 사람들이었을 수도 있지만, 설령 그렇다 하더라도 그건 다른 이유 때문이었을 것이다. 다만 내 말뜻은, 이들의 정치사가 우리의 정치사와는 다르다는 뜻일 뿐이다. 아마 우리의 정치사보다 '뒤처져' 있다고 말해야 마땅할 것이다. 내가 '뒤처져'라는 단어에 따옴표를 단 까닭은, 내 친구들이 자기네 상황을 실제로 그렇게 바라보지는 않

---

66. 독일 황제 빌헬름 2세(1859~1941)는 제위에 오르자마자 수상 비스마르크를 해임했으며, 이후 도발적인 대외정책으로 제1차 세계대전 발발의 빌미를 제공했다.

았기 때문이다. 우리가 연대기적 변화를 곧 진보와 동일시했던 것과는 달리, 이들은 우리만큼 적극적이지 않았다. 그리스인에 관해서 읽어본 적이 없었기 때문에, 이들은 한때 그리스인들이 민주주의에 반대하기 위해 사용했던 논증을 지금까지도 모조리 이용한다. "당신네 정부에서는 말입니다." 논쟁적인 수금원은 이렇게 말했다. 그는 미국에 관해 이야기하기를 원했는데, 그가 미국에 관해 아는 내용이라곤 루크너의 책에서 본 것뿐이었다.[67] "아무도 권위를 갖고 있지 않습니다. 그건 좋은 일이죠, 물론. 그렇게 크고, 부유하고, 텅텅 비어 있는 나라에서는 말입니다. 하지만 긴급상황이 생긴다면 어떻게 할까요. 그러면 당신네는 갑자기 권위를 수립합니다. 당신네는 당신네가 전쟁 시에도 선거를 치른다고 자랑합니다만, 비록 선거를 치르더라도 당신네는 결코 정부를 바꾸지 않습니다. '그러고 나서는' 이렇게 말하는 거죠. '개울 한가운데에서는 말을 바꿔 타지 않는 법이다.' 마침 우리 독일에도 이와 똑같은 속담이 있습니다. 그러면서 당신네는 실제로도 바꾸지 않는 거죠. 이에 비해 우리는 할 수 있는데 안 하는 척을 애초부터 하지 않습니다."

또한 내 말은, 내가 만난 나치 또는 비나치 친구들이 정치의식 없는 사람들이었다는 뜻도 아니다. 오히려 이와는 거리가 멀었다. 그들의 대화는 우리의 대화보다 더 정치적이었으며, 그들은 쇼펜하우어가 '짐승 같은 진지함(tierischer Ernst)'이라고 부른 태도로 자기네 정치를 대했다. 우리의 언론과 비교했을 때, 독일의 언론은 훨씬 더 많은 지면을 정치에 할당하며, 그 정치 논의 가운데 많은 부분을 인물보다는 오히려 쟁점에 할당한다. 우

---

67. 펠릭스 폰 루크너(1881~1966)는 독일의 군인으로 제1차 세계대전 당시에 해군에서의 활약으로 전쟁 영웅 대접을 받았다. 전후인 1920년대 후반에는 미국을 방문하고 돌아와 간행한 여행기의 저자로도 큰 인기를 끌었다.

리가 나눈 첫 번째 대화에서부터 나의 친구들은 자기 자신에 관해 이야기하기보다 오히려 베르사유나 폴란드 회랑[68]에 관해 이야기하기를 더 선호했다. 이에 나는 그들이 자기네 죄의식으로부터 도망쳤다고 생각했다. 하지만 이런 내 생각은 틀린 것이었다. 그들은 자기들이 한 일을 중요하다고 간주하지 않았으며, 그보다는 차라리 베르사유나 폴란드 회랑처럼 '진짜로' 중요한 일에 더 관심이 있었다.

내가 만난 독일인 친구들이 비정치적이었다고 말한다면, 그리고 더 이상 아무 말도 하지 않는다면, 그건 그들을 모욕하는 셈이 될 것이다. 거의 모든 유럽 국가가 그렇듯이, 독일에서도 정치 모임, 정치 토론회, 지방선거와 총선거에 참여하는 사람의 비율이 미국과 비교해서도 훨씬 더 많았다. 독일인이 미국인과 대조적으로 비정치적인 부분은 그보다 더 깊은 층위에서다. 즉 미국인과 영국인, 프랑스인, 스칸디나비아인, 스위스인이 보유한 '정치권력에 대한 감각'에서 보았을 때, 독일인은 습성적으로 결함이 있다. 독일인은 국가가 상당한 위엄과 장대함을 가졌다고 보는 반면, 정작 본인은 상당히 미미하다고 보기 때문에, 국가의 실제 운영에 자기 자신을 결부시키지 못한다.

하지만 내가 만난 나치 친구들 가운데 한 명이 이와 관련된 요점을 지적했다. 그는 자기 동포들을 옹호하는 한편, 비록 나머지 유럽인에 대해서는 반대하는 것은 아니지만 최소한 미국인에 대해서는 반대하고 있었다. "우리의 상황은 당신네 상황과 다릅니다. 이는 도시의 생활이 시골의 생활과 다른 것과 매한가지입니다. 우리의 상황은 극도로 복잡하고 어렵고, 정교

---

68. 폴란드 북부에서 발트해와 접한 길고 좁은 영토를 말하며 '폴란드가 바다로 접근하는 통로'라는 의미다. 원래는 독일의 영토였지만 제1차 세계대전의 결과로 폴란드가 차지하게 되었으며, 1938년에 히틀러가 폴란드를 침공하는 빌미로 사용되기도 했다.

하다고 할 수 있는 반면, 당신네 상황은 최소한 아주 최근까지는 그 명료성과 단순성에서 거의 목가적이고, 원시적이었습니다. 당신네가 당신네 상황을 즉각 이해할 수 있는 것과는 달리, 우리는 우리의 상황을 그보다는 덜 즉각적으로 이해할 수 있습니다. 따라서 우리네 '일반 시민'은 당신네 '일반 시민'에 비해서 이 문제를 다루는 데에 자기들이 더 부적합하다고 느끼는 겁니다." 하지만 이처럼 비정치적인 독일인은 (더 정확하게 말해서 정치적으로 자신감 없는 독일인은) 자기 일에만 신경 쓰고, 그 자기 일이라는 것도 자기 '파흐(Fach)'[69]에만 국한시켰다. 이러한 경향은 사업과 산업과 금융에서는 물론이고, 나아가 교육과 교회와 언론에서도, 심지어 재봉과 제빵업과 목공에서도 일반적이었다.

독일의 대학마다 콩고의 아루위미 강 유역의 피그미 아카 족에 관한 전문가들이 득실거렸지만, 이들은 속세와 동떨어진 층위 이외의 정치적 사고와는 완전히 담을 쌓고 있었다. 헤센 주 전체에서 정치학 강의는 단 하나도 찾아볼 수 없었다. 독일의 대학들은 신학으로 처음 시작되었으며, 독일 신학은 성찬식을 놓고 루터와 멜란히톤과 츠빙글리 간에 벌어진 거대한 논쟁으로 처음 시작되었다. 애초에 이 논쟁은 예수가 남긴 '이것은 내 몸이니(Hoc est corpus meum)'라는 말의 문자적 의미에 대한 루터의 집착 때문에 발생했는데, 그는 마르부르크에 있는 탁자에 이 말을 큼지막이 적어 놓았다. 독일 교회는 이 세상에서 벗어나 있었다. 사회적 복음은 독일의 설교에 들어서지 못했다. 그리고 설교는 엄격하게 신학과 분리되어 있었다. 그리고 예언은 양쪽 모두와 엄격하게 분리되어 있었다.

교회나 대학과는 달리 언론은 국가기관이 아니었지만, 탄압할 수 있는

---

69. 이 독일어 단어는 '신발장 같은 좁은 칸'과 '전문 분야' 모두를 의미한다.

권리가 단 한 번도 전복되지 않았던 나라이다 보니 조심스럽고도 둔감한 것이 마치 특징처럼 되어 있었다. 《프랑크푸르터 차이퉁》은 I. G. 파르벤 트러스트에 인수되기 전까지만 해도, 문화에 대한 관심이 대단했던 매우 보수적인 신문이었지만, 지방 언론은 심지어 문화에 대한 관심조차도 결여한 상태였다. 노동조합이 주로 사회민주주의 성향이었다는 사실은 독일 노동자의 범위에 대해 아무것도 말해주지 않는다. 미국 내에서도 더 악명이 높은 노조들 가운데 일부와 마찬가지로, 지도부의 성향은 노조원의 성향과 별개이게 마련이다. 독일에서는 파업이 투표로 결정되지 않고 그냥 선언되었다. '훌륭한 시민들'이자 사회민주주의자였던 노동자들은 거의 아무런 저항도 없이 나치의 '노동전선'에 흡수되었다. 궁정 고문관을 통해서 공공 정책에 영향력을 행사해온 거대 사업, 산업, 금융 연합체를 제외하면, '제국(Kaiserreich)'의 사업주 역시 자기 밑에서 일하는 노동자와 매한가지로 정치적으로 살아 있지 않았다. 나치즘을 야기한 원인이 무엇이었느냐는 질문에, 히틀러 이전 시대 프로이센의 각료 가운데 하나였던 사람은 이렇게 말했다. "나치즘을 야기한 원인은 베를린의 어느 클럽 회원이었습니다. 1930년에 나치의 위협에 관해 질문을 받자, 그는 점심을 먹고 시작한 카드놀이를 하다 말고 고개를 들더니 이렇게 대답했습니다. '그야 정부가 알아서 할 문제죠.'"

만약 여러분이 미국인과 논쟁을 벌인다면, 여러분은 예의를 지켜 가면서 이렇게 말할 것이다. "좋습니다. 그럼 만약 '당신이' 대통령이라면, '당신은' 어떻게 하시겠습니까?" 하지만 내가 만난 나치 친구들에게는 만약 '당신이' 총통이라면 또는 황제라면 '당신은' 어떻게 할 것인지를 물어볼 수가 없었다. 시민이 실제로 국가 수반이 된다는 개념이야말로 내 친구들에게는 아무런 현실성이 없었다. 하지만 왜 그렇단 말인가? 히틀러는 실제로 국가 수반이 되지 않았던가? "전혀 말도 안 됩니다." 수금원 지몬 씨는 이렇게 말하고 나서, 그 합법성 문제에 관해 나를 깨우쳐주었다. 즉 히틀러는 어디까지나 국가 수반으로부터 '지명된' 인물이라는 것이다. 진정한 독일의 지배자는 바로 군주였다. 초대 독일 대통령인 에베르트만 해도 국민에 의해 선출되지 않았으며,[70] 2대 겸 마지막 대통령인 힌덴부르크 역시 실제로는 선출된 것이 아니라, 독일 국민에 의해 군주제의 관리인으로서 '선택된' 것이었다. 현재를 마음에 들어 하지 않고 미래도 가망이 없다고 생각하는 사람들이 누구나 그렇듯이, 내 친구들도 항상 뒤를 돌아보았다. 뒤를 돌아보면, 이들은 자신들이 독립적인 군주의 지배를 받았으며, 그것도 훌륭하게 지배를 받았음을 볼 수 있었다. 하다못해 외관상의 자치에 대한 이들의 경험으로만 보면, 아직까지 이들은 자치를 할 의향이 생기지 않았다.

시민이야말로 사실상 국가 수반이라는 개념조차도, 이들의 눈에는 마치 자기모순에 불과한 것처럼 보였다. 나는 미리 준비한 강연문을 나의 친구들 가운데 세 명에게 읽어주었는데, 그 내용 중에는 나 자신이 미국에서도 최고위의 공직자, 즉 시민이라는 공직을 맡은 사람이라는 주장이 들어 있었다. 이때 나는 '국민(Staatsbürger)'이라는 단어를 사용했다. 그러자 세 명 모두 한목소리로 말했다. "하지만 그건 공직이 아니잖아요." 예상대로였다. "하지만 미국에서는 이거야말로 최고위의 공직이라구요." 내가 말했다. "시민이 바로 주권자[군주]라니까요. 그러면 제가 '주권자 국민(souveräner Staatsbürger)'이라고 말하면 좀 더 명료해질까요?"

"더 명료해지기야 하겠죠, 물론." 은행원 케슬러 씨가 말했다. "대신 더 틀리기도 할 거예요, 제가 굳이 말씀드리자면 말이에요, 교수님. 그 두

70. 프리드리히 에베르트(1871~1925)는 사회민주당 소속의 정치인으로, 1919년에 의회에 의해 초대 독일 대통령으로 선출되어 사망 때까지 재직했다.

단어를 같이 쓰지는 않거든요. 그런 발상은 독일인의 발상이 아니에요. 그건 지금 시민이 곧 지배자라고 말하잖아요. 하지만 이 나라에는 수백만 명의 시민이 있으므로 결국 무정부 상태가 초래될 거예요. 그렇게 되면 지배라곤 있을 수 없을 거예요. 국가에는 한 명의 수반이 필요한 거예요. 100만 명, 또는 5,000만 명, 또는 1억 명의 수반까지는 아니라구요. 만약 당신이 말한 '주권자 시민' 가운데 한 명이 어떤 법률을 싫어한다고 치면, 당신은 그 사람이 그 법률을 위반하도록 허락할 건가요? 그렇지 않다고 치면, 당신이 말한 '주권자 시민'은 단지 신화에 불과할 뿐이고, 당신도 우리와 마찬가지로 진짜 지배자에 의해 지배될 뿐이에요. 하지만 당신의 이론은 그렇다는 걸 시인하지 않는 거죠."

"우리는 미국에 관해 많은 이야기를 들었습니다." 경찰관 호프마이스터가 말했다. "단지 지금에 와서만이 아니라, 평생에 걸쳐서 많은 이야기를 들었어요. 왜냐하면 우리 중에는 친척이 거기로 이민 간 사람이 많았기 때문이죠. 오늘날의 독일에서 우리는 이렇게 말합니다. '군주제 아니면 무정부 상태다(Monarchie oder Anarchie).' 둘 중 하나일 뿐이고, 그 사이에는 아무것도 없습니다. 그런데 '무정부 상태'는 곧 폭도의 지배란 말이죠. 우리는 당신네 미국의 도시를 갱단이 지배한다는 이야기를 들었습니다. 갱단과 공모하는 부정직한 정치인들이 있어서 국민의 돈을 착복하는 대신에, 국민에게는 허술한 서비스며 상태 나쁜 도로나 제공하고, 상태 좋은 도로나 상태 좋은 하수도를 제공할 때는 항상 요금을 부과한다는 이야기였죠. 이곳 독일에 사는 우리에게는 처음 듣는 이야기였습니다. 황제 시절에도 그랬고, 히틀러 시절에도 그랬죠. 당신네 현실이야말로 '무정부 상태'의 일종입니다. 어쩌면 폭도의 지배까지는 아니더라도, 그와 비슷한 뭔가이겠지요."

"당신은 이렇게 생각하시겠지요." 지몬 씨가 말했다. 그는 나를 항상 깍듯이 '교수님'이라고 부르지는 않았다. "그러니까 이 세상에는 오로지 한 가지 종류의 독재정치만 있다고, 즉 우리가 이곳에서 겪은 종류만 있다고 말입니다. 하지만 당신네도 어쩌면 당신네 국민 중에서도 최고의 사람들에 의해서가 아니라, 오히려 모두에 의해서, 또는 다수에 의해서 이루어지는 독재를 갖고 있을지도 모릅니다. 그것도 가능하지 않겠습니까?"

"어쩌면 그럴 수도 있겠죠." 내가 말했다. "하지만 그렇다고 믿기는 힘들군요. 저는 국가사회주의 내부에 그런 모습 가운데 일부가, 즉 다수에 의한 독재가 있었다고 말해야겠습니다."

"그렇습니다." 지몬 씨가 말했다. "하지만 당신네 미국에 있는 법률, 그러니까 술 마시는 것을 금지하는 법률[71]은 어떻습니까? 그것도 다수의 독재가 아니었나요?"

나는 설명했고 우리는 계속 이야기를 나누었지만, 내 친구들은 계속해서 반박을 시도했다. 예를 들어 일종의 합법적인 폭도의 지배가 있었기 때문에 결국 테네시 주에서는 진화론을 가르치지 못하게 하지 않았던가. 캘리포니아 주에서는 결국 유네스코(UNESCO)에서 선언된 것과 같은 국제주의를 가르치지 못하게 하지 않았던가. 내가 만난 나치 친구 지몬은 자유의 철학자인 존 스튜어트 밀이 '다수의 폭정'에 관해 우려했다는 사실을 들어본 적이 없었다. 또는 알렉산더 해밀턴의 다음과 같이 어마어마한 한마디도 들어본 적이 없었다. "당신의 국민은, 선생, 거대한 야수입니다."[72]

내 생각에, 내 친구들을 무책임하다고 말하는 것은 불공정할 것 같다.

71. 미국에서 1919년 제정된 금주법.
72. 미국 건국의 기틀을 닦은 정치가 가운데 한 명인 알렉산더 해밀턴(1757~1804)은 민주주의에 대해 부정적인 시각을 갖고 있었는데, 언젠가 국민(민중)의 밝은 미래를 과도하게 예찬하는 누군가의 장광설을 듣다 못해 탁자를 내리치며 이렇게 소리쳤다고 전한다.

그러니 나로선 그런 무책임은 곧 도덕적 실패이며, 이는 적어도 부분적으로는 엄연한 역사적 사실인 비(非)책임의 결과일 수도 있다고 한마디 덧붙여야 하겠다. '양심을 떠올릴 수 없는' 것과 '양심이 없는 것'은 전혀 다른 이야기다. 독일인의 행동에서 양심이 없는 패턴의 모범은 바로 예나 지금이나 공무원인데, 심지어 호경기에 일자리를 잃어도 전망이 끔찍한 세계에서는 공무원의 안정성과 지위야말로 '작은 자'의 꿈이 아닐 수 없다. 독일 공무원의 위신은 동전의 한쪽 면에 불과하다. 그리고 아무것도 듣지 않고, 아무것도 보지 않고, 아무것도 말하지 않는 불성실한 시민들로 이루어진 양심이 없는 무리 전체의 훈련과 승진은 동전의 또 다른 한쪽 면이다. '공무원(Beamte)'의 견습 생활은 힘들고도 길며, 자기 임무를 마지못해서 수행하거나 딱딱거리며 수행하는 사람은 결코 인정을 받지 못한다. 그런 사람은 계속해서 '직원(Angestellte)'으로 남는다. 독일의 은행 직원들은 '공무원들(Beamten)'이 아닌데도 굳이 스스로를 '은행공무원들(Bankbeamten)'이라고 부른다. 이는 단지 각자의 작은 자부심을 드높이기 위해서다.

이 거대한 계급제도는 책임을 전가하는 본능을 놀라우리만치 많이 양성했다. 이 제도는 맹목적 예속에 근거하는데, 이때 세 번째 층에 속한 사람은 자기보다 위에 있는 두 번째 층에 속한 사람이 자기한테 뭔가 잘못된 일을 시킬 것이라고는 차마 상상도 하지 못한다. 왜냐하면 어쨌거나 두 번째 층에 속한 사람도 첫 번째 층에 속한 사람에게 반드시 대답해야 하기 때문이다. "예를 들어서 말입니다.""게르만족 치고는" 놀라울 정도의 유머 감각을 지녔던 나의 친구 가운데 한 명은 이렇게 말했다. "당신이 우체부한테 이렇게 물어본다고 치죠. '댁이 생각하기에는 내일 비가 올 것 같으냐'고 말이에요. 그런데 내일 마침 공산당의 거리 행진이 있을 예정이고, 공산당은 불법이라고 해보죠. 그러면 그는 잠시 실례한다면서 그 자리를 떠난 다음, 자기가 이 질문에 대답해도 되는지를 직속상관에게 물어보러 갈 거고, 그의 상관은 이 문제를 또다시 자기 직속상관에게 물어보러 갈 겁니다. 그러다 보면, 독립적이고 도덕적인 책임감이 워낙 강한 어느 공직자의 귀에까지 이 질문이 도달하는데, 그는 결국 자기 직속상관에게 또다시 물어보는 대신에 이 질문을 그냥 무시하기로 결심하는 겁니다. 그리하여 우체부가 당신에게 '그 문제에 대해서라면 저는 어떤 대답을 내놓을 처지도 못됩니다'라고 답변을 내놓았을 즈음, 시간은 이미 내일도 지나고 벌써 모레가 되어 있는 거죠."

이런 방식으로 살아가는 법을 터득한 사람이라면, 거기에 익숙해지다 못해 오히려 좋아하기까지 한다. 이것은 효과가 있는 방식이기도 하다. 훌륭한 규율은 최소한 제한된 범위 내에서는 훌륭한 자기수양[자제] 같은 효과를 발휘하기 때문이다. 이런 체계를 반대하는 유일한 이유는 항상 남이 명령하는 일만 하던 사람은 아무런 명령이 없으면 뭘 해야 할지 모른다는 점이다. 사려 깊은 결정을 내리는 습관이 없는 사람의 경우, 스스로 결정해야 할 때가 되면 사려 깊지 못한 결정을 내리게 마련이다. 예를 들어 이들에게 유대인 때리기가 금지될 경우, 이들은 유대인 때리기를 원하지 않는 방법을 터득하게 되는데, 이것이야말로 유대인 때리기를 원하는 자유로운 사람이라면 결코 터득하지 못하는 방법이다. 그러다가 이들에게 유대인 때리기가 허락될 경우, 유대인 때리기를 향한 억압된 소망이 분출되면서 이들은 광인으로 변모한다.

모든 독일인이 '권위주의적 인간'인 것은 아니다. 내 생각에 대부분 독일인은 오히려 그렇지 않을 것 같다. 하지만 독일인이 국가에 대한 문제에 몰두하도록 실제로 허락되었던 기간들이 간간이 있었음에도, 독일인의 삶의 유형이 여러 세기 동안 이런 식이었기 때문에 자유로운 영혼들은 결국 노력하는 것을 포기하거나 독일을 떠나야만 했다. 자기는 "무질서보다는 차라리 불의"를 더 선호한다고 말한 괴테부터 비정치적이 되는 것을 예찬했던 토마스 만에 이르기까지, 독일 지식인들은 1810년에 독일을 묘사한 스탈 부인의 표현대로, "만사를 초월하여", "시인과 사상가의 나라에서" 살아가는 방법을 고안했다. 그리고 만사에 직접 '뛰어들어' 살아가는 방법을 고안한 사람들은 모조리 나쁜 대우를 받았다.

다른 나라들은 자국에서도 최악의 사람들을 추방했다. 반면 독일은 자국에서도 최고의 사람들을 내보냈다. 아니, 오히려 '몰아냈다'. 메테르니히 대공의 마인츠 위원회[73]가 (이것이야말로 그 당시의 '비(非)독일 활동 조사위원회'인 셈이었다)[74] 체결된 1819년부터, 비스마르크의 반(反)사회주의법이 마지막으로 갱신된 1888년까지 기간 사이에, 미국으로 이주한 독일인의 숫자는 450만 명에 달했다. 이들 가운데 77만 명은 1848년 혁명에서 비롯한 탄압 직후에 이주했다. 독일 내에서 독재정치에 반대하는 운동이 계속해서 실패함에 따라, 가장 우수한 이민자의 물결이 넘실거리며 국외로 흘러나왔다. 이들이 고향으로 보낸 편지 덕분에 이들의 친구와 친척으로 이루어진 새롭고도 더 커다란 물결이 흘러나왔다. 나중의 이민자 대부분은 정치적 희망이나 필요보다는 오히려 경제적 기회 때문에 이주한 셈이었지만, 그래도 이들 역시 정치적 자유주의 때문에 이민을 떠나게 되었던 사람들의 가족과 지인에 속해 있었다. 뒤에 남은 것은 주로 타협한 사람들이었으며, 일부는 기꺼이 타협하고 또 일부는 딱히 출구를 찾지 못한 까닭에 마

73. 1819년에 메테르니히는 지식인 활동을 통제하기 위해서 전복적인 위험 인물들을 조사하는 위원회를 마인츠에 만들었지만, 이후 10여 년 동안 위원회의 조사를 통해 적발된 위험인물들은 불과 70여 명에 불과했기 때문에 실효성에 의문이 제기되었다.
74. 1950년대에 미국을 적색공포로 몰아넣었던 조지프 매카시의 '비(非)미국 활동 조사위원회'에 빗댄 말이다. 매카시에 관해서는 제6장 각주를 참고하라.

지못해 타협한 것이었다. 또 한 가지 뒤에 남은 것은 바로 다음 세대의 꿈이었는데, 좌절한 만큼이나 항상 더 광포해진 이 꿈은 새로운 봉기와 새로운 탄압과 새로운 이민을 계속해서 만들어냈다. 국가사회주의는 바로 그런 꿈과 타협주의를 하나로 엮어서 뭔가 악마적인 것을 만들어낸 셈이다.

새로운 세대 각각의 지도자들은 펜실베이니아나, 아르헨티나나, 위스콘신이나, 중국 같은 다른 어딘가에 머물고 있었다. 하지만 자유를 열망하는 독일인 수백만 명은 여전히 남아 있었고, 사랑하는 형식이야 제각각이더라도 모든 사람은 자유를 사랑하게 마련이다. 따라서 읽고 쓰는 능력을 지닌 사람들 사이에서 억압이 있는 곳이라면 어디나 그렇듯이, 독일 전체에 걸쳐서 사람들은 과거에는 물론이고 지금까지도 더 많은 다양성과 더 많은 개성을 만나게 되었다. 예를 들어 미국인처럼 억압을 당하지 않았던 사람들 사이에 나타나는 것보다 더 많은 정도로 말이다. 연예에서, 예술에서, 정치적 제휴에서, 언론의 정치적 색채에서 다양성이 더 많이 나타났다. 결국 자유로운 사람들의 나라와 비교했을 때, 행진용 걸음걸이[75]의 나라에서 더 많은 개성과, 더 많은 독립성이 있었다는 뜻이다. 자유로운 미국인들은 모두 똑같은 신문들을 읽고, 똑같은 옷들을 입고, 교체 가능한 두 개의 똑같은 정당에 투표했다. 반면 독일인은 자유롭게 옷을 입고, 서로 다른 신문들을 자유롭게 읽고, 열댓 가지 서로 다른 방식으로 투표를 했지만, 그 유순함이라는 측면에서 이들은 똑같은 사람들이었다.

주권자 시민으로서의 책임을 결코 알았던 적이 없었던 이들은 과연 무엇에 대해 유죄인 걸까? 나치가 권력을 쟁취한 1933년 1월 30일에 즉시 그 책임을 받아들이지 않은 것에 대해서 유죄인 걸까? 이것이야말로 국가사

---

75. 직역하면 '거위걸음'이며, 의장대의 행진에서 흔히 볼 수 있는 것처럼, 다리를 곧게 펴서 수평으로 치켜들며 걷는 군대 특유의 절도 있는 걸음걸이를 말한다.

회주의가 나오기 전에, 그들 가운데 겨우 100만 명쯤이 (그리고 이들 가운데 일부도) 저지른 범죄였다. 내가 만난 열 명의 친구 모두가 선뜻 고백한 바에 따르면, 이것은 곧 자기들이 독일에 있는 독일인이라는 범죄였다.

"우리 독일인은 원래 그렇습니다." '역전 용사'로 자처하는 지몬 씨가 말했다.

"하지만." 내가 말했다. "이것이 과연 '우월한 인종(Herrenrasse)'입니까?"

"도덕적으로나 정신적으로나, 그렇습니다." 그가 말했다. "우리는 근면하고 질서정연하기도 하죠. 하지만 우리는 이 한 가지 점에서는 불운합니다. 즉 우리는 스스로를 지배하지 못합니다. '우리에게는 강철의 손(iorn hand, 강력한 지배)이 필요합니다.'"

"왜죠?"

"그건 저도 모릅니다. 우리 독일인은 원래 그렇습니다."

이것은 한편으로 또다시 자기 연민이었고, 또 한편으로 자기 변명이었으며, 한마디로 손쉽게 벗어나는 방법이었다. 나의 친구들은 감탄할 만한 구경거리를 제공하지는 않을 수도 있었다. 하지만 감탄할 만한 구경거리를 제공하는 데에 실패했다는 사실 자체가 곧 인간성에 반하는 범죄까지는 아니다. 어쩌면 그런 실패가 바로 그런 범죄라고 간주해야 마땅할지도 모르지만.

13장 그들이 처음 찾아왔을 때

"아무도 눈치 채지 못한 게 하나 있습니다."
내 동료 가운데 한 명인 언어학자가 말했다. "그건 바로 1933년 이후로 줄
곧 넓어지기만 했던 간극, 즉 정부와 국민 사이의 간극입니다. 이곳 독일에
서 그런 간극이 애초부터 얼마나 넓었는지를 한 번 생각해보세요. 그런데
그런 간극은 항상 더 넓어지기만 했습니다. 당신도 아시다시피, 그런 간극
은 국민이 자기네 정부와 가까워지게 만들지는 못했습니다. 즉 이것이 국
민의 정부라는, 즉 진정한 민주주의라는 이야기를 듣게 만들지도 못했고,
민간 방위대에 입대하게 만들지도 못했고, 심지어 투표하게 만들지도 못했
죠. 이 모두는 누군가가 통치한다는 사실을 '아는' 것과는 거의, 사실상 아
무런 관계가 없는 겁니다.

여기서 벌어진 일이란, 국민이 점차적으로 조금씩, 조금씩 습관화되는
것이었습니다. 즉 깜짝 조치에 의해 통치되는 일에 습관화되고, 비밀리에
내려진 결정을 받아들이는 일에 습관화된 것이었습니다. 또한 상황이 워낙
복잡하기 때문에 정부는 차마 국민이 이해할 수 없는 정보에 따라 행동할
수밖에 없다는 주장이라든지, 또는 상황이 워낙 위험하기 때문에 설령 국

민이 그 정보를 이해한다 하더라도 국가안보 때문에 차마 공표할 수 없다는 주장을 믿는 일에 습관화되는 것이었습니다. 그리고 이들이 히틀러와 자기 자신을 동일시한 것이며, 이들이 히틀러를 신뢰한 것 등이 이 간극을 더 쉽게 넓혔고, 자칫 이에 대해 우려했을 사람들까지 안심하게 만들었던 것입니다.

이처럼 정부와 국민이 분리된 것, 이처럼 양측의 간극이 넓어진 것은 워낙 점진적으로 부지불식간에 일어난 일이었기 때문에, 각각의 단계는 (아마 의도적인 것까지는 아니었겠지만) 일시적인 응급조치로 위장되기도 했고, 진정으로 애국적인 충성과 연합하거나 진정한 사회적 목적과 연합하기도 했습니다. 그리고 진정한 개혁과 마찬가지로 위기와 개혁 모두는 워낙 국민을 사로잡았기 때문에, 국민은 그 아래에 있는 느린 움직임을, 즉 정부의 전체 과정이 점점 더 멀어지고 또 멀어졌다는 것을 미처 못 본 것입니다.

제가 연구하는 중부 고지 독일어가 곧 제 삶이라고 말한다면, 당신은 아마 제 말을 이해하실 겁니다. 제가 관심을 두었던 것은 오로지 그것뿐이니까요. 저는 학자이고, 전문가입니다. 그러다가 갑자기 저는 온통 새로운 활동에 빠져들게 된 겁니다. 대학 전체가 새로운 상황으로 접어들었기 때문이었지요. 모임이며, 회의며, 인터뷰며, 기념행사는 물론이고, 다른 무엇보다도 작성해야 할 서류며, 보고서며, 서지정보며, 목록이며, 질문지가 있었습니다. 그리고 이 모두에 앞서, 공동체 안에서의 요구가 있습니다. 즉 이전에는 있지도 않았던, 그리고 이전에는 중요하지도 않았던 것에 반드시 참여해야 하는, 즉 참여하리라 '기대되는' 상황에 처하는 겁니다. 그야말로 헛짓입니다만, 그 일이 우리의 정력을 모두 소진하게 만들고, 우리가 정말로 하고 싶어 하는 일에 앞서서 놓이는 겁니다. 그러니 이제는 우리가 근본적인 것에 관해 생각하지 않기가 얼마나 쉬운지를 이해할 겁니다. 우리한테는 시간이 없는 겁니다."

"듣고 보니까요." 내가 말했다. "제 친구인 빵집 주인이 한 말과 똑같군요. '우리한테는 생각할 시간이 전혀 없었습니다. 워낙 많은 일이 벌어지고 있었거든요.'"

"빵집 주인의 말이 맞습니다." 내 동료가 말했다. "독재정치는, 그리고 독재정치가 나타나게 된 과정 전체는 무엇보다도 '기분전환'이 되었습니다. 그건 어차피 생각하기를 원하지 않았던 사람들에게 핑계를 제공해주었습니다. 제가 말하는 사람이란, 당신이 아는 '작은 자들,' 그러니까 빵집 주인 같은 사람들이 아닙니다. 제가 말하는 사람이란, 바로 제 동료와 저 자신 같은 사람, 배운 사람입니다. 우리 대부분은 근본적인 것들에 관해 생각하기를 원하지 않았고, 실제로도 결코 생각하지 않았습니다. 반드시 생각해야 할 필요가 없었거든요. 나치즘은 우리에게 뭔가 끔찍하고 근본적인 것을 던져주면서 생각하게 만들었습니다. 우리는 버젓한 사람들이었는데도 말입니다. 그리고 지속적인 변화와 '위기'를 가지고 우리를 계속 바쁘게 만들었습니다. 우리는 외부와 내부에 있는 '국가의 적들'의 책동에 워낙 매료되었습니다. 맞습니다, '매료되었던' 거죠. 때문에 우리 주위에서 조금씩 조금씩 자라나던 그 끔찍한 것들에 관해서 생각할 시간이 없었습니다. 제가 생각하기에, 우리는 무의식중에 감사해 하고 있었습니다. 굳이 생각하기를 원하는 사람이 세상에 어디 있겠습니까?

이런 과정에서 살아가다 보면, 이런 사실을 절대로 눈치 챌 수 없게 마련이었습니다. 물론 제 말이 믿기지 않으시겠지만요. 예외가 있다면, 우리 대부분이 발달시킬 기회를 얻었던 것보다도 훨씬 더 커다란 정도의 정치적 인식을, 즉 예민함을 가진 사람뿐이었을 겁니다. 각각의 단계가 워낙 작고,

위낙 대수롭지 않고, 위낙 잘 설명되고, 때로는 위낙 잘 '유감이 표명' 되었기 때문에, 애초부터 전체 과정에서 떨어져 있었던 사람이 아닌 이상, 그리고 이 모든 일이 근본적으로 무엇인지를 이해하던 사람이 아닌 이상, 그리고 '애국적인 독일인'이라면 어느 누구도 분개할 수밖에 없었던 그 모든 '작은 수단들'이 결국 미래에 무엇으로 귀결될지를 이해하던 사람이 아닌 이상, 설령 하루하루 그것이 발달하는 모습을 지켜본 사람이라 하더라도, 자기 밭에서 옥수수가 자라나는 것을 지켜보던 농부와 마찬가지로 아무것도 못 보았던 것입니다. 즉 어느 날에 가서야 갑자기 그게 머리 높이까지 자라나 있음을 깨닫게 된 겁니다.

그렇다면 일반인 사이에서는 물론이고, 심지어 고등교육을 받은 일반인 사이에서도 과연 이런 일은 어떻게 회피할 수 있을까요? 솔직히 저는 모르겠습니다. 그리고 지금도 잘 모르겠습니다. 그 모든 일이 벌어진 이후로 저는 다음과 같은 두 가지 격언을 여러 번, 정말 여러 번 숙고했습니다. 하나는 '처음부터 저항하라(Principiis obsta)'이고, 또 하나는 '끝을 생각하라(Finem respice)'였습니다. 하지만 처음에 저항하기 위해서는 끝을 예견하거나 최소한 '바라볼' 수 있어야 합니다. 즉 명료하고도 확실하게 끝을 예견해야만 하는 겁니다. 그런데 일반인이 어떻게, 또는 심지어 비범한 사람이라 하더라도 어떻게 그런 일을 할 수 있겠습니까? '어쩌면' 이곳의 상황도 그렇게 멀리까지 진행되기 이전에 바뀔 가능성이야 있었습니다. 물론 실제로는 바뀌지 않았습니다만, '어쩌면' 그럴 수 있었다는 겁니다. 그리고 우리 모두는 바로 그 '어쩌면'에 내기를 걸었던 겁니다.

당신이 아는 '작은 자들,' 즉 당신의 나치 친구들은 원칙적으로 국가사회주의에 반대하지 않았습니다. 오히려 저 같은 사람들이 반대했고, 그렇기 때문에 이들보다 더 큰 위반자가 되었습니다. 우리가 그들보다 상황을 더 잘 '알았기' 때문이라고 하면 지나친 말이 되겠지요. 그랬다기보다는, 오히려 우리가 그들보다 상황을 더 잘 '감지했기' 때문입니다. 니묄러 목사는 저 같은 사람 수십만 명에 관해서 (그의 말 치고는 너무나도 온화하게) 다음과 같이 말한 적이 있었습니다. 즉 나치가 공산주의자를 공격했을 때, 자기는 약간 불편하기는 했지만 어쨌거나 자기는 공산주의자가 아니었기 때문에 아무런 행동도 하지 않았다구요. 그러다가 나치가 사회주의자를 공격했을 때, 자기는 약간 더 불편하기는 했지만 역시나 자기는 사회주의자가 아니었기 때문에 아무런 행동도 하지 않았다구요. 그러다가 나치가 학교와 언론과 유대인 등등을 공격했을 때, 그는 번번이 더 불편하기는 했지만 여전히 아무런 행동도 하지 않았다구요. 그러다가 나치가 교회를 공격하자 성직자였던 그는 결국 행동에 나섰다구요. 하지만 그때는 이미 너무 늦은 다음이었다구요."[76]

"그랬죠." 내가 말했다.

"당신도 아시다시피." 내 동료는 말을 이어갔다. "사람은 자기가 어디로, 또는 어떻게 움직여야 하는지를 정확히 볼 수 없게 마련이에요. 진짜로, 그게 사실이라니까요. 각각의 행위, 각각의 사건이 먼젓번보다 더 나빠지지만, 그래도 어디까지나 약간만 더 나빠질 뿐이에요. 그래서 당신은 다음을, 또 다음을 기다리게 되죠. 당신은 한 가지 크게 충격적인 사건을 기다리게 되는 거예요. 그런 충격이 닥치게 되면, 다른 사람들도 당신과 뜻을

---

76. 밀턴 마이어의 이 책은 본문에 언급된 니묄러의 유명한 시가 독일 외부로 알려지는 데에 결정적인 역할을 했다. 이 시의 전문은 다음과 같다. "그들이 처음 공산주의자들에게 왔을 때,/나는 침묵했다./나는 공산주의자가 아니었기에.//이어서 그들이 사회민주당원들에게 왔을 때,/나는 침묵했다./나는 사회민주당원이 아니었기에.//이어서 그들이 노동조합원들에게 왔을 때,/나는 침묵했다./나는 노동조합원이 아니었기에.//이어서 그들이 유대인을 덮쳤을 때,/나는 침묵했다./나는 유대인이 아니었기에.//이어서 그들이 내게 왔을 때,/그때는 더 이상 나를 위해 말해줄 이가/아무도 남아 있지 않았다."

같이해서 어찌어찌 저항하게 되리라 생각하는 거죠. 당신 혼자서는 행동하고 싶지도 않고, 심지어 말하고 싶지도 않은 거예요. 당신은 군이 '자기 길에서 벗어나 말썽을 일으키고' 싶지 않은 거예요. 왜 아니겠어요? 그렇게 하는 습관을 가진 사람은 당신 하나만도 아니에요. 그리고 당신을 억제하는 것은 단순한 두려움, 즉 혼자 일어서는 것에 대한 두려움만이 아니에요. 그것은 또한 진정한 불확실성이기도 해요.

불확실성은 매우 중요한 요인인데, 시간이 흐를수록 감소하지 않고 오히려 자라나죠. 밖에서, 거리에서, 전체 공동체에서, '모두가' 행복하거든요. 항의라고는 전혀 들을 수가 없고, 당연히 전혀 볼 수도 없죠. 아시다시피, 프랑스나 이탈리아에서는 정부에 반대하는 구호가 벽이며 담에 적혀있게 마련이에요. 그런데 독일에서는 대도시 외곽으로만 가도 이런 걸 아마 볼 수가 없을 거예요. 대학 공동체에서, 당신이 속한 공동체에서, 당신은 동료들에게 사적으로 이야기를 하는데, 그중 일부는 분명히 당신과 마찬가지 기분일 거예요. 하지만 그들이 뭐라고 말하나요? 그들은 이렇게 말하죠. '상황이 그렇게 나쁜 것까지는 아니야,' 또는 '자네가 잘못 본 거야,' 또는 '자네의 호들갑일 뿐이야.'

그런데 당신은 '정말로' 호들갑을 떠는 셈인 거예요. 당신은 '이것' 이 반드시 '저것' 으로 귀결되리라고 말하는데, 정작 그걸 증명할 수는 없는 거죠. 그때는 그 일이 겨우 시작에 불과하니까요, 예. 하지만 끝을 모르는 상황에서 당신이 어떻게 이 상황을 확실히 알 수 있겠으며, 애초에 당신이 어떻게 끝을 알거나 하다못해 '추측할' 수 있겠어요? 한쪽에서는 당신의 적들, 즉 법률이며, 정권이며, 당(黨)은 당신을 위협하죠. 또 한쪽에서는 당신의 동료들이 당신을 가리켜 비관주의적이라느니, 신경과민이라느니 하고 멸시하는 거예요. 결국 당신은 가까운 친구들하고만 남게 마련인데, 그런 친구들은 자연히 평소에도 당신과 똑같이 생각하던 사람들이죠.

하지만 당신의 친구들도 이제는 이전보다 숫자가 더 줄어드는 거예요. 일부는 어디론가 떠났고, 또는 자기 일에 푹 파묻혀버리죠. 당신은 모임이나 회합에서도 친구들을 이전만큼 많이는 못 보게 되는 거예요. 비공식적인 집단은 점점 더 작아지죠. 작은 조직에서는 참석이 크게 줄어들고, 그 조직 자체도 시들어버리죠. 이제는 여러분의 가장 오래된 친구들끼리의 작은 회합에서조차도, 당신은 마치 혼잣말을 하는 듯한 느낌을 받게 되고, 자기가 현실로부터 고립되었다는 느낌을 받게 되죠. 이런 느낌은 당신의 자신감을 더욱 약화시키고, 더 나아가 장애물로 기능하죠. 무엇에 대한 장애물일까요? 시간이 흐를수록 더 명확해지는 사실은, 만약 당신이 뭐라도 하려고 치면, 그렇게 할 수 있는 기회를 당신이 반드시 '만들어야' 한다는 것이고, 그렇게 되면 당신은 분명히 말썽꾼이 되고 만다는 것이죠. 그러니 당신은 기다리고, 또 기다리는 거죠.

하지만 앞서 말했던 것과 같은 한 가지 크게 충격적인 사건은, 그러니까 수만 명, 또는 수십만 명이 여러분과 연합할 만한 계기가 되는 사건은 결코 찾아오지 않아요. '그것' 이 바로 어려운 점이에요. 만약 정권 전체에서도 최후이며 최악의 행위가, 그 정권의 최초이며 최소한의 행위 다음에 곧바로 찾아왔다고 치면, 그때는 수천 명, 아니, 수백만 명이 충분히 충격을 받았을 거예요. 예를 들어 1943년에 있었던 유대인 가스 학살이 그보다 더 먼저, 즉 1933년에 비유대인 상점 유리창에 '독일인 사업체' 라는 표지를 붙인 직후에 벌어졌다면 말이에요. 하지만 물론 실제로는 그렇지 않았죠. 이 두 가지 사건 사이에 수백 가지에 달하는 단계가 거쳐 갔는데, 그중 일부는 차마 인식이 불가능할 정도로 은근했고, 그 각각은 당신이 그 다음 번 단계에 깜짝 놀라지 않도록 준비시키는 역할을 담당했죠. 즉 C단계는

B단계보다 아주 더 나쁘지는 않았는데, 만약 당신이 B단계에 대해서 맞서지 않았다면, 왜 굳이 C단계에 대해서 맞서야 할까요? 이런 식으로 해서 결국 D단계까지 간 거죠.

그러다 어느 날에 가서야, 그것도 뒤늦게야, 당신의 원칙들이 모조리 당신을 엄습하는 거죠. 만약 당신이 자기 원칙들을 감지할 만큼 예민하다고 치면 말이에요. 자기기만의 부담이 너무 무겁게 자라나고, 몇 가지 사소한 사건들이 그런 원칙들을 단번에 무너트리는 거예요. 제 경우에는 제 아들 녀석이 기껏해야 갓난아기보다 좀 더 큰 주제에 '유대인 돼지'라는 말을 입에 담은 것이 그 계기였죠. 그제야 당신은 모든 것이, 정말 모든 것이 이미 변해 있음을, 그리고 당신의 코앞에서 완전히 변해 있음을 깨닫는 거죠. 당신이 사는 세계, 당신의 국가며 당신의 동포는 당신이 애초에 태어났을 때의 모습이 아닌 거죠. 물론 형태는 모두 그대로이고, 모두 예전 그대로이며, 모두 안심을 주죠. 집이며, 상점이며, 일자리며, 식사시간이며, 방문이며, 연주회며, 극장이며, 휴일이며. 하지만 그 정신은 이미 변한 거예요. 물론 당신이 정신을 형태와 동일시하는 오류를 평생 범해왔다고 치면, 당신은 전혀 눈치 채지 못할 수도 있지만요. 이제 당신은 증오와 두려움의 세계에 살고 있으며, 그렇게 증오하고 두려워하는 사람들 스스로는 그 사실을 알지 못하죠. 모든 사람이 변모된 곳에서는 사실 아무도 변모되지 않은 셈이 되니까요. 이제 당신은 심지어 하느님에 대해서도 아무런 책임이라곤 없이 지배하는 체제 안에 살고 있는 거예요. 그 체제 자체는 애초에 이런 것을 의도하지 않았을 수도 있지만, 그 스스로를 유지하기 위해서 그런 길을 갈 수밖에 없었던 거죠.

당신 자신도 그런 길을 거의 따라간 셈이죠. 삶이란 계속되는 과정, 즉 일종의 흐름인 것이고, 행동과 사건이 딱딱 끊어지듯 연이어 벌어지는 것은 결코 아니니까요. 삶이란 흘러서 새로운 층위로 가게 마련이고, 당신은 그 흐름에 실려 가는 과정에서 아무런 노력도 하지 못하죠. 이 새로운 층위에서 당신은 살아가고, 그것도 새로운 도덕과 새로운 원칙을 갖고서 매일같이 더 편안하게 살아가죠. 당신은 불과 5년 전에만 해도, 또는 불과 1년 전에만 해도 받아들이지 않았을 법한 것들을 받아들이죠. 당신의 아버지만 해도, 심지어 독일에서도, 차마 상상조차도 못했을 법한 것들을요.

갑자기 그 모두가 한꺼번에 닥쳐오는 겁니다. 당신은 자기가 무엇인지를, 자기가 무엇을 했는지를, 또는 더 정확하게 말해서 자기가 무엇을 '하지 않았는지'를 보게 되죠. 왜냐하면 그들이 우리 대부분에게 요구한 것은 바로 그것, 즉 우리가 아무것도 하지 않는 것이었으니까요. 대학의 당신네 학과에서 있었던 그 초기의 모임을 당신도 기억하시겠죠. 한 사람이 맞섰다면, 다른 사람들도 덩달아 맞섰을지 몰라요. 하지만 실제로는 아무도 맞서지 않았죠. 작은 문제에서, 예를 들어 이 사람 또는 저 사람을 채용할 것인지 하는 문제에서, 당신은 저 사람 대신 이 사람을 채용하는 거예요. 이제 당신은 그 모든 일을 기억하고, 당신은 가슴이 미어지죠. 너무 늦었어요. 당신은 회복이 불가능할 정도로 타협한 거니까요.

그러고 나면 어떻게 될까요? 그러고 나면 당신은 자살할 수밖에 없어요. 하지만 그렇게 한 사람은 드물죠. 아니면 당신의 원칙들을 '조정'하는 방법이 있죠. 많은 사람들이 이 방법을 시도했고, 제 생각에 몇몇은 성공을 거둔 것 같아요. 하지만 저는 성공하지 못했죠. 아니면 당신은 남은 생애 동안 자신의 부끄러움을 안고 살아가는 법을 배워야 해요. 그 당시의 상황에서는 이 마지막 것만 해도 영웅주의에 가장 근접한 일이었죠. 부끄러움만 해도 말이에요. 많은 독일인이 이처럼 초라한 종류의 영웅이 되었죠. 제 생각에는 이런 사람의 숫자는 세상이 알거나 굳이 알려는 것보다 훨씬 더 많아요."

나는 아무 말도 하지 않았다. 뭐라고 할 말이 전혀 생각나지 않았다.

"제가 한 가지 말씀드리죠." 내 동료가 말을 이었다. "라이프치히에 살던 한 남자의 이야기를요. 그는 판사였죠. 나치는 아니었어요. 물론 명목상으로야 나치인 척했지만. 그렇다고 해서 완전히 나치 반대자까지도 아니었죠. 그는 단지 판사일 뿐이었어요. 1942년인지 1943년인지…… . 아마 1943년 초였을 거예요, 제 생각에는요. 그때 유대인 남성 한 명이 그에게 재판을 받게 되었죠. 죄목은 잠깐이긴 했지만 '아리아인' 여성과 관계를 맺었다는 거였어요. 이것이야말로 '인종 침해'라고 해서, 당(黨)에서 각별히 신경을 써서 처벌하는 죄목이었죠. 하지만 재판 과정에서는 피고가 '인종과 무관한' 범죄를 저질렀다고 판결할 수 있는 권한이 판사에게 있었죠. 그럴 경우, 피고는 일반 형무소에 장기간 수용되지만, 결국 당의 '절차'에서는 제외되는 거였죠. 그 절차란 결국 강제수용소이거나 또는 강제 이송과 죽음을 의미할 가능성이 컸어요. 하지만 판사가 보기에 피고는 '인종과 무관한' 범죄에 대해 무죄였죠. 그래서 명예를 중시하는 사람이었던 판사는 피고를 무죄 방면했어요. 당연히 당에서는 피고가 법정을 나서자마자 그 유대인을 체포해서 '절차'대로 처리했죠."

"그러면 그 판사는요?"

"아, 그 판사요. 그는 이때의 판결을 자기 양심에서 지워버릴 수가 없었어요. 자기가 죄 없는 사람을 무죄 방면했던 사건인데도 말이에요. 차라리 자기가 그 사람에게 유죄선고를 해서 당에 끌려가지 않도록 구해줬어야 마땅했다고 생각했죠. 하지만 원래 무죄인 사람한테 무슨 수로 유죄를 선고하겠어요? 시간이 흐를수록 그는 이 문제 때문에 더욱 괴로워했고, 결국 이야기를 하지 않을 수 없었죠. 처음에는 자기 가족한테, 나중에는 자기 친구들한테, 그리고 더 나중에는 자기 지인들한테도요. 그래서 결국 저의 귀에까지도 들어온 거죠. 그러다가 1944년의 '봉기' 직후에 그는 체포되었어요. 그리고 이후의 소식은 저도 모르겠군요."

나는 아무 말도 하지 않았다.

"전쟁이 시작되자마자." 내 동료가 말을 이었다. "저항, 항의, 비판, 불평 같은 것에는 최고 수준의 처벌을 받을 가능성이 모조리 곱절로 늘어났어요. 단지 열성이 부족한 것만 가지고도, 또는 열성을 공공연히 드러내지 못한 것만 가지고도 '패배주의'로 단죄되었죠. '나중에 처리할,' 즉 승리한 후에 손봐줄 사람들의 명단이 작성되었다고 간주해도 무방할 거예요. 괴벨스는 여기에서도 매우 영리했죠. 그는 저마다의 '반역적 태도'가 남의 눈에 띄지 않고 넘어갔다고 착각하는 자들을 '처단'하는 '승리의 잔치'가 머지않아 벌어질 것이라며 계속해서 약속했어요. 그의 말은 농담이 아니었어요. 즉 '그것'은 단순한 선전이 아니었다는 거예요. 그것만 해도 모든 불확실성에 종지부를 찍기에는 충분했죠.

전쟁이 시작되자, 정부는 승리를 위해 '필요한' 조치를 뭐든지 할 수 있었어요. '유대인 문제에 대한 최종 해결책'도 마찬가지였어요. 그건 나치가 항상 이야기했지만, 차마 나치조차 실천하지 못했던 일이었죠. 그러다가 전쟁이 터지고, 그 '필요성' 때문에 그들은 자신들이 그 일을 해치울 수 있다는 사실을 깨닫게 된 거죠. 해외에 있는 사람들은 히틀러에 반대하는 전쟁이 유대인을 도와주었다고 생각하는데, 그건 잘못된 생각이에요. 그리고 독일에 사는 사람들 중에도, 여전히 불평하고 항의하고 굴하지 않을 생각을 갖고 있던 사람들의 경우에는, 일단 전쟁이 시작되자 독일이 전쟁에서 지는 쪽에 내기를 걸었죠. 하지만 가능성이 적은 내기였어요. 따라서 그쪽에 건 사람은 많지 않았죠."

14장 그때 충성 선서를 거부했다면…

　　　　　　　　어느 날, 내 동료는 "이 초라한 종류의 영웅주의, 즉 부끄러움"이라는 주제로 돌아갔다. "부끄러움에서 문제는 뭔가 하면요." 그가 말했다. "그건 바로 그게 깊이까지 스며들거나, 또는 그렇게까지는 스며들지 않는다는 겁니다. 만약 부끄러움이 깊이까지 스며들지 않는 경우, 그 사람은 자기 자신이 다치자마자 (물론 총력전에서는 누구나 다칠 가능성이 있었죠. 자기 가족이나, 자기 재산이나, 자기 지위나, 자기 자신까지도요) 부끄러움을 내던져버리는 겁니다. 만약 충분히 깊이까지 스며들 경우, 부끄러움은 자살의 일종처럼 됩니다. 바로 그런 이유 때문에 제가 알던 사람 가운데 몇 명은 나중에 가서야 입당했는데, 그런 행동이야말로 자포자기한 것이나 다름없었어요. 짐작컨대 당신이 만난 '작은 자들' 중에는 어느 누구도—"

　　"맞아요, 부끄러워하지 않았어요." 내가 말했다.

　　"하지만 사람이 이걸 쉽게 알지는 못해요." 내 동료가 말했다. "이렇게 깊은 부끄러움까지는 모른다니까요. 많은 사람들의 경우, 이런 부끄러움은 다음과 같은 외형을 취하죠. 그들은 이렇게 말하는 겁니다. 국가사회주의의 지배가 이곳에서 일어났으며, 이후 오랫동안 이곳에서 지속되었기 때문에, 자기들은 거기에 가담해서 내부로부터 개혁을 의도했다고 말입니다. 하지만 그런 의도가 영향력을 발휘하기 위해서는 자기들도 우선 그들에게 받아들여져야만—."

"아, '영향력'이요." 내가 말했다. "제가 친구인 교사로부터 들은 말도 바로 그거였어요. 영향력을 발휘하기 위해서라도 자기는 그들이 요구한 것이면 뭐든지 복종했다지만, 당연히 그는 영향력을 발휘하지 못했죠. 이제는 그도 그랬다는 사실을 알더군요. 하지만 그때에만 해도 그는 과도함에 반대할 수 있으리라는 희망을 갖고 있었다고—."

"맞아요. 우리가 반대하고자 원했던 것은 항상 '과도함'뿐이었죠. A, B, C, 그리고 D라는 처음의 몇 단계를 산출했던 전체적인 강령이나 전체적인 정신에 대해서까지 반대하려 했던 것은 아니었고 말이에요. 사실 과도함이란 그런 처음의 몇 단계로부터 나오게 마련인데도요. 이처럼 전체적인 정신에 반대하는 것보다는 '과도함에 반대하는' 일이 훨씬 더 쉬워요. 왜냐하면 전자에 관해서는 매일같이 우리가 할 수 있는 일이 뭐라도 있어서 부담스럽지만, 후자에 관해서는 당연히 우리가 아무것도 할 수 없어서 도리어 체념하니까요."

"제가 만난 '작은 자들'은 하나같이 과도함에 반대했어요. 최소한 최악의 과도함에 대해서는 말이에요." 내가 말했다. "그리고 이들 가운데 제일 나은 편인 두 명, 즉 교사와 은행원은 급진주의자들에게 책임을 돌리더군요. 그 운동이 무책임해지고 가장 무모한 요소들을 끌어들였을 때에 거기서 자라난 급진주의자들이—."

"맞아요." 내 동료는 고개를 저으며 말했다. "항상 '과도함'과 '급진주의자' 이야기죠. 우리는 늘 거기에 반대했어요. 아주 조용하게요. 그러니 당신이 아는 두 명의 '작은 자들'은 훌륭한 사람으로서, 심지어 훌륭한 독일인으로서 자기들이 반드시 당에 가담해야 한다고 생각했을 거예요. 그리고 자기 같은 사람들이 충분히 많이 가담한다면, 그때에는 당을 바꿀 수 있을 거라고 생각했을 거구요. 그들은 '안에서부터 뚫고 나올' 생각이었겠죠. '큰 자들'도 평소와 같은 성실함을 발휘해가면서 자기 자신에게 역시나 그렇게 말했을 거예요. 한 가지 또 한 가지 작은 원칙들을 포기하기 위해서는, 즉 조금씩 또 조금씩 좋은 것들을 모조리 내던지기 위해서는 그런 성실함이 필수적이었겠죠."

"아시다시피." 그가 말을 이었다. "지금 무슨 일이 벌어지는지를 이해하는 사람, 단순히 하나의 사건이나 발전에 대한 보고를 아는 것이 아니라 역사의 움직임을 아는 사람조차도 굳이 반대하거나 항의하지 않는 상황에서, 차마 무슨 일이 벌어지는지 이해하지도 못한 사람이 과연 어떻게 반대하거나 항의할 수 있겠어요? 당신이 생각하시기에, 예를 들어 미국 같으면 과연 몇 사람이나 같은 의미에서 상황을 이해했을 것 같나요? 그리고 역사의 움직임이 가속화되어서, 차마 이해하지 못하는 사람들이 공포 때문에 광포해져서 거대한 '애국주의적' 폭도가 되면(즉 우리가 그랬던 것처럼 되면) 그들은 이전까지만 해도 이해하지 못했던 것을 과연 그때 가서 갑자기 이해하게 될까요?

솔직히 말씀드리면 여기서 우리는 그들을 이해시키려 시도하는 것을 포기하는 법을 배웠습니다. 그러니까, 음, 1938년 말 이후로는, 그러니까 유대교 회당이 불타버린 날 밤 이후로는, 그리고 그 직후에 일어난 일들 이후로는 말입니다. 심지어 전쟁이 시작되기 전부터도 마찬가지였고, 그 당시에 교사였던 사람들, 믿음을 갖고 있다면 교육에 대한 믿음뿐이었던 그들조차도 그런 시도는 이미 포기해버리고 말았습니다. 이해라곤 전혀 가능하지 않고, 이해 능력도 전혀 남아 있지 않다는 사실을 깨달은 거였죠. 상황은 예정된 경로를 따라갈 것이며, 그로 인해 처음에는 그 희생자들을, 다음에는 그 계획자들을, 그리고 마지막으로는 나머지 우리 모두를 파멸로 이끌게 되리라는 사실을 깨달은 거였습니다. 이것이 곧 항복을 의미하지는 않았습니다. 다만 에너지의 보전을 의미할 뿐이었죠. 이제는 무슨 일을 하기에도 너무 늦어버렸으니까요! 우리는 작은 자가 할 수 있는 일을 하고 자기 에너지를 그 일에 소비하면서 현재의 희생자를 구제했습니다. 그게 비록 거리에서 희생자를 향해 '안녕하세요'라고 뻔뻔스럽게 말을 하는 것에 불과하다 하더라도요. 그리고 그저 다음 희생자의 운명을 방지하거나 최소한 연기하려 했습니다. 그게 비록 '비정치적인' 편지를 써서 누군가에게 이민자를 받아 달라고 요청하는 것에 불과하다 하더라도요!"

"그렇군요." 내가 말했다.

"당신이 보시기에는 별것도 아닌 듯하겠지요." 그의 말에 나는 항변을 내놓고 싶었다. "하지만 제가 장담하건대, 그런 상황 하에서는 그런 일이야말로 독일에서건, 미국에서건, 다른 어디에서건 간에, 일반적인 삶이 일반적인 사람들에게 준비시킨 것보다는 훨씬 더한 일이었습니다."

그의 아내도 그 자리에 있었다. "제게 바람이 있다면." 그녀가 말했다. "앵글로색슨 사람들만큼은 안 그랬으면 좋겠다는 거예요." 그녀는 분명히 '앵글 족'을 의미했을 것이고, '색슨 족'을 의미한 것까지는 아니었을 것이다.[77] "우리 독일인들이 차마 저항하지 못했던 것들을, 그들만큼은 우리처럼 선뜻 받아들이지 못하게 하는 성품이 그들에게 있었으면 좋겠어요."

"그렇다면 그런 성품들은 뭐가 있을까요?" 내가 말했다.

---

77. '색슨' 또는 '작센' 족은 3세기에 북부 독일에 거주하던 게르만족의 일파로, 5세기에 바다를 건너가 오늘날 영국인의 선조가 되었다.

"오, 제가 생각하기에는, 다른 무엇보다도 선견지명이죠. 만약에 역사가 지금보다 더 짧았다면, 사람들은 항상 뒤를 돌아보는 대신에 앞을 바라보기가 더 쉬웠을 거예요. 그리고 당신들도 어떤 면에서는 우리보다도 오히려 압력이 덜했을 거예요. 긴 시야로 보는 것도 더 자유로워졌겠죠. 물론 제 말은 법적인 자유까지는 아니지만요." 내가 독일에서 나눈 대화 중에서 '압력(Druck)' 이라는 단어에 초점이 맞춰진 것은 이때가 처음이었다.

나의 동료 가운데 또 한 사람은 내가 이 문제의 핵심에 좀 더 가까이 다가서게 해주었다. 화학공학자인 그를 직접 알고 지내기 전에, 나는 그에 관한 이야기를 전해 들은 적이 있다. "그는 독일인 중에서도 보기 드문 사람 가운데 하나야. 진짜 유럽인이거든." 우리가 매우 친해진 다음의 어느 날, 나는 그에게 말했다. "이제는 나한테 말해줄 수 있겠죠. 이 세상은 어떻게 상실된 걸까요?"

"그야 말하기 어렵지 않아요." 그가 말했다. "당신이 예상하는 것보다는 훨씬 더 쉽죠. 이 세상은 1935년의 어느 날 상실되었어요. 바로 이곳 독일에서요. 그걸 상실한 사람이 바로 저였으니까. 어떻게 그랬는지 말씀드리죠.

저는 방위용품 공장에서 일하고 있었어요. 당연히 '군수품 공장' 이었지만, 거기서는 항상 '방위용품 공장' 이라고 불렀죠. 그해에는 국가방위법, 그러니까 '국민 총동원' 에 관한 법률이 생겨난 해였어요. 이 법률 하에서, 저 역시 충성 선서를 하라는 요구를 받았죠. 저는 안 하겠다고 말했어요. 양심상 거기에 반대했으니까요. 그러자 24시간의 여유를 주면서 저더러 '다시 생각해보라' 더군요. 그 24시간 동안 저는 이 세상을 상실했어요."

"뭐라구요?" 내가 물었다.

"아시다시피, 그 상황에서 거절이란 당연히 제가 일자리를 잃게 된다는 뜻이었어요. 감옥에 간다거나, 뭐 그런 것까지는 아니었죠. 처벌이 강화된 것은 더 나중의 일이었어요. 이때는 겨우 1935년이었으니까요. 하지만 일자리를 한 번 잃게 되면, 그건 결국 나중에 또 다른 일자리를 구할 수 없다는 뜻이기도 했어요. 어딜 가든지 왜 이전의 일자리를 그만두었느냐는 질문이 나올 것이고, 그 이유를 설명하고 나면 십중팔구 저를 채용하지 않을 것이었으니까요. 아무도 '볼셰비키'를 채용하려고 하진 않을 거니까요. 물론 저야 당연히 볼셰비키가 아니었지만, 제 말이 무슨 뜻인지 당신은 아실 거예요."

"아다마다요." 내가 말했다.

"그래도 저 자신이나 제 가족에 대해서는 가급적 생각하지 않으려고 애써봤어요. 여차 하면 이 나라를 뜰 수도 있을 것이고, 세상 어디에 가더라도 기업이나 학교에서 일자리를 하나쯤은 얻을 수 있을 거였으니까요.

대신 제가 생각한 건 오히려 다른 사람들이었어요. 혹시나 나중에 가서 상황이 더 악화되기라도 하면 제가 조금이라도 도와줄 수 있을 법한 사람들 말이에요. 제 생각에는 분명히 그럴 것 같더군요. 당시에 저는 과학계와 학계 모두에서 친한 사람들이 많았고, 그중에는 유대인도 많았고, 비록 '아리아인'이기는 해도 여차 하면 말썽에 휘말릴 사람도 많았죠. 제가 만약 선서를 하고 일자리를 계속 유지한다면, 나중에 가서라도 어찌어찌 그런 사람들에게 도움이 될 수 있을 거였어요. 반면 제가 만약 선서를 거부했다면, 설령 이 나라에 계속 남아 있다 하더라도 저는 친구들에게 아무런 소용이 없을 거였어요. 도리어 저야말로 그들과 같은 상황에 처하게 될 거였죠.

그래서 다음 날 '다시 생각해보고' 나서 저는 선서를 하겠다고 대답했어요. 대신 이렇게 이성적 단서를 달아 두었죠. 그 선서는 '나는 하느님 앞에 맹세하노니(Ich schwöre bei Gott)'라는 말로 시작되었는데, 저는 이 말 이야말로 그 어떤 인간이나 정부도 제 양심을 유린할 권리는 갖고 있지 않다는 뜻으로 이해한다고 말했어요. 그런데 선서를 담당한 관리는 제 이성적 단서에 대해서는 아예 관심도 없더군요. 그는 이렇게 말할 뿐이었습니다. '당신은 선서를 하겠습니까?' 그래서 저는 선서를 했습니다. 바로 그날, 저는 세상을 상실했고, 그걸 상실한 사람은 바로 저였습니다."

"제가 제대로 이해했는지 모르겠습니다만." 내가 말했다. "그렇다면 당신은 차라리 선서를 하지 말았어야 했다고 후회하시는 건가요?"

"그렇습니다."

"하지만." 내가 말했다. "당신은 실제로 나중에 가서 여러 사람의 생명을 구하지 않았습니까. 당신의 친구들에게는 당신이 예상한 것보다도 훨씬 큰 도움이 되었단 말입니다." 이 친구는 자기 아파트에 수배자들을 숨겨주다가 1943년에 체포되어 감옥에 들어갔다.

"그 이야기군요." 그가 말했다. "우선 제가 나중에 가서 여러 사람의 생명을 구했다는 사실에 대해서는 인정하겠습니다. 맞아요."

"만약 1935년에 그 선서를 거부했다면, 당신은 나중에 그런 도움을 주지 못했을 겁니다."

"맞아요."

"그런데도 당신은 여전히 선서를 하지 말았어야 했다고 후회하시는 건가요?"

"맞아요."

"저는 이해가 안 되는데요." 내가 말했다.

"아마 이해를 못하실 겁니다." 그가 말했다. "하지만 당신이 미국인이라는 사실을 잊으시면 곤란합니다. 농담이 아닙니다, 진짜로요. 미국인은 이와 비슷한 경험을 해본 적이 전혀 없을 겁니다. 이걸 그대로 온전히, 맨 마지막까지 겪은 적은 없을 거예요. 그게 바로 핵심이죠."

"설명을 해주셔야 되겠는데요." 내가 말했다.

"당연히 설명을 해드려야 되겠지요. 맨 먼저, '더 작은 악'의 문제가 있습니다. 제가 나중에 친구들을 도울 수 없어서 생겨나는 악에 비하자면, 제가 선서를 함으로써 생겨나는 악은 오히려 정도가 덜하다고 할 수 있죠. 하지만 선서라는 악은 확실하고도 즉각적이었던 반면, 제가 친구들을 돕는 일은 미래의 일이었기 때문에 불확실한 일이었습니다. 저는 나중에야 가능할 선에 대한 희망으로, 그 당시에 그곳에서 분명한 악을 범할 수밖에 없었습니다. 선이 악보다 더 중요했던 것이지요. 하지만 그 선은 어디까지나 희망사항이었던 반면, 악은 이미 뚜렷한 사실이었습니다."

"하지만." 내가 말했다. "그 희망사항은 결국 실현되지 않았습니까. 당신은 '실제로' 친구들을 도울 수 있었으니까요."

"맞습니다." 그가 말했다. "하지만 그 희망사항은 자칫 실현되지 '않았을' 가능성도 있었음을 시인해야 하겠죠. 예를 들어 제 능력을 벗어난 어떤 이유 때문에, 또는 제가 나중에 가서 겁을 먹었기 때문에, 또는 심지어 제가 원래부터 겁을 먹었는데 애초에 선서를 할 때에는 스스로를 속였기 때문에 결국 실현되지 않을 수도 있었어요.

하지만 핵심은 그게 아니었습니다. '더 작은 악'의 문제는 우리 모두가 알고 있는 바였어요. 독일에 사는 우리는 힌덴부르크가 히틀러보다는 덜 악하다고 생각했지만, 결국에 가서는 양쪽 모두를 겪게 되었죠. 하지만 미국인은 아마 이해를 못 할 거라고 했을 때, 제 말뜻은 이게 아니었습니다. 아니죠. 정말 중요한 핵심은 이겁니다. 나치 때문에 죽고 말았던 무고한 사람들이 과연 몇 명이나 될까요. 당신은 알고 계십니까?"

"유대인만 해도 600만 명이라고 하더군요."

"음, 그 숫자는 과장되었을 수 있습니다. 그리고 유대인 아닌 희생자도 분명히 있습니다. 최소한 수만 명, 어쩌면 수백만 명이 될 수도 있어요. 그렇다면 편의상, 모두 합쳐 300만 명의 무고한 희생자가 나왔다고 가정해볼까요?"

나는 고개를 끄덕였다.

"그리고 제가 구한 무고한 사람들은 과연 몇 명쯤이나 될까요?"

"그야 저보다 당신이 더 잘 아시겠죠." 내가 말했다.

"음." 그가 말했다. "아마 다섯 명, 어쩌면 열 명쯤일까요. 정확하게는 모르겠네요. 하지만 편의상, 제가 100명, 또는 1,000명의 생명을 구했다고 가정해볼까요?"

"그러시죠."

"제가 말하는 핵심은 이겁니다. 제가 만약 충성 선서를 거부했다면, 저는 300만 명 전부를 구할 수도 있었을 거예요."

"농담이시겠죠." 내가 말했다.

"아니에요."

"혹시 당신이 선서를 거절하자마자, 1935년에 정권이 전복되기라도 했을 거라는 뜻인가요?"

"아니에요."

"그렇다면 다른 사람들이 당신을 본받아서 똑같이 선서를 거부했을 거라는 뜻인가요?"

"아니에요."

"그럼 저는 이해가 안 되는데요."

"당신은 미국인이니까요." 그는 다시 이렇게 말하며 미소를 지었다.

"제가 설명해 드릴게요. 그때, 그러니까 1935년에, 저는 태생과 교육과 지위에서 얻은 온갖 혜택으로 어느 나라에서든 지배층이거나 또는 수월하게 지배층이 될 수 있는 그런 '종류'에 속하는 사람의 완벽한 사례였어요. 제가 만약 1935년에 선서를 거부했더라면, 그건 결국 독일 전역에서 저와 같은 사람 수천수만 명이 선서를 거부했다는 의미였을 겁니다. 이들의 거부는 결국 수백만 명의 마음을 움직였을 거예요. 그랬다면 정권은 전복되었을지도 모르고, 최소한 애초에 권력을 장악하게 되는 일 자체가 없었을 겁니다. 1935년에 제가 차마 저항할 채비를 갖추지 못했다는 것이야말로, 독일에서 저와 유사하게 영향력을 지녔거나 또는 영향력을 지닐 잠재력을 지닌 사람 수천 명, 또는 수십만 명도 저와 마찬가지로 저항할 채비를 갖추지 못했다는 뜻이었어요. 그리하여 이 세상이 상실되었던 겁니다."

"진지하게 하시는 말씀이신가요?" 내가 물었다.

"당연합니다." 그가 말했다. "제 덕분에 생명을 구한 사람은 100명이었습니다. 원하신다면 1,000명, 또는 10명이라고 해도 마찬가지입니다. 이 숫자를 과연 많다고 할 수 있을까요? 그 모든 끔찍스러운 악에서도 겨우 일부에 불과합니다. 하지만 1935년에 제 믿음이 충분히 강력하기만 했더라도, 저는 그 모든 악을 방지할 수 있었다는 겁니다."

"당신의 믿음이요?"

"저의 믿음이죠. 물론 제가 '산을 움직이는' 일이 가능했다고 믿는 것은 아닙니다.[78] 제가 '아니오'라고 대답한 첫날까지만 해도, 저는 믿음을 갖고 있었습니다. 하지만 이후 24시간의 여유를 얻어 '다시 생각하는' 사

---

78. 신약성서 「마가복음」 11장 23절을 빗댄 것이다. "내가 진실로 너희에게 이르노니, 누구든지 이 산더러 들리어 바다에 던져지라 하며, 그 말하는 것이 이루어질 줄 믿고 마음에 의심하지 아니하면 그대로 되리라." 이후 이 말은 '큰 믿음을 가지면 반드시 원하는 바가 실현된다'는 의미로 널리 알려졌다.

이에, 저는 결국 믿음을 잃었습니다. 그리하여 이후 10년 동안, 저는 산이 아니라 기껏해야 개미탑 하나밖에는 움직일 수 없었던 겁니다."

"그 첫날에 당신이 가지고 있던 믿음을 어떻게 하면 유지할 수 있었을까요?"

"그건 저도 모릅니다. 저도 모르겠어요." 그가 말했다. "당신은 아시겠습니까?"

"저는 미국인이지 않습니까." 내가 말했다.

내 친구는 미소를 지었다. "그렇다면 당신은 미국인답게 교육의 힘을 신뢰하시겠군요."

"그렇습니다." 내가 말했다.

"하지만 제가 받은 교육도 도움이 되지는 못했습니다." 그가 말했다. "그런데 저로 말하자면, 대부분 사람이 받았거나 앞으로 받을 것보다도 훨씬 더 폭넓고 더 나은 교육을 받았다는 겁니다. 그런데도 이 교육이 결국에 가서 한 일이라고는 제가 겪은 믿음의 상실을 합리화하도록 도와준 것뿐이었습니다. 그러니까 제가 아예 무지했을 때보다도 더 손쉽게 합리화를 할 수 있게 도와준 것뿐이었죠. 제가 생각하기에는, 그 당시에 독일에서 교육을 받았다는 사람들 사이에서는 상황이 전반적으로 그랬던 것 같습니다. 이들의 저항이라고 해야 다른 사람들의 저항보다 더 대단할 것도 없었다는 거죠."

언어학자며 공학자와 나눈 대화를 토대로 해서 내가 만난 열 명의 나치 친구들에 관해 생각하다 보니, 문득 '집단적 유죄'라는 개념은 근본적으로 의미론적 실수라는 생각이 들었다. 실제로는 '집단적 부끄러움'이라고 해야 맞았다. 집단적 부끄러움은 가능할 수는 있겠지만, 강요될 수는 없었다. 부끄러움은 존재의 상태인 반면, 유죄는 법적 사실이었다. 행인 한 명이 집단 폭행을 방지하려 시도하지 못했다는 데 대해서 유죄일 수는 없었다. 그는 단지 자기가 그렇게 하지 못했다는 사실에 대해 부끄러워할 수만 있을 뿐이다.

설령 미국인처럼 주권자이며 자치하는 시민이라 하더라도, 그가 국가의 어떤 행위를 방지하려 시도하지 못한 것에 대해 유죄일 수는 없다. 예를 들어 길 가는 미국인을 다짜고짜 붙잡아서, 예를 들어 히로시마 원폭 투하로 인해 미국이 헤이그 협약을, 즉 그가 주권자인 시민으로서 선출한 정부가 조인한 협약을 위반했다는 이유로 그를 기소한다고 하면, 그것 자체야말로 나치즘일 것이다. 주권자인 시민의 경우와 마찬가지로, 독재 치하의 신민 역시 국가의 행위에 대해 유죄일 수는 없다. 만약 그가 범죄라고 간주하는 것을 국가가 그에게 개인적이고도 개별적으로 강요했을 때, 그리고 그가 그런 강요에 따르지 않을 경우에 가해지는 처벌이 매우 무겁다면, 관습법에서는 '강제협박'이라는 근거를 들어 그가 국가의 지시를 따랐어도 무죄라고 본다. "저는 운이 좋았습니다." 목수 클링겔회퍼 씨는 말했다. "딱히 잘못된 일을 하지 않아도 되었으니까요."

집단적 부끄러움은 이와는 또 다른 것이다. 이는 단순히 주권자 시민의식이라는 사실만을 필요로 하는 것이 아니라, 나아가 가장 섬세한 의미까지도 필요로 한다. 나는 열 명의 친구들 사이에서 집단적 부끄러움을 그리 많이 발견하지는 못했다. 서독(독일연방공화국)의 대통령은 우리에게 그걸 느끼라고 호소하면서, '집단적 부끄러움'이라는 바로 그 표현을 사용한 바 있었다. 하지만 어떻게 한 사람이 다른 사람들에게 실제로 부끄러움을 느끼게 만들 수 있을까?

대학생이자 '히틀러 소년단' 지도자였던 호르스트 루프레히트의 경우, 나치즘의 죄라든지, 독일의 죄라든지, 게르만 민족 전체의 죄에 대해 스스로를 자책했지만, 그의 '내 탓이오(mea culpa)'는 어딘가 좀 설득력이 떨어졌다. 1933년에 그의 나이는 겨우 여덟 살이었다. 내 생각에, 그의 증언은 여러 비독일인이 모든 독일인의 입으로 듣고 싶어 하는 내용에 불과했다. "아닙니다, 아니에요. 단지 히틀러와 괴링과 그 나머지가 한 일이 아니었습니다. 그건 바로 우리 독일인이, 우리 한 사람 한 사람 모두가, 다른 누구보다도 바로 저 자신이 한 일이었습니다." 하지만 내 생각에, 독일인의 입에서 진짜로 이런 말이 나왔다면 다른 나라 사람들은 실망해 마지않았을 것이다. 나 역시 실망해 마지않았으니까.

　뉘른베르크에서 열린 공판에서 청년 루프레히트의 최고위 상관이었던 나치 소년단 지도자 발두르 폰 쉬라흐[79]는 이렇게 말했다. "저는 유죄입니다. 저는 하느님과 독일이라는 국가 앞에 시인하는 바입니다. 저는 한 사람을 위해 독일의 소년들을 교육시켰으며, 저는 그가 흠 하나 없는 인물이라 여겼습니다만, 그는 사실 수백만 건도 넘는 살인을 저지른 살인자였습니다." 과연 이 발두르 폰 쉬라흐가 일찍이 히틀러를 가리켜 "독일의 가장 위대한 아들"이며 "별을 먹는 천재"라고 불렀던 바로 그 사람, 제단은 교회에 있는 것이 아니라 오히려 히틀러의 '봉기'가 끝난 장소인 '펠데른할레(Feldhernhalle)'의 계단에 있다고 말했던 바로 그 사람인가?[80] 그렇다. 그렇다면 과연 언제, 어디서, 어떻게, 그는 저 흠 하나 없는 인물이 실제로는 수백만 건도 넘는 살인을 저지른 살인자라는 것을 발견했는가? 그의 눈

---

79. 발두르 폰 쉬라흐(1907~1974)는 '히틀러 소년단'의 최고 지도자였으며, 전후에 뉘른베르크에서 알베르트 슈페어(1905~1981)와 함께 히틀러를 비판한 유일한 나치이기도 했다. 20년간 복역하고 출소한 이후에 회고록을 펴내기도 했다.
80. 1923년에 뮌헨에서 일어난 '맥주홀 폭동' 당시 나치들은 바이에른 군대의 기념관 '펠데른할레' 앞의 광장 '오데온스플라츠'에서 경찰과 총격전을 벌였고, 그 때문에 히틀러와 괴링이 부상을 당하고 체포되면서 결국 폭동도 마무리되고 말았다.

이 그런 사실을 목도하기 위해서는 결국 사형집행용 안대가 그의 눈을 가릴 수밖에 없었던 것이었던가?

내가 열 명의 친구들 사이에서 발견한 것은 일종의 후회 비슷한 감정이었다. 즉 자기들이 하지 않은 일에 대한, 자기들이 했던 일에 대한, 자기들이 해야 마땅했지만 실제로는 하지 않은 일에 대한 후회였다. 내가 생각하기에 이들 열 명 모두는 (심지어 재단사조차도) 이제는 무고한 사람들에 대한 고문과 학살에 관해서만큼은 '안 좋게 느끼고' 있었다. 하지만 정작 강제 이송, "재정주, 강제 격리"에 관해서라든지, 또는 몰수에 관해서만큼은 그렇게 느끼지 않았다. 내 친구들 역시 자기 재산을 모조리 잃은 다음이었다. 그렇지 않은가? 그렇다면 그들 자신을 제외하면 세상에 과연 그들을 딱하게 여길 사람이 또 있겠는가? 여섯 명의 극단주의자들은 모두 유대인 근절에 관해 이야기했다. "그건 잘못된 일이었다" 또는 "그건 너무 멀리까지 간 셈이었다"라는 그들의 말은 마치 이렇게 말하는 것과도 유사했다. "유대인은 어쨌거나 아주 큰 처벌을 받아 마땅했던 사람들이었지만, 그래도 가스실은 지나치게 큰 처벌이었다."

내 친구들은 조국이 살아남기 위해 싸운다는 이야기를 1939년부터가 아니라 오히려 1933년부터 줄곧 들어왔다. 그들은 단순히 야수들 사이에서만이 아니라, 여러 국가들 사이에서도 마찬가지로 자기 보전이 자연의 제1법칙이라고 믿었다. 이들이 이런 원칙을 가진 것이 잘못이었을까? 만약 그게 잘못이었다고 치면, 그들은 그런 사실을 증언하는 여러 국가들의 (자국의, 또는 타국의) 역사에서 아무것도 못 본 셈이 된다. 그리고 일단 실전이 벌어지면, 이들의 상황은 마치 내 동료가 말했던 '정권의 은밀한 적들'의 상황과 유사했다. 즉 더 이상은 국가나 국가 안의 누군가를 정당화할 필요가 없었다. 국가는 문자 그대로 생명을 위해 싸웠다. "그들, 아니면 우리"였다. 무슨 일이 일어나든 간에, 그리고 그 '무슨 일'이 무엇이든 간에, 그리고 그 무슨 일이 포용한 거대함이 무엇이든지 간에, 이는 전적으로 전투의 승패에 의존하는 것이었다.

심지어 오래 알고 지낸 유대인에게 담뱃불을 빌려주는 것조차 거부했으며, 유대교 회당이 불타버린 것을 솔직하게 기뻐했던 인물인 재단사 슈벵케 씨까지도 가스실에 관해서는 이렇게 말했다. "만약 그런 일이 일어났다면, 그건 잘못이었습니다. 하지만 저는 그런 일이 일어났다고 믿지 않습니다." 만약 그런 일이 '실제로' 일어났음을 그가 시인할 수 있다 하더라도 그는 그 일이 옳았다고 시인할 것이다. 그리고 이를 입증하기 위해서 (쓰라린 상처를 지닌 채로 더 커다란 괴로움을 담아서) 희생자들에게 반대하는 주장을 펼칠 것이고, 자기가 이전까지는 차마 꿈도 꾸어본 적이 없었던 죄들을 들먹이며 그들의 탓으로 돌릴 것이다.

우리가 좋아하지 않는 것, 그리고 '내가' 좋아하지 않는 것은 바로 이 사람들의 위선이다. 나는 이들의 고백을 듣고 싶었다. 자기들이, 또는 자기 동포와 자기 나라 정부 가운데 일부가 기독교인의, 문명화된, 준법적인 삶의 가르침들을 위반한 것은 충분히 나쁜 일이었다는 고백을 말이다. 정말로 괴로운 것은 이들이 그런 사실을 직시하지 않으리라는, 또는 말하지 않으리라는 점이었다. 나는 이들이 정상 참작의 여지를 항변하지 않았으면 하고 바랐다. 차라리 나는 이들이 이렇게 말했으면 하고 바랐다. "그 모든 일이 기독교인답지 못했고, 문명인답지 못했고, 준법적이지 못했지만, 단지 제가 악을 사랑한 까닭에 마치 실제로는 그렇지 않은 척했을 뿐이라는 것을, 저는 예전에도 알았고 지금도 알고 있습니다. 모든 독일인이 그리고 저 자신부터가 위선적인 삶을 살았다는 이유로 유죄라고 선언하는 바입니다. 저는 썩어빠졌습니다."

나의 친구인 클링겔회퍼가 다음과 같이 말하면서 썼던 가면, 즉 자기도 괴로운 '척' 하는 가면이 나는 영 마음에 들지 않는다. "제가 항상 그랬습니다. 이래 봤자 좋을 것은 없다구요. '실제로도' 좋을 것은 없었죠." '자율 소방대'에 관한 열띤 주장은 갑자기 사라져버렸고, 이제 그는 고고한 척하면서, 마치 몰리에르의 희곡을 공연하는 1인 극단처럼 현명한 사람 특유의 우울을 드러냈다. 나는 그에게 이렇게 말해주고 싶었다. "이 '개돼지(Schweinehund)'야. 당신이 한 말은, 그러니까 어디까지나 자기 자신한테만 한 말은 결국 이런 뜻이었잖아. 그건 '만약 전쟁에서 지면' 좋을 것이 없을 거라는 뜻에 불과했다구. 그런데 당신네 나라는 실제로 전쟁에서 지고 말았지. 만약 전쟁에서 이겼더라면, 당신은 나머지 독일인과 함께 피로 축배를 들었을 거잖아." 하지만 내가 이렇게 말해봤자 무슨 소용이 있겠는가?

　　내가 바란 것은 나의 친구들이 단지 나쁜 기분을 느끼고, 또 그렇다는 사실을 고백하는 것만이 아니었다. 차라리 나는 그들이 과거에도 나빴으며, 현재에도 여전히 나쁘다는 사실을 고백하기를 바랐다. 나는 그들이 스스로를 열등한 인종으로 간주하기를, 하다못해 자기 비하라도 하기를 바랐다. 그래야만 내가 우월한 자에게 어울리는 아량으로, 그들을 향해 비난하는 판결을 내림으로써 그들로 하여금 공적 부끄러움과 사적 고뇌 속에서 살아가게 할 수 있을 테니까. 나는 하느님이 되고 싶었다. 단지 그 권능에서만이 아니라, 그 의로움과 자비에서도 하느님이 되고 싶었던 것이다. 그리고 분쇄된 나치즘이야말로 내가 그렇게 될 수 있는 기회였다.

　　하지만 나는 하느님이 아니었다. 나 자신도 애국주의자였으며, 여러 가지 애국주의적 위선에 대해서 유죄였다. 내가 내세울 수 있는 유일한 정당화는 독일인이 나보다는 훨씬 더 지독했다는 것뿐이다. 내가 가진 법률과 관습이 이들보다는 덜 짐승 같았다는 사실만으로 내가 자연히 그들보다 더 하느님처럼 되는 것은 아니다. 왜냐하면 정도의 차이가 곧 종류의 차이는 아니기 때문이다. 내 조국에도 있는 (외국인과 자국 시민 모두를 대상으로 한) 인종차별적 입법과 관습만 해도 온통 위선투성이였다. 만약 미국에서는 지난 세기 동안 인종차별주의가 놀라우리만치 줄어들었다고, 그리고 선의 위력은 그 어느 때보다도 더 강력하게 성장한다고 내가 항변한다고 치면, 내가 어떻게 힐데브란트와 케슬러 같은 친구들에게 감히 대답할 수 있겠는가? 이들만 해도, 자기와 유사한 버젓한 사람들이 국가사회주의에 침투하다 보면 머지않아 악이 감소되는 것은 물론이고 심지어 근절될 수 있으리라고 믿거나, 또는 믿도록 감화되지 않았던가?

문제는 누가 나를 불러다가 내 손으로 직접 그런 행동을 하도록 강요하지는 않았던 이런 애국주의적 위선이 모조리 국가의, 또는 국가 문화의 행위라는 점이다. 당연히 나는 이를 나쁘게 느낀다. 아주 나쁘게. 하지만 나는 최소한 스스로를 나쁜 사람으로 느끼지는 않았으며, 그런 이유 때문에 처벌받고 싶지도 않았다. 만약 내가 만난 나치 친구인 청년 루프레히트처럼 자기 가슴을 치면서 이렇게 말했다고 치자. "그건 바로 내가, 내가, 내가 한 일이었습니다." 내 생각에, 이런 내 말은 어딘가 꾸며낸 것처럼 들릴 것 같다. 그의 말이 내게도 그렇게 들렸던 것과 마찬가지다. 내가 듣고 싶은, 또는 내가 해야 마땅한 고백이긴 하지만, 어쩐지 진짜처럼 들리지는 않는 것이다.

나는 한편으로는 내 아량으로 나의 친구들을 면제시켜주고 싶긴 하지만, 또 한편으로는 그들의 비(非)영웅주의의 결과로부터 그들이 도망치도록 허락했다는 사실 때문에 훗날 나 자신을 책망하고 싶지는 않았다. 따라서 내가 정말로 원하는 것은 국가라는 강철전차의 쇠못 박힌 바퀴 아래 자기 몸을 내던졌을 당시에, 그들 각자가 충분히 그 상황에 신경을 쓰는 것이다. 하지만 나의 친구들 가운데 어느 누구도 그러지는 않았으며, 나로선 이 사실 때문에 그들을 용서할 수가 없었다. 그들은 그 상황에 충분히 신경을 쓰지 않았던 것이다.

15장 광기: 하인리히 힐데브란트,
전후에야 참상을 알았다

나의 친구들이 실제로 고통을 받았다고 치면, 그들이 과연 얼마나 고통을 받았는지, 또는 그들이 과연 충분히 고통을 받았는지 여부를 나는 어떻게 해야 알 수 있을까? 만약 흔히 말하듯 인간은 고통을 거침으로써 완벽해진다고 한다면, 나의 친구들 중 누구도 충분히 고통을 받지는 않은 셈이 된다. 왜냐하면 그들에 관한 나의 지식이 불완전함에도, 내가 보기에는 그들 중 어느 누구도 완벽하지는 않기 때문이다.

그들 중 일곱 명은 내 질문을 회피했다. 내가 매우 신중하게 고안해서, 우리의 대화 중에서도 마지막 몇 주 동안 다양한 방식으로 이들에게 제기한 질문은 이러했다. "'당신이' 생각하는 옳음과 잘못의 기준에 따라 당신이 한 일 중에서 잘못된 일은 무엇이었으며, 당신이 '하지 않은' 일 중에서 옳은 일은 무엇이었습니까?" 이런 질문을 던지면, 우리 모두의 이기심 주위에 즉각적으로 방벽을 둘러놓는 본능이 곧바로 가동된다. 즉 내게서 질문을 받은 나의 친구들은 그 당시에 합법적이거나 불법적이었던 일, 인기가 있거나 없었던 일, 다른 사람이 하거나 하지 않은 일, 유발되거나 유발

되지 않은 일을 이야기했다. 하지만 이쯤 되자 나는 이런 것들 가운데 그 무엇에도 관심을 두지 않게 되었다. "은밀한 마음을 누가 알겠나?" 그런데 나는 그 은밀한 마음을 알려고 시도하였다. 그러다보니 나는 그들이 반복해서 주워섬기는 베르사유며, 폴란드 회랑이며, 인플레이션이며, 실업이며, 공산주의자며, 유대인이며, 탈무드에 관해 모조리 알게 되었다.

나의 친구들 가운데 여덟 번째인 청년 루프레히트는 한때 '히틀러 소년단'의 지도자이기도 했는데, 그는 히틀러 정권 내내 벌어진 모든 불의에 대한 주권자로서의 책임을 기꺼이 받아들이거나 받아들이도록 감화된 바 있었다. 하지만 그조차도 나를 일깨워주는 데 있어 나이 많은 '광신자' 슈벵케 씨보다 딱히 더 나을 게 없었다. 내가 집요하게 던진 마지막 질문 때문에, 결국 베르사유나 폴란드 회랑 말고 다른 이야기를 할 수밖에 없는 입장이 되자 이 '광신자'는 내게 말했다. "저는 어느 누구에게도 잘못된 일은 전혀 한 적이 없었어요." "전혀?" 내가 마치 혼잣말처럼 중얼거렸다. "'전혀'요." 그 역시 마치 혼잣말처럼 중얼거렸다. 하지만 나의 친구들 가운데 두 명은 (즉 교사인 힐데브란트 씨와 은행원인 케슬러 씨는) 각자 선택한 시간에, 각자 선택한 방식으로, 내가 굳이 이 질문을 꺼내지 않았는데도 나를 깨우쳐주었다.

힐데브란트의 말에 따르면, 그가 '3월 한철의 제비꽃들' 중에서도 한참 늦게 1937년에 국가사회주의자가 된 이유는 두려움과 이득이었다. "혹시 말입니다." 나는 또 언젠가 이렇게 물었다. "당신이 입당한 데에는 또 다른 이유도 있지 않았습니까?" 그는 아무 말도 하지 않더니, 곧이어 얼굴을 붉히기 시작했다. "저는—." 그는 말을 꺼내다 말고 얼굴이 완전히 붉어지더니, 이렇게 말했다. "아뇨. 다른 이유는 없었습니다." 한참이 지난 뒤에야 나는 힐데브란트가 나치로 변모했던 이유를 모조리 알게 되었다.

"어쩌면 저도 굳이 입당하지 않고서 버틸 수 있었을지 모릅니다." 그는 여러 번 이렇게 말했다. "저도 잘은 모르겠습니다. 어쩌면 기회가 있었을지도 모르죠. 다른 사람들은 그랬으니까요. 그러니까 제가 다니던 고등학교의 다른 선생들은 말입니다."

"그런 사람이 몇 명이나 되었죠?"

"어디 볼까요. 우리 학교에는 서른다섯 명의 선생들이 있었죠. 그중에서 겨우 네 명, 아니, 다섯 명만이 완전히 확고한 나치였죠. 하지만 그 다섯 명하고도 우리는 교무실에서 공공연히 언쟁을 벌일 수 있었어요. 진짜 광신자는 그중에서 딱 한 명뿐이었는데, 우리 동료 가운데 한 명을 당국에 고발한 장본인도 아마 그 사람이었을 겁니다."

"그런 일이 있었나요?"

"물론 그 사람이 그랬다는 직접적인 증거는 없었습니다만, 그가 옆에 있는 동안에는 우리 모두 주의할 수밖에 없었죠."

"그렇다면 서른다섯 명 중에서 끝까지 입당하지 않은 사람은 몇 명이나 되었나요?"

"다섯 명뿐이었죠. 하지만 모두가 똑같은 이유에서 그랬던 것은 아니었어요. 다섯 명 중에서 세 명은 매우 신앙심이 투철한 사람들이었죠. 선생들은 당연히 모두 프로테스탄트였지만, 그중에서도 신앙심이 정말로 투철한 사람은 기껏해야 대여섯 명뿐이었어요. 그 대여섯 명은 모두가 나치 반대자였지만, 이런 사실을 드러낸 사람은 그중에서도 딱 세 명뿐이었죠. 첫 번째로는 지금은 교장이 된 역사 선생이 있는데, 매우 애국주의적이고, 매우 프로이센적인 동시에 철저한 기독교인이었죠. 그는 나치 반대 성향인 고백교회에 가까운 입장이었지만, 차마 거기에 직접 가담하지는 못했습니다. 그랬다가는 일자리를 잃어버렸을 테니까요. 두 번째는 신학 선생이었는데, 그는 현대어도 가르쳤습니다. 그는 우리 학교에서 가장 뛰어난 선생이었죠. 종교적 차원에서도 반대했지만, 외국 문화에 대한 소양이 넓다 보니 그는 자연히 나치 반대자가 되었습니다. 세 번째는 수학 선생이었는데, 거의 속세를 초월한 인물인 동시에 매우 경건했고, 모라비아 교파[81]에 속해 있었죠."

"그렇다면 신앙심이 투철하지는 않았는데도 굳이 입당하지 않은 두 명은요?"

"그중 한 명은 역사학자였습니다. 무신론자까지는 아니었고, 아시다시피 그냥 역사학자였을 뿐이죠. 그는 어디에도 속하지 않는 사람이었습니다. 그는 비정치적인 사람이기도 했죠. 나치즘을 강력하게 비판하기는 했지만, 항상 초연하고 이론적인 토대 위에 서 있었습니다. 아무도 그를 괴롭히지 않았죠. 아무도 그에게 주목하지 않았습니다. 그 또한 아무에게도 관심을 갖지 않았죠. 또 다른 비(非)신자는 사실상 그걸 가장 진실하게 믿는 사람이었습니다. 왜냐하면 그는 생물학자였으며, 종교적 배경에 반항하는 사람이었거든요. 그는 별다른 어려움 없이도 다윈의 '적자생존'을 곡해해서 나치의 인종차별주의로 바꿀 수 있었습니다. 우리 학교에서 그런 주장을 실제로 믿은 사람은 그 하나뿐이었을 거예요."

"그런데 그 사람은 왜 입당하지 않았던 거죠?"

"그는 마침 우리 군(郡)의 당 지부장(Kreisleiter)을 싫어했어요. 지부장은 아버지도 신학자였고, 본인도 결코 교회를 떠난 적이 없는 사람이었거든요. 두 사람은 피차 싫어하는 사이였습니다. 생물학자가 입당하지 않은 이유도 그거였어요. 그런데도 지금은 자기가 원래부터 '나치 반대자'였다

81. 18세기에 창설된 기독교의 한 분파.

고 행세하죠."

"그럼 당신은요?"

"맞아요." 그는 이렇게 말하며, 또다시 약간 얼굴을 붉혔다. "저도 입당했죠. 물론 저 역시 동프로이센에서 나름의 과거가 있었어요. 그 과거를 묻어버리기 위해 온갖 종류의 주의를 기울였죠. 하지만— 세상 일은 아무도 모르는 거잖아요. 저는 옛날 '국가당(Staatspartei)'[82]에서 활동했어요. 1930년에 민주당을 계승한 정당이었죠. 1930년부터 저는 근처의 고등학교에서 운영하는 성인교육 프로그램에서 정기적으로 강의를 했어요. 사회민주주의자와 공산주의자들이 그런 프로그램을 적극 장려하고 참여했죠. 독서 토론회며 라디오 방송에서 제가 칭찬한 작품을 쓴 작가들은 나치가 권력을 잡자마자 '반역적인' 작가들로 낙인찍혔어요.

8년 동안이나 저는 '교원 후보자(Studienassessor)'라는 직위를 갖고 있었어요. 물론 정년이 보장되지는 않았죠. 그런데 1933년 이후로 제 이름은 심지어 고등학교 '정교원(Studienrat)'의 후보자 명단에도 들어가지 못하게 되었어요. 원래 그 직위는 고등학교 교사 경력이 5년만 되면 보통 주어지는 것인데도 말이에요. 나치가 권력을 잡은 바로 그해 봄에, 저는 라디오 프로그램에서 쫓겨난 것은 물론이고, 성인교육 프로그램에서도 쫓겨났어요. 그 이후에 저는 그 도시를 떠나서 여기저기 작은 학교를 전전하게 되었죠. 그래서 아주 조용히 사직서를 내고, 이곳 헤센으로 온 거예요. 제 아버지께서 육군에 있는 옛 친구 분을 통해 힘을 쓰신 덕분에 저는 크로넨베르크에서 교사로 임용되었던 거죠. 하지만 여기서도 저는 여전히 승진을 못하고 있어서, 혹시 뭔가 의심을 받나 하는 걱정이 들더군요. 저는 2년을 기

---

82. 독일 '국가당(DStP)'은 바이마르 공화국 당시인 1930년부터 1933년까지 있었던 좌파 자유주의 성향의 정당이다.

다려보다가 결국 입당했어요. 그랬더니 바로 '정교원'으로 승진도 하고 결혼도 할 수 있었죠."

"그러면 힐데브란트 여사께서는요?" 나는 이렇게 말하며, 그의 얼굴이 다시 붉어지는지를 살펴보았지만, 그런 모습은 나타나지 않았다. 힐데브란트 씨가 입당한 진짜 이유는, 물론 나로선 '그것'이 무엇인지 아직 몰랐지만 힐데브란트 여사와는 무관한 모양이었다.

"에바는 저하고 전혀 다른 길을 지나왔어요. 1933년에 그녀는 히틀러 지지자였죠. 물론 그녀는 저보다 훨씬 더 젊었고, 그녀의 가족은 끗발 없는 귀족 집안으로, 옛날 국민당[83] 지지자였어요. 국민당은 나중에 가서 완전히 나치 쪽으로 기울게 되었죠. 하지만 그녀는 킬에 있던 노이만이라는 유대인 교수를 존경했어요. 제자라면 당연한 일 아니겠어요? 그곳에서 불온 서적 화형식이 있던 바로 그날, 그 교수님은 자기네 철학 세미나의 조교에게 지시해서 자기 책들을 학생들에게 나눠주게 했어요. 에바는 노이만 교수의 장서 가운데 세 권을 얻었는데, 그거야말로 집사람이 가장 자랑스러워하는 재산이죠. 그런데 집사람은 아직도 나치즘을 믿고 있었어요. 집사람이야말로 우리가 흔히 말하는 '홀린(begeistert)' 상태였죠.

우리가 처음 만난 건 1938년이었어요. 카셀에 있는 장교 및 가족 전용 카지노에서였죠. 젊은 사람들은 모두 부모님을 따라서 거기에 갔죠. 물론 우리는 그들만큼 젊지는 않았지만요. 저도 부모님을 따라갔고, 집사람도 마찬가지였어요. 양쪽의 아버지 두 분이 모두 예비역 장교이시고 옛날부터 알던 사이셨거든요. 그 날짜는 1월 30일, 마침 히틀러가 권력을 장악한 기념일이었지만, 어디까지나 우연의 일치로 날짜가 맞아떨어진 것뿐이었어

83. '국가인민당(DNVP)', 또는 '국민당'은 바이마르 공화국 당시인 1918년부터 1933년까지 활동한 독일 보수 우익 정당이다.

요. 그 카지노의 분위기도 나치와는 전혀 무관했죠. 우리는 춤을 추었는데, 저는 사실 솜씨가 썩 좋지는 않았어요." 그는 얼굴을 붉혔지만 아주 약간뿐이었다. "하지만 그로부터 한 달 뒤에 저는 그곳에서 강연을 하게 되었는데, 집사람이 거기 왔다가 저한테 '반해버린' 거예요.

그때 저는 이미 당원이었어요. 반면 집사람은 정말로 비정치적이었어요. 내심으로는요. 그것 참 우습죠. 저는, 그러니까 정치에 관해 알 만큼 알던 저는 점점 더 나치에 가까워지고, 정치를 모르던 집사람은 오히려 점점 더 나치에서 멀어지고 말이에요. 1938년 말에 유대교 회당이 불타고 나서, 집사람은 강력하게 나치 반대자가 되었어요. 노이만의 책을 꺼내 들고는 울더군요. 저는 집사람에게 말했어요. 당신은 이 모든 일을 이해하지 못한다고. 물론 집사람은 이해를 못했죠. 하지만 집사람은 상황을 알았고, 어찌어찌 감지했어요. 저보다도 또는 제가 기꺼이 하려는 것보다도 오히려 더 나았죠. 그때 이후로 1939년에 제가 육군에 입대할 때까지, 우리는 항상 싸우기만 했어요. 하지만 지금은 다 괜찮습니다." 그의 말은 사실이었다. 나 역시 힐데브란트 가족을 자주 만나봤으니까.

"그래도 집사람은 탈당을 하지는 않았어요. 1937년에 입당했고, 그보다 더 일찍 입당한 것은 아니었어요. 집사람도 교사였기 때문에, 어디까지나 일자리를 유지하기 위해서 그랬던 거였어요. 하지만 여자가 남자보다 더 용감한 법이죠. 당신은 그렇게 생각 안 하세요?"

"맞아요." 내가 말했다. 그러면서도 나는 여전히 '그것'이 무엇인지 궁금해 하고 있었다. '두려움과 이득'이 아니라면, 힐데브란트 씨를 나치로 만든 요인은 과연 무엇이었을까?

"왜냐하면— 음, 여자들은 남자들이 하는 것처럼 뭔가를 직면하지는 않기 때문이죠. 여자들은 남자들이 가족을 부양할 방법을 찾아내리라고 가정해요. 여자들은 남자들보다 더 강한 나치가 되거나, 더 강한 나치 반대자가 되지만, 정작 그런 일 자체에 대해서는 별로 생각을 많이 하지 않을 수가 있죠. 대부분의 여자들이 그래요." 나는 지금에 와서야 순간적으로 그의 얼굴이 살짝 붉어지는 것을 본 듯했지만, 때는 겨울의 늦은 오후였다. 그래서 나는 불을 켰다.

힐데브란트는 자기가 '나치' 식으로 문학을 가르친 것에 대해 죄의식을 품지는 않았다. "수업 중에 교과서 말고 다른 이야기를 할 수도 있었고, '비(非)독일적'인 문학작품 중에도 간과되고 넘어간 것들이 있었거든요. 예를 들어 레싱의 『현자 나탄』이 그러했는데, 우리는 수업 시간에 이 작품을 대놓고 읽었습니다. 『부덴브로크 가의 사람들』도 마찬가지였죠. 딱 꼬집어서 금지되지는 않았지만, 나치가 토마스 만을 싫어한다는 것은 누구나 알았거든요.

학생들 중에는 바서만, 베르펠, 츠바이크 같은 유대인 작가들을 개인적으로 읽고서 그들에 관해 과제물을 써서 저한테 가져오는 경우도 있었어요.[84] 그런 작가들의 작품을 읽어서는 안 된다고 굳이 말하지는 않았으니까요. 그러면 저는 그걸 받아서 학점을 매겼죠. 비록 교실에서는 그 작가들을 다루지 않았지만요. 그리고 저는 학생들에게 프랑스와 영국 문학을 이전보다 더 많이 읽게 했는데, 따지고 보면 그런 행위 역시 '새로운 정신'에 대한 어렴풋한 배신 가운데 하나일 수 있었죠. 물론 저는 항상 저 자신을 보호하기 위해서 이런 말을 했어요. 그러면서도 학생들이 충분히 꿰뚫어볼 수 있는 방식으로 말했죠. 즉 우리가 읽는 외국 문학은 단지 독일 문학의 반영에 불과하다고 말이에요. 아시다시피, 교수님, 그 당시에도 우리는 독

---

84. 독일의 야코프 바서만(1873~1934)과 오스트리아의 프란츠 베르펠(1890~1945) 및 슈테판 츠바이크(1881~1942)는 모두 나치 치하에서 금지된 유대계 작가였다.

립성을 어느 정도는, 어느 정도까지는 드러낼 수 있었다는 겁니다. 은밀하게나마 말이에요."

"무슨 말인지 알겠습니다." 내가 말했다.

"학생들 가운데 상당수는, 즉 그중에서도 가장 뛰어난 녀석들은 이 모든 소동 가운데서 무슨 일이 벌어지는지를 이해했죠. 이건 저와 학생들, 우리 모두가 참여하는 일종의 무언극이었어요. 제가 생각하기에 최악의 결과는 그 일 때문에 그 녀석들, 즉 가장 뛰어난 학생들조차 냉소적으로 변했다는 거였죠. 하지만 그때 당시에는 그 일 때문에 교사들도 마찬가지로 냉소적으로 변했어요. 제 생각에, 오늘날의 독일에서 가장 뛰어난 젊은 남녀 사이에서 찾아보실 수 있는 냉소주의의 온상 가운데 하나는 바로 그 당시의 교실이었을 거예요."

"가장 뛰어난 학생들이 그렇게 되었다구요?"

"예. 다른 아이들, 그러니까 대다수는 지금에 와서 환멸을 느끼지만, 그건 또 다른 이야기예요. 당신도 아시다시피 젊은이들은 그 당시에만 해도 양극단에 끌리게 마련이었어요. 물론 늙은이들도 마찬가지이지만요. 독일 밖에 사는 사람들은 '독일인들'이 자기 귀에 들리는 이야기는 뭐든지 믿게 되었다고, 즉 진실이라고 주장되는 그 모든 끔찍한 헛소리를 모조리 믿게 되었다고 생각하는 것 같더군요. 그렇게 생각하는 건 아주 잘못된 오해고, 아주 위험한 오해예요. 제가 생각하기에, 사실은 '대부분' 독일인들이 모든 것을, 절대적으로 모든 것을 믿었다고 해야 할 거예요. 하지만 나머지 사람들, 즉 그런 헛소리를 꿰뚫어볼 수 있는 사람들은 아무것도, 절대적으로 아무것도 믿지 않게 되었죠. 방금 말한 사람들, 즉 가장 뛰어난 사람들은 지금에 와서 냉소주의자가 되었어요. 젊은이건 늙은이건 간에 말이에요."

"그렇다면 다른 사람들, 그러니까 나치의 신봉자들은요?"

"음, 그들 중 늙은이들은 (아마 당신은 이렇게 말씀하시겠죠) 지금에 와서는 희망이 없는 실정이에요. 그나마 더 젊은 사람들, 그 당시에 고작 십대였던 사람들은— 그들에 관해서는 저도 뭐라고 해야 할지 모르겠네요. 다만 그들이 예전의 환상을 잃어버리긴 했지만, 새로운 환상이 나타나는 것도 못 본다고밖에는 말할 수가 없네요. 그거야말로 위험천만한 일이에요. 그들 자신을 위해서도 그렇고, 지금으로부터 10년 내지 20년 뒤의 세상을 위해서도 말이에요. 그들은 어떤 방법으로라도 다시 태어날 필요가 있습니다."

나는 그 '무언극 놀이'에서 구체적 사례들을 이야기해줄 수 있느냐고 힐데브란트 씨에게 물어보았다. 다음에 만났을 때, 그는 이야기를 해주었다. "예를 들어, 셰익스피어의 작품 중에서는 오로지 『맥베스』만, 그리고 당연히 『베네치아의 상인』만 추천되었죠. 물론 저는 나중의 작품을 한 번도 과제로 내준 적이 없었지만요. 하지만 여기서도 마찬가지로 금지된 것은 전혀 없었어요. 비록 『햄릿』은 '영혼의 나약함'을 담았다는 이유로 비난을 받기는 했지만요. 나치는 도스토예프스키와 톨스토이 같은 러시아 작가들에게도 '물렁한 슬라브인의 영혼'이 들어 있다고 비난했거든요. 심지어 톨스토이의 경우에는 이것이 결국 평화주의로까지 발전해버렸다고 비난했죠. 그래서 저는 셰익스피어의 작품 중에서 『한여름 밤의 꿈』을 과제로 내줄 수 있었어요. 이건 제가 보통 때에만 해도 굳이 다루지 않는 작품이었는데, 그때에는 이걸 다루어야만 학생들에게 다음과 같이 말할 수가 있었죠. '이 작품에 붙이는 음악을 멘델스존이 작곡했지. 너희 부모님들은 그 음악을 모두 아실 거다. 멘델스존은 유대인이었지. 지금은 더 이상 그의 음악을 연주하지 않는단다.' 아주 많은 이야기를 한 것은 아니지만, 그래도 대단한 거죠, 안 그렇습니까?"

"그러네요." 내가 말했다. "분명히요……. 그렇다면요, 힐데브란트 씨, 『율리우스 카이사르』는 어땠습니까?"

그는 아주, 아주 어색한 미소를 지었다. "『율리우스 카이사르』요? 아뇨……. 아뇨."

"그것도 금지되었나요?"

"제가 기억하기로는 아니었어요. 아니, 당시의 상황은 그렇지가 않았어요. 즉 모든 것이 구체적으로 규제된 것은 아니었어요. 전혀요. 진짜로 전혀 그렇지가 않았어요. 선택은 교사의 신중함에 맡겨져 있었고, 다만 '게르만 정신'의 범위 내에만 머물면 그만이었어요. 필요한 것은 단지 그것뿐이었어요. 교사는 오로지 신중하기만 하면 그만이었죠. 만약 어떤 책에 대해 누군가가 반대할 가능성이 조금이라도 우려된다면, 교사는 현명하게도 그 책을 사용하지는 않을 거예요. 아시다시피, 이것은 허용되거나 허용되지 않는 저술의 목록을 고정해 놓는 것보다도 훨씬 더 강력한 종류의 위협이었어요. 저 정권의 시각에서 보자면, 그런 방법이야말로 확실히 똑똑하면서도 효율적인 것이었죠. 교사는 반드시 결정을 내려야 하는 동시에 그 결과에 대해서도 반드시 책임을 져야만 했어요. 그런 까닭에 교사는 더욱 조심스러울 수밖에 없었구요."

"당신은 특정한 학생들에게 유대인 저자들의 책을 주는 것에 관해 이야기하셨죠." 또 한 번은 내가 이렇게 말했다. "그렇다면 당신은 어떤 학생이 당신을 밀고하지 않으리라고 어떻게 신뢰할 수 있었던 겁니까?"

"오, 그야 사람에 따라 판단이 가능하죠. 일반적으로 말하자면, 그런 책을 '잡종(Mischlinge)', 즉 혼혈 유대인 학생들에게 주는 것은 안전하다고, 그리고 자유로운 가문 출신의 학생에게 주는 것은 안전하다고 말할 수 있겠죠. 그때까지 줄곧 의심을 사던 사람이라면 결코 남을 밀고하지도 않았을 거예요. 왜냐하면 남들이 그의 말을 믿어줄 리가 만무했으니까요. 왜냐하면 그는 당국으로부터 전혀 호의를 받지 못하는 사람이기 때문이죠. 결국 제가 하는 일은 유대인에게 현 정권에 관해 불평하는 것과도 유사했어요. 그러니 안전했죠."

"저는 이런 상상을 해보게 되는데요." 내가 말했다. "그중 어떤 유대인은, 남들이 차마 공개적으로 말하지 못하는 생각을 털어놓는 은밀한 '통곡의 벽' 노릇을 당하는 것에 대해 분개했을지도 모른다는 상상 말이에요." 나는 그가 얼굴을 약간 붉히리라 짐작했고, 실제로도 그러했다. "맞아요, 제 생각에도 대부분 유대인은 분개했을 것 같아요. 아주 깊이요. 어떤 사람들은 그렇게 하지 않은 이유도 그래서죠."

"그렇군요." 내가 말했다.

"그 당시에는." 그가 말을 이었다. "학생이 저를 밀고할 수도 있었어요. 하지만 저에게 불리한 증언을 하기는 쉽지 않았을 거예요. 왜냐하면 저는…… . 음, 이런 일을 하면서도 제법 똑똑하게 했거든요. 하지만 설령 제가 밀고를 당했다 하더라도, 제 과거가 밝혀지지 않는다면 저는 무사히 벗어날 수 있었을 게 거의 분명해요. 왜냐하면 저는 당원이었으니까요. 당신은 이런 제 말이 합리화라고 말씀하시겠죠. 실제로도 그렇다는 걸 저도 알아요. 하지만 당원은 웬만한 일이 있어도 벗어날 수가 있었어요. 큰일이라면 몰라도, 웬만한 일이라면 말이에요. 그래서 나치가 아닌 사람이라면 차마 규칙을 위반할 엄두를 내지도 못했죠. 적어도 우리 학교에서는 아무도 못했어요."

"혹시 교실 안에 첩자가 있지는 않았나요?" 내가 물었다.

"아뇨, 학생들이 스스로 정보원이 되겠다고 자원하는 경우가 아니라면 말이에요. 물론 그 정권은 정보원을 애국자로 간주했죠. 하지만 학생들이 어떤 기분일지를 한 번 생각해보세요. 젊은이들은 그런 종류의 일을 경멸해요. 그러니 제가 우리 학교에서 들은 바에 따르면, 교실에는 결단코 첩자도 없었고, 심지어 정규 정보원도 없었어요. 여하간 전쟁 이전에는 없었어요. 전쟁 중에도 분명히 없었구요. 물론 저야 1940년의 휴가 때를 제외하면, 육군에 입대한 상태라서 줄곧 멀리 가 있긴 했지만요. 전쟁 중에는 반나치 성향의 교사들도 그 정권을 비판하지는 않았을 거예요. 일단 전쟁이 시작되자마자 모든 것이 끝이었죠. 우리는 '한 식구' 였어요. 그 당시에 우리는 그 정권과 우리 조국을 분리시킬 수 없었죠."

"7월 20일(1944년 7월 20일에 벌어진 군부의 히틀러 암살 시도—편주)의 음모자들은 확실히 분리시켰죠."

"맞아요……. 맞아요, 그들은 그랬죠. '그들' 은 그랬어요."

나는 그가 이전에도 무척이나 손쉽게 얼굴을 붉힌 것처럼, 지금도 얼굴을 붉혔음을 알았다. 하지만 굳이 고개를 들어 바라보지는 않았다. 나는 그의 얼굴이 붉어지다 못해 폭발하게 만들 뭔가가 나타나기를 기다렸다. 한참 뒤인 지금에 와서 생각해보면, 단지 내 상상이었을지도 모르지만. 나로선 기다릴 시간이 충분히 많았으니까.

그는 상급학교의 교수법에 관해서 1938년에 간행된 정부의 지침서를 내게 보여주었다. '문학(Literatur)' 이라는 제목 밑에는 이렇게 나와 있었다. "당연히 이런 선정작들만이 '새로운 독일' 의 핵심적인 방향으로서, 즉 새로운 세계관(Weltanschauung)을 준비하는 데에 도움이 되고, 그 가장 깊은 의지의 사례를 제공하는 것으로서 선택되어야만 함. 우리가 오로지 강력한 것만을 교육적으로 가치 있다고 간주함에 따라, 남성다움을 약화시키거나 억제시키는 것은 모조리 피해야 함. 인종에 관한 생각은 튜턴주의(독일주

의)에 대한 생생한 지식과 아울러 가장 강력하게 두드러질 것임." 그다음에
는 수업의 주제가 분명히 나와 있었다. "운명과 분투의 공동체로서의 국가.
생존공간을 위한 분투. 교련(육군, 해군, 공군). 영웅주의. 전쟁 시가(詩歌).
전설적 인물이자 도덕적 힘으로서의 세계대전 참전 용사. 세계대전 당시의
여성. 국가사회주의적인 분투의 공동체. 지휘권과 동지의식. 우리의 변경
과 외국에서 이루어지는 독일이라는 국가의 싸움. 식민지."

"이게 전부였습니다." 힐데브란트 씨가 말했다. "물론 나치 교사 조직
인 '교사연맹(Lehrerbund)'의 간행물이나 모임에서는 이 모든 것들이 구체
적으로 거론되기는 했지만, 그래도 아주 자세히 지시된 것까지는 아니었습
니다. 이 모두는 매우 엉성하면서 모호하기도 했죠. 이런 표제 하에서 교사
는 거의 뭐든지 가르칠 수가 있었습니다. 물론 『서부 전선 이상 없다』 같은
작품은 예외로 해야겠지만요!"

"왜 그렇게 엉성했던 걸까요?" 내가 물었다.

"부분적으로는 중등학교의 나치화가 어려운 것으로 밝혀졌기 때문이
죠. 초등학교에 비하자면 중등학교는 직업적으로 더 강력하고 더 훌륭하게
조직화가 되어 있었어요. 초등학교 교사들은 이에 비해 더 불안정한 동시
에 더 수용적이었죠. 모든 과목을 가르쳐야 하는 입장이다 보니, 사실상 그
무엇도 철저하게 훈련받지는 않았던 거예요. 이렇게 절반만 교육받은 상황
때문에 이들은 나치를 만드는 훌륭한 재료가 되었죠. 그들에게는 뭐라도
신속히 '가르칠' 수 있었으니까요. 그 당시에 우리가 하던 농담이 있어요.
'고속이란 무엇인가?' '고속이란, 초등학교 교사가 자기 정치관을 바꿀 만
한 시간조차도 없을 정도로 매우 짧은 순간을 말한다.'

또한 그 당시에는 초등학교가 오히려 정권에는 더 중요했어요. 초등학
교를 통하면 이 나라의 모든 아이들에게 접근할 수 있었던 반면, 우리 같은

고등학교를 통해서는 오로지 4분의 1에 해당하는 아이들에게만 접근할 수 있었으니까요. 그래서 초등학교를 우선 접수하고 중등학교는 나중에 접수해야만 했죠. 그들은 결코 이 과제를 완수하지는 못했지만, 시간이 10년쯤, 어쩌면 겨우 5년쯤 더 있었더라면, 결국 완수했을 거예요."

"그렇게나 빨리요?"

"그렇게나 빨리도 가능하죠. 어떤 사람은 하룻밤 사이에도 가능하다고 해요. 독재정권 하에서는 저항이 워낙 저조하니까요. 게다가 이 정권은 그 당시에는 물론이고 나중에도 효율적이었던 독재정권이었고, 심지어 문화 방면에서도 그러했어요. 사실 문화 쪽은 처음에만 해도 나치가 가장 약한 부분이었어요. 왜냐하면 가장 오래되고 가장 신뢰 받는 나치들은 (로젠베르크 같은 소수의 괴물들을 제외하면) 완전히 교양이 없는 사람들이게 마련이었거든요. 게다가 뭔가 '보상을 받을 만한' 당원이 있는데, 막상 그에게 다른 자리를 마련해주지 못할 경우, 당에서는 궁여지책으로 그에게 교육을 시키곤 했거든요. 나치의 '교육자'들은 하나같이 문맹이었어요. 교육부 장관인 루스트에서부터 그 아래로 모조리요.[85] 그들은 자기들이 뭘 원하는지를, 그리고 어디서 그걸 찾을 수 있는지를 전혀 알지 못했죠. 정계와 실업계 출신의 무지하지만 '신뢰할 만한 사람들'을 교육자로 삼은 것이야말로, 교육에 굴욕을 선사하는 동시에 대중의 경멸이 쏟아지게 만든 나치의 방법 가운데 일부였어요.

게다가 당의 교육 책임자들도 당의 노선이 언제 바뀌게 될지 자기들도 모르는 실정이었기 때문에, 혹시나 노선이 바뀌었을 때에 자기가 잘못된

---

85. 베른하르트 루스트(1883~1945)는 본래 고등학교 교사로 재직하다가 제1차 세계대전에 장교로 참전했으며, 이후 히틀러의 측근이 되어서 나치 정권에서는 과학교육문화부 장관으로 활동했다. 대학을 졸업하고 고교 교사를 한 사람이니, 본문에 나오는 것처럼 진짜 '문맹'은 아닌 듯하다.

편에 서 있게 되면 어쩌나 걱정했죠. 그 어떤 작가라도 갑자기 '퇴폐적'이라고 입증될 수 있었으니까요. 예를 들어 지금은 괴테가 반나치의 상징으로 무척이나 많이 이야기되지만, 사실은 괴테의 작품 거의 모두가 나치의 추천 대상이었던 것을 기억하는 사람도 많을 거예요. 그의 보편주의는 국가사회주의를 부끄럽게 만들 만큼 강력하거나 직설적이지 않았죠. 물론 가장 위대한 천재를 폄하하려는 것은 아닙니다만, 그가 만약 한 세기만 더 오래 살았다면, 자기가 한 말을 모조리 다시 쓰고 싶어했을 거예요. 그래야만 자기가 한 말을 나치가 이용할 수 없을 테니까요."

"하지만 그랬다가는 그의 시가 모두 망가질 텐데요, '선생님(Herr Studienrat).'"

그는 내가 사용한 호칭에 미소를 지으면서, 자기도 똑같이 강조해서 내 호칭을 말했다. "맞습니다, '교수님(Herr Professor).' 그나저나 이렇게 부르고 나니 마치 우리가 교실에 앉아 있는 것 같네요. 제가 하려는 말은……. 아, 그렇죠, 당 노선의 갑작스러운 변화에 관한 거였습니다. 물론 그런 변화가 아주 많지는 않았습니다. 그래도 커다란 변화들은 예외였는데, 예를 들어 1939년에 있었던 러시아와 평화조약은 당신도 알고 계실 겁니다. 그 사건은 우리에게 즉각적인 영향을 끼쳤죠. 그런데 여기에서 비롯되는 어려움은, 그런 변화를 누구도 예측할 수가 없다는 거였어요. 생존 작가들은 그들이 정당 일꾼들이 아닌 이상 아예 추천되지도 않았죠. 왜냐하면 갑자기 그들이 나치 반대자로 돌아설 수도 있었고, 또는 과거에 나치 반대자이거나 공산주의자였다는 사실이 발견될 수도 있었으니까요.

나치가 중요하게 여겼던 것은 그 사람이 쓴 글이 아니라, 그 사람의 정치관 또는 그 사람의 정치관이라고 '고발된' 내용이었던 겁니다. 예를 들어 한스 그림은 당에서 무척이나 좋아한 인물이었는데, 그의 소설 『살 곳

없는 사람들』 때문이었죠.[86] 그러다가 그가 나치에게 비판적인 태도로 변하자, 공식적인 비난과 함께 그의 저서는 그 내용과는 무관하게 모조리 금지되고 말았어요. 뿐만 아니라 심지어 『빌헬름 텔』조차도 전쟁 때에는 갑자기 금지된 바 있었습니다. 바로 스위스가 다음 공격 대상이라고 간주되었을 때에는 말이에요.

역사라든지, 생물학이라든지, 경제학에서 교육 프로그램은 문학보다 훨씬 더 정교하고 더 엄격했죠. 이 분야들은 교과서를 아예 새로 썼습니다. 그렇게 할 수밖에 없었어요. 하지만 문학은 이처럼 손쉽게 새로 쓸 수가 없는 것이었죠. 새로 쓴 분야의 내용은 정말 최악의 헛소리에 불과했으며, 따라서 그 분야에서는 교사들과 더 뛰어난 학생들의 냉소주의도 최악에 달했어요. 졸업하고 싶은 학생은 생물학 시험이 필수였고, 생물 강의에서는 멘델의 유전법칙을 완전히 왜곡하면서 '유전이 전부다'라고 가르쳤죠. 이런 기술적인 내용은 당연히 가장 효과적이었던 것이, 학생들은 그런 내용을 난생 처음 접하는 셈이었기 때문이었어요.

하지만 가장 흥미로운 사례는 바로 수학이었죠. 아마 당신께서는 그처럼 '순수한' 분야에는 차마 손을 댈 수 없을 거라고 생각하실 겁니다. 하지만 바로 이 분야야말로 매우 영리하게 다루어졌고, 저는 도대체 당에서 누가 그렇게 영리했던 걸까 하고 궁금한 생각마저 들더군요. 저야 잘 기억할 수밖에 없었던 것이, 제 아내 에바가 수학을 가르쳤기 때문입니다. 여기서는 학생들에게 가르쳐야 할 내용을 모두 가르치기는 했습니다만, 거의 모

---

86. 독일의 작가 한스 그림(1875~1959)은 제1차 세계대전의 패배로 인한 독일인의 절망을 묘사한 『살 곳 없는 사람들』(1926)을 펴내서 인기를 얻었으며, 이 작품의 인기는 히틀러가 주장한 '생존공간' 이론을 널리 퍼트리는 데에 도움을 주었다고 평가된다. 나치 정권을 지지하면서도 극단적인 수단에는 비판적인 자세를 취한 까닭에 1938년에 괴벨스의 위협을 받은 이후로는 공적 활동에서 물러나 조용히 여생을 보냈다.

든 문제가 탄도학이나 군사 배치에서 나온 것이거나, 또는 예를 들어 나치의 기념관이나 기념물 같은 건축물에서 나온 것이었죠. 이자율에 관한 문제도 있었습니다. '유대인 한 명이 500마르크를 12퍼센트 이자율로 빌려 줄 경우……' 그리고 인구율에 관한 문제도 있었죠. 유럽의 '튜턴', '로마', '슬라브' 민족에 관한 인구 그래프를 작성하라는 문제를 내면서 다음과 같이 묻는 거죠. '1960년에 이들 민족의 상대적 크기는 얼마가 되겠는가? 거기서 튜턴 민족에게 어떤 위험이 감지되는가?'

모든 것은 사실상 학교장의 재량에 달려 있었습니다. 그러니까 교과서 이외의 모든 것은 말이에요. 우리 교장은 당연히 나치였습니다만, 진짜 나치, 즉 '광신자'까지는 아니었습니다. 감독관이 순시를 나오면 교장은 모든 것이 제대로 돌아간다고 장담했고, 감독관이야 워낙에 바쁜 사람인데다가 학문에 관해서는 잘 모르기 때문에 굳이 자세히 들여다보지 않았습니다. 교장의 장담이 예를 들어 정부에 반대하는 이야기나 가르침이 전무하다는 의미라고 한다면, 그건 맞는 말이었습니다. 제가 생각하기에도 미국에서도 상황은 매한가지일 겁니다. 세계 어디에서나 말이에요."

내가 생각하기에, 힐데브란트 씨가 겪은 가장 힘든 경험은 오히려 학교 업무가 아닌 다른 데에서 일어난 것 같았다. 그는 동료 당원들과 카페에 앉아서, 무식하게도 유대인을 헐뜯는 이들의 말을 참고 들어주는 일이 얼마나 힘들었는지를 상당히 솔직하게 말해주었다. "저는 거기 앉아서 아무 말도 하지 않았습니다." 그의 말이다. "그건 영웅적인 일까지는 아니었습니다만, 그래도 대단한 뭔가이기는 했습니다. 아주 약간입니다만, 그래도 대단한 뭔가였다는 겁니다. 당신의 친구인 슈벵케 같은 광포한 '광신자'라면, 제가 그 어떤 말에도 맞장구치지 않는 것을 머릿속에 담아 두었다가 나중에 저를 비난했을 겁니다. 최악의 경우에는 저의 과거사가 드러날 수도 있구요."

　1938년에 그는 바덴바덴에 있는 한 카페에 들어가 있다가, 마침 그곳을 찾은 크로넨베르크의 유대인 가족과 딱 맞닥트린 적이 있었다. "당시에 저는 당원 배지를 달고서 당원 몇 명과 함께 앉아 있었습니다. 솔직히 말씀드려서, 저는 당원 배지를 달고 다니는 것이 자랑스러웠습니다. 그 물건은 제가 어딘가에 '속한다'는 것을 보여주고, 한동안 배제되고 고립되고 나서 어딘가에 '속한다'는 즐거움은 상당히 컸으니까요. 어쩌면 미국에 사는 당신들은 이런 느낌을 모를 수도 있겠습니다. 만약 그렇다고 치면 당신들은 매우 운이 좋은 셈이죠. 하지만 만약 그렇다고 치면 당신들은 여기 사는 우리 같은 사람들에게 그게 어떤 의미인지를 이해하는 데에 어려움을 느낄 수도 있습니다.

　여하간 저는 우리 동네에서 온 사람들에게 당원 배지를 단 제 모습을 보여주고 싶지는 않았습니다. 우리 동네에서는 저도 당원 배지를 절대로 달고 있지 않았거든요. 어디까지나 유대인이 참석하지 않은 특별한 행사 때에만 달았습니다. 당원 제복과 배지는 그 자체로 이미 반유대주의였는데, 저는 사실— 반유대주의자까지는 아니었으니까요. 제가 당원 배지를 단 모습을 유대인에게 보여준다는 것이 제게는 상처가 되는 일이었습니다. 그래서 저는 그 카페에 그 유대인들이 있는 걸 보자마자 그들이 저를 못 보도록 자리를 옮겨 앉았죠. 그때의 일을 생각하면 지금도 얼굴이 붉어집니다."

　"그래서 그들이 당신을 못 보았나요?"

　"그렇지는 않은 것 같더군요." 그는 이렇게 말하며 얼굴을 붉혔다.

　그의 얼굴이 붉어지는 것을 보고 있자니, 문득 이 사건이야말로 힐데브란트의 비밀을 (만약 그가 어떤 '비밀'을 실제로 갖고 있다고 치면) 정확히 건드렸다는 생각이 들었다. 하지만 나의 추측은 허탕으로 드러났다.

"당신이 국가사회주의에 대해 '진짜로' 환멸을 느낀 건 언제였습니까?" 더 나중의 대화에서 나는 이렇게 물었다.

그는 또다시 얼굴을 붉혔다. 이번에는 먼저보다도 더했다. "전쟁이 끝나고 나서의 일이었습니다. '진짜로' 는요."

"그렇다면 실망인데요." 내가 말했다. "당신은 대부분 사람들보다도 훨씬 더 예민한 성품이었기 때문에, 저로선 그런 상황에서 당신이 자기 주위에서 벌어지는 일을 지켜보는 것이 얼마나 힘들지를 충분히 이해하고도 남았거든요. 특히 예민한 사람이라면 더욱더 힘들었을 거라고 생각했구요." 그는 계속해서 얼굴을 붉혔지만, 나의 '얼굴 붉어짐 감지기' 에 따르면, 이것조차도 힐데브란트 씨가 입당한 진짜 이유는 아니었다.

"그야 워낙 잘 위장했으니까요." 그가 말했다. "나쁜 일을 항상 좋은 일이며 무해한 일과 뒤섞어 놓으면서(예를 들어 수업 중에 멘델스존에 관해 이야기하는 것처럼 사소한 몇 가지를 행함으로써) 나쁜 일을 상쇄시킨다고 일종의 합리화를 시도하는 거였죠."

"당신도 그랬던 모양이군요." 내가 말했다.

"아니, 아닙니다." 그는 이렇게 말하며 고개를 저었다. "저를 그렇게 과대평가해주시니 감사할 따름이네요. 하지만 아닙니다. 제가 항상 나치 반대자였다고, 또는 제가 항상 나치 반대자처럼 생각하고 말했다고 대답한다면, 저는 당신께 정직하지 않은 대답을 내놓는 셈이 될 겁니다. 요즘에 와서는 자기가 '나치 반대자' 였다고 말하기가 무척 쉬워졌고, 심지어 그런 말을 믿기도 무척 쉬워졌지요. 제 경우에, 1933년 이전까지는 분명히 나치 반대자였습니다. 하지만 그 이후에 다시 나치 반대자가 된 것은 어디까지나 전쟁이 끝난 다음의 일이었어요.

저 자신을 속인 셈이었죠. 그러지 않을 수가 없었습니다. 모두들 그러지 않을 수가 없었죠. 설령 좋은 일이 두 배나 좋고, 나쁜 일이 겨우 절반만 나빴다 하더라도, 저로선 뭔가가 좋고 나쁘다는 그 사실을 애초에 직시했던 것처럼, 나중까지도 직시했어야만 했습니다. 왜냐하면 당신의 말마따나 저는 예민한 성품이었으니까요. 하지만 저는 그 사실을 직시하고 싶지 않았습니다. 왜냐하면 그걸 직시한다고 치면, 그 결과에 대해서도 생각할 수밖에 없었으니까요. 즉 그 일로부터 어떤 결과가 나오게 될지, 그리고 내가 어떻게 해야만 버젓하게 행동할 수 있을지를 말입니다. 저는 저의 집과 가정을, 저의 일자리를, 저의 경력을, 공동체 내에서 지위를 유지하고 싶었습니다. 저는 밤마다 편히 잘 수 있기를 바랐습니다."

"그러면 평소에는 잠을 잘 이루지 못하셨다는 뜻인가요?" 내가 물었다.

"입당 여부를 놓고 고민하던 시기에는 정말로 잠을 잘 이루지 못했습니다. 하지만 입당을 결정하고 나자 좀 더 나아졌고, 이후로도 점점 더 나아졌습니다. 저는 학교에서 그렇게 멘델스존을 입에 올리는 것 같은 '작은 일들'을 하고, 당의 권위를 '무시'하기도 했습니다만, 제가 한 일이 옳아서 그랬다기보다는 (물론 그것도 맞기는 합니다만) 제가 영리하다는 것을 보여주기 위해 그랬던 것이고, 제가 어딘가에 '속해 있기' 때문에 그랬던 것뿐이었습니다. 다시 말해, 저는 새로운 '귀족'에 속해 있었으며, 귀족은 그 신분 덕분에 몇 가지 일에 대해서는 처벌이 면제될 수 있었습니다. 그리고 몇 가지 일에 대해서 처벌이 면제될 수 있다는 사실이야말로, 그가 곧 귀족이라는 사실을 입증해주었습니다. 심지어 자기 자신에게도 입증해주었죠. 그래서 저는 잠을 이룰 수 있었던 겁니다."

우리의 많고도 많았던 대화가 거의 끝날 즈음에 가서야 나는 이렇게 말했다. "당신이 그때 바덴바덴의 어느 카페에서 만났다던 유대인들 있지 않습니까. 그러니까 당신이 그들 눈에 띄고 싶지 않았다던 사람들 말이에요. 그들은 도대체 누구였습니까. 힐데브란트 씨, 혹시 기억이 나십니까?"

순간 나의 '얼굴 붉어짐 감지기' 바늘이 크게 흔들렸다. "아, 그럼요, 당연히 기억합니다. 그들은 볼프 부부의 친구였습니다. 그리고 볼프 부부는 저의― 저의 친척이었죠."

"볼프라구요?"

"그렇습니다."

"이곳 크로넨베르크 사람인가요?"

"예. 대학에 근무하시던 분이었죠."

"그럼 볼프 교수 말씀입니까? 에버하르트 볼프?"

"그렇습니다."

"하지만 그분은 유대인인데요."

"그렇습니다."

"그런데 어떻게 그분이 당신과 친척관계라는 겁니까, 힐데브란트 씨?"

"음, 물론 혈연관계인 친척은 아닙니다. 볼프 교수는 유대인이었지만, 그의 부인은 조부모 중에 한 분만 유대인이었거든요. 두 사람의 아들인 에리히는 제 사촌 지뷜레와 결혼했구요.

"지뷜레." 내가 말했다. "그 이름이 참―."[87]

바로 그때, 나이 어린 내 아들 두 녀석이 방 안으로 들어와서 오후 간식으로 먹을 케이크를 달라고 했다. 미국인 꼬마답게 두 녀석 모두 "안녕하세요, 선생님(Guten Tag, Herr Studienrat)"이라고 깍듯이 인사하는 대신에, 그냥 "안녕(Tag)"이라고만 말했다. 하지만 두 녀석은 케이크를 잡기 전에

---

87. 독일어 이름 '지뷜레(Sibylle)'는 고대 그리스어의 '시뷜라이(sibyllai)', 즉 예언 능력을 가진 무녀의 이름에서 비롯되었다.

주위 사람들과 악수를 나눌 정도의 예의는 갖고 있었다.

나중에 몇 번인가 더 방문하고 나서야, 나는 볼프 부부에 관한 이야기를 다시 꺼냈다. 그러자 이번에도 역시나 내 '감지기'의 바늘이 크게 흔들렸다. 볼프 가문은 독일에서 가장 저명한 유대인들과 혈연관계를 맺었으며, 이 거대한 가문에서는 유대인과 비유대인 간의 통혼이 흔한 일이었다. 크로넨베르크에 있는 볼프 부부의 저택은 '성(城) 길(Schlossweg)'에 있는 크고도 고색창연한 집이었는데, 성 뒤에 펼쳐진 아름답고도 숲이 우거진 이 언덕 지구에는 오래된 저택들이 여럿 있었다. 나는 연세 지긋한 볼프 교수의 부인이 하인 한 사람과 단둘이 여전히 가족의 저택인 그곳에 살았다는 사실을 알고 있었다. 그녀는 '추밀원 고문관 볼프 여사'로 통했는데, 그녀의 저명한 남편이 '추밀원 고문관(Geheimrat)'이라는 명성을 추가로 얻었기 때문이었다.

내가 무척이나 힘들게 알아낸 바에 따르면 (이야기 내내 그는 당연한 자부심을 드러냈지만, 그의 얼굴은 여전히 붉어진 상태였다) 제3제국 당시에 볼프 가문의 저택을 지켜낸 사람은 바로 힐데브란트 씨였다. 즉 그는 경매를 가장해서 또 다른 '아리아인' 친척에게 그 소유권을 이전하는 계획을 고안해냈던 것이었다. 입당하기 전까지만 해도, 힐데브란트는 볼프 저택을 자주 방문한 바 있었다. 하지만 그의 방문 횟수는 점점 줄어들었으며, 저택의 소유권이 다른 사람에게 넘어간 이후로는 볼프 부부가 여전히 그곳에 살았는데도 아예 발길을 끊어버리고 말았다. 어째서였을까?

"제가 오히려 불편했으니까요." 교사가 말했다. "솔직한 심정이 그랬습니다. 저는 현재의 상황에 관해 이야기하고 싶었고, 저의 입장에 관해 설명하려 시도했습니다. 하지만 연세 지긋하셨던 볼프 교수님께서는 제가 그런 이야기를 하도록 허락하시지 않았습니다. 국가사회주의에 관한 이야기라면, 찬성이건 반대건 간에 아예 참고 듣지 못하셨으니까요.

예전에는 그곳에서 항상 마음이 편안했습니다. 그곳을 찾아오는 사람이라면 누구나 마찬가지였죠. 그곳은 책과 음악과 시와 미술이 있는 옛날과도 흡사했습니다. 마치 또 다른 시대에 속한 것 같았죠. 그리고 그런 상황은 이후로도 결코 변하지 않았습니다. 하지만 입당한 이후로 저는 어쩐지 소외감을 느꼈습니다. 그곳은 워낙 큰 집이었고, 그곳을 찾는 친구들이 많았죠. 다른 사람들과 함께 있으면 거기서 저 혼자만 나치라는 사실을 자각하지 않을 수 없었습니다. 다른 사람들이라고 해서 공개적인 나치 반대자까지는 아니었습니다만, 그곳을 찾았다는 사실 그 자체만으로도 그들의 성향은 쉽게 알 수 있었습니다. 그들의 대화에서는 항상 정치가 회피되었습니다. 물론 그 당시에는 어디에서나 마찬가지였지만요. 그건 어디까지나— 음, 최악의 경우, 그건 어디까지나 위험을 피하기 위해서였습니다. 만약 누군가가 정권에 반대하는 이야기를 할 때에 당신이 마침 그 자리에 없었다면, 나중에 가서도 당신이 뭔가 자백을 강요당할 일은 없을 겁니다. 그렇기 때문에 아무도 정치에 관해서는 이야기를 하지 않았던 겁니다. 심지어 나치가 아닌 사람들조차도요.

제가 입당한 이후에 그 집을 혼자 방문했을 때면, 상황은 그보다 더 나빴습니다. 저는 교수님과 체스를 두거나 음악을 감상했습니다만, 몇 마디 인사치레를 제외하면 그분은 전혀 말씀을 안 하시는 겁니다. 그러면 저 역시도 솔직한 심정을 차마 털어놓을 수가 없고, 최소한 말하려 시도할 수조차 없음을 알게 되는 거구요. 그래서 방문은 점차 형식적인 것으로 되었다가, 결국 끊어지고 만 겁니다."

"하지만 당신은 그분들의 집을 구해주셨죠."

"그렇습니다."

"그렇게 하고 나니 기분이 더 좋아지지는 않던가요?"

"아니더군요."

"왜 아니었다는 거죠?"

"왜냐하면 그분과 함께 있으면 저는 솔직한 심정을 털어놓고 싶었는데, 그분은 저한테 허락을 하지 않으셨으니까요."

우리의 마지막 만남 가운데 한 번은 힐데브란트 씨가 우리 집으로 찾아왔다. 그는 말했다. "마이어 씨(Herr Mayer), 사실은 제가 당신에게 더 말씀 드려야만 할 이야기가 하나 있습니다." 나의 재촉을 이기지 못한 까닭에, 이제는 그도 나를 굳이 '교수님(Herr Professor)'이라고 깍듯이 부르지는 않게 되었다.

"말씀하세요." 내가 말했다. 그러자 또다시 그의 얼굴이 붉어졌다.

"1940년 말의 일이었습니다. 제가 군대에 있다가 휴가를 얻어 돌아왔을 때였죠. 제 집사람은 거의 임신 8개월째였고, 우리는 가구가 딸린 방 두 개짜리 집에서 살고 있었죠. 당시에는 주택 상황이 아주 어려웠어요. 마침 우리는 아파트가 하나 매물로 나왔다는 이야기를 들었죠. 그런데 집을 직접 보러 가는 길에야, 비로소 그 아파트가 슈테른 박사라는 변호사의 것이었음을 알게 되었어요. 혹시 그분에 관한 이야기는 들어 보셨나요?"

"그럼요." 내가 말했다. "'지부실장(Kreisamtsleiter)' 담 씨가 이야기해 주더군요. 한 번은 어느 SA 지도자가 슈테른 부부의 아파트를 차지하려고 하기에, 자기가 나서서 구해준 적이 있었다구요. 경찰관 호프마이스터 씨도 그 이야기를 하더군요."

그러자 그의 얼굴은 더 진하게 붉어졌다. "그러면 호프마이스터가 그 이야기도 하던가요? 슈테른 부부의 강제 이송 이야기도요?"

"아뇨, 다만 그들이 강제 이송을 당했고, 자기는 그 일 때문에 무척이나 마음이 좋지 않았다고만 말하더군요." 그러자 내가 보기에는 어쩐지 그의 얼굴도 방금 전보다는 덜 붉어진 것처럼 보였다.

"음." 힐데브란트가 말했다. "아파트가 멋지더군요. 우리 부부는 슈테른 부부에게 (마침 그의 부인과 딸도 거기 있더군요) 매우 친근한 태도로 이야기를 했습니다. 그들도 우리한테 마찬가지였구요. 우리는 나치로서 당신들을 찾아온 것이 아니라고 말한 다음, 우리의 상황을 설명했습니다. 그들은 분명히 우리 말을 믿었고, 슈테른 박사는 그렇잖아도 친구들이나 친척들과 더 가까운 곳으로 이사를 가고 싶던 참이라고 하더군요. 당시 크로넨베르크의 유대인 대부분은 옛날 '베르톨트 대로(Bertholdstrasse)'로 이사한 다음이었습니다. 나치가 그 지역에 새로 붙인 이름이 뭔지는 모르겠습니다만, 여하간 공식적이고 강제적인 게토는 아니었습니다.

여하튼 우리는 슈테른 박사가 이제는 오로지 유대인만을 고객으로 삼을 수 있게 되었나 보다, 그리고 이제는 유대인들도 워낙 가난해진 까닭에 그 역시 이런 아파트를 더 이상은 유지할 여유가 없나 보다, 이렇게 생각했습니다. 저는 기분이 좋지 않았습니다. 무척이나 좋지 않았죠. 그리고 에바는 저보다 기분이 더 좋지 않았습니다. 집사람은 이미 강력한 나치 반대자가 되어 있었는데, 그때가 되자 이 사람들이 자택에서 내쫓기는 것이 결국 우리의 상황 때문이라고, 즉 우리가 아파트를 하나 얻고자 간절히 소원하기 때문이라고 생각했습니다. 무척이나 부끄러운 일이었죠. 저는 속으로 이렇게 말했습니다. '하지만 우리가 이걸 차지하지 않으면 다른 누군가가 대신 차지하게 될 거야.' 바로 그때 슈테른 박사도 말하더군요. '당신이 이걸 차지하지 않으셔도 말입니다, 선생님(Herr Studienrat), 다른 누군가가 대신 차지하고 말 겁니다.' 그래서 우리가— 우리가 아파트를 차지하게 되었던 거죠."

그의 얼굴은 여전히 붉어진 상태였다.

또다시 저녁이 되어가고 있었으며, 방 안은 점차 어두워졌다. 나는 기억 속을, 그리고 상상 속을 더듬어보았다. 힐데브란트 씨는 유대인들과 연관된, 어쩌면 볼프 부부나 슈테른 가족과 연관된 뭔가를 내게 말하고 싶어 하거나, 또는 말하고 싶어 하지 않는 것만 같았다.

"볼프 부부 말입니다." 어둠 속을 더듬는 기분으로 내가 말했다. "그 사람들과 어떻게 친척관계가 된다고 하셨지요?"

"에버하르트의 아드님이 에리히 볼프였지요." 교사가 말했다. "그는 변호사였습니다. 하지만 원래는 음악가가 되고 싶어 했지요. 그가 피아노를 연주하고, 제가 바이올린을 연주하곤 했죠. 크로넨베르크에 오고 나서부터 2년 동안은, 그러니까 제가 입당하기 전까지는, 우리 둘이서 간혹 이중주를 하곤 했습니다. 그리고 그는— 제 사촌하고 결혼을 했죠."

"맞아요." 내가 말했다. "지뷜레라는, 멋진 이름을 가진 분이더군요."

나로선 굳이 조명이 필요 없을 정도였다. 그의 열기가 느껴졌기 때문이다.

"그렇다면 에리히는 나중에 어떻게 되었습니까?" 내가 물었다.

"그는 1939년에 이탈리아로 갔는데, 거기서 그만 죽었습니다. 심장마비였죠. 아니면 자살일 수도 있구요. 어느 쪽인지는 우리도 모릅니다."

"그러면 부인, 그러니까 지뷜레는요?"

이게 바로 힐데브란트 씨가 입당한 진짜 이유였다.

"그녀는 이곳에 남았습니다."

"볼프 부부를 찾아가지 않게 된 이후로도 그녀를 보긴 봤나요?"

"그렇습니다."

"그러면 그녀는 당신이 입당한 것에 대해서 어떻게 생각하던가요?"

"그녀는— 그녀는 오히려 저더러 입당하라고 조언했습니다. 정확히 말하자면 '조언한' 것이 아니라, 오히려 제가 내세운 이유를 이해해주었다고 해야겠죠. 그녀는 그럴 필요성이 있다고 보았습니다. 그녀는 제가 그런 방식으로 해서 볼프 부부를 도와줄 수 있다는 데에 동의했습니다. 저는 이후의 온갖 상황 전개에 대해서, 그리고 혹시나 있을 위험에 대해서 계속해서 그들에게 그녀를 통해서 조언하는 한편, 제가 할 수 있는 일을 하기로 되어 있었습니다. 그녀는 이렇게 하면 도움이 되겠다고 생각했죠. 그리고 실제로도 어느 시점까지는 도움이 되었구요."

"어느 시점까지라구요?"

"그렇습니다."

"그녀는 자기 시아버지와 시어머니를 당연히 계속 보러 다녔겠죠?"

"아, 그렇죠. 우리가 만나서 이야기를 할 때마다, 그녀는 이렇게 말하곤 했어요. '저는 먼저 일어나야겠군요. '성(城) 길'에 가봐야 하니까요.' 즉 볼프 저택에 간다는 이야기였죠. 그녀는 독일어로 '가우켈른(gaukeln)' 하러 거기 간다고 말하곤 했는데, 이 단어는 '곡예를 부린다'는 뜻도 있지만, '아무것도 말하지 않고 이야기를 나눈다' 또는 '변죽을 울린다'는 의미도 있어요. 결국 그녀의 말은, 자기가 볼프 저택에 가서 평소와 마찬가지로 그 당시에 거기 오는 사람들이 늘 그랬던 것처럼 아무런 문제도 없는 척해야 한다는 의미였죠."

"그녀가 당신에 관해 볼프 부부에게 이야기를 했는지 안 했는지, 혹시 알고 계십니까?"

"그녀는— 시도는 했겠죠."

"하지만 당신은 그분들을 두 번 다시 못 본 건가요? 그러니까 당신이 입당한 이후, 또는 당신이 그분들의 저택 '경매'를 주선한 이후로는요?"

"그건 아닙니다. 음, 한 번은 본 적이 있었어요. 그러니까 바덴바덴에 있는 카페에서 제가 봤다던 사람들이 바로 그분들이었습니다. 제가 전에 말씀드릴 때에는 그분들의 '친구'를 봤다고 말씀드렸죠. 사실 제가 그날 눈에 띄고 싶지 않았던 사람들은 바로 그분들이었습니다."

"그때가 언제였나요?"

"1939년의 일이었습니다. 전쟁이 일어나기 바로 전이었죠. 저는 그분들이 거기 있다는 사실을 이미 알고 있었어요. 왜냐하면 저하고 집사람이 지빌레와 함께 차를 타고 그곳까지 갔거든요. 우리가 방을 얻고, 지빌레의 차를 얻어 타고 다시 밖으로 나갔는데, 그녀는 다른 호텔 앞에 멈추더니 저더러 이러더군요. '당신은 이제 내리는 게 좋겠어요.' 그건 결국 볼프 부부가 거기 계시다는, 그리고 자기는 그분들이 저를 만나지 않았으면 한다는 뜻이었죠."

"아니면 당신이 그분들을 굳이 만날 필요는 없다는 뜻이었거나요."

"맞아요."

"당신 생각에는 어떤가요? 혹시 지빌레는 차라리 당신이 입당하지 말았으면, 심지어 굳이 가족을 도와주지 말았으면 하고 바라지 않았을까요?"

"제 생각도 그래요, 맞아요……. 맞습니다."

"당신 생각에도 그녀가 옳았던 것 같으나요, 힐데브란트 씨?"

"저는— 저는 모르겠습니다, 교수님." 나는 그가 호칭을 '교수님'으로 하는 말실수를 범했음을 깨달았다.

"저도 그녀를 직접 만나보고 싶은데요."

"그녀는 죽었습니다." 힐데브란트 씨가 말했다.

이제는 방 안이 어두워져 있었지만, 나는 여전히 대화를 받아 적으려 시도했다. 몇 마디라도 적어 두어야만 기자들이 하듯이 나중에 가서 나머지 말을 기억해서 채워 넣는 데에 도움이 되기 때문이다. 어둠 속에서도 나는 종이 위에 계속해서 글을 써 나갔다.

"죽었다구요?"

"예. 그녀는 '지하조직'에서 일했습니다, 마이어 씨. 사람들이 독일에서 탈출하게 해주는 조직이었죠. 그녀가 여기 남아 있었던 이유도 그래서였어요. 그녀의 남편은 혈통의 절반 이상이 유대인이었죠. 따라서 아내를 도와줄 수가 없었습니다. 1942년에 슈테른 가족이 강제 이송을 당해서 테레진슈타트[88]에 있는 강제수용소로 갔다가, 거기서 '동쪽'으로 가게 되었습니다. 그녀는 이들이 이탈리아로 도망치도록 주선했지요. 그녀는 아마 스위스와 이탈리아 국경의 어디쯤에 있었던 모양입니다. 거기서 게슈타포가 그녀를 체포했지요."

"그다음에는—?"

"그녀의 가족이 들은 바에 따르면, 그녀는 체포되어서 콘스탄츠[89]에 있는 형무소에 들어간 직후, 목을 매어 자살했다더군요."

"정말 그랬을까요?"

"아뇨." 그의 대답은 마치 총을 쏘듯이 강하게 튀어나왔다. "아니에요. 그녀는 스스로 목을 맬 사람이 아니에요. 하지만— 하지만 자기도 모르게 입을 열어서 자칫 다른 사람들까지 위험에 몰아넣을 상황에 도달한다면, 충분히 그러고도 남을 사람이기도 하죠."

이제는 방 안이 너무 어두워져서 힐데브란트 씨의 얼굴을 볼 수조차 없었다.

"혹시 그녀에게 자녀가 있습니까?"

88. 제2차 세계대전 당시 오늘날의 체코 소재 테레진(독일어로 '테레진슈타트')에 있었던 강제수용소.
89. 독일과 스위스의 접경 지대인 보덴 호반의 도시.

"아들이 하나 있죠."

"그럼 그 아들은 어떻게 되었죠?"

"제가—" 그는 말을 멈추었다가 다시 꺼냈다. "제가— 손을 써서 그 아이의 후견인이 되었습니다. 지금은 대학에 다니고 있어요."

아내가 문을 두들기며 저녁식사를 할 시간이라고 알려왔다. 아내는 힐데브란트 씨에게도 저녁을 드시고 가겠느냐고 물었다. 그가 "아니오"라고 대답하자, 나는 현관문까지 그를 배웅했다. 하지만 굳이 불을 켜지는 않았다.

16장 광기: 요한 케슬러, 영혼을 잃다

"저는 지금도 그런 말을 합니다." 케슬러 씨가 말했다. "국가사회주의가 독일에는 좋았다고 말입니다."

"그럼 그게 당신에게도 좋았습니까?" 나는 혹시나 하고 물어보았다.

잠시 침묵이 흘렀다. 곧이어 대답이 나왔다. "아뇨."

"왜 아니었다는 거죠?" 내가 말했다. "그게 독일에는 좋았다면서요?"

"그 문제는 아마 나중에 언젠가 이야기할 날이 올 겁니다, 교수님."

그로부터 몇 달 뒤에 실제로 그런 날이 왔다. 그것도 갑자기 터져 나왔다. "국가사회주의 때문에 저는 영혼을 잃어버렸습니다. 저는 신성모독을 범했어요. 그 세월 내내, 매일 밤마다, 저는 신성모독을 범했습니다. 아이들과 함께 기도를 해주었으니까요. 저는 주님의 이름을 망령되게 부른 셈이었습니다.[90] 저는 아이들이 기독교인이 되기를 바랐지만, 정작 저는 예수 그리스도를 부인했습니다."

90. '십계명'의 세 번째 계명은 "너는 네 하나님 여호와의 이름을 망령되게 부르지 말라"인데, 일반적으로는 욕설처럼 하느님의 이름을 함부로 들먹이는 것을 금지한다고 해석된다. 본문에서 케슬러는 이미 배교자가 된 상태에서 아이들을 위해 하느님께 기도를 했기 때문에 자기가 신성모독을 범했다고 생각하는 것이다.

요한 케슬러는 독일 남부 뷔르템베르크 주의 한 가톨릭 마을에 있는 가톨릭 집안에서 태어나 자라났다. 그는 대가족의 둘째 아들이었다. '케슬러 가문의 농장(Kesslerhof)'은 그의 형이 물려받을 예정이었다. 대신 그는 공부를 하고 싶어 했다. 아홉 살 때는 마을 사제에게 찾아가 라틴어를 가르쳐달라고 부탁했다. 열 살 때에는 수도사가 되고 싶어 했다. 그가 워낙 고집을 부렸기 때문에 어머니는 (그의 아버지는 이미 사망한 다음이었다) 그를 사제와 함께 인근의 베네딕토회 수도원으로 보냈다. 수도사들은 그에게 친절하게 대해주었지만 그곳에는 다른 아이들이 없었을 뿐만 아니라, 미사 때문에 자정과 새벽에 일어나야 했다. 그렇게 일주일이 지나자 그는 집에 가고 싶어 했다. 수도사들은 그가 열여덟 살이 되었을 때, 원한다면 돌아올 수도 있다고 말했다.

열여덟 살이 되었을 때, 그는 군인 신분이었다. 열일곱 살 때부터 그는 은행원으로 근무했으며, 자기 동네에서 화려한 삶을 영위했다. 제1차 세계대전이 일어나자 그는 징집되어서 육군 정규병으로 복무했다. 휴전 협정 직후에는 뮌헨에서 일어난 공산주의자들의 봉기를 진압하는 작전에도 참여했다. 그러다가 그는 전역하게 되었으며, 1년간 실직 상태로 있다가 다시 은행원으로 취직했다. 그러다가 1931년의 불황 때문에 프랑크푸르트에서 다시 한 번 실업자가 되었다. 그러다가 크로넨베르크 인근의 한 마을로 옮겨 와서, 이후 1년간 어느 영지의 관리인으로 일하다가 다시 실업자가 되었다.

그는 선량하지만 '자유사상' 성향인 성격 좋고 덩치 좋은 여자와 결혼해서 매우 행복한 생활을 영위했다. 그녀는 결코 가톨릭으로 개종하지 않았지만, 그는 계속해서 가톨릭교도로 남았다. 물론 어렸을 때처럼 열렬하지는 않았지만. 케슬러 부부의 두 자녀는 (아들과 딸 하나씩이었다) 자라나면서 가톨릭 신앙을 갖게 되었다. 선량한 여성이 흔히 그렇듯, 케슬러 부인은 남편을 존중했고, 또한 남편의 소원을 존중했다. 선량한 남성이 흔히 그렇듯, 케슬러 씨는 자녀에게 헌신적이었고, 내가 만난 북독일 출신 친구들 가운데 어느 누구보다도 더 그러했다.

케슬러 씨는 적극적인 성격이었으며, 배운 것이라고는 없는 사람들 중에서 그나마 조금은 배운 것이 있는 사람이었다. 마치 미국 독립기념일 때에 볼 수 있는 것처럼 쩌렁쩌렁하고 간결한 말투를 구사하는 인기 있는 대중 연설가로서, 결혼식과 생일 파티와 재향 군인회 행사와 애국주의적 성향인 '키프호이저 참전용사 연맹(Kyffhäuserbund)'[91] 모임 때에 환영 받는 손님이기도 했다. 정치적으로 그는 중도파에 속했지만, 그중에서도 기독교 사회주의–조합주의 노선이 아니라, 오히려 보수 교권주의–농민주의 노선에 속한 선량한 가톨릭 중도파였다. 하지만 그는 1933년에 일자리를 얻을 수 있으리라는 기대로 국가사회주의당에 입당한 것에 대해서는 전혀 후회하지 않았다. 그는 자기 주소지인 크로넨베르크 노동전선 사무실의 직원으로 배치되었으며, 다른 몇 사람과 함께 그 군(郡)의 '당 연설가'로 임명되었다. 커다란 목소리를 지닌 이 '작은 자들'은 소도시의 모임 때마다 연설을 행하곤 했다.

그는 당의 역사에 관해, 독일의 역사와 문화에 관해 이야기할 수 있다는 허락을 받았지만, '유대인 문제'에 관해 당을 대변하는 특별 허가를 받지는 못했다. 물론 애초에 그가 먼저 요구한 적도 없었다. 매주 일요일 아침 열 시마다, 당에서는 그 지역의 극장에서 2시간짜리 모임을 개최했다. 이것은 종교적 예배까지는 아니었지만, 연설가들은 (특히 당 연설가인 케슬

91. '키프호이저 참전용사 연맹'은 1900년에 설립된 독일의 참전 용사 단체로 훗날 나치화를 겪고 해체되었다가 1952년에 재건되었다.

러는) 종종 종교적이거나 더 적절히 표현하자면 영적 테마를 다루곤 했다.

일요일 아침의 모임에 오는 사람들은 저 앞에 나가서 연설하는 사람들과 매한가지로 자기들이 이 시간에 원래 교회에 있어야 한다는 사실을 알고 있었다. 당 모임과 교회 예배 시간이 겹쳤기 때문이었다. 교회와 당의 사이가 벌어지기 시작한 1936년에 이르자 당의 모임은 이전보다 더 제의적이 되었으며, 더 정확히 말하자면 교회의 대체물이 되었다. 그로부터 1~2년 뒤에는 당과 교회의 관계가 더욱 악화되었기 때문에, 당 모임이 끝나고 나면 SA와 '히틀러 소년단'이 시끄러운 소리를 내고 심지어 노래까지 부르며 교회 앞을 행진하는 일도 심심찮게 볼 수 있었다. 교회의 예배는 11시에 시작되었기 때문에 예배가 한창일 때에 행진이 이루어지는 셈이었다. 케슬러는 인근에서 개최되는 당의 일요일 아침 모임 때마다 가장 인기 있는 연설가가 되었다.

1938년의 어느 날, 케슬러는 '독일 신앙운동' 측으로부터 장례식을 거행해 달라는 요청을 받았다. 나치의 공식 철학자인 알프레트 로젠베르크의 인종차별적이고 자연주의적인 북유럽주의를 신봉하다가 사망한 나치의 장례식이었다. 크로넨베르크에서는 그 어떤 목사도, 심지어 나치였던 베버 목사조차도 그런 장례식을 거행하지 않을 것이었다. 로젠베르크의 '신앙운동'은 한마디로 이교주의였으며, 구(球) 모양의 태양을 그 상징의 핵심으로 삼고 있었다. 이는 나치즘과 비교해서도 훨씬 더 급진적이었다.

그는 어린 시절에만 해도 수도사가 되기를 소원했다. 그의 어머니는 돌아가시면서 당신의 미사경본(經本)을 아들의 손에 쥐어주시고 이렇게 말했었다. "무슨 일을 겪더라도 계속해서 기도하거라." 그런 까닭에 그는 쉽사리 결정을 내리지 못하고 고민했다. 당의 군(郡) 지도자는 자기가 원래 다니던 프로테스탄트 교회를 떠나지는 않은 상태였기 때문에, 케슬러를 향해 장례식을 주관하라고 직접 명령하거나 부탁하지는 않았다. 대신 당의 열성분자들이 그에게 압력을 가했는데, 그들로 말하자면 타고난 소질이나 감성 모두에서 케슬러보다는 아랫길에 있는 사람들이었다. 하지만 한때 수도사가 되기를 소망했던 그에게는 이것이야말로 일종의 성직자가 될 절호의 기회였다. 물론 다른 이유도 있었다. "저 말고는 장례식을 거행할 사람이 아무도 없었습니다. 저의 충동 가운데 그 부분은 기독교적이었습니다. 하지만 장례식은— 장례식은 그렇지 않았습니다."

그날 저녁, 케슬러는 집에 오자마자 아내에게 말했다. 자기는 이미 가톨릭교회를 떠났으니, 오늘부터 아이들의 저녁 기도는 당신이 대신해주라는 것이었다. 아내는 남편을 바라보았지만 아무 말도 하지 않았다. 그녀가 설거지를 마치고 아이들 방으로 향하려는 순간, 아이들이 한목소리로 말했다. 매일 아버지가 저녁 기도를 하러 들어오기 전에 자기들이 준비를 마쳤다면서 부르는 노래였다. "아이들은 잠을 이루지 못할 거예요. 아빠가 아이들의 영혼을 하느님께 맡겨주시기 전에는." 그러자 케슬러는 아내를 붙잡아 세우고 자기가 대신 들어가 저녁 기도를 했으며, 평소와 마찬가지로 다음과 같은 말로 끝맺었다. "예수 그리스도의 이름으로 기도합니다."

그날 밤, 더 이상 아내에게는 아무 말도 하지 않은 채, 그는 교구 사제에게 찾아가서 자기는 더 이상 기독교인이 아니라고 말했다. "저는 그에게 장례식에 관해 이야기하려고 했습니다. 그런데 그는 무릎을 꿇고 기도를 드리는—."

"당신도 그렇게 하셨습니까?"

"무릎을 꿇었냐구요?"

"예."

"아니오."

"그럼 기도는 하셨습니까?"

"아뇨. 아니에요, 기도를 하지는 않았습니다. 저는 그가 일어설 때까지 가만히 기다리다가 거기서 나왔습니다."

"혹시 아이들과 했던 저녁 기도에 관해 그에게 이야기하실 생각이었습니까?"

"제가 그럴 생각이었냐구요?"

"예."

"아뇨."

"저는 그냥 집에 갔습니다." 케슬러 씨가 말을 이었다. "저는 집사람에게 사정을 이야기했습니다. 거의 그날 밤을 꼬박 새면서 말했어요. 그 문제가 집사람에게는 그리 심각한 것도 아니었는데, 왜냐하면 집사람은 가톨릭교회와 연관되어 있지는 않았거든요. 게다가 집사람은 정치나 역사에 대해서는 아예 관심이 없었습니다. 저는 '신앙운동'의 '성서'로 통하는 로젠베르크의 저서 『20세기의 신화』를 읽었습니다. 교황청의 '금서 목록'에 올라간 책이어서, 담당 사제로부터 그걸 읽어도 된다는 허가를 받아야만 했습니다만, 저는 굳이 받으려고 하지도 않았고, 굳이 받고 싶은 마음도 없었죠. 나치가 된 이후로 줄곧 저는 내심 교회에 등을 돌린 상태였습니다. 정치적 교회에, 즉 하나의 정부로서의 교황권에 등을 돌렸던 거죠. 카노사의 굴욕, 독일의 왕들과 교황들 간의 갈등, 독일과 독일인이 외국 정부로부터 자유로울 권리. 당시에 제가 생각하던 것은 바로 이런 것들이었습니다. 그리고 저는 지금까지도 이런 것들을 생각하고 있습니다.

저는 이 모두를 집사람에게 말해주었습니다. 집사람은 별로 말을 하지 않았습니다. 거의 안 하더군요. 다만 맨 끝에 가서야 이렇게 말했을 뿐이었습니다. '그럼 우리 애들은요?' 그러고 나서 이렇게 덧붙였습니다. 성

서의 한 구절을 인용해서요. '아버지의 축복은 그 자녀의 집안을 흥하게 한다.'[92]

그렇다면 제 아이들에게는 무슨 일이 벌어질까요? 제 아이들에게는요?" 그는 말을 이어 나갔다. 어느 한순간은 열정적으로, 또 어느 한순간은 마치 남을 가르치듯이. "아이들은 더 이상 교회에 갈 수도 없고, 주일학교에 갈 수도 없었죠. 공립학교에서 가르치는 것도 아이들의 도덕적 발달에는 적절하지 않았습니다. 저는 여러 차례 이 문제를 놓고 교사들과 이야기를 했습니다. 하지만 만족스러운 답을 얻지는 못했습니다. '피와 흙(Blut und Boden)'[93] 그리고 식물의, 동물의, 자연의 영원한 삶(영생). 이런 것은 종교적 이야기의 일부분에 불과할 뿐입니다. 그것 자체가 종교는 아니라는 겁니다.

저는 집사람에게 말했습니다. '우리 애들이 열두 살이나 열세 살쯤 되면, 스스로 알아서 결정하게 할 거야.' 이런 말을 하면서도 저는 내심 이게 거짓말이라는 걸 알았습니다. '히틀러 소년단'을 지배하는 거짓말과 똑같은 거짓말이었죠. 거기서는 아이들이 스스로를 교육시킬 수 있다고 거짓말을 하니까요. 종교 없이 자라나는 아이들은 종교에 관한 문제를 스스로 결정할 수 없습니다. 자기가 이미 아는 것과 자기가 전혀 모르는 것 사이에서, 사람이 지적 선택을 할 수 있으리라는 주장 자체가 오류입니다. 저에게 그건 단지 핑계일 뿐이고, 상황을 모면하기 위해 가물거리는 희망일 뿐이었어요. 제가 잃어버린 것을 아이들만큼은 찾아냈으면 하는 희망이었고, 저의 어린 아이들이 저를 용서했으면 하는 희망이었죠.

---

92. 구약성서의 외경 가운데 하나인 「집회서」 3장 9절의 일부다. "아비의 축복은 그 자녀의 집안을 흥하게 하고, 어미의 원망은 그 집안을 뒤엎는다."
93. 본래는 19세기 말에 농민과 토지의 유대를 강조하기 위해 만들어진 표현이지만, 나치 시대에는 이른바 '생존공간' 주장을 선전하는 구호로 사용되었다.

"그날 밤에 집사람과 이야기를 마치고 나서, 저는 전무후무할 정도로 지쳐버렸습니다. 그래서 앞으로도 영혼으로는 기독교인으로 남을 수 있을 거라고 (집사람에게가 아니라) 저 자신에게 말했죠. 하지만 그건 사실이 아니었어요. 사실이 아니었다구요. 바로 다음 날, 저는 군(郡) 법원에 가서 교회를 떠나려는 의도를 공식적으로 선언했어요. 제 선언은 받아들여졌죠. 그때 이후로 저는 하루도 마음이 편할 날이 없었던—."

"전쟁이 끝난 이후로도요?"

"그 일이 전쟁하고 무슨 상관이 있겠어요?"

"제 말은, 지금까지도 그러시냐는 겁니다. 지금은 상황이 또다시 바뀌었는데도요."

"그러니까 당신 말씀은, 이제 나치가 사라졌고 외부 환경이 바뀌었으니, 저의 내면도 바뀌지 않았느냐는 뜻인가요? 이 세상에는 그렇게 쉽사리 바뀌지 않는 게 있게 마련이에요, 교수님. 제가 '그때 이후로 저는 하루도 마음이 편할 날이 없었다'고 말할 때에는, 그때 이후의 모든 시간을 의미하는 겁니다. 지금 이 시간까지 포함해서요."

이후 6년 동안 케슬러 씨는 '독일 신앙운동'의 장례식이며, 세례식이며, 심지어 결혼식을 거행하는 데에 점점 더 자주 호출되었다. 물론 나치의 장례식에서는 교회식의 예배가 아니라 단지 매장 예식만 있었으며, 교회식의 설교가 아니라 단지 연설만 있었다. "성서라고는 없었고, 하느님이나 영혼에 관해서는 한마디도 없었고, 사후의 삶이라는 것은 단호하게 부정되었습니다." 나치의 세례식에서는 자연을 생명의 원천으로 예찬했으며, 아이의 아버지를 '생명 수여자'로서 예찬했다. 그리고 나치의 결혼식에서는 신랑과 신부를 '독일인'으로서 맺어주었다.

"하지만." 케슬러 씨의 말이었다. "사람은 여전히 사람인 까닭에, 죽음

앞에서는 위로를 받아야 하고, 삶 앞에서는 진지해져야만 합니다. 복음주의 교회건, 가톨릭교회건 간에 교회를 떠난 사람들에게는 딱히 갈 곳이 없었습니다. 게다가 이들에게는 성직자도 없었습니다."

"하지만 시(市)의 혼인 등기소에서도 결혼식은 할 수 있을 텐데요. 안 그런가요?"

"맞습니다. 하지만 독일인은 원체 종교적인 사람들이고, 심지어 자기는 종교적이지 않다고 생각하는 사람들조차도 종교적이거든요. 특히 죽음과 관련해서 그렇습니다. 전쟁 중에는 병원의 사정이 무척이나 힘듭니다. 부상당한 병사가 교회에서 고해성사를 하고 나서 사망하거나, 또는 무의식 상태에서 사망했는데 종교를 알 수 없는 경우에는 교회가 그를 매장합니다. 하지만 사망자가 이미 교회를 떠났다고 말한 상태에서, 사망자의 신분도 알 수 없고 친척도 찾아낼 수 없는 경우라면, 병원에서는 당 사무실에 연락을 하게 됩니다. 그러면 당에서는 저더러 예식을 거행해 달라고 부탁하는 겁니다."

"설마 사망자가 '신앙운동'의 신봉자인지 아닌지 미처 확인되지 않은 상태에서도 그렇게 한다는 겁니까?"

"그렇습니다. 설령 사망자가 당원인지 아닌지 미처 확인되지 않은 상태에서도 그렇게 합니다. 게다가 우리가 아는 바에 따르면, '신앙운동'의 신봉자는 극소수에 불과했으니까요. 하지만 교회를 떠났다고 공언한 사람이 사망할 경우, 과연 어떻게 해야 하겠습니까? 우리는 그 일을 맡는 것이 기뻤습니다. 저 역시 기뻤구요. 비록 그게 신성모독이라는 사실은 알았지만 말입니다. 저로 말하자면 무척이나 타락한 상태였지만, 그래도 제가 일종의 '예배'를 드릴 수 있다는 사실이 기쁘기만 했습니다.

1933년 이전에 교회를 떠난 사람의 숫자는 수백만 명에 달했습니다.

가톨릭 신자보다 프로테스탄트가 더 많았죠. 단순히 사회민주주의자나 (당연히) 공산주의자만 그랬던 게 아니라, 사람들이 전반적으로 그랬습니다. 1918년부터 그런 일이 벌어졌고, 시간이 갈수록 더했습니다. 특히 프로테스탄트는 더 이상 교회를 믿지 않았는데, 왜냐하면 프로테스탄트 교회가 바로 공식교회, 즉 국교회이기 때문이었습니다. 즉 그 교회의 수장은 프로이센 국왕이었고, 그 사람은 바로 독일 황제였습니다. 황제가 사라지고 나자 그 교회는 자기가 어디 서 있는지를 알지 못했죠. 마치 하느님이 네덜란드로 도망쳐버린 것과도 비슷했습니다.[94] 오로지 나치의 깃발이 그 위에 휘날릴 때가 되어서야, 그 교회는 자기가 어디 서 있는지를 알았거나, 또는 안다고 생각하게 되었던 겁니다.

가톨릭교회는 사정이 달랐습니다. 그 수장이며 중심은 독일 밖에 있었으니까요. 독일의 가톨릭교도가(오스트리아까지 합쳐서 생각하면, 독일의 절반이 가톨릭교도입니다) 충성하는 종교는 세속을 초월하면서도, 동시에 로마라는 세속의 수도를 갖고 있었습니다. 이처럼 '분리된 충성심'을 나치는 싫어했고, 저 역시 그걸 싫어했습니다. 하지만 바로 이런 '외국에 대한 충성심' 때문에 가톨릭교도는 나치즘에 저항할 가능성이 더 커지게 되었죠."

"하지만 그런 가능성이 실현되지는 않았지요." 내가 말했다.

"그건 그렇습니다." 케슬러 씨가 말했다. "대중이나 사제에게서는 실현되지 않았지요. 여기에는 또 다른 이유가 있습니다. 그래도 프로테스탄트 '고위 성직자' 가운데 저항한 사람이 한 명이었다면, 가톨릭 고위 성직

---

94. 독일 황제 빌헬름 2세(1859~1941)는 제1차 세계대전 말기인 1918년 11월의 혁명으로 인해 제위에서 물러나 네덜란드로 망명했으며, 이후 국내 복귀를 노렸지만 뜻을 이루지 못하고 결국 그곳에서 사망했다.

자 가운데 저항한 사람은 두세 명쯤 되었을 겁니다.

가톨릭교회를 제외하면 이제는 오로지 여자들만이, 특히 나이 많은 여자들만이 매우 종교적이었습니다. 물론 시골은 예외라고 해야겠지만, 그곳도 어느 정도까지는 비슷한 상황이었습니다. 프로테스탄트의 대형 교회는 거의 텅 빈 상태였고, 때로는 신도보다 관광객 숫자가 더 많을 정도였습니다. 여자들은 아이들을 위해서라도 남편들이 함께 예배에 참석하게 하려고 시도했습니다만, 그런 시도가 항상 성공하는 것은 아니었습니다. 설교는 항상 지루했고, 이제는 사람들의 삶에 어떤 중대한 의미도, 어떤 위안도, 어떤 타당성도 갖고 있지 못했습니다.

문제는 가톨릭이고 프로테스탄트고 간에, 교회가 세금으로 유지된다는 사실이었습니다. 따라서 교회는 사람들의 요구를 고려하거나, 또는 사람들의 필요를 돌보지 않고도 살아남을 수 있었죠. 사람들의 요구와 필요가 변화했는데도, 교회는 특히 프로테스탄트 교회는 그 사실을 알지 못했습니다. 오로지 시골, 즉 상주하는 목사를 여전히 부양할 수 있는 마을에서만 사람들과 교회가 진정으로 접촉했습니다. 다른 곳에서는 오로지 소수의 젊고 열성적인 목사들만이 교인들을 찾아다녔고, 그것도 크게 병이 들었을 때에만 그랬습니다. 만약 당신이 목사를 찾아가고 싶다면, 반드시 목사가 허락하는 면담 시간에 찾아가야 하는데, 대개는 면담 시간이 근로자의 근무 시간과 겹치게 마련입니다. 목사를 찾아가고 나서도, 일단은 치과에서 하듯이 가만히 앉아 순서를 기다려야 하고, 면담이 시작되고 나서도 당신이 이야기를 하는 동안 목사는 자기 시계를 자꾸 들여다보게 마련입니다. 아니면 아예 오늘은 그만 이야기하고 다음 주 이 시간에 다시 찾아오라고 목사가 당신더러 말할 수도 있죠. 물론 예외는 있어요. 여러 가지 예외가 있죠. 예를 들어서 기독교 사회주의 운동 전체가 그렇죠. 하지만 전반적으로 봐서, 프로테스탄트 성직자들은 마치 자기들이 고위 공무원이라도 되는 것처럼 굴어요. 따지고 보면 실제로 그렇기도 하죠.

　그렇다고 가톨릭교도가 더 낫다고 말하려는 것은 아니에요. 그리고 나치즘에 대한 가톨릭교도의 저항도 프로테스탄트의 저항과 매한가지로 미미했으니까요. 하지만 거기에는 이유가 있습니다. 그 이유는 사제가 사람들과 가까웠다는 겁니다(그리고 여기에서는 최상의 결과와 최악의 결과 모두가 따라나왔죠). 어쨌거나 독일이라는 국가에서 사제라고 사람들보다 더 높은 지위를 가진 것은 아니었습니다. 제1차 세계대전 직후에만 해도, 가톨릭이 장악한 시골 마을에서는 공산주의자를 한 명도 찾아볼 수 없었습니다. 거기서는 사제들이 진정한 힘을 갖고 있었는데, 왜냐하면 그들이 사람들과 가까웠기 때문이죠. 복음주의가 장악한 소도시에서는 상황이 달랐고, 산업 노동자가 사는 도시에서는 특히 그랬습니다. 예를 들어 베스트팔렌에서는 노동자들과 목사는 서로 다른 편에 서 있었습니다. 목사가 사람들 편에 서지 않는 거예요. 하지만 사제는 사람들 편에 섰죠.

　그렇다면 가톨릭교도가 왜 굳이 나치가 되었을까요? 당신은 이렇게 물어보셨죠. 왜 사제들은 일찍이 사람들이 공산주의자가 되지 않도록 말렸던 것처럼, 이때에도 사람들이 나치가 되도록 말리지 않았을까요? 이에 대한 답변에는 두 가지 면이 있습니다. 하나는 공산주의가 무신론이었고 나치즘은 공산주의의 적이었기에, 나치즘이 졸지에 종교의 옹호자처럼 보였다는 사실입니다. 하지만 여기에는 또 한 가지 이유가 있습니다. 제가 아는 바에 따르면 그건 바로 오늘날의 이탈리아와 프랑스에서 찾아볼 수 있는 현상이죠. 즉 그곳에는 공산주의자 사제가 진짜로 있었다고 하더군요. 수많은 사람들이 나치즘을 멀리하지 못했던 것이 바로 이런 이유였습니다. 그 호소력이 워낙 강력했기 때문이죠. 그리고 사제는 사람들 곁을 떠나지 않게 마련이므로, 결국 이들을 따라서 자기도 나치즘으로 갔던 거구요."

　나는 이 모든 이야기에 관해서 어느 정도 알고 있었다. 내가 참고한 권위자는 바로 경찰관 빌리 호프마이스터였다. 1936년인지, 아니면 1937년에 크로넨베르크의 형사들은 지역 교회에 참관인으로 출석하라는 임무를 공개적으로 부여받았다. 즉 설교의 '충성도'를 평가해 보고하라는 것이었다. 아울러 게슈타포 요원 한 명이 추가로 배치되어서 각 형사의 보고의 성실성을 또다시 평가해 보고하기로 되어 있었다. 이것까지는 형사들도 몰라야 마땅했지만, 실제로는 형사들도 알고 있었다. 그러던 어느 날, 교회와 당 사이의 갈등이 고조되어 있을 무렵, 호프마이스터는 명령에 따라 파버 목사에게 발언을 자제하라는 요청을 전달했다. 즉 돌아오는 주일에 각 교회 설교단에서 읽으라고 프로테스탄트 감독들이 보낸 교서가 있었는데, 그걸 읽지 말라는 요청이었다.

　그런데 경찰관 호프마이스터는 파버 목사의 대답에 가슴이 철렁 내려앉을 노릇이었다. 설교단에서 뭘 읽을지 말지는 국가가 아니라 교회에서 결정할 문제라는 것이었다. 호프마이스터는 상대방을 '설득'(그로부터 15년이 지난 뒤에, 그는 이런 표현을 사용했다)하려고 시도했다. 그러면서 주일에는 게슈타포 요원이 현장에 와 있을 터이므로, 문제의 교서를 읽었다가는 자칫 파버와 호프마이스터 모두가 말썽에 휘말릴 가능성이 있다고 말했다. 파버는 호프마이스터에게 당신 일이나 신경 쓰라고 대꾸한 다음, 자리에서 일어났다. 면담은 이것으로 끝이었다.

　내가 놀라워했던 점은, 열성 나치였던 적은 결코 없었던 호프마이스터가 15년이 지난 지금까지도 그 당시에 목사가 '법률'을, 다시 말해 당국을 무시했다는 사실에 분개해 마지않았다는 점이었다. 목사는 결국 설교단에서 교서를 읽었다. 그는 파버의 영웅주의를 그때에도 존경하지 않았으며,

지금도 역시나 존경하지 않았다. 따지고 보면 호프마이스터 본인도 게슈타포 요원이 올 것임을 목사에게 털어놓음으로써 '법률' 을, 즉 자기 상급자가 지시한 내용을 위반한 셈이다. 그리고 목사는 자칫 본인 말고도 무고한 사람 하나를 위험에 빠트릴 뻔했던 것이다. "마치 뺨을 한 대 얻어맞은 것과도 비슷했습니다." 호프마이스터의 말이었다. 문득 경찰국가에서는 심지어 경찰관조차도 어려움을 겪을 수 있구나 하는 생각이 들었다.

호프마이스터는 지금도 여전히 그 목사의 용기를 존경하지는 않았는데, 나도 처음에는 그의 이런 태도를 이해할 수가 없었다. 나는 이 문제를 파고든 뒤에야, 이 경찰관이 사실은 저 훌륭한 목사를 원래부터 싫어했음을 알아냈다. "그 양반은 너무나도 고고하고 대단해서 우리에게는 어울리지 않아요. 아시다시피, 사람들 위에 군림하는 위대한 신학자이니까요. 저는 그 양반이 있는 교회의 신도였습니다. 그 양반이 여러 해 동안이나 '저의' 목사였구요. 그런데도 이런 사실이 그 양반에게는 아무런 의미가 없었던 겁니다. 한 번은 제가 그 양반을 찾아간 적이 있는데 교서와 관련된 일보다도 더 먼저의 일이었죠. 제가 제 딸의 세례식을 위해 저희 집에 와주십사 부탁했더니만, 그 양반이 이러는 겁니다. '제가 댁으로 방문하게 되면 당연히 사례를 해주셔야 합니다.' 마치 의사가 말하는 것 같았죠. 그나마도 버젓하지는 못한 의사가요.

세례식이 끝나고 나서, 제 집사람이 파버 목사와 부목사에게 와인과 토르테를 대접했죠. 부목사는 선뜻 받아서 먹었습니다만, 목사는 "싫다"면서 전혀 입에 대지를 않는 거예요. 부목사가 자기 와인을 다 마시자마자 파버는 이제 가 봐야겠다고 말하더군요. 하지만 저는 관습 때문에라도, 세례식에 온 손님이 '쉬프(schief)' 하게, 즉 "균형을 잃은 상태로" 떠나서는 안 된다고 말했습니다. 무슨 말인가 하면, 와인 잔의 숫자가 홀수여서는 안 된다는 거였죠.[95] 부목사는 자기 와인을 다 마셨지만 파버는 아예 입에도 안 댔으니까요. 결국 두 사람이 떠날 때에, 저는 세례식에 참석하시면 보통 얼마를 받으시냐고 아예 목사에게 물어보았습니다. 그러자 3마르크라고 하더군요. 그래서 저는 목사에게 3마르크를 내놓고, 부목사에게는 5마르크를 내놓았습니다. 그날 '저의' 기분이 딱 그랬습니다. 저 훌륭한 파버 목사가 겨우 그런 종류의 기독교인인 겁니다."

"그렇다면 크로넨베르크에 있는 목사들은 다 그런가요?"

"대개는 그렇습니다. 물론 다는 아니지만요. 베버 목사 같은 사람도 있었으니까요. 그는 결국 나치가 되었죠. 워낙 친근한 사람이어서 사람들이 정말로 좋아했습니다. 심지어 그의 의견에 동조하지 않는 사람들조차도 그를 좋아했죠. 아무나 붙잡고 한 번 물어보세요. 그리고 가톨릭 사제인 파우슈 신부도 있었습니다. '이곳'에는 우리가 이야기를 나눌 만한 상대도 있었다는 겁니다. 우리가 그분을 찾아가면, 그분은 우리를 응접실로 안내합니다. 우리가 앉은 자리 옆에는 탁자가 하나 있고, 그 위에는 엽궐련 상자의 뚜껑이 열려 있죠. 가정부가 와인과 잔을 갖고 들어오면 사제는 우리한테 엽궐련을 하나 건네주고, 우리는 자리에 앉아서 그분과 이야기하는 겁니다. 이런저런 상황에 대해서요. 그럼요. 심지어 우리가 겪는 문제에 관해서도요. 설령 제가 그분과 같은 신앙을 갖고 있지 않더라도 상관이 없었어요. 그분이 당신의 곤란을 털어놓기도 했어요. 정부가 교회에서 운영하는 학교의 종교예식을 금지했을 때, 파우슈 신부는 이 조치를 받아들였습니다. 하긴 다른 도리가 있었겠습니까? 저에게 이러더군요. '오늘이야말로 내 일생에서 가장 슬픈 날이로군.' 즉 이곳에는 우리가 공감할 수 있는 사람, 저와

___
95. 일종의 미신인 듯하다.

비슷한 사람도 있었다는 겁니다."

　그래서 나는 프로테스탄트와 가톨릭 성직자에 관해서 뭔가를 알게 되었다. 최소한 한 명의 프로테스탄트 성직자와 한 명의 가톨릭 성직자, 즉 영웅적인 파버 목사와 영웅적이지 못한 파우슈 신부에 관해서, 즉 프로테스탄트인 내 친구 호프마이스터의 눈에 비친 모습을 통해 알게 되었던 것이다. 그러니 가톨릭교도인, 또는 '한때' 가톨릭교도였던 케슬러 씨가 내게 한 이야기도 아주 믿을 수 없는 것 같지는 않았다.

　"국가사회주의의 초창기에만 해도." 케슬러 씨가 말했다. "사람들을 교회에서 빼내려는 시도는 전혀 없었어요. 오히려 정반대였죠. 바이마르 공화국은 교회와 국가를 분리시켰어요. 아시다시피, 미국에서 하는 것과 똑같았죠. 그리고 목사들은 대부분 나치를 지지했는데, 혹시나 그렇게 함으로써 양자를 재결합시켜서 교회를 재건할 수 있지 않을까 하는 기대 때문이었어요. 유대인과 유물론에 반대하는 '적극적 기독교'에 대한 당의 호소는 분명했고, 그렇기 때문에 그 정권의 초기에는 이미 과거에 교회를 떠났던 수많은 자유주의자와 급진주의자가 서둘러 교회로 돌아왔어요. 그걸 자기들이 좌파가 아님을 증명해주는 '위장' 수단으로 이용한 거였죠.

　하지만 시간이 흐르면서 당의 고유한 정신이 나타났고, 사람들의 삶에서 정신의 공허를 채우기 시작했어요. 교회가 실패한 부분이 바로 거기였죠. 사람들은 교회에서 돌아섰어요. 심정상으로야 이미 떠나 있었지만요. 그리고 당으로 갔어요. 교회는 이를 놓고 당을 비난했지만, 따지고 보면 애초부터 당의 잘못은 전혀 아니었어요. 오히려 교회가 진공 상태를 만들었고, 당은 결국 그런 상태를 이용했을 뿐이죠.

　표면상으로는 다른 것들도 있었지만, 그 아래에는 바로 이것이 있었어요. 즉 표면상으로는 교회와 국가 간의 싸움이 '유대인 문제'를 놓고 벌어졌지만, 우리가 기억해야 할 중요한 사실은 그 싸움이 처음 2~3년 동안은 일어나지 않았다는 거예요. 당에서는 교회가 그런 반유대주의에 반대하는 입장을 취하리라고는 기대하지 않았고, 몇몇 개별적인 예외를 제외하면 교회는 실제로도 그러지 않았죠. 그러다가 당에서는 세례 받은 유대인, 즉 기독교 개종자 역시 여전히 유대인이므로, 반드시 성직에서 해임하고 결국에는 교회에서 내쫓아야 한다고 주장하기에 이르렀죠. 그야 물론 실수였지만, 당에서는 일관성을 위해서라도 그럴 수밖에 없었어요. 그러자 교회는 기독교인으로서 체면을 유지하기 위해서라도 저항할 수밖에 없게 되었죠. 왜냐하면 기독교는 복음주의적이었으니까요. '모든' 영혼을 그리스도께로 인도한다는 것이 바로 기독교의 사명이었으니까요.

일단 싸움이 시작되고 나자, 교회 지도자들은 당이 사람들을 유혹해 데려간다고 비난했어요. 마침내 그 말이 사실이 되고 말았지만, 그건 어디까지나 말썽이 시작된 이후의 일이었어요. 그리고 교회를 떠난 사람이 사망하면, 교회 쪽에서는 사망자를 묻어줄 사람들이 아무도 없다는 것이 결국 당의 잘못이라고 말하곤 했어요. 당이 나쁘게 보일 법한 일이었죠. 무슨 말인지 아시겠죠. 그런데 저는 당원이었단 말이에요."

"그러면 당신에게는 당원이 우선입니까, 기독교인이 우선입니까?"

"그때는 당원이 우선이었죠."

"그러면 지금은요?"

"지금은요? 둘 중 아무것도 아니에요. 하지만." 케슬러 씨는 잠시 말을 끊었다가 다시 이었다. "이건 단순히 당이 어떻게 보일지 여부의 문제가 아니었어요. 그것 말고 다른 것도 있었죠. 당신은 이렇게 물어보셨죠. 왜 병원에서는 교회를 떠난 병사가 사망할 때마다 당 사무실에 연락을 하느냐고 말이에요. 왜냐하면 사람들은 이 나라의 재건 과정에서 빚어지는 모든 문제를 들고서 당에 연락했기 때문이었고, 그때마다 당이 사람들을 도와주었기 때문이었어요. 이런 패턴은 처음부터, 그러니까 전쟁이 벌어지기 한참 전부터 수립되었죠. 당을 그토록 강하게 만든 요인이 바로 그거였어요. 당은 항상 도와주었으니까요. 종교적 문제건, 가정 문제건, 정말 모든 것에 대해서요. 당은 사람들의 삶을 감독했어요. 그렇다고 해서 감시했다는 게 아니라 돌봐주었다는 거예요.

아시다시피, 교수님, 참새 한 마리가 땅에 떨어지는 것도 하느님께서는 돌보신다고 하지 않나요.[96] 혹시 제가 너무 경망스러운 것인지는 모르겠지만, 저는 이렇게 말하고 싶어요. 즉 그 당시에만 해도 누가 하나 '떨어지는' 것을, 즉 병이 들거나 곤궁해지거나 일자리를 잃거나 집을 잃거나 간에, 당에서는 그 모두를 돌보았다고 말이에요. 이전까지만 해도 독일에서는 그 어떤 조직도 이렇게 한 적이 없었고, 아마 세상 어디에서도 마찬가지일 거예요. 장담컨대 그런 조직이라면 누구에게나 차마 저항할 수 없는 매력을 발휘했을 거예요. 독일에 사는 어느 누구도 곤란을 겪을 때에는 혼자가 아니었다는―."

"예외도 있었죠." 내가 말했다. "이른바 '더 열등한 인종'의 사람들, 그리고 정권의 적들 같은 경우에는 말이에요."

"물론 그렇죠." 그가 말했다. "그건 맞습니다. 하지만 그런 사람들은 소수였고, 어차피 사회 바깥에 있었어요. 즉 '울타리 너머'에 있었기 때문에 그들에 관해서는 아무도 생각하지 않았던 겁니다."

"하지만 이 사람들 역시 '참새들'이었을 텐데요."

---

96. 신약성서 「마태복음」 10장 29절. "참새 두 마리가 한 앗사리온에 팔리는 것이 아니냐. 그러나 너희 아버지께서 허락지 아니하시면, 그 하나라도 땅에 떨어지지 아니하리라." 여기서 '앗사리온'은 화폐 단위 중에서도 가장 낮은 단위다.

"그렇죠." 그가 말했다.

"그렇다면 혹시요." 내가 말했다. "이 사람들이야말로 예수가 말한 '너희 중에 작은 자들'[97]이었을 수도 있지 않을까요?"

"교수님, 우리는 그런 식으로 생각하지 않았어요. 물론 우리가 잘못했고, 우리가 죄를 범했지만, 우리는 그런 식으로 생각하지 않았어요. 우리는 '너희 중에 작은 자들'을 어디까지나 우리 민족 안에서만 찾았어요. 법을 준수하는 평범한 사람들이 사는 곳이라면 어디에서나요. 하지만 유대인이나, 집시나, 기타 등등은 아니었죠. 평범한 사람들, 그러니까 '아리아인들' 사이에도 '너희 중에 작은 자들'은 있었으니까요. 수백만 명이나요. 처음에만 해도 실업자가 600만 명이나 되었어요. 이 '작은 자들'이 바라볼 곳이 드디어 생겨난 거죠. 물론 '작은 자들' 모두가 그랬던 건 아니지만, 그들 대부분은 그랬죠.

당신이라면 '전체주의'라고 하시겠죠. 맞아요, 전체주의죠. 하지만 당신은 혼자인 채로, 실직한 채로, 병든 채로, 또는 땡전 한 푼 없는 채로 있어 본 적이 아마 없으실 거예요. 설령 그런 적이 있었다 하더라도, 아주 오래까지는, 그러니까 희망을 포기할 정도로 아주 오래까지는 아니었을 거예요. 그렇기 때문에, 죄송한 말씀입니다만, 교수님께서는 쉽사리 '전체주의는 안 된다'고 말씀하실 수 있겠죠. 하지만 다른 측면, 그러니까 제가 말하는 측면이야말로, 독일 외부에 사는 사람은 결코 직시하지 못하거나 결코 직시할 생각조차 못하는 측면인 거예요. 그리고 오늘날 독일에 사는 어느 누구도 그 측면에 관해서는 말하지 않을 거예요. 하지만 장담하건대, 독일

---

97. 신약성서 「마태복음」 25장 40절의 다음 구절에 빗댄 것이다. "내가 진실로 너희에게 이르노니, 너희가 여기 내 형제 중에 지극히 작은 자 하나에게 한 것이 곧 내게 한 것이니." 여기서 '너희 중에 작은 자'란 보통 남들보다 못하고 어려운 사람을 말하는 것으로 이해된다.

에 사는 어느 누구도 그 측면을 잊어버리지는 않았을 거예요.

'노동전선'에서 우리는 사람들에게 일자리를 찾아주었고, 그런 사람들은 이후로도 계속해서 우리가 책임지고, 우리가 돌보았어요. 한 번은 어느 카페 주인이 여종업원을 부당하게 대했는데, 그 여자는 제가 거기에 취직시킨 사람이었어요. 그 여자가 저한테 찾아왔더군요. 그래서 제가 카페 주인에게 주의를 주었죠. 그런데 나중에 또다시 그런 일이 벌어졌기에 결국 카페를 닫게 만들었어요. 전체주의라구요? 맞아요, 당연하죠. 그런데 그는 마침 '역전 용사'였기 때문에 청문회에서 그가 저한테 이러더군요. '당신은 나를 마치 유대인인 양 대했어. 그 대가로 조만간 당신도 일자리를 잃게 만들어주지.' 그는 당의 지부 사무실에 이 문제를 들고 갔습니다만, 전혀 성공을 거두지 못했어요. 그런데 이게 예외적인 사례는 아니었다는 겁니다. 전체주의라구요? 맞습니다. 하지만 저는 그게 오히려 자랑스럽다니까요."

'당 연설가'의 이야기는 점점 더 웅변조로 바뀌었다. "그렇군요." 내가 말했다. "그건 저도 이해하겠습니다. 하지만— 당신의 아이들은 어떨까요?" 나는 그에게 일침을 가하고 싶은 충동을 차마 이기지 못했던 것이다. 아차 싶었지만, 이미 늦은 다음이었다. '당 연설가'는 자취를 감추었고, 그 자리에는 요한 케슬러가 도로 나타나 있었다.

"아이들이요." 그가 말했다. "그래요, 아이들이 문제죠."

"제가 실언을 했군요. 죄송합니다, 케슬러 씨." 내가 말했다.

"괜찮습니다." 그가 말했다. "죄송해 하실 것 없습니다. 아이들이 문제이긴 하니까요."

"혹시 그 첫날 밤 이후로 당신의 부인께서 아이들의 기도를 대신해주지 않으셨습니까?"

"아뇨. 제가 다 했습니다. 제가 해야만 했으니까요, 교수님. 제가 해야만 했어요. 아이들은 너무 어려서 차마 이해하지 못했을 겁니다. 무슨 말인지 아시죠?"

"뭘 이해하지 못했을 거란 말씀이신가요?"

"뭘 이해하지 못했느냐 하면— 자기네 아버지가 어떤 사람인지를 이해하지 못했으리라는 겁니다. 저는 아이들을 위해 기도해주어야 했습니다만, 차마 그 일에 관해서 아무에게도, 어느 누구에게도 말할 수는 없었습니다. 위험 때문에 그런 것이 아니었어요. 그거야 위험을 초래할 만한 일은 전혀 아니었으니까요. 다만 어디까지나 치욕 때문이었죠. 그건 참으로 외로운 길이었어요. 지금도 마찬가지죠. 제 생각에는 지금이 더 외로운 것 같아요. 차라리 아무것도 믿지 않았을 때보다 더요."

"혹시 다른 때에도 기도를 하셨습니까?"

"그럼요. '신앙운동'의 장례식 때마다 했죠. 저의— 저의 이야기가 끝날 때마다요. 장례식에서 저는 고인이 얼마나 훌륭한 동지였는지, 얼마나 훌륭한 남편이고 아버지였는지, 얼마나 우리의 대의와 조국에 충성했는지를 이야기했습니다. 그리고 이야기가 끝나면 '주기도문'을 외우곤 했죠."

"큰 소리로요?"

"어, 아뇨. 하지만 그건 다른 차원의 기도였어요, 아시다시피."

"어떻게요?"

"음, 제가 저 자신에게, 그리고 하느님에게 저지른 일은 하느님께서나 신경을 쓰시고, 저 자신은 아무 상관이 없다는 쪽이죠. 하지만 제가 제 아이들에게 저지른 일은—."

그는 차마 더 이상 말을 잇지 못했고, 나도 아무 말을 하지 않았다. 그러다가 그는 다시 말을 이었다. "그 몇 년 동안, 매일 밤마다, 심지어 마지막 밤까지도 그랬어요. 우리한테는 모두 북쪽으로 가라는 명령이 떨어졌죠. 노인까지도 모두 나서서 끝까지 싸우라고 했어요. 그래서 저도 자전거를 타고 북쪽으로 갔고, 결국 다른 나머지 사람들과 마찬가지로 항복하고 말았죠. 바로 그날 밤에, 여차 하면 두 번 다시 우리 아이들을 못 만나겠구나 하는 생각이 들자, 집사람과 입을 맞추고 나서 아이들과 함께 기도를 했죠."

"부인께서는 뭐라고 하시던가요?"

"집사람은 그 첫날 밤 이후로도 그 일에 관해 아무 말도 하지 않았어요. 그 몇 년 동안, 우리는 더 이상 그 일에 관해 이야기하지 않았어요. 하지만 집사람은 알고 있었죠."

"그리고 당신도요. 그 기간 내내 당신도 자기가 신성모독을 범한다는 것을 알고 있었겠죠."

"줄곧 알고 있었죠. 제가 천벌 받을 짓을 한다는 사실을, 그것도 매일같이 더욱더 천벌 받을 짓을 한다는 사실을 줄곧 알고 있었죠. 하지만 제 아이들만큼은 버젓한 기독교인으로 만들고 싶었어요."

"그건 왜죠, 케슬러 씨?"

"누구나 자기 아이들이 자신보다는 더 나은 사람이 되기를 바라는 것 아니겠습니까?"

남편이 집을 떠나서 포로가 된 날로부터 한 달쯤 후에, 케슬러 부인은 본당 사제에게 찾아가서 자기 아이들 중에서 맏이인 딸 마리아를 위한 첫 영성체를 요청했다. 그녀는 남편의 행방을 알 수 없었고, 설령 남편이 아직 살아 있다 하더라도 여차 하면 두 번 다시 만날 수 없을 것이라고 생각했다. 소문에 따르면, '당 연설가'로 일한 경력의 소유자라면 십중팔구 전범으로 분류될 가능성이 있다고 했기 때문이었다. 그로부터 사흘 뒤, 그녀는 남편이 다름슈타트에 있는 포로수용소에 수감되어 있다는 소식을 전해 들었고, 그곳으로 남편을 찾아갔다. 그녀는 자기가 무슨 일을 했는지 남편에게 전해주었다. 그러자 그는 울었다. "왜 우셨습니까?" 내가 물었다.

"왜냐하면 하느님께서 제게 자비를 베풀어주셨기 때문이죠. 이 죄인에 게요. 저는 천벌 받을 짓을 했습니다. 제가 한 일이며, 그들이 저와 함께 한 일 때문에라도 저는 천벌 받아 마땅해요. 그런데 하느님께서는 자비를 베풀어주신 겁니다. 저처럼 천벌 받아 마땅한 놈에게도요."

"사람은 언제라도 구원을 받을 가능성이 있지 않습니까, 케슬러 씨?"

"저는 더 이상 그걸 믿지 않던 참이었어요. 더 이상 믿지 않았다니까 요. '신앙운동'은 구세주를 부정했거든요."

이제 케슬러 씨의 장성한 딸과 거의 장성한 아들은 주일마다 성당에서 미사를 드린다. 마리아는 유럽에 사는 상당수의 여자아이들처럼, 그리고 이곳에 사는 대부분 여자아이들처럼 바이올린을 연주했다. 남자아이 한스 는 '당 연설가'였던 아버지와 똑같이 풍부한 목소리로 성가대에서 노래를 한다. 한때의 '당 연설가'는 이제 자기 마을의 사료 가게에서 배달 업무를 담당하면서, 자기 혼자 성당에 가서 신자들과 떨어진 곳의 맨 뒷자리에 앉는다. 그는 신앙을 다시 받아들이겠다고 정식으로 요청하지도 않았으며, 그 역시 한때 나치였던 사제도 그와 악수를 나누기는 하지만 굳이 이야기를 나누지는 않는다. "하느님께서는 기다려주신단다. 하느님께서는 나를 기다려주시지." 사제는 마리아에게 이런 말을 했다. 내가 마리아한테 들은 이야기다. 1945년 7월 3일에 미군 당국에 제출한 이력서에서 요한 케슬러는 자기 종교를 '고트글로이비히(Gottgläubig)'라고 썼다. 이것은 '하느님을 믿지만 교회는 출석하지 않는다'는 의미였다.[98]

---

98. 이 장에서 설명된 '나치 신앙운동'이 기독교에서 완전히 이탈한 '이교'를 의도했다면, '고트글로이비허(Gottgläubiger)'는 기독교 신자를 자처하지만 교회 출석은 하지 않는 나치들로, 한때 그 숫자가 무려 300만 명 이상에 달했다.

17장 광기: 튜턴 족의 분노,[99] 빗나간 애국적 낭만주의

타키투스는 반어적으로 이렇게 물었다. 과연 누가 아시아나 아프리카를 게르마니아와 맞바꾸려 하겠는가? "혹독한 기후에다가, 구경이나 경작 모두에도 어울리지 않는, 저 끔찍하고도 살기 힘든 지역을?" 이 질문에 대한 독일인의 답변은 확고하다. 즉 독일인이라면 기꺼이 맞바꾸리라는 것이다. 물론 이것은 애초부터 잘못된 질문과 잘못된 답변일 수밖에 없다. 그보다 더 살기 힘든 지역에서도 사람들은 별다른 어려움 없이 살아가기 때문이다. 하지만 애국주의적 낭만주의의 목적을 위해서라면, 독일인의 답변이야말로 충분했다.

낭만주의는 사람이 꿈을 빚어내는 재료다. 국가사회주의는 바로 이런 재료의 일부였는데, 이것은 인간의 마음 속에 내재한 흉악함에서, 즉 '선천적인 범죄성'에서 비롯된 것이 아니라, 오히려 이후에 생겨난 차마 견딜 수 없는 현 상태로부터의 자유에 대한 꿈에서 비롯된 것이다. 특히 독일에서는 이런 현 상태가 다른 어디보다도 더 견딜 수 없는 것이었으니만큼, 다른

---

99. '튜턴 족의 분노(Furor Teutonicus)'는 로마 시대에 게르만(튜턴)족의 흉포성을 나타내는 격언으로 널리 이용된 표현이다.

누구도 아닌 독일인이야말로 인류를 인간의 현 상태로부터 자유롭게 만드는 일에 착수해야 마땅하지 않겠는가?

이런 꿈속에서, 내 친구들은 안타깝게도 동료 인간, 즉 하느님을 통해 자기 자신과 동일시되는 인간, 즉 실제 세계의 실제 인간, 즉 나약하고도 변덕스러운 인간에 대한 기독교인의 의무로부터 완전히 벗어났다. 대신 내 친구들은 '상상한 그대로의 인간', '하느님 같은 인간', '과거 한때의 인간', '게르만적인 인간'을 만든다는 그야말로 초월적이고 십자가보다도 오히려 더 무거운 의무 쪽으로 돌아섰다. 인종적 완전은 오로지 도덕적 완전에 도달하기 위한 수단에 불과함을 우리는 반드시 기억해야 한다. 물론 그것이 '유일한' 수단이기는 했지만. 도덕적 완전은 가능했다. 그리고 독일에서 도덕적 완전은 어디에서건 인간이 처한 상태를 완화시킬 것이다. 심지어 본성이 저급하기 때문에 도덕적 완전이 불가능한 사람들 조차도 그 혜택은 돌아간다.

내가 만난 열 명의 나치 친구들 가운데 일곱 명은 나치즘 시기에 독일에서 유래한 다음과 같은 농담을 들어본 적이 있었고, 그 농담을 무척이나 재미있어 했다. "아리아인이란 무엇인가?" "아리아인이란 히틀러처럼 키가 크고, 괴벨스처럼 금발이고, 괴링처럼 날씬한 사람을 말한다."[100] 그들 역시 '집단적 아리아인화'에 대해서는 웃음을 지었다. 나치즘이 처음에는 이탈리아인을, 그다음으로는 일본인을 그렇게 만들겠다고 했다. 이른바 '아리아인' 중에 유대인과 구분이 가지 않는 사람이 있고, 유대인 중에도 나치와 구분이 가지 않는 사람이 있다는 것을 그들은 모두 잘 알았다. 내가

---

100. 히틀러와 괴벨스와 괴링의 외모는 본문에 인용된 농담에서 묘사된 것과는 정반대였다. 즉 히틀러는 키가 작았고, 괴벨스는 갈색머리였고, 괴링은 비만이었다. 결국 나치가 주장한 아리아인의 이상이란 허구라는 빈정거림이다.

만난 열 명의 친구들 가운데 여섯 명은 키가 중간 이하였고, 그중 일곱 명은 갈색 머리카락이었으며, 최소한 그중 일곱 명은 단두(短頭)였다. 즉 머리의 폭을 놓고 이야기할 때, 이른바 '북유럽의 장두형태(長頭形態)'에서 상당히 먼 종류에 속했다는 뜻이다. 하지만 이런 모든 사실은 전혀 문제가 되지 않았다. 이 모두는 단지 현실에 불과했고, 단지 의회에서의 군말에 불과했기 때문이다.

어느 독일 철학자의 말에 따르면, 독일인에게 어제와 내일은 있어도 오늘은 없었다. 내가 만난 열 명의 나치 친구들의 이야기에 따르면, 게르만 민족 전체의 고통과 희생으로 얼룩진 유구한 역사 전체에서 그 모습을 드러냈던 '게르만 정신'이 늦어도 내일쯤에는 이른바 '어제의 독일인'을 길러낼 것이었다. 그 이상적인 형태의 독일인은 마침 피부가 검고 땅딸막한 사람이었던 율리우스 신(神)[101]의 눈에 보인 것처럼 "금발에, 푸른 눈에, 덩치 큰"[102] 모습일 것이었다. 무거운 짐을 짊어진 사람이라면 충분히 그런 꿈을 꿀 수 있다. 단순히 꿈을 꿀 수 있는 것만이 아니라, 오히려 반드시 꿈을 꾸어야만 할 것이다.

신과도 유사한 바그너적 인간이며, 천사와도 유사한 파우스트적 인간은 이런 꿈같은 삶 속에서 살아갔다. 낭만적인 게르만 전설에서는 재단사가 다리미판을 팽개치고 떠나고, 농장 소년이 물집을 만드는 쟁기 손잡이를 놓고 떠나고, 상점 점원이 아픈 발에 날개 달린 샌들을 신고 떠난다. 이들 모두는 어두운 숲으로 인도되어 (독일의 숲은 다른 어디보다도 더 어두웠다) 그곳에서 검과 방패와 투구를 착용하고, 앞길을 헤치며 나아가 결국 산

---

101. 사후에 신격화된 율리우스 카이사르를 말한다. 카이사르는 저서인 『갈리아 전쟁기』에서 게르만족에 관해 서술한 바 있다.
102. 타키투스의 『게르마니아』에 나온 다음 구절을 말하는 듯하다. "모두가 도전적인 푸른 눈을 가졌고, 붉은 금발이며, 체구는 물론 공격하기에 알맞게 건강하다."(제4절.)

꼭대기에 도달한다. 발푸르기스와 바르트부르크의 조합인 바로 그곳에서,[103] 이들은 튜턴 족과 기독교인의 불을 번개에 맞서 내던짐으로써 번개와 함께 마귀들을 물리치는 것이다.

독일의 탄생을 노리는 '광포한 사냥꾼의 무리(Wütende Heer, die Wilde Jagd)'[104]가 위협을 가했으므로, 저 성스러운 숲 속에서 타오르는 보호의 불이 그냥 꺼지도록 내버려둘 수는 없었다. 1951년에 독일의 한 시장은 자기네 도시 광장에서 나치를 반대하는 문건을 불태웠다. 1952년에는 베를린 경찰이 나치즘 이후 가장 대규모의 횃불 시위를 벌였다. 1953년에는 함부르크에서 독일의 한 평화주의자가 (다시 강조하지만 '평화주의자' 다) 연합국과의 '계약의정서'를 공개적으로 불태웠다. 그리고 독일 전역에서는, 가을철 농업 축제 때며, 봄철 학교 축제 때마다, 축하 행사의 절정에 이르러 거대한 규모의 모닥불을 피운다. 1933년에 프로이센에서는 급진적인 유대인들로부터 독일을 해방시킨다는 명분 하에 기독교 반대주의자들이 책을 불태웠다. 1817년에 작센바이마르 공국에서는 반동적인 프로이센인으로부터 독일을 해방시킨다는 명분 하에 기독교인들이 책을 불태웠다.

1934년 6월 29일, 아돌프 히틀러는 자기가 건넌 다리를 불태웠다.[105] 이 결정은 라인 강변의 고데스베르크에 있는 한 호텔의 베란다에서 내려졌다. 한밤중에 거기 혼자 앉아서, '지도자'는 자기 앞의 잔디밭에 모인 1,000명의 지지자를 바라보고 있었다. 이 1,000명은 저마다 횃불을 하나씩

---

103. '발푸르기스의 밤'은 독일의 전통적인 봄맞이 축제이며, 민간 전승에서는 매년 마녀들의 집회가 열리는 날로도 이야기된다. 1817년에 독일의 '바르트부르크'에서 열린 대학생 축제에서는 이른바 '비독일적'이라고 여겨진 책과 물품을 화형시키는 사건이 일어났다.
104. 북유럽 신화의 일종으로, 즉 말에 올라타고 사냥개를 거느린 유령 사냥꾼들이 하늘을 날아가는 모습이 보이면 머지않아 닥칠 재앙을 예비하는 징조라고 한다.
105. 이하는 히틀러가 돌격대(SA)의 지휘관이며 자신의 라이벌인 에른스트 룀(1887~1934)을 제거하고 1인 독재를 확립한 1934년의 '장검(長劍)의 밤'에 관한 설명이다.

들었으며, 그 1,000개의 횃불이 한데 모여서 활활 타오르는 '스와스티카(卍)'를 그렸다. 그 불빛을 바라보던 '지도자'는 당의 지도부 가운데 일부를 제거하기로 결정했다. 그는 베란다를 떠났고, 전용기를 호출해 한밤중에 뮌헨으로 날아갔다. 다음 날 아침은 1934년 6월 30일, 즉 '피의 날'이었다. 바로 전국적으로 국가사회주의 내부의 정화가 일어났다.

　　홍수로 한 번 정화된 세계는 그보다 더 확실한 정화 도구인 불에 의해 다시 한 번 정화되게 마련이다. '튜턴 족의 정신'에는 악마성이 깊이 깃들어 있다. '막스와 모리츠'라는 두 악동은 미국의 만화에서 등장하는 말썽꾼에 해당하는 존재인데,[106] 이들이 주로 저지르는 악행으로 말하자면 '펙의 악동', '케이오 멀린스', '개구쟁이 데니스' 등이 차마 상상한 적도 없고, 또한 차마 상상할 수도 없는 수준이다.[107] '막스와 모리츠'와 마르틴 루터 사이의 길은 상당히 멀다고 할 수 있는데, (루터는 교회를 분열시키는 교황의 칙서를 불태우는 자리에 비텐베르크의 학생들을 초대한 바 있었다) 그렇다고 해서 길이 아주 없는 것은 아니다. 루터의 종교개혁은 그 기원상 자유주의적이었지만, 결과적으로 독일 민족의 종교생활에서 로마의 보편주의에서 나타나는 쾌활함을 몰아내버렸다. 그리고 지금도 신학이 침투할 수 없게 하는 어둠이 그 쾌활함을 대체했다. 그리고 교회 민병대를 교회 군대에 종속시켰다. 그리고 애국자 부족의 종파를 재수립했다.

　　이 아우구스티노회 수도사는 섬뜩하리만치 영웅적이고 섬뜩하리만치

---

106. '막스와 모리츠'는 독일의 작가 겸 화가 빌헬름 부쉬(1832~1908)의 동명 그림책(1865)의 등장인물로, 갖가지 고약한 장난으로 사람들을 골탕 먹이다가 결국 비참한 최후를 맞이하는 악동들이다.
107. '펙의 악동'은 미국의 작가 겸 정치인 조지 윌버 펙(1840~1916)의 유머 소설에 나오는 악동을 말한다. '케이오 멀린스'는 미국의 만화가 프랭크 윌러드(1893~1958)의 만화 시리즈 『문 멀린스』(1923~1991)의 등장인물인 악동을 말한다. '개구쟁이 데니스'는 미국의 만화가 행크 케첨(1920~2001)의 동명 만화 시리즈(1950~)의 주인공으로 역시나 악동이다.

극적인 태도로 이렇게 말했다. "나는 여기 서 있습니다. 달리 도리가 없습니다(Hier stehe ich, ich kann nicht anders)." 그는 가장 거대한 지상 권력에도 아랑곳하지 않았다. 이에 비하자면 덜 영웅적이고 덜 극적이지만 그래도 충분히 예언적인 태도로, 그는 미래의 독일에 관해서도 이야기한 바 있었다. 즉 "너희에게 달라고 하는 것을 상대방에게 주고"[108]라는 구절을 '상대방이 달라는 것을 주라'는 의미가 아니라, 오히려 '상대방에게 좋은 것을 주라'는 의미로 해석한 것이었다. 영국인은 불과 한 세기만에 기독교로 개종했지만, 독일인은 무려 일곱 세기만에 기독교로 개종했다. 그런데도 이 땅의 일부 지역에서는 무려 11세기 말까지만 해도 이 새로운 신앙이 완전히 근절된 바 있다.

내 친구 케슬러의 말이 맞았다. 가톨릭교도의 저항은 독재정권에 대한 저항이 아니라, 애국주의적인 독재정권에 대한 저항인 동시에 인종차별주의와 우상숭배에 대한 저항이었다. 그리고 이들의 저항은 프로테스탄티즘의 저항보다 더 강력했다. 물론 아주 현저하게 강력하지는 않았지만. 가톨릭교회의 힘은 어디까지나 가톨릭교회의 힘이었다. 반면 프로테스탄트 교회의 힘은 어디까지나 독일이라는 국가의 힘이었으며, 인구의 거의 절반이 가톨릭교도인 나라에서 교회 숫자는 프로테스탄트가 압도적으로 많았다. 프로테스탄트가 대세인 북부에서는 사람들이 이런 인사를 건넸다. "안녕하세요(Guten Tag)." 반면 가톨릭이 대세인 남부에서는 사람들이 이런 인사를 건넸다. "하느님이 돌보시길(Grüss' Gott)." "안녕하세요"라는 인사가 "히틀러 만세(Heil Hitler)"로 바뀌는 과정에 비하자면, "하느님이 돌보시길"이 "히틀러 만세"로 바뀌는 과정은 좀 더 어려웠다고 할 수 있었다. 물

---

108. 신약성서 「마태복음」 5장 42절의 일부. "네게 구하는 자에게 주며, 네게 꾸고자 하는 자에게 거절하지 말라."

론 아주 어렵지는 않았으나, 그래도 약간은 더 어려웠다.

가톨릭교회는 싫든 좋든 간에 프로테스탄트를 국교회로 둔 나라에서 '프로테스탄트', 즉 문자 그대로 '이의를 제기하는' 역할을 담당한 셈이었다. 가톨릭교회에 반대하는 비스마르크의, 그리고 더 나중에 있었던 로젠베르크와 괴벨스의 (가톨릭교도 집안에 태어난 그는 "전쟁이 끝나고 나면 그들을 손봐주겠다"고 벼르는 투의 글을 남겼다) 전투로 인해서, 가톨릭교도는 박해를 당하는 신앙을 향해 위험하게 살아가며 즐겁게 나아가는 것이 무엇인지를 약간이나마 알게 되었다. 과거에는 물론 현재까지도 독일 내의 명목상 프로테스탄트 가운데 겨우 10퍼센트만이 자유의사로 국교회를 신봉했다는 것이 일반적인 추산인데, 이 정도면 적어도 크로넨베르크에서는 결코 낮은 수치가 아니었다. 헤센 대공이 1572년에 프로테스탄티즘을 받아들임으로써 가톨릭 신앙을 탄압하기 전까지만 해도, 크로넨베르크 주민은 100퍼센트 가톨릭이었기 때문이다. 1945년의 미군 점령부 하에서는 나치의 일요일 아침 이교 숭배가 교회 예배 시간에 맞춰 똑같은 극장에서 상영되는 인기 영화로 대체되었으며, 이에 대한 프로테스탄트의 항의는 전혀 없었다.

루터의 이 어두운 교회는 빵과 포도주로부터 나온 것이 아니라, 피와 철로부터 나온 것으로서, 그 모(母)교회가 태어난 (비록 '양육된' 것은 아니더라도) 보편적 복종과 보편적 포용으로부터 워낙 떨어져 있었다. 때문에, 심지어 루터의 생전부터도 그 자유로운 충동을 잃어버렸으며, 이후 어둠의 악마적 공포로부터 독일의 '작은 자들'을 결코 해방시킬 수 없었다. 그들은 횃불을 들어 어둠을 낮으로 변모시키는 사람들을 차마 거부할 수 없었다. 나는 과거에 나치 반대자였던 어느 시골 목사와 몇 번인가 대화를 나눈 적이 있었는데, 그는 "우리는 인간이 아니라 하느님에게 복종해야 마땅하다"[109]라는 '한 가지' 성경 말씀에 반박하지 않고, 끈질기게 고개를 저으면서 "현재의 권력은 하느님으로부터 내려온 것이다"[110]라는 '또 한 가지' 성경 말씀으로 거듭해서 돌아갔다. 그의 아들 가운데 맨 위 세 명은 독일 육군의 러시아 침공 과정에서 모두 사망했다. 그는 결코 '그들'이 막내아들까지 데려가도록 허락하지는 않을 것이라고, 눈물을 흘리며 말했다. 하지만 내 생각에 그는 충분히 허락하고도 남을 것 같았다.

비유하자면 '그리스도의 나무'는 완벽한 자유를 달성하며 자유롭게 심어졌으나, '오딘의 참나무' 바로 옆에서 점차 허약해지고 말라갔던 것이다. 하지만 그 나무도 자라나기는 했다. 신자와 불신자와 불가지론자, 큰 자들과 작은 자들, 약한 자와 강한 자, 착한 사람과 나쁜 사람. 이들 모두를 접하면서, 나는 나치즘을 실제보다 더 나쁘게 만든 한 가지 요소가 있다는 확신을 품게 되었다. 그것은 바로 독일에 진정한 기독교 교회가 없다는 사실이었다.

어쩌면 재단사 슈벵케는 기독교가 무엇인지를 모를 수도 있다. 어쩌면 그는 기독교인이었던 적이 없었을 수도 있다. 어쩌면 그는 기독교인이 되고 싶지 않았을 수도 있다. 하지만 그는 거울을 들여다보며 "나는 기독교인이 아니다"라고 말하는 상황을 차마 견딜 수 없었을 것이다. 그런 상황을 차마 견딜 수 없었다면, 그의 마음에는 오로지 한 가지 길만 남아 있었을 것이다. 제아무리 힘들거나 거의 가망이 없다 하더라도 만약 그를 요구하는 기독교 교회가 전혀 없었다면, 그 길도 아마 닫혀 있었을 것이었다. 그가 내게 단언한 바에 따르면, 그는 "항상 매우 종교적"이었다. 그러

---

109. 신약성서 「사도행전」 5장 29절. "베드로와 사도들이 대답하여 이르되, 사람보다 하나님께 순종하는 것이 마땅하니라."
110. 신약성서 「로마서」 13장 1절. "각 사람은 위에 있는 권세들에게 복종하라. 권세는 하나님으로부터 나지 않음이 없나니, 모든 권세는 다 하나님께서 정하신 바라."

면서 그는 어떤 미덕에 관해 이야기할 때마다 늘 그러듯이, "우리 온 가족이 항상 그랬다"고 덧붙였다. 자신의 종교성에 대한 증거로서, 그는 무려 60년 전에 자신이 견진 교리를 받을 때 불렀던 찬송가를 내게 가르쳐 주었다. 〈저는 당신을 사랑하겠습니다, 전능하신 주님(Ich will dich lieben, meine Stärke)〉은 견진성사의 시작에 부르는 것이고, 〈제 손을 잡아 주소서 (So nimm denn meine Hände)〉는 견진성사의 마지막에 부르는 것이었다. 일흔한 살이나 되는 노인인데도, 이미 한 번의 전쟁에서 거의 치명적인 부상을 당하고 또 한 번의 전쟁에서는 무려 3년 동안이나 감옥 생활을 했는데도, 그의 바리톤 목소리는 놀라우리만치 아름다웠다.

"이런 식이었죠." 그가 말했다. "새로운 국가사회주의 신앙은 하느님을 믿기는 했지만, 그리스도의 신성을 믿지는 않았습니다. 가장 쉽게 설명하면 그렇습니다."

쉽게 설명해주어서 고맙다고 말하자, 그가 말을 이었다. "우리 같은 '작은 자들'은 과연 그걸 믿어야 할지 말아야 할지를 몰라요. '이게 옳은 건가, 아닌 건가?' 우리는 스스로에게 물어보죠." 무려 1,000년간 "매우 종교적인" 기독교를 겪고 난 다음에도 그렇다는 이야기다. "이 사람은 이런 방식으로 믿고, 저 사람은 저런 방식으로 믿죠. 한 번도 결정된 적은 없었어요. 아마 전쟁에서 이겼다면, 결국에는 다르게 결정되었을 거예요."

"누가 결정을 내린다는 거죠?"

"위에 있는 양반들이 결정을 내리는 거죠. 하지만 그 양반들은 아직 스스로 결정을 내리지 못한 것 같아요. 우리 같은 사람이야 뭘 생각해야 할지 모르는 거죠."

이 "매우 종교적"이고 나이 많은 무뢰한은 내가 만난 아홉 명의 교회를 떠난 프로테스탄트 친구들 가운데 단 한 명에 불과했다. 하지만 그는 이교적인 '신앙운동'으로 돌아서지도 않았고, 종교적 이유로 배교를 한 것도 전혀 아니었다. 1934년에 어느 어엿하고 젊은 SA 대원이 결혼을 하고 싶어 했다. "결혼을 하지 않을 수 없는 상황이었죠." 재단사의 아내가 끼어들어 말했다. 그는 결혼식에서 멋진 SA 제복을 입고 싶다고 목사에게 말했다. 목사는 이 제안을 거절했다. 그러자 그때 이미 중대장(Strumführer)이었던 재단사 슈벵케가 목사에게 편지를 써서는, 그 청년은 정장을 살 돈이 부족해서 그렇다고 전했다. "정말로 그랬나요?" 내가 물었다. "아뇨." 슈벵케가 말했다. "아마 아니었을 거예요." 슈벵케 부인이 말했다. 그러자 목사도 제복을 입어도 된다고 허락해주었다.

결혼식이 예정된 일요일, 교회에서 주일 예배가 끝나자마자 슈벵케가 제복 차림의 돌격대(SA)를 이끌고 교회 주랑으로 들어섰다. 성물실에 들어가 있다 나온 목사는 돌격대의 모습을 보자마자, 설교단 앞에서 신랑신부를 기다리면서 회중에게 이렇게 말했다. "이게 도대체 뭐 하자는 짓입니까?" 곧이어 그는 결혼식을 거행했지만, 최대한 간략하고도 무뚝뚝하게 거행했으며, 예식이 끝나고 나서 슈벵케가 뭔가 말을 걸려고 하자 아예 외면해버렸다.

이 사건의 전말을 전해들은 지역 당 사무실에서는 '목사에게 사과하라'고 재단사에게 제안했지만, 그는 이 제안을 거부했다. 곧이어 이 사건이 그 지역 교회 총회에도 상정되자, 총회장 목사가 재단사를 불러서 사과할 것을 제안했다. "그 양반은 제가 반드시 그래야 한다고는 말하지 않았죠. 그래서 저는 안 했습니다. 하지만 저는 그 모든 일에 넌더리가 나서 결국 교인 등록을 취소해버렸습니다. 제가 원래 그렇습니다. 우리 온 가족이 그렇죠. 저는 그 목사를 교회에서 내쫓자는 청원을 시작했습니다. 마침 그 양반 딸이 반(半)유대인과 결혼했거든요. 그로부터 1년 뒤에 그는 퇴직해서 연금을 받게 되었습니다. 그들이 원하는 건 결국 그것뿐이었던 겁니다. 다른 모든 사람과 마찬가지로, 그들도 단지 봉급과 연금 때문에 일하는 거라구요. 돈을 주지 않으면 그들은 일하지 않을 겁니다."

이 대화가 있고 나서 며칠 뒤에 내가 아는 그 지역의 한 목사가 나를 찾아왔다. 내가 재단사와 이야기를 나누었다는 사실을 알았던 그가 물었다. 내가 생각하기에는 슈벵케 씨가 기독교인 같으냐는 질문이었다. "그러니까 제 말은, '진짜 기독교인' 같으냐는 말입니다. 이게 특이한 질문이라는 건 알고 있습니다만, 마침 교회에 다시 등록하겠다는 그의 요청이 현재 위원회에 상정되어 있어서요."

"제가 추측하기에는." 내가 말했다. "그가 기독교인으로서는 예나 지금이나 마찬가지로 진짜인 것 같습니다. 하지만 이건 어디까지나 추측일 뿐입니다."

"그렇다면 충분히 진짜는 아닌 셈이군요." 목사가 말했다.

"하지만 그가 기독교인이 아니었다면, 굳이 뭐하러 교회에 다시 등록하고 싶어 하겠습니까?" 내가 말했다.

"십중팔구는 이런 거겠죠." 밝고 젊은 그 목사가 말했다. "즉 자기가 진 '무거운 짐(Überfracht)'을 교회가 대신 져주기를 바라는 거겠죠."

"사실은 교회가 그런 일을 위해서 있는 게 아닌가요?" 나는 밝은 어조로 말했다.

"아, 그렇죠." 밝고 젊은 목사가 대답했다. 그는 최근에 미국에 다녀온 적이 있었다. "하지만 독일에는 '무거운 짐'이 워낙 많습니다. 우리 독일인은 마치 그걸 안고 태어나는 것 같습니다." 그러면서 그는 미국산 엽궐련을 내게 건네주었다.

2부

비극을 자초한 독일인의 초상

폭염, 민족성의 우화[1]

　　1907년 6월 14일의 재난으로 사람들에게는 가장 힘들었던 기억들만 남고, 그 사이의 자잘한 사건들은 모두 잊히고 말았다. 바로 그날 온대지방 전체에 역사상 최악의 폭염이 쏟아졌기 때문이다. 전차 승객들이 겪은 고통이야 이 재난에 관한 연대기에 전반적으로 기록되었지만, 그중에서도 가장 특이한 사건들 가운데 하나, 또는 연이은 사건들은 내가 알기로 결코 보고된 적이 없었다. 당연한 이야기이지만 언론은 그날 전후로, 그리고 바로 당일인 6월 14일에도, 세계 곳곳의 전차에 다음과 같이 적혀 있는 플래카드가 붙어 있었다는 사실을 간과해버렸다. "6월 15일 이전에는 창문을 열지 않습니다."

　　밀라노 도심에서는 대성당 옆 모퉁이에서 이탈리아인 한 명이 전차 창문에 돌을 던지고 도망쳤다.

　　바르셀로나에서는 에스파냐인 한 명이 전차에서 잠들어버려서 결국 종점까지 가고 말았다.

1. 1907년의 폭염에 반응하는 각국 사람들의 모습을 통해 민족적 기질을 드러내려는 것이 저자의 의도인 듯하다.

리즈에서는 한 영국인 운전자가 요크셔 《포스트》에 강력한 어조의 편지를 보내서 현 상황에 대한 관심을 촉구했으며, 이 편지가 《타임스》에도 게재된 이후에는 의회에서 격론이 벌어졌다. 그러자 자유당 정부가 표면상으로는 창문 관련 규제라는 쟁점 때문에 실각하고 말았다.

그라츠에서는 전차 창문의 상태가 원래부터 좋지 않았기 때문에, 닫아놓은 상태에서도 바람이 솔솔 새어 들어와서 오스트리아인 가운데 어느 누구도 질식하지는 않았다.

루마니아 부쿠레슈티에서는 전차 회사가 '모' 정부의 이익을 대변한다는 이야기가 돌던 투르크의 신디케이트에 매각되었다.

프랑스 리옹에서는 전차 승객이 '자유!(Liberté!)'를 외치며, 자기 주먹으로 유리창을 깼다. 마치 꿈과 같고 그림과 같은 모습의 '플라세 드 비유'에 살던 리옹 사람들은 손에서 피를 흘리는 그의 모습을 보고는 봉기를 일으켰다.

스위스에서는 내각이 비상회의를 열고, 곧바로 모든 시영 철도에 선풍기를 장착하라는 명령을 내렸다.

스칸디나비아 여러 국가의 수도는 날씨가 서늘했지만, 약간 후덥지근하기도 했다.

오마하에서는 한 미국인이 참다못해 전차의 창문을 열어버렸다.

하노버에서는 한 독일인이 플래카드의 내용을 읽고, 기계식 휴대용 달력을 꺼내 오늘 날짜를 확인한 다음, 자기 자리에 편안하게 앉아서, 자기 외투를 벗지도 않은 채로 신문을 읽었다. 하지만 그날 저녁이 되자 그는 나이 어린 아들을 때렸고, 그로부터 20년 뒤에 그 아들은 NSDAP, 즉 국가사회주의 독일 노동자당에 입당했다.

18장 어쨌거나 나치는 독일인의 성격에서 만들어졌다

                    이른바 국민성(민족성)이란 것은 애초부터 없
다는 주장은 이미 그 자체로 현대의 신조나 다름없다. 그리고 이 신조에 대
한 의구심보다 믿음이 더 강력하다. 한 집단 전체에 관해서는 (예를 들어 미
국 내에서는 흑인, 유대인, 또는 가톨릭에 관해서는) 무슨 말도 할 수가 없다. 이
신조는 더 오래된 여타 신앙의 신조와 마찬가지로 전쟁 동안에는 유보될
수 있다. 그리고 어디서나 실제로 유보된다. 조지 워싱턴은 뉴잉글랜드인
이 "극도로 더럽고 지저분한 사람들"이라고 말했다. 러시아의 알렉산드르
1세는 프랑스인이 '인도주의의 공적'이라고 말했다. 요제프 괴벨스 박사
는 영국인을 가리켜 "우선 한 대 쳐서 이빨을 부러뜨리고 나야만 비로소
함께 이야기를 나눌 수 있는 종족"이라고 말했다. 이런 발언들이 단지 문
명화되지 않은 시대의 문명화된 사람들에 의해서만, 또는 문명화된 시대
의 문명화되지 않은 사람들에 의해서만 가능한 것은 아니다. 그 사실은
1942년에 미국 서부 연안 육군 총사령관 네이선 드위트 장군이 일본계 미
국인의 강제 이주에 관해서 내놓은 다음과 같은 고찰에서도 찾아볼 수 있
다. "일본놈은 일본놈이다. 그놈이 미국 시민인지 아닌지는 상관이 없다.

그놈에게 종이 쪼가리를 하나 줬다고 해서 달라지지는 않는다. 일본이란 종족은 적의 종족이다."[2]

1933년부터 1945년 사이에, 독일 민족 전체에 관해서도 가장 흥미로운 이야기들이 나왔다. 당파적 열정에서 나온 이야기들이 흔히 그렇듯이, 그중 일부는 틀린 이야기였다. 이야기된 내용 가운데 일부의 정치적 결과가 불운하기는 했지만, 내 생각에 독일인에 관해서는 그런 일반화가 옳았다. 이른바 국민성이란 것은 실제로 있다는 것이다. 비록 나치가 그런 말을 했다 하더라도 말이다.

그렇다고 해서 그런 성격이 국가적, 인종적, 종교적 경계에 매여 있다거나, 또는 해당 국가, 인종, 종교의 구성원 모두가 그런 성격을 똑같은 정도로 (또는 어느 정도라도) 드러낸다고 말하려는 것까지는 아니다. 다만 세상 어디에서나 많은 슬로보비아인(Slobivians)[3] 에게서 충분히 뚜렷한 겉모습을 (그리고 속모습까지) 발견할 수 있으며, 이런 모습은 슬로보비아인들의 전반적인 행동에서나, 또는 슬로보비아라는 국가의 행동에서 결정적으로 드러난다고 말하려는 것이다. 슬로보비아인 종족 내부에서 나타나는 현격한 차이에도 불구하고 이런 성격은 분명히 있다. 즉 나는 단지 (예를 들어) 독일인 사이에서 뭔가 공통적인 것, 심지어 특이하게 공통적인 것을 찾아보는 일만큼은 충분히 정당하다고 말하려는 것이다.

국민성이라는 이름으로 우리가 뭔가를 발견한다 하더라도, 그로 인해 한 집단 전체가 다른 어떤 집단 전체를 좌지우지할 수 있는 능력까지 부여받는 것은 아니다. 왜냐하면 그 어떤 집단도 자신들의 집단적 존재가 다른

2. 제2차 세계대전 당시 미국 서부 연안의 일본계 미국인을 강제 이송한 조치의 와중에 나온 말이다. 자세한 내용은 제4장 본문 참고.
3. '슬로보비아,' 또는 '저지(低地) 슬로보비아'는 미국에서 흔히 '머나먼 외국의, 저개발되고, 낙후되고, 가난하고, 계몽되지 못한 국가'를 지칭할 때 들먹이는 가공의 국가다.

어떤 집단보다 도덕적으로 우월하다는 점을 드러낸 적은 없었기 때문이다. 무고한 유대인의 가죽으로 전등갓을 만든 여성은 독일인이었지만, 무고한 인디언의 머리가죽으로 이불을 만든 남성은 미국인이었다.⁴ 그렇다고 '모든' 미국인이 나쁘다고 말할 수 없다면, '모든' 독일인이 나쁘다고도 말할 수는 없을 것이다. 그리고 이 세상에 무고한 독일인이 단 한 명이라도(또는 무고한 미국인이 단 한 명이라도) 있다면, 한쪽에는 국민 전체를 좌지우지 할 수 있는 권리(또는 더 나쁘게도 의무)를, 또 한쪽에는 국민성이라는 사실을 놓고 이 두 가지를 결부시키는 것은 이루 말할 수 없는 잘못일 것이다. 버크⁵는 자기가 한 집단 전체의 성품을 기술할 수는 없었다고 미국 식민지인들을 대변하여 말하지는 않았다. 다만 그는 한 집단 전체를 고발할 수는 없다고 말했다.

국민성이라는 사실에서, 성품은 본래적인 것이라든지, 지워지지 않는 것이라는 사실이 곧바로 따라 나오는 것은 아니다. 로마인의 성격은 그 시조인 로물루스 때부터 그 최후의 황제인 로물루스 아우구스투스에 이르는 기간 동안에 확실히 변했다. 에스파냐인은 불과 몇 세기 전까지만 해도 전 세계에 위협이었다. 조금 뒤에는 스웨덴인이 그러했다. 그리고 미국인은 한때 소박하고, 독실하고, 인색한 사람들이었다. 기번은 신랄한 주석 가운데 하나에서 이렇게 말했다. "유사한 조건 하에서는 유사한 태도가 자연스럽게 생성된다는 사실을 우리의 고전학자들이 겸손하게도 반성해본다면, 유식한 시간낭비는 상당 부분 없어질 것이다."⁶

4. 부헨발트 강제수용소장 칼 오토 코흐(1897~1945)의 부인 일제 코흐(1906~1967)는 '문신을 한 수 감자들의 가죽을 벗겨 전등갓을 만든' 악질 나치로 악명을 떨쳤다. 전후에 무기징역을 선고받았지만 재판 과정에서는 증거 불충분으로 논란이 생겼고, 오늘날 문제의 '전등갓' 관련 소문은 사실이 아니라는 것이 일반적 평가이다.
5. 에드먼드 버크(1729~1797)는 아일랜드 출신의 영국 정치가 겸 저술가다.

게르만족에게 '선천적인' 범죄성이 있다고 고발한 지 얼마 되지 않았던 이 저명한 영국인은 존경 받는 영국 역사학자들의 관점, 즉 영국인의 성격 가운데 주류는 켈트적이 아니라 오히려 게르만적이라는 관점을 간과했다. 심지어 1870년 11월 11일자《타임스》에는 다음과 같은 '독자 편지'가 실리기도 했다.

"고귀하고, 인내심 많고, 심오하고, 경건하고, 굳건한 독일이 마침내 국가로 합쳐졌다는 사실, 그리고 저 허세 많고, 허영심 많고, 몸짓 많고, 싸우기 잘 하고, 정신사납고, 과도하게 예민한 프랑스를 대신하여 유럽 대륙의 여왕이 되었다는 사실. 이것이야말로 제가 보기에는 제 생애에 일어난 가장 희망적인 소식입니다. 당신의 진실한 벗, T. 칼라일."[7]

독일인의 질병에 대한 원인과 치료법에 관해 추측하는 것이 반드시 악의적인 것은 아니며, 이런 추측이 반드시 독일애호증이나 독일공포증 가운데 어느 하나와 연관되어야 하는 것도 아니다. 유럽에서 먼지가 피어오르기 시작함에 따라서, 독일과 독일인은 미완의 (그리고 아마도 완수가 불가능할 듯한) 1급 과제로 다시 한 번 대두되었다. 만약 세계의 현재 단계에서 독재국가가 되건, 아니면 입헌 정부가 되건 간에 독일이 통일된다면 유럽, 심지어 전 세계의 가까운 미래를 예견하는 데 충분한 기초가 있는 셈이 된다. 하지만 독일은 나뉘었고, 독일인도 나뉘었으며, 게르만족도 나뉘었다. 7,000만 명의 독일인은 전쟁 직전의 평화가 벌어지는 무혈의 전장 노릇을 하고 있다. 참전국들은 자기들이 추구하는 전리품의 성격에 관해 탐구할 시간 여유가 없다. 설령 그런 탐구가 자신들의 추구를 더 손쉽게 만들어준다 하더라도 말이다. 그들이 보기에는 (저마다 서두르는 와중에 보기에는) 독일은 워낙

6. 『로마제국 쇠망사』 제9장의 각주 71의 내용 가운데 일부다.
7. 토머스 칼라일(1795~1881)은 영국의 저술가 겸 역사가다.

많은 기초를 갖고 있고, 워낙 많은 생산 또는 생산 잠재력을 갖고 있고, 워낙 많은 사람들로 이루어진 워낙 많은 단위를 갖고 있다. 하지만 독일은 러시아, 미국, 또는 슬로보비아와 마찬가지로 뭔가 특별하다. 독일은 곧 독일인인 것이다.

1933년부터 1945년까지 나타난 독일의 (그리고 얼핏 보기에 대부분의 독일인의) 국가적 행동은 한 가지 성격을 나타내는데, 이것이야말로 성격 중에서도 가장 매력이 없는 성격이다. 국가사회주의로부터 벗어나거나 벗어나려 시도한 100만 명의 사람들 가운데에는 원칙상 이에 반대한 사람들도 상당수 있었다. 그런가 하면 내부에서 국가사회주의와 싸우거나, 또는 싸우려고 시도한 100만 명의 또 다른 사람들도 있었다. 수백만 명의 또 다른 사람들도 국가사회주의를 좋아하지는 않았다. 하지만 워낙 많은 독일인이 국가사회주의를 좋아했기 때문에 (그것도 그중 일부를 좋아한 것이 아니라 그 모두를 좋아했기 때문에) 그것이야말로 그 당시의 지배적인 국민성을 나타낸다고 말해도 정당할 것이다. 그리고 국가사회주의는 독일에서 만들어진 것인 동시에 독일인의 성격에서 만들어진 것으로, 지금껏 현대인이 만들어낸 것 중에서도 최악의 것이다.

국가사회주의는 공산주의보다 더 나쁜 것이 분명하다. 왜냐하면 그것을 정당화하거나 단죄하는 것은 정치체제의 행위가 아니라 오히려 그것의 원칙 자체이기 때문이다. 공산주의자는 원칙적으로 자신들이 지상의 비참한 자들을 대변한다고 자처하며, 어떤 사람이 그 본성상 공산주의의 구원에서 배제된다고 간주하지는 않는다. 나치는 이와 확연히 대조적으로 자신들이 지상의 엘리트들이라고 자처하며, 모든 인간이 그 본성상 멸망을 맞이할 것이라고 간주한다. 이 두 가지 전체주의 간의 구분이야, 서양 기독교인의 현재 기질로 봐서는 그리 큰 관심을 불러일으키지 못할 것이다.

하지만 이 두 가지 사이에는 여전히 분명한 차이가 있다.

국가사회주의는 현대 세계 어디에서나 생겨날 수 있었지만, 실제로는 아직 생겨나지 않았다. 아직까지 이는 독일에만 유일무이한 현상이다. 그리고 이것이 요구하는 기만과 자기 기만은 일반적인 기준에 따르면 매우 고도로 발전한 문명에서 사는 사람들을 필요로 한다. 독일의 음악과 미술, 독일의 문학과 철학, 독일의 과학과 기술, 독일의 신학과 교육, 특히 가장 높은 수준의 교육은 서양이 달성한 핵심적 위업이었다. 독일의 정직, 근면, 가족의 미덕, 민간 정부는 독일이 속한 서양 모든 국가들의 자랑이었다. "제 생각에, 외부 세계는 아직까지도 제대로 이해를 못하는 것 같습니다." 조국을 한 번도 떠난 적이 없었던 카를 헤르만 교수는 이렇게 말했다. "뭐냐 하면, 1933년에 우리가, 그러니까 나치가 아닌 사람들이 얼마나 깜짝 놀랐는지를 이해하지 못한다는 거죠. 먼저 러시아에서, 그다음으로 이탈리아에서 대중독재가 일어났을 때, 우리는 서로 이런 이야기를 나누었습니다. '후진국이니까 저런 일이 벌어지는 거지. 우리는 운이 좋아. 그 모든 말썽에도 불구하고 저런 일이 우리나라에서는 일어날 수 없으니까.' 하지만 그런 일은 우리나라에서도 실제로 일어났고, 다른 어디보다도 더 나쁘게 일어났습니다. 제 생각에, 이에 대한 모든 해명은 어딘가에 여전히 수수께끼를 남기고 있습니다. 이 모든 일을 생각해볼 때마다, 저는 정말 믿을 수 없다는 듯 이렇게 말하게 됩니다. '독일이— 아니야, 독일은 아니라구.'"

독일인은 사회적 행동에 대한 손쉬운 해석을 모두 거부한다. 이들의 발전에서 중요한 요소들은 다른 민족들의 발전에서도 똑같이 제시된 바 있지만, 다른 민족들은 적어도 최근까지는 독일인만큼 나쁘게 행동하지 않았다. 독일인이 뒤늦게 기독교인이 되어서 그랬다고 말하는 것도 지나치게 쉬운 설명이다. 왜냐하면 스칸디나비아인도 상황은 마찬가지이기 때문이다. 기독교와 연관되었건, 연관되지 않았건 간에 평등의 개념이 독일인에게는 낯설기 때문이라는 말도 설득력 없기는 마찬가지다. 16세기의 농민전쟁이야말로 분명히 인류평등주의적이었기 때문이다. 독일인의 국민화가 늦었다는 지적도 사실이기는 하지만, 스위스 역시 비교적 늦은 편이었으며, 이탈리아도 마찬가지로 늦은 편이었다. 공업화가 한 세기 늦게 독일에 찾아오기도 했지만, 체코슬로바키아와 핀란드에는 더 늦게 찾아왔으며, 인도에는 아직 찾아오지도 않았다.[8]

독일인의 사례에 적용해보면, 이렇게 지연된 모든 것들의 효과는 미미할 따름이며, 아무리 좋게 해석해도 그것이 확정적으로 작용한 것은 아니다. 그렇다면 오로지 한 가지 추론만이 남아 있다. 즉 독일인은 뭔가가 단순하게 다른 것만이 아니라, 정말 특이하게 다르다는 것이다. 이처럼 손쉬운 추론에서 비롯되는 부차적 결과로 독일인에 관한 이론, 그리고 이런 이론을 지지하거나 반박하는 연구가 확산되었다. 그러자 급기야 '연구 대상자'가 독일 내에서도 가장 각광 받는 직종이 되는 상황에까지 이르렀다. 이 나라에서 일주일 동안 머문 외국인이라면 누구나 유해한 이론의 사례를 하나씩 고안하게 마련인 것이다. 원체 독일인에 면역되어 있던 프랑스인은 예외지만.

하지만 이런 추론의 일차적 결과는 이보다 훨씬 더 끔찍스럽다. 즉 독일인 스스로가 이런 추론을 받아들이게 된다는 것이다. 그리고 독일인은 우리가 아는 것처럼 무슨 일이건 대충 하고 넘어가지는 않는다. 그 이론이란 (또는 '유행'이라고 해야 맞을 터인데, 왜냐하면 독일인의 손에 떨어진 이론은

---

8. 물론 이 책의 초판이 간행된 1955년 당시의 이야기다.

결국 유행으로 바뀌기 때문이다) 무엇인가 하면, 독일인에게 있는 뭔가 다른 면모가 결국 국가사회주의의 원천이 되었다는 것이다. 이런 면모는 나치, 나치가 아닌 사람, 나치에 반대하는 사람, 이전에 나치였던 사람 할 것 없이 독일 문화 전반에 만연해 있다. 이런 면모는 '게르만 정신'을 뭔가 별개인 것이면서, 다른 무엇보다도 뭔가 매우 흥미로운 것으로 가정한다. "독일 애호가를 자처했던" 인물인 크로체는 '독일의 충실, 독일의 용기, 독일의 너그러움(deutsche Treue, deutsche Tapferkeit, deutsche Grossmut)'이란 비문(碑文)을 독일 어디에서나 발견할 수 있음을 깨닫고는, 독일인들이 "보편적인 인간의 미덕을 오로지 자기들만의 것인 양 독점했다"고 꼬집기도 했다.

그리고 독일인은 스스로 어떤 정신을 보유했다고 자처하는 한편, 다른 민족들에게는 자국의 자부심에 근거하여 열등하고 독일적이지 않은 정신을 주입했다. 이들이 보기에 유대인의 행동은 일상적인 용어로 이해된다거나 유대인과 유대인 간의 행동으로 구분지어져서는 안 되었다. 유대인의 행동을 설명하는 데에는 '유대인 정신'이 적절했다. 이 개념은 모세부터 에스드라에 이르는 고대인의 저술을 오독하여 모호한 근거로 삼고 있었다. 어떤 유대인의(또는 어떤 영국인이나 어떤 악어의) 행동이 훌륭할 경우, 그런 일은 정말 어쩌다 한 번만 일어나는 것으로 여겨, 해당 종 특유의 정신이 아니라 일탈로 치부하여 무시했다. 세계의 나머지는 '게르만 정신'이라는 환상의 희생자가 되었으며, 결국에는 (동일하게 반대되는 반응을 보이며) 뭔가 실재하고, 별개이고, 매우 흥미로운 것으로, 그리고 전반적으로는 거슬리는 것으로 이를 받아들였다.

이런 '게르만 정신'은 독일인의 마음에 태생적이며 지울 수 없는 것으로 받아들여졌으며, 이런 개념이 반드시 그러하듯이 상식과도 무관하며 공통의 경험과도 무관한 세계를 만들어냈다. 이러한 '게르만 정신'은 역사의 제약을 받지 않는 독일의 철학적 이상주의[관념론]를 만들어냈으며, 아울러 생물학의 제약을 받지 않는 독일의 인종차별주의를 만들어냈다. 하지만 그 '게르만 정신'은 애초에 누가 만들어낸 것일까?

19장 독일인의 무거운 짐, 꽉 막혀버린 변경의 역사

언젠가 나는 미국에서 한 친구와 마주 앉아, 중죄에 대한 무기징역형에 관한 문제를 논의한 적이 있었다. 그는 모든 종류의 징역형에 반대하는 입장이었으며, 행형학(行刑學) 분야에 관해서는 직접 경험을 쌓은 권위자로 알려져 있었다. 지금까지 그는 대여섯 군데 구치소와 교도소에서 (자기 말마따나) 허락도 받지 않고 나온 경험이 있었다. 나와 만났을 즈음, 그는 일리노이 주 메너드 소재 '정신질환 범죄자 수용소'로 가는 중이었다. 어느 누구도 메너드에서는 탈옥할 수 없었다. 하지만 그로부터 몇 달 뒤에 내 친구는 탈옥에 성공했으며, 내가 마지막으로 들은 소식은 그가 알카트라즈에 있다는 것이었다.

"내가 말해줄게." 내 친구 베이질 뱅하트[9]가 말했다. "무기징역형이 왜 잘못되었는지를 말이야. 자네가 나더러 큰 돌멩이를 하나 들고 나르라고 지시한다면 나는 이렇게 대답하겠지. '어디로요?' 그러면 자네는 이렇게 말할 거야. '저기 있는 돌더미로.' 만약 돌더미가 1마일, 또는 2마일, 또는

---

9. 베이질 뱅하트(1901~1982)는 미국의 범죄자이며 탈옥 전문가다. 젊은 시절부터 절도와 강도 행각으로 여러 차례 체포되어 수감되었지만, 번번이 대담한 탈옥을 감행해서 큰 화제를 불러일으켰다.

5마일 떨어진 곳에 있다면 나는 이렇게 말할 거야. '거기까지 가면 이걸 내려놔도 되나요?' 그러면 자네는 말하겠지. '그래.' 그러면 나는 돌멩이를 들어서 나를 수 있어. 하지만 내가 만약 '어디로요?' 하고 물었을 때, 자네가 이렇게 말했다고 치자구. '내가 내려놓으라고 할 때까지 들고 있어.' 그러면 나는 돌멩이를 꿈쩍도 할 수 없어. 이럴 때 나의 상황이야말로, 내가 조지아 주 애틀랜타의 매리에타 애버뉴에 있는 국립 교도소에서 만난 어느 토박이의 상황과 똑같아. 즉 '나는 너무 약해서 그걸 꿈쩍할 수도 없는' 거지."

내 눈에는 내가 만난 열 명의 국가사회주의자 친구들 모두가, 그리고 내가 만난 독일인 대다수가 각자의 정치적 이력, 부, 지위, 교양 등과는 무관하게 마치 '무거운 짐'을 진 것 같았다. 그들은 베이질 뱅하트가 만난 토박이의 말마따나 '너무 약해서 그걸 꿈쩍할 수도 없는' 것이었다. 독일인에게는 뭔가 무거운 것이 있는 듯하다. 물론 그들 모두가 그런 것은 아니며, 모두가 똑같은 정도로 그런 것도 아니고, 혹시나 그런 사람 중에서도 그 형태가 항상 똑같지만은 않다. 그렇다면 그들 중 얼마나 많은 사람이 무거운가? 그들은 어떻게 무거운가? 나는 모른다. 나는 상상할 수조차 없다. 내가 아는 사실은 버스에서 내린 관광객이라면 누구나 목도할 수 있었던 것처럼 독일인에게는 뭔가 무거운 것이 있어 보인다는 것뿐이다.

그들의 덤플링, 그들의 전례(典禮), 그들의 '전격전(Blitzkrieg)'은 무거웠다. 그들의 유머도 마찬가지다. 심지어 그들은 다른 사람의 불운을 기뻐한다는 뜻의 단어를 갖고 있다. 그들의 굽실거림 역시 무거웠고, 그들의 오페라도 마찬가지다. 심지어 이들의 '가벼운' 오페라[경(輕)가극]조차도 무겁다. 그들의 시(詩)도 마찬가지이며, 예외가 있다면 아마도 괴테 혼자뿐일 것이다. 물론 그 역시 항상 예외는 아니다. 그의 시 「마왕(Erlkönig)」을 읽어보라. 몽상가들은 심지어 자기네 여자들의 다리가 무겁다고 말하기도 했다. 물론 마를레네 디트리히는 여기서 예외라고 해야 할 것이다.[10] 시에서 괴테가 예외였듯이.

우리는 고함소리 한가운데 있다. 우리의 독일 친구들은 식탁을 쾅 내려친다. 우리는 그들이 식탁을 쾅 내려치는 것에 주목한다. 그들은 '모차르트가 무겁다는 사실을 이해하느냐?'고 우리에게 묻는다. 아니, 우리는 이해하지 못한다. 우리는 그가 빈 출신이라는 사실만 이해한다. '슈테판 게오르크가 무겁다는 사실을 이해하느냐?'고도 우리에게 묻는다. 아니, 우리는 이해하지 못한다. 우리는 그가 스위스로 망명했다는 사실만 이해한다. 그렇다면 '독일인'이라고 말할 때에 우리는 무엇을 의미하는가? 만약 누군가가 '미국인'은 돈에 미쳤다고 말한다면 (소란 속에서 "맞는 말이야"라는 고함소리가 들려온다) 우리는 과연 그 말을 좋아할까? 전혀 그렇지 않다. 하지만 우리 자신이 미쳤는지 여부를 우리는 어떻게 판단할 수 있을까?

왜 독일의 정치는 그토록 절망적으로 무거운 것일까? 왜 독일의 학문은 그토록 놀라우리만치 무거운 것일까? 그들의 철학은 의지, 의무, 운명 등을 중심 용어로 사용함으로써 그들의 공법(公法)이며 그들의 공공 분수(分水)보다도 더 무거운 것일까? 그들의 언어는 워낙 끔찍스럽게 무거워서, 뒤에서 누가 밀어주지 않고서는 차마 배울 엄두조차도 낼 수 없을 정도다. 이에 관해서라면, 마크 트웨인의 「끔찍한 독일어」이후 더 이야기할 것이 남아 있기는 한가?[11] 체코어의 "Strč prst skrz krk(네 목구멍에 손가락을 넣어라)"도 적잖이 무거운 것은 사실이지만, 독일어의 "Die, die die, die

---

10. 독일 출신의 미국 여배우 마를레네 디트리히(1901∼1990)는 날씬한 다리로 유명했다.
11. 미국의 작가 마크 트웨인은 1880년에 발표한 에세이 「끔찍한 독일어」에서 영어 사용자에게는 특히 혼란스러울 수 있는 독일어의 여러 가지 측면들을 유머러스하고 과장스럽게 서술한 바 있다.

die Äpfel gestohlen haben sollen, anzeigen, werden belohnt(사과를 훔쳤을 사람을 신고하는 사람이 있으면 그 사람에게는 사례하겠음)"에 비하자면 결코 말하기 불가능하지는 않다.[12]

여러분은 독일인을 가리켜 (평소에 스웨덴인을 가리켜 말하듯이) 알고 보니 의외로 둔하더라고 말하지는 않을 것이다. 왜냐하면 독일인은 충분히 가장 과격하게 탈선할 수 있기 때문이다. 또 여러분은 (평소에 스위스인을 가리켜 말하듯이) 알고 보니 독일인이 독선적이더라고 말하지 않을 것이다. 왜냐하면 독일인은 누구보다도 어색해 하는 사람들이기 때문이다. 또 여러분은 (평소에 영국인을 가리켜 말하듯이) 독일인이 거만하게도 겸양을 떨더라고 말하지 않을 것이다. 왜냐하면 독일인의 거만함은 항상 단호하기 때문이다〔여러 세기 동안이나 파리의 의류 제조업자들은 가슴 부분이 부풀려진 것을 가리켜 '프로이센 풍(à la prussienne)'이라고 일컬었다〕. 또 여러분은 (평소에 러시아인을 가리켜 말하듯이) 독일인이 맹하더라고, 또는 그들이 우리 편일 경우에는 '금욕적'이더라고 말하지는 않을 것이다. 왜냐하면 독일인은 계속해서 불평하기 때문이다. 헝가리인의 침울함에는 뭔가 매력적인 데가 있다고 전한다. 반면 독일인의 경우에는 이런 침울함이 조울증적이며, 따라서 정말로 우울하다. 즉 독일인에게는 그들이 행진을 하건 춤을 추건 간에, 그들이 고함을 지르건 노래를 부르건 간에 뭔가 무거운 것이 있다는 뜻이다.

독일인의 손은 무겁다. 자기 아내와 아이에게나, 자기 개에게나, 자기 자신에게나, 자기 적에게나 마찬가지다. 그의 발뒤꿈치는 우리가 아는 것처럼 무거우며, 그의 발걸음은 심지어 숲에서 허리를 굽히고 버섯을 딸 때

---

12. 본문의 독일어 문장은 (1 〔 2 (3) 〕)의 구조를 가지고 있다. (1) Die ~ werden belohnt(그 사람에게는 사례하겠음), (2) die die ~ anzeigen(신고하는 사람이 있으면), (3) die die Äpfel gestohlen haben(사과를 훔쳤을 사람을.)

조차도 무겁다. 그의 숲과 그의 겨울, 그의 온 세계가 무겁다. 독일인은 마치 무거운, 정말 무거운 사람처럼 여겨진다. 당연히 수백만 명에 달하는 예외가 있고, 심지어 한 지역 전체가 예외인 경우도 있지만 말이다. 도대체 어떤 민족이 한쪽에는 덴마크인, 또 한쪽에는 프랑스인, 또 한쪽에는 폴란드인, 또 한쪽에는 오스트리아인과 이탈리아인과 이웃하여 살면서, 자기 이웃들과 그토록 뚜렷한 차이를 드러내도록 스스로를 발전시켰을까? 오로지 스위스 북부 사람들과 라인 강 인근 네덜란드인만이 이들과 무척이나 닮았는데, 이들은 독일인으로 간주되는 것을 아주 좋아한다.

독일의 성품에 관한 목록은 물론 적당히 정신 나간 과장일 뿐이다. 인물과 장소에서 드러나는 숱한 차이는 깡그리 무시되었기 때문이다. 독일의 '모젤 와인(Moselwein)'은 강 건너편 프랑스의 '모젤 와인(Moselle)'만큼이나 가볍다. 게다가 괴테와 디트리히는 양쪽 모두 독일인이었으며, 만약 이들이 같은 시대 같은 도시에 살았더라면 서로 좋은 친구가 되었을 것이다. 쇄골에서 후두까지 하나의 평면으로 이루어진 스코틀랜드인이나 벵골인을 보았을 때, 또는 이와 유사하게 생긴 독일인을 보았을 때, 누가 과연 이렇게 말하지 않겠는가. "저 독일인의 목 좀 봐." 그렇다면 우리는 독일에게 뭔가 무거운 것이 있어 보인다고 말할 수 있다.

이 무거움은 그 자체로 하나의 성격을 갖는다. 이것은 고체가 아닌 것이, 왜냐하면 독일인은 인간이라는 합성물 중에서도 가장 강한 휘발성이 있기 때문이다. 이 무거움은 멈추어 서지도 않는데, 왜냐하면 독일인은 일벌레 중에서도 가장 의욕적이기 때문이다. 갈 수 있는 한 가장 멀리까지 갔던, 그리하여 중력과 화해한 것은 중량 화물이 아니었다. 그것은 오히려 살아 있는 성격이었고, 마치 버팀벽처럼 한편에서는 영구적으로 미는 힘을 발휘하고, 또 한편에서는 영구적으로 당기는 힘을 발휘하는 것이었다. 그것은 압력을, 그리고 그 결과로 생겨나는 반대압력을 드러냈다. 내가 보기에는 이것이야말로 (독일 내부에서 벌어지는) 독재정치와 (독일이 외부로 드러내는) 공격성 모두를 다른 어떤 조악한 개념보다 더 잘 설명해주지 않나 싶었다.

물론 우리는 살아 있는 실체에 관해서, 즉 사람에 관해서 이야기한다. 그리고 '게르만 정신'이라는 유비는 그 구심적이고 원심적인 상호작용과 아울러, 뚜렷하기는 하지만 불완전할 가능성이 있다. 인간 행동을 한 가지 조건, 또는 여러 조건들로 해명하려는 시도는 어쨌거나 지나친 단순화일 수밖에 없으며, 십중팔구 설득력이 없게 마련이다. 하지만 이 유비가 허구에 가깝다는 사실을 줄곧 상기한다면, 우리가 이 유비를 추구하는 과정에서는 그 어떤 지속적인 해악도 나오지 않을 것이다.

압력과 반대압력에 근거하여 인간의 행동을 설명하려면, 심리적 압력이 '진짜' 압력만큼이나 현실적이라는 사실에 대해 먼저 인식할 필요가 있다. 독일인은 애초부터 '진짜' 압력을 자기들이 받아 마땅한 것 이상으로 받고 있었다. 이 대목에서 '독일이 포위되어 있다'던 히틀러의 말을 언급하게 되어서 무척이나 미안한데, 왜냐하면 나로선 히틀러의 그 말이 맞다고 말할 수밖에 없기 때문이다. 독일은 지구상의 그 어떤 나라보다도 많은 국경(國境)을 갖고 있다(물론 어디까지나 '애매한' 국경이기는 하다). 또 주변에 역사적으로 상이한 이웃 나라들도 더 많다. 독일 국민은 외국이 그들의 땅을 노리고 침략했을 때 처음 외부 세계를 알게 되었으며, 그렇게 해서 외부 세계에 알려지게 되었다.

독일은 스스로를 지키기 위해 한편으로는 침략에 대비했으며, 또 한편으로는 침략을 가했다. 신성로마제국의 제위를 에스파냐가 계승한 이후로는 무의식적으로 그러했으며,[13] 나폴레옹이 신성로마제국을 파괴한 이후로는 의식적으로 그러했다.[14] 1805년에 프레스부르크 평화조약에서, 유럽의 압력은 마침내 미래의 독일이라는 국가에 전적으로 가해지게 되었으며, 이후 줄곧 그런 상태로 남아 있었다. 리슐리외부터 바르투에 이르기까지 프랑스 외교 정책에서 최우선 원칙은 독일을 포위하는 것이었다.[15] 1945년 이후의 '화해'의 첫맛을 본 후 프랑스에서 '슈만 계획'을 추진한 담당 부서가 오래가지 못했음은 이 원칙이 여전히 가동 중임을 시사한다.[16]

공해(公海)와는 거리가 멀었던 북해는 17세기 이후로 줄곧 독일을 상대하는 '북쪽 전선' 노릇을 했다. 적대적인 덴마크와, 친하지 않으며 종종 적대적인 네덜란드가 독일의 한 군데 출로를 압박하고 있었고, 영국과 스웨덴이 그 뒤에 있었다. 프랑스는 18세기에 그곳을 점령했으며, 영국은 19세기에 그곳을 봉쇄했다. 제1차 세계대전이 끝나면서 '동맹국' 가운데 하나였던 독일은 이전보다 더 한가운데로 몰리게 되었다. 즉 이중으로 에워싸인 셈이 되었는데, 우선 지리적으로는 오스트리아-헝가리의 분할과 체코슬로바키아 및 폴란드 회랑의 생성으로 에워싸이게 되었다. 또한 정치적으로는 독일과 러시아를 배제한 나머지 세계의 연합으로 에워싸이게 되었다. 최초로 나치에 활력을 불어넣은 것은 반유대주의도, 사회주의도, 새로운

13. 저자는 아마도 에스파냐 국왕과 신성로마제국 황제를 겸했던 카를 5세(1500~1558)를 빗대어 말하는 것으로 보인다. 이는 카를 5세가 부계로는 신성로마제국 제위 계승자이고, 모계로는 에스파냐 왕위 계승자였기 때문에 가능한 일이었다.
14. 나폴레옹은 아우스터리츠 전투에서 오스트리아에게 승리하고 1805년에 프레스부르크 평화조약을 맺어서 사실상 신성로마제국을 종식시켰다.
15. 아르망 리슐리외(1585~1642)는 '30년전쟁' 당시에 독일을 공격했으며, 장 바르투(1862~1934)는 프랑스 외무장관 시절 '동유럽 로카르노 계획'이라는 안전보장조약의 성사를 위해 노력했는데, 그 내용은 사실상 독일을 고립시키는 것이었다.
16. 프랑스의 외무장관 로베르 슈만(1886~1963)은 1950년에 독일과 프랑스의 석탄과 철강을 공동으로 관리하자는 이른바 '슈만계획'을 내놓았다. 그 결과로 발족한 '유럽 석탄철강공동체(ECSC)'는 훗날의 '유럽연합(EU)'의 초석 가운데 하나로 평가되지만, 1950년 당시에는 프랑스와 독일 양쪽 모두에서 이 계획에 대해 만만찮은 비난의 목소리가 들려왔다.

질서도 아니었다. 나치의 최초 구호는 "베르사유의 사슬을 끊자"였다. '프리츠 노인네(Der alte Fritz)'[17]는 이 포위망이 완성되기 전인 1756년에 러시아와 평화조약을 맺음으로써 결국 이 포위망을 뚫었다. 반면 '작은 아돌프(der kleine Adolf)'는 이 포위망이 완성된 상태에서 시작해야 했다.

1888년에 황태자였던 빌헬름 2세는 러시아가 "단지 프랑스 공화국과 동맹을 맺고 우리를 공격하기에 유리한 순간을 기다릴 뿐"이라는 내용의 편지를 비스마르크에게 보냈다. 비스마르크는 이에 동의하지 않았지만, 그로부터 1년 전에 양면전을 방지하기 위한 보험으로, 러시아가 북해로 가는 입구를 점령하는 것을 지원하기로 합의하는 내용의 비밀조약을 차르와 맺은 바 있었다. "나는 비명을 지르며 잠에서 깨었다." 훗날 친러시아적이라는 이유로 빌헬름에게 비난을 받자 그는 이렇게 썼다. "우리와 러시아의 동맹이 깨지는 꿈을 꾸었기 때문이다." 그에게는 이럴 만한 이유가 있었다. 그가 해임되고, 그의 정책을 빌헬름이 폐기함으로써 프랑스와 러시아가 협약을 맺을 수 있었고, 결국 독일제국은 파괴되고 말았기 때문이다.

나머지 세계가 '독일의 공격성'이라고 아는 것을 독일인은 '해방을 향한 자신들의 투쟁'이라고 알고 있었다. 그리고 이런 해방은 개인의 자유와 아무런 관계가 없었다. 이는 폴란드나 아비시니아[18]나 남한에서 국가의 해방과 개인의 자유가 서로 무관했던 것과 매한가지였다. 전혀 관계가 없었다. "나는 다른 누군가의 소유물을 원하지 않는다." 어느 이야기에 나오는 소농은 이렇게 말한다. "나는 단지 내 땅 옆의 땅을 원할 뿐이다." 모든 공격은 곧 방어이며 최악의 경우에는 '때 이른 방어'다. 1939년 9월 1일의 공격도 마찬가지였다. 프랑스인과 영국인은 그해 7월과 8월에 유럽 포위망

17. 프로이센 국왕 프리드리히 2세(1712~1786)의 별명.
18. 오늘날의 에티오피아를 말한다.

을 조이라며 모스크바를 향해 열렬히 요청하지 않았던가? 그들은 공산주의자들의 이념적 차이로 인해서 당혹하지 않았던가? 왜 하필 독일인인가? 신문을 읽고 쓰는 무지한 사람들을 제외한다면 과연 누가 이 일이 이념과 관계가 있다고 짐작할 수 있겠는가? 12년의 고된 세월이 흐르고 나서, 사회민주당 지도자인 슈마허 씨는 독일 연방 의회에서 이렇게 발언하지 않았던가. "만약 세계의 민주국가들이 동쪽 방면에서 독일을 공격적으로 방어한다면, 독일이 군사적으로 기여하는 것은 타당하다."[19]

"독일을 공격적으로 방어한다."[20] 이른바 '양지(陽地)'에 대한 빌헬름의 구실은, 이른바 '생존공간'에 대한 히틀러의 구실과 똑같다.[21] 1914년에 거대한 독일 경제가 유럽 대륙을 좌우했다. 1939년에 독일의 인구밀도는 영국보다도 더 낮았다. 독일의 문제는 인구밀도며 경제와 어디까지나 '약간만' 관계가 있었고, 식민지는 오히려 그 문제와 관계가 적었다. 독일이 필요로 하는 것은 '모든' 양지, '모든' 생존공간이었다. 자기가 공중전화 부스 안에서는 숨을 쉴 수 없다고 생각하는 사람은 서커스 천막 안에서도 마찬가지로 숨을 쉬지 못한다. 비스마르크의 악몽은 독일의 영구한 악몽이었다.

공격성이 독일 역사의 의식적이고도 의도적인 패턴이라는 이론의 옹

19. 당시 서독의 야당인 사회민주당의 지도자 쿠르트 슈마허는 자국의 재무장에 반대했으며, 북대서양조약기구(NATO)가 자국의 방위를 책임져야 한다고 주장함으로써 주로 청년층의 호응을 얻었다.
20. 슈마허가 주장했다는 '전진 방어 전략'을 말하는 듯하다. 슈마허는 원래 독일 재무장에 반대했으나, 한국전쟁을 보고는 재무장을 찬성하면서, 이를 독일 통일의 실마리로 삼으려고 시도했다. 아울러 그는 독일을 전장으로 만들지 않기 위해서 전진 방어 전략을 제시했는데, 이는 결국 독일 국경 밖에서 방어전을 수행하자는 의미였다.
21. 빌헬름 2세 당시의 독일은 '다른 나라를 그늘로 몰아넣으려는 것이 아니라, 우리나라도 양지에 자리 잡고자 하는 것뿐'이라며 자국의 제국주의적 야욕을 정당화했다. 히틀러 역시 주변 국가의 영토를 점령하려는 야욕을 정당화하기 위해, 어디까지나 독일의 '생존공간'을 확보하려는 의도일 뿐이라고 주장했다.

호자들, 그리고 그뿐만 아니라 이를 가리켜 독일의 성격이라고 제시하는 사람들은 식민지 확장과 범(凡)게르만주의 양쪽에 대한 비스마르크의 무관심을 설명하느라 항상 곤란을 겪는다. 그는 독일을 최대한도로 무장시켰으며 (프리드리히 빌헬름 1세와 아돌프 히틀러를 예외로 한다면) 역사상 어느 누구보다도 더 신속하게 강대국을 만들어냈다. 그렇다면 그의 목표는 무엇이었을까? 그의 목적은 결코 흔들린 적이 없었다. 힘을 수단으로 삼아, 그리고 심지어 전쟁을 수단으로 삼아, 그는 독일제국의 영속을 목적으로 삼았으며 자기 자신이 이 목적을 완수했다고 보았다.

외부의 압력은 독일의 견고함과 독일의 분출이라는 반대압력을, 즉 압력솥의 질서정연하고 폭발적인 경향을 만들어냈다. 그런 압력이 실제이건 상상이건 간에 문제가 되지는 않았다. 그렇다면 그 견고함은 얼마나 견고할 것이며, 그 분출은 얼마나 클 것인가? 이에 대한 답변은 다음과 같았다. 그 압력은 얼마나 클 것인가? 압력솥 안에 들어 있는 당근에게 얼마나 멀리까지 날아가고 싶냐고 물어보든지, 아니면 독일의 독재자에게 자기가 원하는 한계를 정해 달라고 요청하라. "연방이 주(州)보다 우위다(The Union Above the States)"라는 링컨의 어조와 유사했던 '독일이 무엇보다 우선이다(Deutschland über alles)'라는 말이 세계 지배를 말세적으로 암시하게 된 것은 불가피한 일이었다. 우리에게 독일이 세계 지배 직전에 도달해서 멈춰 서리라고, 또는 세계 지배에 도달해서 멈춰 서리라고 가정할 근거는 전혀 없었다. 악몽을 꾸는 사람이 "나는 숨을 쉴 수가 없다"고 외치려면 과연 얼마만큼의 공기가 필요한 걸까?

우리는 압력솥 안에 들어 있는 당근 사이에서 무엇을 발견했을까? 우리는 완벽한 패턴을 가진 조직을 발견했다. 그 조직이 거리 청소 부서이건, 교회이건, 강제수용소이건, 도덕적으로 절대적인 국가에 관한 헤겔의 질서

이건, 아니면 도덕적인 절대적 우주에 관한 칸트의 질서이건 간에 말이다. 과연 누가 지금까지 독일인처럼 별을 따려고 시도한 적이 있었을까? 독일인은 인간의 마음을 조이고, 그 불안정한 피조물을, 즉 합리적 인간을 억압하던 현실의 제약을 산산조각 냈다. 현실의 양면성 때문에 우리 모두는 햄릿이 되고 만다. 즉 겁쟁이가 되고 마는 것이다. 예를 들어 햄릿 본인이 그렇고, 『햄릿』을 불태운 히틀러도 그렇다. 히틀러는 자유민이 더듬거리던 노끈을 모조리 칼로 잘라버렸다. 그는 자기 민족을 꼼짝달싹 못하게 만들던 문제를 해결하지 않았다. 그는 그 문제를 박살내버렸다. 그는 대단한 낭만주의자였다. 나는 자칭 '민주주의자' 인 수금원 지몬에게 이렇게 물어본 적이 있다. 당신은 히틀러의 어떤 면이 그렇게 좋았느냐고 말이다. "아." 그는 곧바로 대답했다. "그의 '어쨌거나' 하는 태도죠. 그러니까 그의 '어떤 대가를 치르더라도 나는 내 식대로 하겠다' 는 태도 말이에요."

20장 "피오리아가 무엇보다 우선이다"

　　　　　　　예를 들어 독일이 사방에서 밀려드는 홍수나 화재 때문에 외부 세계와는 단절된 도시라고 가정해보자. 시장은 계엄을 선포하며, 의회 토론을 중지시킨다. 그는 전 주민을 동원하여 각 부문별로 임무를 할당한다. 시민 가운데 절반은 곧바로 공공업무에 투입된다. 모든 전화 통화, 전깃불 사용, 의료 업무 등의 사적 행위는 공적 행위가 된다. 산책하기, 모임에 참석하기, 인쇄기를 가동하기 등의 모든 사적 권리는 공적 권리가 된다. 병원, 교회, 클럽 등 모든 사립기관은 공립기관이 된다. 이쯤 되면 우리는 전체주의의 모든 공식을 갖게 된다. 물론 우리는 이를 가리켜 다른 무엇도 아닌 '필요에 의한 압력'이라고밖에는 생각하지 않겠지만 말이다.

　　이때 개인은 군소리 없이, 심지어 두 번 생각하지도 않고 자신의 자주성을 포기하게 된다. 개인적 취미와 취향뿐만이 아니라, 개인적 직업, 개인적 가족 문제, 개인적 필요까지도 마찬가지다. 최초의 공동체, 즉 부족이 다시 나타난다. 그리고 그 부족의 보전이야말로 거기 속한 모든 구성원의 첫 번째 기능이 된다. 어제까지의 모든 정상적 인성은 '권위주의 인성'이 된다. 몇몇 반항자들은 각자의 임무를 태만히 하거나 배신한 까닭에 상황에 따라서 처벌을 강력하게 받아야 한다. 몇몇 집단들은 감시를 받거나, 필요하다면 손을 봐줘야 한다. 반사회적 분자, 자유 좋아하는 놈들, 가난한 사람들 사이의 선동가들, 그리고 익히 알려진 조직 범죄자들이 그렇다. 전체 인구의 95퍼센트가량인 나머지 시민에게 이제는 의무가 곧 삶의 중심적 사실이 되었다. 이들은 복종한다. 처음에는 어색하게나마 복종하지만, 놀라우리만치 금세 자발적으로 복종한다.

공동체는 갑자기 유기체로, 즉 하나의 영혼을 가진 하나의 몸으로 변하고, *스스로의* 목적을 위해 그 구성원을 소비한다. 위기가 지속되는 동안, 도시가 시민을 위해 존재하지 않고, 오히려 시민이 도시를 위해 존재한다. 도시가 더 강하게 압력을 받을수록, 그 시민은 더 열심히 도시를 위해 일하고, 도시의 이익을 위해서 더 생산적이고 효율적이 된다. 시민의 자부심은 지고한 자부심이 되는데, 왜냐하면 모든 사람이 그렇게 어마어마하게 노력하는 목적은 그 도시의 보전이기 때문이다. 이제 성실성은 지고한 미덕이 되며, 공동선은 지고한 선이 된다. 전 세계를 무질서하게 만들었던 독일이라는 국가의 국민이 세계에서 가장 질서정연한 도시들을 만들었다는 것이 놀랍지 않은가? 독일뿐만 아니라 미국의 밀워키에서도 마찬가지로 말이다.[22]

만약 위기가 단순히 몇 주, 몇 달, 또는 몇 년 만이 아니라, 심지어 몇 세대나 몇 세기 동안 지속된다면 어떻게 될까? 희생이 지속된다면 사람들은 이용할 수 있는 유일한 정화(正貨)로 보상을 받으려 할 것이다. 앞에서 예로 든 포위 공격을 당하는 도시가 바로 피오리아라고 치자. 즉 피오리아

22. 밀워키는 1800년대 중반에 독일 출신 이민자들이 주도해서 설립된 도시다.

는 점차 퀸시, 스프링필드, 디케이터와는 다른 도시가 될 것이다.[23] 피오리아인이 된다는 것은 뭔가 특별한 일이며, 굳이 그렇게 말해야 한다면 뭔가 영웅적인 일이다. 피오리아의 건설자들에 관한 이야기도 과거에는 가볍게 여겨졌지만, 이제 와서는 우리 도시가 애초부터 평범한 도시는 아니었다는 사실을 밝혀줄 것이다. 전설들은 사실로 밝혀질 것이다. 피오리아가 끝까지 버티고, 끝까지 지켜보는 것도 놀라운 일은 아니다. 피오리아인이 만든 것을 보면, 항상 그런 상태였다. 피오리아인은 우월한 사람들이며, 우월한 피와 우월한 뼈를 가졌다. 이들의 생존 자체가 이 사실을 입증한다.

이들이 회고한 바에 따르면 이들의 조상은 가장 두려운 장애물에 맞서 가며 이곳을 수립했다. 이들의 후손은 이보다 더 두려운 장애물에 맞서 가며 이곳을 구원할 것이다. 훗날 '새로운 피오리아', '대(大)피오리아', '천년 피오리아'가 생겨날 것이다. 시대를 초월한 이곳의 명성은 전 세계에 자자해질 것이고, 이곳의 끝없이 높은 탑들 앞에 전 세계가 무릎을 꿇을 것이다. 피오리아는 인류의 모범이 될 것이다. 피오리아인의 용기, 피오리아인의 인내, 피오리아인의 애국심. 이런 것들은 세계에 모범이 될 것이다. 왜냐하면 세계는 단 한 번도 피오리아처럼 되려고 시도한 적도 없었으며, 결국 연약하고 퇴폐적이고 금권정치적이 되어서, 부패와 부패에 따라다니게 마련인 기생충의 먹이가 되고 말 것이기 때문이다.

그 와중에 우리가 벌이는 무한히 긴 투쟁 속에, 우리에게 위험이 닥칠 경우, 우리는 피오리아인 사이에서 과연 누구를 조타석으로 불러낼까? 검증되고 진실한 피오리아인, 자기 도시를 위해 봉사하되 결코 위해를 가하지는 않았던 사람, 피오리아에서도 최선의 것을 세계에 보여준 사람, 항상

---

23. 피오리아, 퀸시, 스프링필드, 디케이터는 모두 미국 일리노이 주 중부의 도시다.

피오리아의 영광을 알고 예찬한 사람이다. 우리는 '역전의 용사'를 원하는 것이지, 결코 '전위(前衛)'를 원하는 것이 아니다. 행동하는 자를 원하는 것이지, 무위도식하는 자를 원하는 것이 아니다. 생각이 명료한 자를 원하는 것이지, 회의주의자를 원하는 것이 아니다. 피오리아를 믿는 자를 원하는 것이지, 불평하는 자나 괴짜인 자를 원하는 것이 아니다. 우리는 항상 피오리아를 새로 단장하기 원하는 사람을, 그리고 우리의 시련을 자신의 기회로 여기는 사람을 원하는 것이다. 지금이야말로 (그 어느 때보다도) 분열이 있어서는 안 되는 때이기 때문이다.

한 나라가 영예롭게 생각하는 것들이 이곳에서 육성된다. 우리를 뒤따를 젊은 피오리아인에게 우리는 무엇을 가르칠 것인가? 그들에게 우리는 무엇을 지고한 삶으로서 제시할 것인가? 그것은 바로 그들의 도시, 즉 억압당하고 포위된 피오리아를 구원하기 위해서 그들이 살아야 할 삶이 아니겠는가. 연약하고 쇠약한 자들은 반드시 사라져야만 하며, 호들갑, 변덕, 자유 사상 따위도 이런 자들과 함께 사라져야 한다. 왜냐하면 이따위 것들은 우리 시민들의 시간과 정력을 허비하게 만들고, 자기 도시에 최우선으로 필요한 것이 아닌 다른 데 정신이 팔리게 만들고, 이들의 취향과 이들의 도덕을 저하시키기 때문이다. 피오리아주의는 (대니얼 웹스터라면 아마 이렇게 말하지 않았을까) 견고하고, 굽히는 법이 없고, 변함이 없는 것이다. 혈기 왕성하고, 의심의 여지가 없고, 분열되지 않는 것이다. 충실하고, 완고하고, 억세고, 단순하고, 용감하고, 깨끗하고, 충실하다. 우리 시민에 대한, 특히 우리 젊은이들에게 끼치는 모든 영향은 피오리아적이 될 것이다.

우리 피오리아인은 남들처럼 살 수 없다. 설령 그럴 수 있다 하더라도 우리는 그러지 않을 것이다. 퀸시, 스프링필드, 디케이터에 사는 사람들이 우리와 같은 투쟁에 절망적일 정도로 준비 되어 있지 않은 모습을 보라. 그들의 옹졸한 의회주의며 군수물자 대여에 관한 논쟁이며, 육군-매카시 청문회며, 그들의 민주적인 부패주의며 티팟 돔이며,[24] 5퍼센트 알선책이며,[25] 그들의 부식적인 개인주의를, 토미 맨빌이며[26] H. D. 소로우를 보라. 피오리아가 굶주릴 때에 그들이 살찌는 것을 보라. 그들이 피오리아의 곤경을 이용해 먹는 것을 보라. 퀸시, 스프링필드, 디케이터는 항상 피오리아를 증오해왔다. 왜일까? 그 답변은 갑자기 분명해진다. 왜냐하면 우리가 그들보다 더 낫기 때문이다.

왜 폴란드인은 영국인의 부추김을 받아서, 또는 왜 세르비아인은 러시아인의 부추김을 받아서 독일에 대항하는 이런 세계대전을 시작했을까? 내가 만난 열 명의 나치 친구들이 내놓은 쇼비니즘적 허풍은 어떤 순서를 지녔다(물론 이중에 교사는 예외이고, 그보다는 좀 덜하지만 목수와 은행원도 역시나 예외라고 해야겠다). 처음에는 나도 그런 것을 난생처음 접한다고 생각했다. 그러다가 나중에야 생각이 났다. 내가 어린 시절에 살던 캘러미트 애버뉴에서, 우리 동네에 '새로 이사 온 아이'가 동네 깡패들에게 에워싸였는데 그 곤경을 벗어나기 위해 허풍을 쳤던 모습이 말이다. "우리 아빠가 너네 아빠보다 훨씬 힘이 세다구." 우리 조국이 너네 조국보다 훨씬 힘이 세다구.

"온 세계가 항상 독일을 질투해왔던 겁니다." 내 친구인 수금원은 이렇게 주장했다. "왜 아니겠습니까? 우리 독일인으로 말하자면 모든 분야에서 으뜸이니까요."

---

24. '티팟 돔 스캔들'은 1920년대 초에 해군 소유의 유전(油田) 개발권을 민간 기업이 헐값에 사들이면서 생겨난 부정부패 사건이다.
25. '5퍼센트 알선책'이란 5퍼센트의 수수료를 받고 정부나 관청의 용역을 알선하는 사람을 말한다.
26. 토미 맨빌(1894~1967)은 뉴욕 사교계에서 활동하던 대기업 상속자로, 11명의 여성과 13회의 결혼을 하는 등의 기행으로 20세기 중반에 큰 화제를 모은 바 있다.

"우리 독일인들로 말하자면." 내 친구인 재단사가 말했다. 그는 열 명 중에서도 유일하게 무식쟁이라고 해야 마땅한 인물이었으며, 그것도 게으른 무식쟁이라고 해야 마땅한 인물이었다. "세계에서 가장 똑똑한 민족이고, 가장 근면한 민족입니다. 남들이 우리를 미워하는 게 과연 놀라운 일일까요? 그럼 당신은 유대인이나 영국인이 시키지도 않는 일을 굳이 찾아 하는 걸 보신 적이 있습니까?"

"무려 두 번이나, 우리는 전 세계를 상대로 맞서 싸웠습니다. 혼자 힘으로요." 빵집 주인이 말했다. "이탈리아인이나 일본인이 무슨 도움이나 되었겠어요?"

하지만 이런 주장에서도 극단은 항상 재단사의 입에서 흘러나왔다. "우리는 '두 번 모두' 전쟁에서 이겼습니다. 다만 '두 번 모두' 배신을 당한 것뿐이에요."

21장 새로 이사 온 아이

　　독일은 서양 세계라는 동네에 '새로 이사 온 아이'였다. 제1차 세계대전에서 비롯된 한 가지 지속적인 결과는 독일의 통일이었다. 그런데 독일의 여러 주 가운데 일부는 그때까지만 해도 저마다의 국왕과 궁전, 저마다의 군대와 대사와 우편체계를 보유하였다. 심지어 전쟁조차도 통일을 완수하지는 못했다. 서로를 증오하던 바이에른과 프로이센은 바이마르 공화국을 하나는 오른쪽에서, 또 하나는 왼쪽에서 무시하고도 아무런 처벌을 받지 않았다.

　　1871년에 프로이센이 '독일영방(領邦)[27] 주권국가' 열댓 군데에 대해 명목상으로 국가 자격을 강요하기는 했다. 그로부터 반세기쯤 전에 뷔르템베르크의 국왕은 이렇게 말했다. "프로이센이 독일에 속하는 정도란, 기껏해야 알자스가 독일에 속하는 정도만큼이나 적다." 1870년에는 존재하지도 않았던 독일은 '전적으로' 외국인으로 이루어져 있었으며, 민족적으로나 역사적으로나 워낙 뒤범벅이었기 때문에 동프로이센인이나 바이에른인

---

27. 프로이센의 주도로 출범한 독일제국(1871~1918) 산하의 25개 왕국, 대공국, 공국, 후국, 자유시 등을 통칭하는 말이다.

뿐만 아니라 폴란드인이나 오스트리아인까지 독일인으로 간주되었다. 오로지 그 사람이 사용하는 언어로만 독일인을 구분할 수 있었는데, 그것도 항상 구분이 가능한 것은 아니었다. 저지 독일어와 고지 독일어의 관계는 마치 독일어와 네덜란드어의 관계와 비슷해서 서로 이해가 불가능할 지경이었다.

언어 그 자체야말로 독일의 이종혼합을 반영하는 것이었으며, 라이프니츠는 이를 가리켜 '뒤범벅(Mischmasch)'이라고 불렀다. 그것은 또한 엘리트가 민중에게 건네준 '불명예'였다. "나는 한 번도 독일어 책을 읽은 적이 없다." 18세기 말에 독일의 영웅들 중에서도 가장 위대한 인물은 이렇게 자랑했다.[28] 그의 친구인 볼테르는 프로이센의 왕궁에서 고향으로 보낸 편지에서 이렇게 말했다. "우리는 모두 프랑스어로 말한다. 독일어는 병사들과 말(馬)들이나 구사하는 언어다." 나치 이전의 민족주의에서는 '차용된' 단어를 [심지어 '전화(Telefon)'처럼 유럽 내에서는 보편적인 단어조차도] 자국어에서 몰아내려 시도한 바 있었으며, 나치의 민족주의는 이런 캠페인을 더 강화했다. 하지만 아무 소용이 없었다. 독일어는 결국 '뒤범벅'으로 남았다.

독일의 민족주의는 독일이라는 민족국가를 만들려는 시도였으며, 이는 예나 지금이나 마찬가지다. 오랫동안 이어진 독일 영방들의 독립 상태는 그 나름대로 장점이 있었지만, 그로 인해 우스꽝스러운 파편화가 계속되었고, 화석이 된 귀족들과 오래전에 사라진 베르사유를 모방한 어설픈 루리타니아식 궁전들이 열댓 개씩이나 된다는 단점도 있었다.[29] 문화가 번

28. 프로이센의 국왕 프리드리히 2세(1712~1786)를 말한다. 그는 프랑스어, 이탈리아어, 영어를 비롯한 여러 가지 언어를 구사했으며, 특히 독일어가 프랑스어보다 못하다는 취지의 비판을 남기기도 했다.
29. 영국의 작가 앤서니 호프(1863~1933)의 소설 『젠다의 포로』(1894)의 무대인 중부 유럽의 가상 소왕국을 말한다.

영하기는 했지만 어디까지나 변덕스러운 군주들의 변덕 때문이었다. 그래도 바로 그런 군주들의 치하에서, 그리고 그들의 이기적인 후원 하에서 독일 문화는 위대해질 수 있었다. 괴테는 언젠가 에커만에게 이렇게 말한 바 있었다. 서른여섯 개의 영방(領邦)들을 지나가는 과정에서 무려 서른여섯 번이나 소지품 검사를 받지 않아도 되는 상황이 된다면 얼마나 좋겠느냐는 푸념이었다. "하지만 혹시라도 독일의 통일을 상상하는 사람이 있다면, 즉 나라 전체에 하나의 거대한 수도가 있고 이 거대한 수도가 천재들의 발달을 조장하거나 국민의 복지에 기여할 것이라고 상상하는 사람이 있다면, 그 사람은 잘못 생각하는 셈이다."

독일의 국가화는 너무 늦게 찾아왔기 때문에 다른 어디에서나 수행했던 역사적 기능을 수행하지는 못했다. 하지만 국가화는 차마 중지되어서는 안 되는 것이었다. 자유주의 철학자 포이에르바흐는 친구인 프리드리히 카프에게 보낸 편지에서 이렇게 썼다. "자유에 의거한 통일이 아닌 한, 나는 통일에 아무런 기대도 하지 않을 걸세." 자유를 찾아 조국을 떠난 '48년 사람'[30]이었던 카프는 미국에서 이런 답장을 보냈다. "민주주의자들이 아니라 비스마르크가, 즉 옛날 프로이센 치하의 반동적인 융커들과 관료들이 이처럼 위풍당당한 통합을 달성했다는 것은 참으로 동의하기가 어렵네. 하지만 그런 결과가 실제로 달성된 이상, 그런 위대한 성과의 주도자가 '누구'인지가 과연 중요하겠나?"

독일은 민족국가였다. 하지만 1871년에는 아직 설익은 민족국가였다. 1914년에도, 그리고 1918년에도 여전히 설익은 상태였다. 다른 모든 벼락부자와 마찬가지로, 독일이라는 국가는 예나 지금이나 자국의 부와 국가성

---

30. 1848년에 유럽 전역에서 시도된 혁명을 지지했다가 결국 실패하자 탄압을 피해 미국과 오스트레일리아 같은 신대륙으로 떠나서 새로운 삶을 개척한 사람들을 말한다. 제12장 말미의 내용 참고.

을 과시하려는 충동을 갖는 동시에, 이를 상실하는 것에 절망적인 두려움을 갖고 있었다. 그것도 외부로부터의 압력으로 깨지는 것이 아니라, 더 끔찍하게도 내부로부터 산산조각 나버리는 것에 대한 절망적인 두려움이었다. 영국인과 프랑스인은 자기들이 영국인과 프랑스인이라는 것을 알고 있다. 언젠가 나는 덴마크의 공산주의자에게 물어본 적이 있다. 당신의 속마음은 어떠한가, 당신은 덴마크인인가 아니면 공산주의자인가. 그러자 그가 대답했다. "참으로 어리석은 질문이로군요. 덴마크인은 누구나 덴마크인입니다." 하지만 독일인은 자기가 독일인이라는 사실을 다시 보증받아야만 했다. 독일의 압력솥은 그 아래에 거세게 타오르는 광신의 불길이 있어야만 한다고 예나 지금이나 요구하고 있다.

러시아와 미국의 경우, 독일의 민족주의에서 나타난 것과 같은 이런 특별한 경험으로부터 (적어도 최근까지는 양쪽 모두) 자유로웠다. 그 이유는 한편으로는 국가로서의 역사가 독일보다는 더 길었기 때문이며, 또 한편으로는 고립 때문이었다. 범(凡)슬라브주의와 범(凡)아메리카주의와 마찬가지로, 범(凡)게르만주의는 해체에 대한 두려움에서 비롯된, 아주 역설적이지는 않은 결과였다. 자의식적이고 연약한 독일이라는 국가가 외부적으로뿐만 아니라 내부적으로도 위협을 받는 한, 독일은 세계를 위협할 것이었다. 독일을 '우리의' 친구들과 '그들의' 친구들로 나누려고 하는 외국 정치가들은 독일인들이 민주주의나 공산주의를 생각하는 것이 아니라, 오히려 독일을 생각했음을 염두에 두어야 한다.

독일의 민족주의가 곧 민족국가를 만들기 위한 노력이었던 것처럼, 독일의 인종차별주의는 나치 이전에 이용할 수 있었던 그 어떤 척도로 따져보아도 결코 북유럽적이지는 않은 종족들로 이루어진 지리적 집단에서 인종을 만들려는 시도였다. 오스트리아인도 결국 독일인이라고 간주할 경우,

독일의 인종적 이종성은 러시아와 미국을 제외한 세계 어느 나라보다도 더 크다.

실제로 내가 만난 열 명의 친구들은 자국의 '아리아인주의'를 거부했다. 이들 중 어느 누구도 북유럽인의 표준을 충족시키거나 가깝지 않았다. 하지만 이들은 일종의 인종차별적인 '게르만주의'를 받아들이기는 했고, 이처럼 생물학의 탈을 쓴 허구를 받아들이는 사람은 이들 혼자만이 아니었다. 나로선 이런 사실을 발견하고 깜짝 놀라지 않을 수 없었다. 한번은 나치 이전 시대에 대학을 졸업했던 반나치 입장의 한 지식인에게 질문을 던진 적이 있다. 크로넨베르크에 지금도 유대인이 얼마나 많은지를 물어보았더니 그는 이렇게 대답했다. "거의 없죠. 하지만 정확한 숫자를 알아내시려면 역사적이고 종교적인 자료 말고도 생물학적 자료도 함께 살펴보셔야 할 겁니다."

언젠가 비밀 탈무드에 관해 이야기했던 내 친구 지몬은 유대인 슈프링거가 버젓한 사람이라고 내게 말한 적이 있었다. '유대인 정신'이 혈통의 문제라고 한다면 어떻게 버젓한 유대인이 있을 수 있느냐고 내가 묻자, 그는 이렇게 대답했다. "물론 그게 혈통의 문제이긴 하죠. 하지만 한 세대를 건너뛸 수도 있거든요." 그는 멘델을 읽어본 적은 없는 것이 분명했다. "물론 그다음 세대에는 또다시 나타나게 마련이지만요. 유대인 혈통의 비율이 충분히 적어야만, 독일성(Deutschtum)에는 더 이상 위협이 되지 않을 겁니다." 그래서 내가 물었다. "그러면 정확히 얼마나 적어야만 한다는 거죠?" "그야 과학자들이 알아냈겠지요." 그의 말이었다.

이런 '오염'에 대한 편견을 가진 사람은 지몬 씨 혼자만이 아니었다. 재단사의 아들인 젊은 슈벵케도 '인종적 위해(危害)'라든지, '아리아인'과 '비아리아인' 남녀의 관계라든지, 나치 SS의 특별 지역에 관해서 자주 이야기했다. 이들의 어조에는 진정한 두려움과 아울러, 성관계에 대해 이야기할 때마다 항상 깃들게 마련인 약간의 즐거움이 뒤섞여 있었다. 그와 지몬 모두가 내게 이야기한 바에 따르면 유대인 집주인들은 하나같이 '독일인' 하녀를 고용했다. 이는 맞는 말이었는데, 왜냐하면 하녀들은 대부분 소농이나 비숙련 노동자 계층에서 나왔기 때문이었다. 그런데 그 이유가 이런 하녀들을 '능욕한다'는 뚜렷한 목표 때문이라는 것이다. 물론 슈벵케나 지몬 모두 이런 주장에 대한 증거는 전혀 갖고 있지 않았다.

내가 알아낸 바에 따르면 '딱' 한 번은 유대인 한 명이 다음과 같은 글자가 적힌 샌드위치 패널을 메고서 크로넨베르크 거리를 걸어다닌 적이 있었다고 한다. "나는 아리아인 처녀를 능욕했습니다(Ich habe ein aryanisches Mädchen beschändet)."

"아무도 그를 쳐다보지 않았죠." 경찰관 호프마이스터의 말이었다.

"왜요?"

"모두들 그를 딱하게 생각했으니까요."

"왜요?"

"왜냐하면 그건— 그건 터무니없는 일이었으니까요."

"터무니없는 일이요?"

"그래요. 여기 유대인 청년이 하나 있다고 치죠. 그런데 그 녀석의 여자 친구가 하필이면 독일인이었던 거예요." 여기서 그가 말하는 '독일인'은 '비유대인'이라는 뜻이었다. "그러다가 둘이 싸움을 한 거죠. 그런 일이야 충분히 있을 수 있으니까요. 그러면서 두 사람이 서로 욕을 하다가, 급기야 서로 협박을 하기에 이르는 거죠. 그러고 나면 서로를 아직 사랑한다고 하더라도 이제는 미워하게 되는 거예요. 아시다시피, 그런 일이야 충분히 있을 수 있죠, 교수님. 여자 쪽에서 남자를 밀고하겠다고 위협하는 거예요. 할 테면 해보라고 남자가 대꾸하면 여자는 진짜로 밀고하는 거예요. 그러면 결국 그런 일이— 그런 터무니없는 일이 벌어지는 거죠."

집시에 관해서는 경찰관 호프마이스터도 이만큼 양심의 가책을 받지는 않았다. 사실 집시에 대한 처우는 어떤 면에서 유대인보다도 더 끔찍했으며, 나중에 가서도 집시를 대변하는 목소리는 세계 어디서도 찾아볼 수 없었는데 말이다. 경찰관 호프마이스터는 집시를 '2등 인간(Menschen zweiten Grades)', 즉 인간 이하라고 말했다. 유대인에 관해서는 그도 이런 말을 차마 하지 않을 것이었다. "원래의 발상은 순수한 집시들만 보전한다는 것이었지요." 다시 말해 '생물학적으로 순수한' 집시들을 말하는 것이었다. "가능하다면 그들을 온전한 상태로 보전하는 거였어요. 물론 그건 독일이 가진 권리의 틀 밖에 있는 것이었죠. 하지만 집시 '잡종들' 은 혼합으로 인해서 인종에 큰 위험이 되니까요. 집시의 피는 나빠요." '집시의 피' 라는 그의 말에 나는 순간적으로 왈츠를 떠올렸다. 지금 이 말을 하는 사람은 선량한 인물이었지만, 정작 사회적 결정인자가 아니라 '혈통' 을 믿는다고 '생각하고' 있었다. "그래도 우리는 그들을 딱하게 생각하죠. 왜냐하면 그들이 살아갈 수밖에 없는 조건 때문에요. 그들에게는 집도 없고, 마을도 없고, 아이들을 먹여 살릴 버젓한 방법도 없으니까요. 그들이 어떻게 혼자 힘으로 살아가겠어요?"

"이거 하나는 당신도 인정하실 수밖에 없을 겁니다, 교수님." 빵집 주인 베데킨트가 말했다. "히틀러가 거지와 집시를 없애버렸다는 거를요. 그건 좋은 일이었어요. 집시는 아이를 많이 낳죠. 그것도 귀여운 아이들을요. 그래놓고는 그 아이들에게 속이는 법과 훔치는 법을 가르칩니다. 제가 어렸을 때, 우리 마을에서는 집시가 올 때마다 문을 걸어 잠갔어요. 하지만 집시만 없다면 결코 잠그는 법이 없었죠. 그들은 우리와 이질적인 인종, 이

질적인 혈통이에요." 그 역시 히틀러가 유대인을 없애버렸기 때문에 좋은 일을 했다는 사실을 인정하라고 나를 설득하지는 않을 것이었다.

내가 생각하기에, 경찰관 호프마이스터와 빵집 주인 베데킨트를 걱정하게 만든 원인은 바로 그들 자신의 공통된 지식이었다. 즉 '독일인'이 탁월함을 드러냈던 모든 분야에서 유대인이 거둔 위업 때문에 내 친구들의 마음속에는 본질적으로 정신분열적인 조건이 생겨난 것이었다. 열등한 인종인 유대인은 또 한편으로 독일인과 마찬가지로 우월하기도 했다. 여차하면 집시도 독일의 인종차별주의에서 '악마'의 역할을 충분히 담당할 수 있었겠지만, 문제는 그 정의상 초인간적인 동시에 열등해야만 악마가 될 수 있다는 점이었다. 집시의 경우, 충분히 열등하기는 했지만 독일인의 기준에서 초인간적이지는 않았다. 그들은 오히려 말 그대로 '불쌍한' 악마들[31]이었다. 그러니 그 역할을 맡을 대상은 유대인뿐이었다. 만약 유대인과 독일인을 손쉽게 구분할 수만 있다면 말이다.

31. 영어에서는 '딱한 녀석,' 또는 '불쌍한 놈'이란 뜻이다.

22장 새로 이사 온 두 아이, 독일인과 유대인

다른 나라에서는 정부가 반유대주의를 조장하고 이용하다가 일이 터진 뒤에는 항상 뉘우치려는 의향을 기꺼이 갖고 있었다. 반면 오로지 독일만이 반유대주의를 무려 공공정책의 초석으로 삼았다. 왜일까? 내전, 즉 형제간의 전쟁은 유난히 잔인하게 마련이라는 사실이 가설로 머릿속에 떠오른다. 이런 가설은 독창적인 것도 아니다. 라우슈닝[32]의 말에 따르면, 언젠가 히틀러는 독일인과 유대인이 함께 살 수 없다고 말했다. 왜냐하면 양쪽은 너무 많이 닮았기 때문이다.

독일인과 유대인은 놀라우리만치 서로 닮았다. 물론 양쪽 사이에는 크고도 뚜렷한 차이가 있다. 왜냐하면 유대인은 소수이고, 흩어져 살고, 먼 옛날부터 문명화되고, 기원이 남쪽에 있는 반면, 독일인은 다수이고, 모여 살고, 원시적이고, 북쪽에 있기 때문이다. 유대인이 독일인보다 훨씬 더 심미주의적이고 쾌락주의적이라는 사실은 어디까지나 유대인의 지리적 기원

---

32. 헤르만 라우슈닝(1887~1982)은 독일의 보수주의 혁명가다. 한때 나치에 가담했으나 1936년에 독일을 떠난 이래로 나치를 공개적으로 비판했으며, 히틀러와의 대화 내용을 회고한 책으로 주목을 받았지만 그 내용의 신빙성 여부는 논란이 되고 있다.

과 문화적 나이에서 비롯된 결과일 뿐이다. 개인의 독립성에 대한 유대인의 열정이 격찬을 받는 반면 독일인의 똑같은 열정은 그렇지 못하다는 사실은 어디까지나 전 세계의 천민차별주의의 결과일 뿐이다. 독일인 사이에서는 그다지 두드러지지 않는 의로움에 대한 유대인의 관심은 어디까지나 그 천민차별주의의 불의함에 따른 결과일 뿐이다.

이 세상에는 자국민과 세계 모두에 가해지는 압력을 견디는 한편, 그 결과로 인한 압력을 가하는 유대인 민족국가가 없다(또는 최근까지만 해도 '없었다'). 독일의 경우에는 국가가 직접 유지하고 실시했던 압력의 대상과 주체 모두는 유대인 '개인'이었다. 독일의 내적 디아스포라인 제1차 30년 전쟁[33]은 독일 낭만주의와 독일의 호전성을 위한 무대를 마련해주었다. 전쟁을 좋아하고, 치유불능으로 들떠 있는 독일 민족국가의 역사는 독일의 깊이가 감소하는 것으로 시작되었다. 유대인 개인의 역사는 이와 평행이다. 하지만 독일 민족국가가 자국의 회복, 자국의 '장소'처럼 무게를 따져서 추구했던 것을 유대인 개인은 속도를 따져서 추구했다.

널리 퍼지고 뿔뿔이 흩어진 유대인은 한때 게르만족보다도 더 격렬하게 부족중심주의적이었는데, 자기들이 처한 상황 때문에 어쩔 수 없이 세계주의자가 되었다. 고립된 유대인에게 이처럼 강요된 세계주의는 두 가지 극단적인 결과를 갖고 있었다. 가는 나라마다 억압을 당하다 보니 유대인은 반드시 그 나라의 개혁자가 되어야만 했다. 마찬가지로 독일은 세계에 의해 고립되고 억압되었기 때문에 반드시 세계의 개혁자가 되어야만 했다. 같은 시기에, 유대인은 반드시 가장 적응을 잘하는 사람이 되어야만 했다.

33. 역사상의 '30년전쟁'을 말한다. 저자는 이 책의 초판 간행 당시에 유행하던 개념을 빌어서 1914년부터 1945년까지 벌어진 양차 세계대전을 '제2차 30년전쟁'으로 명명하는데, 오늘날은 이 개념 자체가 많은 비판을 받아 폐기되다시피 했다. 왜냐하면 이 개념은 나치라는 전무후무한 문제조차도 독일과 주변 국가 사이의 충돌이라는 역사적 사실의 연장으로 희석시킨다는 문제점 때문이다.

종교를 제외하면 유대인은 자기 자신을 포함하고 형성해줄 지속적인 틀을 갖고 있지 않았다(반면 현대 서양에서는 종교가 약하다). 유대인에게는 전쟁, 혁명, 기근, 독재, 박해가 찾아올 때마다 뭔가 붙잡을 것이, 의지할 것이, 뒤에 숨을 것이 전혀 없었다. 하느님에게 돌아서는 방법밖에는 아무것도 없었다.

독일인에게는 독일이 있었다. 자기네 땅에서, 자기네 민족과 함께, 자기네 나라에서, 변화라고는 없이 여러 세대를 살아가는 독일인 개인은 적응 능력도 필요로 하지 않았으며, 그런 능력을 계발하지도 않았다. 유대인에게는 삶의 핵심 문제였던 것이 독일인에게는 아예 존재하지도 않는다. 물론 시대가 변했으니만큼, 나도 이 대목에서 '않았다'고 말해야 맞겠지만.

크로넨베르크의 성(城) 언덕에 올라가면, 20세기 중반의 시골에 사는 독일인들을 볼 수 있다. 온몸을 둘러싼 옷차림(프로테스탄트와 가톨릭신자는 앞치마를 서로 다른 방식으로 묶는다)이며, 소들과 종종 여자들과 아이들이 구멍 뚫린 치즈 통을 수레에 싣고 끌고 다니며 밭에 물을 대는 모습을 말이다. 제1차 세계대전은 이 작은 계곡을 뒤흔들어 놓았다. 마을 교회 벽에는 제1차 세계대전의 희생자를 기념하는 100개의 추모 화환이 걸려 있는데, 정작 이 마을의 인구는 1,000명에 불과하다. 제2차 세계대전 때에는 소도시와 대도시 거주민이 각자의 집을 떠나 철로와 도로를 가득 메우게 되었다.

자기한테 가해진 새로운 조건에 적응할 수 없어 1918년에 꼼짝달싹할 수가 없었던 독일은 낭만적이면서도 무의미하게 과거를 회복하겠다는 희망 쪽으로 돌아섰지만, 결국 당혹하고 점점 더 무기력한 상태에 처하고 말았다. 그 사이에 유대인은 가장 잘 번영할 수 있는 요소를 가지고 있었다. 물론 유대인이 그렇게 된 것은 자기 잘못 때문도 아니고, 자기 미덕 때문도 아니었다. 즉 변화하는 상황에서는 신속하고도 급진적으로 적응할 필요가 있었다. 몸젠은 유대인이 로마제국에서 '붕괴 요소'였다고 말했는데 이 발언은 훗날 나치가 즐겨 사용하는 인용 문구가 되었다. 그러나 그는 차라리 유대인이 유능했다고 말했어야만 했다. 왜냐하면 유대인은 다른 어떤 종류에나 그러했듯이 붕괴되는 중이었던 로마에도 충분히 적응할 수 있었고 적응할 수밖에 없었기 때문이다.

1918년부터 1933년 사이에 이 주변인은〔즉 유대인이라는 이 '공중에 뜬 인간(Luftmensch)' [34], 즉 속도를 좋게 여기고 무게를 나쁘게 여기는 상황에 처한 이 사람은〕 분해되는 중이었던 독일에서 상당한 힘을 갖게 되었다. 그래서 그의 위업은 위험천만하게도 마치 초인의 위업처럼 보이게 되었다. 하지만 초인이란 원래 독일인이 되어야 맞지 않았던가? 좋다, 그러면. 유대인이 이 역할을 찬탈했던 바로 그 순서는 결국 뒤집어질 수밖에 없을 것이고, 초인다움의 기준은 독일인에 적합하도록 재규정될 수밖에 없을 것이었다. 초인, 즉 독일인은 이 세상에 적응하지 않을 것이었다. 오히려 그가 이 세상을 적응시킬 것이었다. '어쨌거나', 즉 '어떤 대가를 치르더라도' 말이다.

여러 세기 동안 무저항에 의해 두들겨 맞아서 형성된 유순한 독일인은 명민한 유대인과 차마 경쟁할 수가 없었다. 주변 국가인 독일은 항상 생존을 위해 분투해야만 했다. 하지만 독일인은 아니었다. 독일인은 단지 '위에서 시키는 대로' 하면 그만이었던 반면, 유대인에게는 예전부터 '위에서 시키는 대로' 하는 것이 치명적 결과를 낳았다. 유대인은 반드시 요행수를 바라야 했으며, 독일이라는 국가도 마찬가지였다. 하지만 독일인 각자는 술에라도 잔뜩 취하지 않은 이상 요행수를 바랄 수 없었다. 유대인은 술을

---

34. "융통성 없는 사람; 세상사에 어두운 사람"을 뜻하기도 한다.

마시지 않았다. 살아가려면 반드시 몸이 가벼워야 했기 때문이다. 독일이라는 국가는 스스로를 가볍게 만들기 위해 반드시 뭔가를 마셔야 했다. 그리고 국가에서 마실 것이라고는 피 말고 뭐가 있겠는가?

독일에서건, 영국에서건, 러시아에서건, 사실상 잃어버린 그들의 조국을 제외한 세상 어디에서도, 유대인은 반드시 깃털처럼 가볍고, 바람처럼 재빨라야만 했다. 독일과 똑같이 (하지만 독일인과 똑같지는 않게) 유대인은 적대적인 이웃들에 에워싸여 있었다. 유대인은 가능하다면 명예롭게, 필요하다면 불명예스럽게라도 반드시 싸워야만 했으며, 이 역시 독일이라는 국가와 똑같았다. 유대인은 독일이라는 국가와 똑같이 모든 극한으로 내몰렸으며, 모든 선과 악의 과도함으로 내몰렸다. 이런 상황에 처하다 보니 유대인은 생존에 필요한 갖가지 천재성을 계발하게 되었다. 모제스 멘델스존과 유대인 뚜쟁이는 양쪽 모두 유대인이었으며, 이는 실러의 독일과 슈트라이허[35]의 독일이 똑같은 독일이었던 것과 마찬가지였다. 여러 국가들 사이에서는 독일이 유대인과 마찬가지 취급을 받았던 것이다.

"그들은 항상 뭔가를 '주장하고' 있어요." 마조레 호수에 자리 잡은, 지금은 비록 낡았지만 항상 인기를 누리는 호텔들 가운데 한 곳의 여주인이 말했다. 그녀는 독일인 모두를 싸잡아 말하고 있었다. "그들이 주장하는 것처럼 보이는 내용이 무엇인지 딱 꼬집어 말할 수는 없어요. 하지만 그들은 불편하고, 그들은 '항상' 관리자나 다른 손님들을 불편하게 만들죠. 유대인하고 똑같다니까요." "뭐라구요?" 내가 깜짝 놀라 물었다. 이것이야말로 독일인과 유대인 모두를 싸잡아서 욕하는 셈이었으니까. 그녀는 웃음을 터트렸다. "모든 유대인이 그렇다는 건 아니에요." 그녀의 말이었다.

---

35. 율리우스 슈트라이허(1885~1946)는 나치 신문 《슈튀르머》(1923~1945)를 창간하여 반유대주의 선동에 열을 올렸으며, 훗날 뉘른베르크에서 유죄가 인정되어 처형되었다.

"그리고 물론 모든 독일인이 그렇다는 것도 아니죠. 다만 그들이 충분히 많아지게 되면, 우리는 항상 이렇게 생각하는 거예요. '하여간 독일놈들이란.' 어쩌면 제가 편견을 갖는지도 모르죠. 저 자신도 반(半)독일인인데 말이에요."

상상에서건 현실에서건 간에, 적들에게 포위되었다는 사실 때문에 유대인과 독일이라는 국가 모두에서는 일종의 보상으로서 이른바 우월성과 메시아주의에 관한 주장이 만들어지게 되었다. 양쪽 모두 자기가 반드시 세계를 구원해야 한다고 믿었다. 그렇게 세계를 구원하고 나면, 오로지 독일과 유대인만이 구원받을 것이기 때문이다. 하지만 둘 중 어느 쪽도 굳이 전도에 힘을 쏟지는 않았다. 굴욕을 암시했던 개종과 복종을 암시했던 사랑은 양쪽 모두의 사역 속에서 전혀 자리를 차지하지 못했다. 남아 있는 대안은 지배였다. 이는 당연히 지배당하는 자를 위한 지배였다. 독일에서는 시혜자(=독일인)가 비타협적인 수혜자(=유대인)를 지배하기 위해서는 종족 학살이 필요하다고 생각했다. 하지만 종족 학살은 한때 유대인 사이에서도 선례가 없지는 않았다. 만약 생존을 위해서는 과도한 수단도 필요하다고 치면, 전 세계의 구원을 위해서 과도한 수단을 사용하는 것도 충분히 정당화될 수 있었다.

그보다는 압박을 덜 받았던 다른 사람들에게, 통혼을 반대하는 유대인의 편견은 이해가 불가능한 것이었다. 서양인들 사이에서는 오로지 나치만이 이런 편견을 공유하였다. 여기서 핵심은 교리적 규제가 아니었다. 실제로 교리적 규제가 핵심인 기독교인의 경우, 개종을 통해 결혼 금지가 해소될 수 있었기 때문이다. 하지만 나치가 보기에 유대인은 영원히 유대인이었다. 유대인이 보기에 비유대인은 항상 비유대인이었다. 양쪽의 사례 모두에서 오염에 대한 추론은 차마 벗어날 수가 없는 것이었다. 그리고 나치도 (여기서 나치란 사실상 독일에서 종교를 걷어낸 존재에 불과했다) 유대인도, 위협적인 오염이 희석되거나 사라질 수 있다고는 전혀 확신하지 못했다. 양쪽 모두에서, 무엇보다 우선되는 우려는 순수성이었다. 독일인과 유대인 이외의 다른 민족이라면, 순수성에 대한 이런 고집은 뻔뻔스러운 일이라는 데에 동의할 것이다. 하지만 다른 민족들은 유대인과 독일인과는 다른 세계에서 살아간다. 반면 유대인과 독일인은 그들 나름의 세계에서 살아간다.

독일계 유대인은 사실 완벽한 독일인이었다. 내가 생각하기에, 『유대 백과사전』에는 독일 거주 유대인 전문가들의 인용문이 세계 나머지 지역에 거주하는 유대인 전체의 인용문보다 50배는 더 많을 것이다. 비스마르크의 고문이었던 유대인 블라이히뢰더[36]보다, 또는 빌헬름 2세의 고문이었던 유대인 발린[37]보다 '더 나은' 독일인이 있었을까? 그리고 우리가 독일의 '프로이센주의'라고 부르는 것의 헌법적 토대를 놓은 사람은 다름 아닌 유대인 슈탈[38]이 아니었던가? 조만간 이스라엘을 지배하게 될 세력 역시 소수에 불과한 '독일계' 유대인이 아닌가? 우리가 들은 바에 따르면, 이미 이스라엘에서는 우리가 유난히 독일적이라고 생각하는 극단주의적 경향의 형태들이 나타났다고 하는데, '나치'의 행위에서 이와 똑같은 경향은 브루노 베텔하임 교수가 부헨발트의 유대인 죄수들 사이에서 목격한 바 있다.[39]

이 독일계 유대인만 해도 자신의 독일을 얼마나 사랑했던가. 그는 독

36. 게르손 폰 블라이히뢰더(1822~1893)는 독일의 유대계 은행가로, 비스마르크로부터 크게 신뢰를 얻어 프로이센은 물론이고 독일제국의 대표적인 은행가로 활동했다.
37. 알베르트 발린(1857~1918)은 독일의 유대계 사업가로 한때 세계 최대의 해운업체를 운영했으며, 특히 황제 빌헬름 2세에게 크게 신임을 얻었다.
38. 프리드리히 율리우스 슈탈(1802~1861)은 독일의 유대계 법률가 겸 정치인으로, 특히 프로이센의 교회법과 관련해서 업적을 남겼다.
39. 오스트리아 출신의 유대계 심리학자 브루노 베텔하임(1903~1990)은 1938년에 부헨발트 강제수용소에 끌려가서 11개월 동안 수감되었다가 석방되었으며, 이때의 경험은 훗날 그의 사상에서 적지 않은 영향을 발휘했다.

일을 위해서라면 자신의 유대교조차도 버릴 용의가 있지 않았던가! 그가
외국에 나갔을 때에는 얼마나 독일인처럼 보였던지, 제1차 세계대전 당시
에 연합국에서는 어디에서나 이 유대인을 친독일 성향으로 의심한 바 있
었다. 1933년 이래로 자기에게 벌어진 일을 그는 차마 믿을 수 없어 했다.
그는 1936년까지도, 1938년까지도, 심지어 1942년까지도 계속 남아 있었
다. "이런 일이 오래가지는 않을 거야." 그는 속으로 말했다. 도대체 무엇
때문에 그는 이런 일이 오래가지는 '않을' 거라고 생각하게 되었을까? 그
야 이곳이 바로 독일, 즉 자신의 독일이기 때문이었다. 그리고 지금에 와서
는 영국과 미국에서, 프랑스와 브라질과 멕시코에서 새로운 종류의 유대인
이 나타났다. 불과 몇 년 전까지만 해도 그는 사랑하는 자기 조국의 자기
동포들에 관해 이야기했지만, 지금은 그들을 가리켜 '독일인'이라고 부른
다. 히틀러가 했던 것처럼 이제는 그들도 스스로를 유대인들과 구분하는
것이다.

　　뱃사람들을 유혹해서 파선하게 만드는 라인 강의 마녀에 관한 노래인
〈로렐라이〉는 독일 민족에게 가장 인기 있는 노래이며, 이는 비단 오늘이
나 어제만 사실이 아니라 영원히 사실일 것이다. 워낙 인기가 있었기 때문
에 나치도 차마 이 노래를 음악책에서 빼버리지는 못했다. 대신 나치는 거
기에다가 한 가지 기발한 문구를 덧붙였으니, 그건 바로 '작사가 불명
(Dichter unbekannt)'이었다. 독일의 민요 가운데 가장 독일적인 이 노래의
저자가 하인리히 하이네라는 것은 온 독일인이 알고 있었다. 독일계 유대
인인 하이네는 망명 중에 이런 시를 썼다.

　　　Ich hatte einst ein schönes Vaterland.

　　　Der Eichenbaum wuchs dort so hoch, die Veilchen nickten sanft.

Es war ein Traum

Das küsste mich auf deutsch und sprach auf deutsch

(Man glaubt es kaum,

Wie gut es klang) das Wort, "Ich liebe dich!"

Es war ein Traum.

이 시야말로 워낙 아름다워서 번역이 불가능할 정도다.

한때 나에게는 조국이 있었네.

참나무가 아주 크게 자라고, 제비꽃이 아주 작고 달콤한 곳.

그건 꿈이었다네.

내게 독일식으로 입을 맞추고 독일어로 말했네.

(독일어로 그게 얼마나 멋지게 들리는지 당신이 알 수만 있다면!)

"당신을 사랑합니다"라는 말을.

그건 꿈이었다네.[40]

유대계 독일인 하인리히 하이네는 이렇게 썼다. "사는 것보다는 죽는 것이 더 낫고, 가장 좋은 것은 아예 살지 않는 것이다." 세계와 (그리고 자기 자신과?) 나란히 맞선 상태에서도, 독일과 유대인 양쪽 모두는 차마 파괴가 불가능해 보였다. '유대인 문제'에 대한 나치의 '최종 해결책'은 바로 유대인의 파괴였는데, 이는 모겐소 일파가 내놓은 '독일 문제'에 대한 세계의 '최종 해결책'이 독일의 파괴였던 것과 마찬가지였다.[41] 우리는 독일을 원

---

40. 하이네의 『신(新)시집』(1844)에 수록된 「낯선 땅에서」라는 시의 일부분이다.

시적인 소농국가로 위축시키려던 모겐소의 프로그램이 최종적이지 않았음을 알고 있는데, 이는 독일의 유대인을 "땅에서 일하는" 원시적인 소농으로 위축시키려던 나치의 프로그램이 최종적이지 않았던 것과 마찬가지다. 세계는 지나치게 문명화되어 차마 할 수 없었던 (또는 차마 시도할 수 없었던) 일이 있었지만, 나치는 그렇지 않았다. 하지만 나치는 유대인의 지위를 위축시키는 일에 성공하지 못했는데, 이는 세계가 독일의 지위를 위축시키는 일에 성공하지 못했던 것과 매한가지다. 1945년의 패전 이후 몇 년 뒤에 독일이 부흥하자 전 세계는 놀라움을 감추지 못했다. 그리고 독일에 남았던 2만 명의 유대인은 가장 높고 낮은 노력 모두에서 오히려 이전보다 더 큰 명성을 얻는 길로 향했다.

무려 2,000년 동안이나 조국을 벗어나 수십 군데 적대적인 환경에 흩어져 살아가는 유대인의 생존에 비하자면, 독일의 생존은 역사적으로나 인류학적으로나 설명하기가 훨씬 더 쉽다. 유대인은 살아남았다. 어쩌면 유대인이 살아남은 것은 (우리가 최근에 알게 된 독일의 생존에서 나타나듯이) 이 세상에는 우리의 눈에 띄는 것 말고도 다른 것들이 있음을 이 세상에 증언하기 위해서인지도 모른다. 어쩌면 생존에 대한 설명은 역사적이고 인류학적인 분석에 의해서나 사회적-심리학적 도식에 의해서는 소진되지 않는지도 모른다. 하느님을 향한 카인(Cain)의 대답도 역시나 타당했던 것인지도 모른다.[42]

---

41. 미국의 재무장관 헨리 모겐소(1891~1967)는 전후 독일에 대한 처리법을 다룬 '모겐소 계획'에서 독일 영토를 여럿으로 나누고, 고등교육과 중공업을 철폐하는 등의 다소 과격한 의견을 개진했다. 이는 독일의 잔혹한 전쟁 범죄가 독일의 역사와 국민성 자체에서 비롯된 것이기 때문에, 기회가 있을 때 문제의 뿌리를 뽑아버려야 한다는 편견에서 비롯된 결과물로 평가된다.
42. 아담과 하와의 아들인 카인은 동생 아벨을 때려 죽인 다음, 하느님으로부터 "네 아우 아벨이 어디 있느냐"고 질문을 받자, "내가 알지 못하나이다. 내가 내 아우를 지키는 자니이까" 하고 대답한다.

제2차 세계대전 당시 마지막 몇 달 동안에 유대인과 독일의 운명이 그 절정에 이르면서, 아직 살아서 남아 있는 나치즘의 희생자들에게 '지시사항'을 전달하기 위해 독일 정부의 명령에 따라 독일계 유대인이 간행하던 주간지 《유대인 신보》는 그 크기와 내용이 줄어들었으며, 나중에는 간행 빈도도 줄어들었다. 아울러 이 잡지에 사용되는 종이의 질도 저하되었으며, 바로 그런 이유 때문에 나는 그곳에 수록되었던 한 가지 이야기를 원문 그대로 여기 인용하고자 한다. 그래야만 정부의 간행 지침에 따라 원고지 크기의 양면 인쇄물인 1943년 3월 5일자 《신보》의 뒷면 오른쪽 아래 한구석에 나타난 이 이야기가 더 널리 퍼질 수 있을 것이기 때문이다.

Alles zum Guten

Immer gewöhne sich der Mensch zu denken: "Was Gott schickt ist gut; es dünke mir gut oder böse."

Ein frommer Weiser kam vor eine Stadt, deren Tore geschlossen waren. Niemand wollte sie ihm öffnen; hungrig und durstig musste er unterm freiem Himmel übernachten. Er sprach: "Was Gott schickt ist gut." und legte sich nieder.

Neben ihm stand ein Esel, zu seiner Seite eine brennende Laterne um der Unsicherheit willen in derselben Gegend. Aber ein Sturm entstand und löschte sein Licht aus, ein Löwe kam und zerriss seinen Esel. Er erwachte, fand sich allein und sprach: "Was Gott schickt ist gut." Er erwartete ruhig die Morgenröte.

Als er ans Tor kam, fand er die Tore offen, die Stadt verwüstet, beraupt und geplündert. Ein Schar Räuber war eingefallen und hatte eben in dieser Nacht die Einwohner gefangen weggeführt oder getötet. Er wr verschont. "Sagte ich nicht," sprach er, "dass alles, was Gott schickt, gut sei? Nur sehen wir meistens am Morgen erst, wrum et uns etwas des Abends versagte." (Aus dem Talmud)

이런 내용이다.

무슨 일이든 좋으라고 일어나는 것이다

하느님께서 우리에게 보내주시는 것은 항상 좋은 것이다. 제아무리 우리 눈에는 좋거나 나쁘게 보일지라도 마찬가지다.

한 경건한 사람이 어느 도시에 도착했는데, 마침 성문이 닫혀 있었다. 아무도 성문을 열고 그를 들여놓지는 않을 것이었다. 배가 고프고 목이 마른 채로, 그는 하룻밤을 성문 밖에서 보낼 수밖에 없었다. 그래도 그는 말했다. "하느님께서 우리에게 보내주시는 것은 항상 좋은 것이다." 그는 땅에 누워 잠이 들었다.

그는 나귀를 옆에 세워 놓았고, 어둠 속에서 찾아올 위험을 물리치기 위해 등불을 켜놓았다. 하지만 폭풍이 몰려와서 등불을 꺼버렸다. 곧이어 사자 한 마리가 나타나서, 경건한 사람이 잠들어 있는 사이에 그의 나귀를 잡아 먹었다. 경건한 사람은 잠에서 깨어 자기가 처한 곤경을 깨닫고 이렇게 말했다. "하느님께서 우리에게 보내주시는 것은 항상 좋은 것이다." 그는 차분히 앉아서 날이 밝기를 기다렸다.

날이 밝았다. 경건한 남자는 성문이 열려 있고, 도시 전체가 황폐하고 약탈당한 것을 발견했다. 밤사이에 도적떼가 도시를 습격해, 시민 가운데 일부를 죽이고 나머지를 노예로 삼은 것이었다. 경건한 사람은 다행히 목숨을 건졌다. "내가 말하지 않았던가?" 그가 혼잣말을 했다. "하느님께서 우리에게 보내주시는 것은 항상 좋은 것이라고. 우리는 반드시 아침까지 기다려야만 해. 그때가 되어야만 밤의 의미를 이해할 수 있으니까." (탈무드에서.)

23장 국가사회주의, 굶주린 토양의 열매

압력을 받은 물질은 극단적인 위치로 움직이게 마련이며, 그 물질이 위치를 옮길 때에는 한쪽 극단에서 또 한쪽 극단으로 움직이게 마련이다. 압력을 받은 인간은 정신의 차단막이 소진되고, 동정심이 소진된다. 즉 더 이상은 얻는 것보다 주는 것이 적으며, 침착함과 친절함과 단순함과 섬세함이 소진된다. 이들의 반응은 도식화된다. 마치 고무공처럼 더 강하게 되튈수록 더 높이 올라간다. 고무공은 외부에서 가해지는 살아 있는 충격에 그토록 활발한 방식으로 반응하기 때문에, 우리는 고무공에 '생명'이 있다고 말한다. 이런 사람들에게 나무를 베지 말라는 지시를 내릴 경우, 이들은 나무를 베지 않을 것이다. 하지만 이들에게 사람을 베지 말라는 지시를 내리지 않았을 경우, 이들은 사람을 베어버릴 것이다.

독일을 위해 즉각적으로 자기를 희생하는 독일인, 그는 일상적인 이기주의로 전 세계를 깜짝 놀라게 만들었던 바로 그 독일인이었다. 항상 '이상화되어', 즉 낭만화되어 있는 이 이기주의는 이미 종종 관찰된 것처럼 독일 철학의 핵심에 자리 잡고 있다. 하지만 이것은 또한 일상생활에서 습관적인 냉담함의 기초이기도 했다. 마치 인간의 가슴속에는 무사심(無私心)이 너무 많이 있기라도 한 듯했다. 압력이 독일인에게 너무 많은 무사심을 요구하기 때문에, 더 이상은 자기 의지로 발휘할 무사심이 거의 남지 않은 듯했다.

나는 개인주의 문명 어디에서나 타인에게 무관심하다는 것을 알고 있다. 심지어 미국에서도 한밤중에 호텔 방에서 라디오를 크게 트는 사람이 있으니까(예외라면 아마 영국을 들어야 할 것이다). 하지만 그 어디에서도 '예절'이 독일만큼 엄격하게 강조되지는 않는다. 또한 나는 이 나라만큼 부족 중심주의적 희생에 거리낌이 없으면서, 버스나 전차나 기차에서 할머니에게 자리를 양보하는 남자가 하나도 없는 경우를 보지 못했다. 그토록 많은 노인들이 기차에서 무거운 여행용 가방을 들고 비틀거리며 오가는데도, 손이 빈 사람들 중 어느 누구도 도와주지 않는 이런 모습은 보지 못했다. 교통사고 현장에서나, 거리에서 아이들 간에 벌어진 싸움 현장에서, 도움의 손길을 내미는 것을 한결같이 마뜩찮아 하는 모습을 어디에서도 본 적이 없었다. 하지만 독일의 호텔, 식당, 상점의 '서비스'는 훌륭하다. 거리에서 벌어지는 사소한 사건에서건, 자기 직장이나 가정에서 벌어지는 더 큰 사건에서건, 국가에서 벌어지는 거대한 사건에서건, 이들은 한결같이 '자기 일에나 신경을 쓰는' 것이었다.

이들은 철저하게 자기 자신에게 사로잡힌 것이다. 끔찍하리만치 진지하고, 끔찍하리만치 둔감한 것이다. 히틀러 따위에 싫증을 내지 않은 사람들은 오로지 독일인뿐이었을 것이다. 팽팽하고, 서두르고, 긴장을 늦추지 않는 것이다. 목표에 매진하고, 항상 뭔가를 하기 위해 어딘가로 달려가는 것이다. 낮잠 자는 것을 마치 성찬식 치르듯 단호하고도 긴박한 의도로 해치우는 것이다. 프랑스인을 향해서는 "아무것도 하지 않고" 카페에 앉아 있다며 종종 품위 따위는 팽개치면서 신나게 비웃는다. 독일어로 '무사태평하다'는 뜻의 표현 중에는 '프랑스에서 마치 하느님처럼(wie Gott in Frankreich)'이라는 말도 있다. 그리고 이탈리아인을 향해서는 끝도 없이 긴 저녁식사 동안 장황하게 떠들어 댄다고 비웃는다. 우울이나 짜증스러운 격노가 없이는 침묵을 지키는 것이 불가능한 것이다. 높이나 깊이에 대한 채워지지 않은 갈망을 품고, 완전히 정신이 말짱하거나 아니면 완전히 고주망태이거나 둘 중 하나인 것이다. 인간은 고통을 받기 위해 태어났다고 영원히 주장하지만, 정작 그러면서 고통 받기를 싫어하는 것이다. 반응이 느린 동시에 반응이 과도한 것이다. 답답한 동시에 불안정한 것이다. 동요하기 때문에, 이른바 '소화불량'의 발명자인 동시에 주된 치료사인 것이다. 화가 나거나 들떠 있지 않은 상태에서는 줄곧 고뇌하고, 지치고, 완전히 깨어 있을 수 없는 것이다. 이런 것들이야말로 약간의 과장이 섞여 있으며, 수백만 건의 예외와 모순, 그리고 또 다른 수백만 건의 변형이 있기는 하지만 압력을 받은 인간의 전형적인 행동방식과 비애인 것이다.

압력을 받은 인간은 우선 비인간화하고, 오로지 그런 다음에야 타락하게 마련이며, 이 순서가 뒤집히는 일은 결코 없다. 조직과 전문화, 체계와 하부체계와 거대체계는 전체주의적 정신의 원인이 아니라 결과일 뿐이다. 국가사회주의는 인간을 부자유하게 만들지 않았다. 오히려 부자유가 인간을 국가사회주의자로 만들었다.

자유는 단지 선택의 습관일 뿐이다. 이제는 삶에서 선택의 폭이 놀라우리만치 넓다. 우리는 신발 끈을 왼쪽에서 묶을지 오른쪽에서 묶을지에 대한 선택으로 하루를 시작해서, 하느님의 섭리를 준수할지 무시할지에 대한 선택으로 하루를 끝낸다. 압력은 선택을 강제적으로 좁혀버린다. 가벼운 압력을 받은 인간은 작은 선택들을 가볍게 희생시켜버린다. 하지만 가장 큰 압력을 받아야만 인간은 가장 큰 선택을 희생시키는데, 왜냐하면 오로지 선택만이 그들은 기계가 아니라 인간임을 알려주기 때문이다.

선택에서 궁극적 요인은 상식이며, 압력을 받은 인간이 가장 빨리 잃어버리는 것 역시 상식이다. 예를 들어 포위된 '피오리아'에서처럼, 일반적 상황에서 단절됨과 동시에 상식으로부터도 단절되는 것이다. 이들이 더 강하게 압력을 받을수록, 이들은 더 강하게 이성적으로 추론한다. 이들은 '반드시' 이성적으로 생각해야만 한다. 하지만 이들은 비합리적 인간이 되는 경향이 있다. 왜냐하면 합리성은 세계 속의 이성인 데에 비해, '피오리아'는 이 세계 바깥에 있기 때문이다.

포위 공격을 당하는 지성은 격렬하게 가동한다. 전반적인 지성은 위축된다. 이론은 가장 웅대한 질서와 가장 거대한 복잡성으로부터 발전하여, 오로지 비(非)현실세계, 즉 이론이 야기되는 '이념들'만 용인하기를 요구한다. 우리 시대를 사로잡은 두 가지 극단주의 교리는 '독일산'이다. 그중 하나는 인간 안에 뭔가가 있음을 부정하는 마르크스의 교리이며, 또 하나는 인간 바깥에 뭔가가 있음을 부정하는 프로이트의 교리다. 만약 여러분이 "인간 본성에는 실재가 없다"는 마르크스의 말이나, "양심은 단지 공동체에 대한 두려움에 불과하다"는 프로이트의 말을 받아들이기만 하면, 여러분은 양쪽 모두가 차마 저항할 수 없을 정도로 과학적임을 발견하게 될 것이다.

인간은 (심지어 한 사회 전체조차도) 이처럼 정교하게 제조된 탑 안에서 살아갈 수도 있지만, 그는 탑 가장자리 너머로 고개를 내밀어 아래를 살펴보아서는 안 된다. 만약 그랬다가는 자기가 사는 탑 안에 기초가 전혀 없음을 알게 될 것이기 때문이다. 그 제조품은 위풍당당하다. 독일인으로 말하자면, 이렇게 작은 일들에서는 차마 비교가 불가능할 정도로 뛰어나다. 독일인은 다만 커다란 일에서만(즉 근본적이고 결정적인 문제에서만) 자신의 선입견 때문에 그만 간과하고 넘어가는 것이다. 바그너가 저속한 반유대주의자라는 사실과 별개로 (또는 이상야릇한 행동을 한다거나, 코걸이를 한다거나, 또는 다른 무엇을 하든지 간에) 그는 "단지 천재일 뿐"이다. 하지만 독일의 가장 위대한 역사가들 가운데 하나인 트라이치케[43]가 광포한 쇼비니스트이고, 또 하나인 몸젠이 율리우스 카이사르에게서 "완전하고도 완벽한 인간"을 찾아낸다 하더라도, 이런 사실은 다른 뭔가였다. 막스 베버는 이른바 '사회학의 아버지'일지 몰라도, 그는 학생 간의 결투제도가 사회적으로 불건전하다는 사실을 차마 이해하지 못했다.

원자폭탄을 고안했을 때에는 "단지 과학자일 뿐"이었으며, 노년에 접어든 이제 와서는 자기가 무슨 짓을 했는지 깨닫고 눈물을 흘리는 이 아인슈타인이라는 사람은 누구인가? 그는 독일인이며 전문가였으며, 비록 그의 일이 수준 높은 것이긴 했지만 항상 "자기 일에나 신경을 쓰는" 사람이었다. 그래서 낭만주의를 막아내는 방어막이 되지 못했는데, 이는 그의 양복을 만드는 재단사가 항상 자신의 낮은 일에만 신경을 썼던 것과 매한가지였다. 그는 압력의 최종 산물이었고, 교육을 받지 못한 전문가였다. 마치 크로넨베르크의 우체국 직원이 자기 손등에 우표를 올려놓고 침을 바르는 방법에 통달한 것과 똑같았다. 포위되고, 포위로부터 압력을 받고, 계층을 이룬 상태에서 인간과 사회에 관한 생명력 없는 이론들이며, 우표에 침을 바르는 불후의 방법들이며, 살인장치 등을 만들어내는 과정에서 독일의 정신은 그만 스스로를 집어삼켜버렸던 것이다. 독일인은 나머지 살아 있는 사람들에게 자신의 이상을 의존할 수밖에 없었다.

43. 하인리히 폰 트라이치케(1834~1896)는 독일의 역사학자로, 비스마르크의 노선을 지지하고 군국주의를 예찬한 바 있다.

24장 위험한 이상

위험한 것은 독일인의 이상이었다. 자기네 이상에 사로잡히지 않았을 때에 이들의 실천은 다른 민족의 실천보다 더 좋거나 나쁠 것이 전혀 없었다. 그렇다면 이들은 그런 이상을 어디에서 얻었을까? 산타야나[44]는 이런 말을 했다. "독일인이 이상이라고 부르는 것의 원래 이름인 동시에 딱 맞는 이름은 바로 '격정'이다." 자신이나 다른 사람의 격정에 사로잡힌 이 이상주의자 노예는 두 번이나 로마에서 축출된 바 있었다. 한 번은 A.D.9년이고, 또 한 번은 A.D.1555년이었다. 9년에 게르만족은 세속 유럽의 건설자들을 물리쳤다. 1555년에 게르만족은 지중해 시대에 그리스 및 히브리와 시리아 및 이집트 간의 단절을 토대로 삼아서 이탈리아에서 융합된 '세계관(Weltanschauung)'으로부터 스스로 단절되어버렸다. 이 빛나는 '세계관'은 개인의 책임이라는 교리에 근거한다. 이 교리는 우리 문명의 첫 번째 사실이다. 이 교리를 거부해서 독일은 특이하게도 뿌리가 없는 상태가 되고 말았다.

---

44. 조지 산타야나(1863~1952)는 에스파냐 출신으로 미국에서 활동한 철학자다.

감정과 마찬가지로 사고 역시 무책임성에 뿌리를 두게 되면, 주관주의와 상대주의와 '지적 회의주의'가 그 꽃으로 피어나게 된다. 독일인이 프랑켄슈타인 같은 괴물을 만들어내는 일에서 탁월함을 드러낸 분야는 단순히 물리학과 정부라는 분야뿐만이 아니다. 인식론 그 자체도 마찬가지다. 사고가 전부라 하더라도, 이 세상에는 1,000가지의 사고방법이 있다. 사고자는 다른 사람의 사고와 반대되는 자신의 사고에 아무런 가치도 덧붙일 수 없는데, 왜냐하면 내적으로 일관성 있는 양쪽의 '체계'를 측정할 현실적 방법이 없기 때문이다. 이와 동시에, 다른 사람의 체계도 그 정의상 그의 체계보다 더 낫지는 않다. 어떤 사고의 우월성은 그 사고자의 내부 어딘가에 있기 때문이다.

　　"진부하고, 역겨우리만치 혐오스럽고, '재치'라고는 없는 무지한 사기꾼이며, 유례가 없는 무례함을 농담과 헛소리와 함께 휘갈겨 써서, 돈에 팔려 다니는 그의 추종자들이 이걸 가지고 나팔을 불고 (……) 분별력이라고는 전무한 공허하기 짝이 없는 말잔치로, 오로지 멍청이들이나 만족시킬 뿐이고 (……) 혐오스럽고 (……) 광인의 헛소리를 연상시킨다."[45] 이것은 독일의 가장 위대한 철학자 가운데 하나인 쇼펜하우어가 독일의 가장 위대한 철학자 가운데 하나인 헤겔을 겨냥한 철학적 비판이다. 괴테가 불평한 바 있는, 독일인의 내면에 자리한 이러한 '현학적 완고함'은 일반적인 서양의 신조에서 비롯된 자신감이 아니었다. 오히려 사람이라면 누구나 그러하듯이, 살아가면서 준수할 신조를 필요로 하면서도, 정작 자기 자신의 신조 이외에는 아무것도 기댈 것이 없는 반(反)신조주의자의 자신감이다. 사람마다 자기 자신만의 '학교'가 있다. 여러분이 독일에 간 이유는 교육을

45. 쇼펜하우어의 저서인 『도덕의 기초에 관하여』(1840)에 나오는 말이다.

받기 위해서가 아니라 한 사람을, 또는 좀 더 정확히 말해서 한 정신을 얻기 위해서다. 전형적인 독일 교수는 학생들과 알고 지내지 않으며, 학생들을 만나지도 않는다. 그리고 독일에는 학생과장이나 지도교수가 없다. 그는 사상가이며 생각을 가르치는 교사다.

서양의 신조에서 완전히 단절됨으로써 독일의 사고는 아무런 방해도 받지 않고 구름이 있는 데까지 치솟아 올랐다. 기구(氣球)들은 어디로나 올라갔다. 운 좋은 소수만이 올라탈 수 있었던 바구니의 성격은 상상과 편애에 따라 결정되었다. 일단 그들이 땅에서 벗어나자, 그들은 모두 똑같이 무감각해졌다. 그렇기 때문에 저 아래의 현실로도 차마 그 기구에 구멍을 낼 수 없었다. "그는 저 위에 서 있습니다." 나이 많은 경찰관 빌리 호프마이스터가 말했다. "저는 이 아래 서 있구요. 저는 그와 논쟁을 벌일 수 없습니다. 저도 어리석지는 않습니다만, 그는 평생을 공부하며 보냈으니까요. 그는 뭔가를 알죠. 저는 그렇지 않구요." 그는 '우리 단순한 사람들(wir Einfachen)'을 '교양 있는 사람들(die Gebildeten)'과 대조하고 있었다.

이 아래에는 '우리 단순한 사람들'이 있었다. 이 수백만 명의 사람들은 훗날 나치가 될 사람들이었으며, 발자크의 말마따나 단지 군중을 만들기 위한 목적으로 이 세계에 나온 것처럼 보이는 '작은 자들'이었다. 내가 처음 독일에 갔을 때, 어느 독일 신학자에게 한 가지 부탁을 했다. 국가사회주의로 '내면의 갈등(innerlicher Konflikt)'에 직면했던 사람을, 즉 '작은 자'를 한 명쯤 찾아서 만나게 해달라는 것이었다. 그러자 그 신학자가 대답했다. "내면의 갈등이요? 그들은 그런 일을 전혀 겪지 않았습니다. 그들은 모두 '작은 소시지[바보]들(Würstchen)'일 뿐이에요." 독일인의 사고는 '작은 소시지[바보]들(Würstchen)'이 있는 곳에서 높이 솟아버렸고, 선출직 공무원들을 함께 데려가버렸다. 그들에게는 8학년 이상의 교육체계가 있었고, 극장과 교향악단과 서점이 있었다. 나머지 사람들에게는 무엇이 있었을까. 위대한 독일의 거장 중에서도 가장 위대한 인물인 괴테의 입을 빌어 대답해보자.

> 과학을 가진 사람은 예술도 가지고,
> 그는 종교 역시 갖는다.
> 과학을 못 가진 사람은 예술도 못 가지니,
> 그는 종교적이 되도록 내버려 두라.

나머지 사람들에게는 교회와, 천국과 본향에 관한 찬송이 있었다. 부활절에 크로넨베르크 대학의 강당에서 열리는 크로넨베르크의 음악축제(Singfest)에 가봤더니, 내가 아는 학계의 동료들은 한 명도 없었다. 대신 내가 만난 열 명의 '작은 자들' 가운데 여덟 명이 거기 와 있었다.

큰 자들이 작은 자들에게 영향을 끼친다는 것은, 다시 말해 자기 스스로의 힘으로는 생각을 할 수 없는 사람들에게 생각의 지고함을 납득시킨다는 것이었다. 여기에는 지적 회의주의 말고도 무지(無知)적 회의주의라 할 만한 것이 있다. 오래전에 니체는 독일인이 '전반적으로' 회의주의자라고 주장한 바 있다. 교회의 기반이 떨어져 나가는 상황에서도, 점차적으로 비어가는 성소(聖所)에서는 여전히 잘 속는 사람들에게 독일의 무력이 불패(不敗)라고 약속했다. 그러다가 독일의 무력이 패했음이 입증되자 교회는 잘 속는 사람을 더 많이 잃고 말았다.

하지만 좋은 종교를 갖고 있지 않은 사람은 결국 나쁜 종교를 갖게 마련이다. 그리고 어쨌거나 그런 사람도 종교를 하나쯤 갖고는 있는 셈이다. 그들은 뭔가 믿을 것을 갖게 될 것이다. 독일인 말고도 모든 인간은 삶의 압력을 차마 견디지 못하며, 그 압력이 독일인이 받은 압력에 비하면 훨씬 더 가벼운 다른 어디에서도 마찬가지다. 히틀러주의는 교의를 향한 대중의 비상(飛上)이었다.

그것은 로마인과 함께 추방당하지 않았던 야만적 교의였으며, 부족의 교의였고, 어디까지나 부족이 중요하며 개인은 그 부족의 일원인 한에만 모든 사람에게 중요성을 부여하는 교의였다. 내가 만난 열 명의 나치 친구들과 7,000만 명의 나머지 독일인 가운데 대다수는 그 교의로 몰려들었다. 독일의 사고는 그렇게 비상(飛上)하는 와중에 그들을 함께 데려가려고 굳이 애쓰지 않았다. 독일의 사고는 그들을 땅에 내버려 두었다. 이제 그들은 다시 땅 위에 돌아와 있었고, 낡은 이상의 껍데기를 뒤지고 다니며 알맹이를 찾으려 했다.

히틀러에게 발견되었을 때, 독일인은 정서적으로 영양실조 상태였다. 포위 공격을 당하는 도시에서의 삶은 비록 휴식을 취할 때에라도 구제할 수 없을 정도로 엄격했다. 행복은 손에 넣을 수 없는 것으로 간주되어 무시되었으며 [행복을 가리키는 독일어는 '행운(Glück)'에서 유래했다] 행복의 추구는 퇴폐로 간주되어 멸시당했다. 하지만 자칫 광포해질 우려가 있는 것은 쾌락 추구자가 아니라 의무 준수자이게 마련이었다. 독일인의 일상적 시간은 매일매일 표현을 향한 그의 허기를 채워주지 않았다. 대화의 감소는 매우 현대적인 현상이었으며, 대중매체라는 현대적 수단이 대화를 대체한 곳 어디에서나 벌어지는 세계적 현상이었다. 하지만 억압의 병폐는 이와 또 다른 것이었다. 억압은 겸양과 똑같지는 않았고, 이는 부정(이에 관해서라면 독일인이야말로 타의 추종을 불허한다)이 자기 부정과 똑같지는 않은 것과도 마찬가지다.

질식되고 폐쇄된 분위기에서, 비의(秘儀)적이고 엄밀하고 내향적인

'독일적' 사고방식이 번성했다. 독일인의 정서라는 굶주린 토양 속에서 번성했다. 국가사회주의는 그 토양에서 열매를 맺었으며, 불과 피로 새빨개진 꽃을 피웠다.

25장 혁명이 부재한 역사, 규율과 질서의 강박

어느 토요일 오후, 크로넨베르크의 우리 집에서 일하던 세 명의 페인트공이 점심시간에 쉬면서 브랜디를 몇 병 꺼냈다. 그리고 우리가 밖에 나갔다 돌아왔더니, 집안은 난장판이 되어 있고, 페인트공들은 술에 취해 떠들고 있었다. 키 150센티미터의 우리집 가정부 케테 아줌마도 우리와 함께 밖에 나갔다 오는 길이었다. 그녀는 페인트공들에게 대걸레와 빗자루를 건네며 이렇게 말했다. "싹 치우고 꺼져버려." 그 즉시 이들은 아무 말도 없이, 멀쩡한 정신으로 집안을 싹 치우고 꺼져버렸다. 이들은 월요일에 돌아와서 남은 일을 했지만, 한마디 사과도, 한 점의 부끄러움도, 하다못해 겸연쩍은 웃음조차도 없었다.

독일인의 속도는 압력을 받아 분출될 때의 처음 속도이며, 이는 금세 소진되고 만다. 그런 다음에 압력이 다시 가해지고, 그러면 독일은 원래의 모습대로 다시 나타나는 것이다. 즉 정신이 멀쩡하고, 무겁고도 무거운 인간으로 말이다. 압력을 받을 때, 그의 인성은 단호한 것만큼이나 과도하게 순종적이다. 여기서의 본질은 과도함이다. 1938년 11월 9일, 유대교 회당이 불태워질 것이라는 이야기가 나라 전체에 퍼졌다. 100만 명의 사람들이, 마치 도깨비 상자에서 풀려난 것처럼 즉시 행동에 나섰다. 그러나 바로 다음날 아침, 괴링의 명령에 의해 도깨비가 상자 안에 도로 눌려 들어가게 되자, 100만 명의 사람이 손에 들고 있던 각목을 내려놓았다. 어젯밤에 그런 행동을 하려는 생각을 별로 하지 않았던 다른 6,900만 명의 사람들은 그 100만 명을 조용히 나무랐다. 그리고 방화와 강도와 노예화와 고문과 살인은 합법화된 형태가 되어서, 즉 '규율과 질서(Zucht und Ordnung)' 속에서 진행되었다.

'규율과 질서.' 내가 만난 두 친구, 경찰관 호프마이스터와 재단사 슈벵케는 서로를 싫어했으며, 저마다 두 가지 양립 불가능한 도덕을 대표했는데, 한 가지에서는 의견이 일치했다. "그걸 민주주의라고, 독재정권이라고, 또는 다른 뭐라고 부르든 상관은 없습니다. 그로 인해서 규율과 질서만 유지할 수 있다면 말이에요." 민감한 성격의 목수 클링겔회퍼와 둔감한 성격의 수금원 지몬도 똑같은 이야기를 했다. 영구한 포위 공격을 당하는 상태에서는 도덕이나 종교가 아니라 합법성이 결정적으로 중요했다. 그리고 합법성을 증명하는 방법은 바로 질서였다. 법과 질서는 두 가지가 아니라 한 가지였다.

벨젠 수용소의 가스실은 지극히 독일다웠다. 우크라이나에서 즉석 제작된 학살용 구덩이는 오히려 나치다웠다. 이 두 가지 차이는 상당히 큰 차이다. 나치즘은 루터의 종교개혁과 다른 독일의 격변과 마찬가지로 즉흥성이라는 혁명적 요소를 포함하였다. 하지만 나치즘은 항상 육군과 전쟁 상황에 있었다. 육군은 독일적이었다. 1944년 7월 20일에 히틀러를 겨냥했던 '봉기'에서 주목할 만한 사실은, 그 일을 실행에 옮길 만한 육군 장교가 워낙 드물어서 찾기가 힘들었으며, 그 일이 워낙 무모하게 계획되었고 나아가 그 일이 실패했다는, 또는 성공할 뻔했다는 점이 아니라 그 일이 실제로 일어났다는 점이었다. 그 일은 반역으로 간주되었다. 하지만 그 일 자체는 비독일적이었다.

진정으로 독일적이었던 것은 훗날 '국가의 적들'에 대한 냉정한 학살, 즉 합법적이고 방법적이고 정확하게 조정된 조직적 박해라고 일컬어진 것들이었다. 여러분이 차마 조합이 불가능해 보이는 '냉정한'이라는 단어와 '학살'이라는 단어를 조합하면 여러분은 나치 독일을, 즉 훌륭하게 조정된 기관을 보유하고서 미쳐 날뛰게 된 '전체' 유기체를 갖게 되는 것이다. 독일인들에게 침략 받은 민족들이 보편적으로 증언하는 것은 정복자의 '비'인간성, 그리고 그가 명령 하에 있느냐 밖에 있느냐에 따라, 분노에서 정식 절차로, 불에서 얼음으로, 또다시 불로 갑작스레 왔다 갔다 하는 현상이었다. 나치라면 '저에게는 아내와 아이가 있습니다'라는 죄수의 간청에 마음이 움직일 수도 있었다. 하지만 독일인이라면 그런 간청에 이렇게 대답할 것이다. "나에게도 아내와 아이가 있다네."

냉정하고 지속적인 반항심을 발휘하지 못하는, 즉 하나부터 열까지 자유민이 되지 못하는 독일인의 무능이야말로 독일의 역사에서 핵심이다. 독일은 종종 반혁명을 겪었지만, 단 한 번도 혁명을 겪지는 못했다. 독일인이 혁명이라고 부르는 것이 미국인의 눈에는 '봉기'에 불과할 뿐이다. "독일의 혁명가들이란 '승강장 입장권(Bahnsteigkarte)'이 없다는 이유만으로 철도를 장악하지 못하는 쩨쩨한 자들이다." 레닌의 말이다. 종교개혁과 반종교개혁은 양쪽 모두 반개혁에 불과했다. 루터의 '소농' 봉기는 결국 「살인과 약탈을 일삼는 소농의 무리에 반대함」이라는 제목을 가진 루터의 논문으로 마무리되었다.[46] 나폴레옹에 대항한 '독일 해방 전쟁'은 독일에 평화

---

46. 이 악명 높은 글에서 루터는 농민 반란 가담자들이 하느님의 율법을 벗어났다고 지적한 다음, 반란에 가담한 소농을 "쳐 죽이고, 목 졸라 죽이고, 찔러 죽이라"고 군주들에게 권장했다.

시의 징병을 부과했으며, 1871년에 일어난 제국의 혁명적 통일은 반동적인 프로이센 융커에 의해 달성된 것이다.

독일의 발광은 (그걸 해방이라고 부르건, 공격성이라고 부르건, 원한다면 다른 뭐라고 부르건 간에) 일종의 주기적인 편집증 발작이었다. 발작과 발작 사이의 기간 동안에 외부로부터 연이어 압력을 받고, 그 압력이 독일에서 독일인에게로 이전되어서, 조용하고 징후가 보이지 않는 가운데, '규율과 질서' 속에서 다음번 발작이 무르익어가는 것이다. 여전히 독일인보다 독일을 비난한다는 것은 곧 열매 때문에 식물 그 자체를 비난하는 것이나 매한가지다. 파괴, 패배, 분할, 외세의 지배, 냉전 등의 압력이 기존의 압력과 중첩되어 가해질 때에, '그런 일'이 또다시 일어나지는 않으리라고 가정하는 것은 환상에 불과하다. 그런 일은 또다시 일어나는 것만이 아니라 반드시 일어날 것이다. 7,000만 명에 달하는 독일인의 삶이 매우 깊은 차원에서 바뀌어서, 이들이 '프랑스에서 마치 하느님처럼(wie Gott in Frankreich)' 살아가는 방법을 찾아내지 않는 한에는 말이다.

3부
그들의 원인과 치료법,
독일은 어떻게 치유될 것인가?

재판, 뒤늦은 판결

1948년 11월 9일

"들으시오, 여러분, 정직하신 분들아."

오전 10시, 크로넨베르크의 성 아래에 있는 법원에서는 모(某)차 '헤센 지방 법원'의 판사 세 명이 판결을 내리기 위해 판사석에 앉아 있었다. 피고들과 변호사, 그리고 일부 피고들의 가까운 친척 몇 사람을 제외하면 법정은 거의 텅 비어 있었는데, 크로넨베르크에서는 미결 사건에 관심이 많지 않았기 때문이다.

크로넨베르크는 조용한 소도시였다. 이곳이야말로 조용하고 오래된, 마치 "그림책에나 나올 것 같은 소도시들" 가운데 하나였으며, 독일 내에는 이런 곳들이 무척이나 많다. 아니, '많았다.' 왜냐하면 그런 소도시 대부분은 현재 일부, 또는 전부 파괴되어버렸기 때문이다. 하지만 고도(古都) 크로넨베르크는 전쟁 중에도 줄곧 그러했듯이 가벼운 상처만 입고 말았다. 그리고 가벼운 상처만 입었던 다른 모든 소도시들이 지금 그러하듯이, 크로넨베르크의 인구는 전쟁 이전에 비해 거의 두 배로 늘었고, 기차역 주위며 베르네 강 주위의 저지대를 따라서는 그림책에서는 전혀 볼 수 없는 허름한 오두막과 판잣집이 늘어서 있었다.

크로넨베르크가 그 그림책 같은 외관을 유지하는 것에 대해서는 너그러이 봐주고 넘어갈 수밖에 없었다. 아시다시피, 지금은 관광객이 전혀 없었다. 누가 지금 군이 독일에 오겠는가? 그리고 크로넨베르크 사람들은 (예금을 갖고 있던 사람들조차도 통화안정책 때문에 박살이 났기 때문에)[1] 살아남는 일에 정신이 팔려 있었다. 이 소도시는 초라했고, 그것도 매우 초라했다. 한때 유대교 회당이 있던 부지에는 잡초가 사람 키 높이까지 웃자라 있었고, 그 부지를 지금도 에워싸고 있는 철제 울타리는 녹슬어 있었다.

하지만 크로넨베르크에 남아 있는 전쟁의 폐허는 소수에 불과했다. 두세 번쯤인가 비행기가 한밤중에 이 소도시 상공을 오가며, 열댓 채의 주택을 불태우고 거리에 발포한 적은 있었다. 하지만 조용하고, 작고, 오래되고, 산업화가 되지 않은 크로넨베르크에서는 그게 전부였다. 물론 예외도 있었는데, 십중팔구 기차역을 겨냥했을 법한 폭격기가 엉뚱하게도 역에서 1마일쯤 떨어진 '대학 부설 안과 병원'을 폭격하는 바람에 그곳에 있던 53명의 앞 못 보는 환자들이 사망한 것이었다.

하지만 손해라는 것은 단지 폐허의 개수로만 가늠할 수 있는 것이 아니었다. 몇 년 동안에 걸쳐 매일 밤마다 울려 퍼진 공습 경보를 통해서, 또는 저온 살균이 되지 않은 우유의 가격을 통해서, 또는 장작 한 다발의 가격이 하루 일당에 맞먹는데도 불구하고 불과 한 시간 만에 동이 난다는 사실을 통해서도 충분히 손해를 가늠할 수 있었다. 크로넨베르크 사람들은

---

1. 서독 정부는 1948년 6월 18일자로 화폐개혁을 실시했고, 곧이어 배급과 가격 통제 조치를 철폐함으로써 경제 회복의 기반을 마련했다.

지친 사람들이었고, 그렇게 너무 지친 까닭에 굳이 성 언덕을 올라가 법원까지 들어가서 그 모든 이야기를 다시 듣고 싶어 하지 않았다.

세 명의 판사가 조용히 앉아 있자니, 카타리나 교회와 교구교회, 그리고 시청의 수탉이 연이어 불협화음을 이루며 10시를 알렸다. 곧이어 선임 판사는 우선 자기 좌우에 앉은 동료들을 바라보며 고개를 끄덕인 다음, 판결문을 낭독하기 시작했다.

"이 사건은 1938년 11월 9일의 유대교 회당 방화에서 비롯된 최초의 사건으로, 독일 법원의 완전한 관할권 하에서 판결되는 바다. 상기 사건은 독일 점령 미군 최고사령부 산하의 탈(脫)나치화 재판에서 판결된 바 있었으며 (……)

이 사건의 피고 모두는, 이전의 모든 사건과 마찬가지로, 자신이 상부의 명령에 따라 행동했다고 주장한다. 뉘른베르크 국제 군사재판소에서 주장된 원칙에 따르면, 상부의 명령은 인간성에 반하는 범죄에 대한 변론을 구성하지 못한다. 본 법정은 이 원칙이 명료하지 않다고 간주한다. 시민은 반드시 법률과 법 집행관에게 복종해야만 하며, 그렇지 않을 경우에는 무정부상태가 횡행할 것이기 때문이다. 하지만 그 어떤 인간도 인간성에 반대되는 위반을 범해서는 안 되는 바다. 여기서 우리는 명백한 모순에 처하게 된다.

하지만 현 사건에서 혐의 사실은 이 원칙에 대한 해명이나 이처럼 명백한 모순에 대한 해결을 요구하지는 않는다. 따라서 우리는 평결을 진행하고자 하는 바다.

이 사건에서 우리는 애초의 명령을 누가 내렸는지, 또는 애초의 명령이 실제로 내려지기는 했는지 알지 못한다. 우리가 아는 사실은 1938년 11월 9일 밤 사이에 독일 내에 있는 586개소의 유대교 회당이 파괴되었다는 것이며, 본 법정은 이 사실이 세계 어디에서나 독일이라는 국가의 치욕과 아울러 독일인의 성격에 대해 비극적 오해를 낳고 말았다는 데에 사법적으로 주목하는 바다.

현 사건에서 본 법정이 배제하지 않는 증언이 있으니, 내용인즉 이 사건과 이전 사건들의 변호인들 가운데 누군가가 범죄 현장에 도달한 때보다 몇 분, 심지어 몇 시간 전부터 유대교 회당이 이미 불타고 있었다는 것이다. 이는 사실일 가능성이 있어 보이는 한편, 지금에 와서는 더 이상의 범인이 확인될 가능성은 없어 보인다. 이와 관련되었을 법한 여러 가지 공식 및 비공식 기록은 전쟁 이전에, 또는 와중에, 또는 말기에 대부분 파괴된 것으로 보인다.

하지만 현재의 혐의, 즉 폭도에 의한 평화 교란 및 범죄적 방화에 관한 혐의는, 아마도 영원히 답변되지 않은 채로 남아 있을 가능성이 큰 여러 가지 질문에 답변할 것을 우리에게 요구하지 않는다. 법령에 따라, 참여 자체는 이미 비난의 여지가 있으며, 설령 본 법정이 상부의 명령에 관한 주장으로 돌아간다 하더라도, 그런 명령을 실천하고자 하는 의향 또는 심지어 열의에 관한 증거도 고려되어야 한다고 말할 수 있다. 그런 의향과 열의는 이미 몇 가지 사례에서 판결된 바 있으며 (……)

이 범죄가 발생하기 며칠 전부터, 파리에서 외교 참사관 폼 라트가 부상을 입고 결국 사망할 경우에 유대인을 겨냥한 폭력적 수단이 사용될 것이라는 점은 며칠 전부터 예상 가능할 수밖에 없었고, 전반적으로 예상 가능했던 것이었다. 널리 퍼져 있는, 인위적으로 양성된 긴장은 배출되고자 하는 압력을 받고 있었다. 이처럼 위협적인 위험에 대응하기 위해서, 예를 들어 경찰과 같은 일반적인 공공 질서 보전을 위한 기관들이 있는 것이지만, 경찰은 반유대적 성향을 갖고 있거나 또는 무기력하게 옆에 비켜서 있었다.

범죄 현장에는 경찰이 전혀 없었던 것으로 확인되었다. 어째서인지는 우리도 사법적으로 알지 못한다. 이러한 상황에서, 한 무리의 사람들이라면, 심지어 단 두 명의 사람들이라 하더라도 SA 제복을 입은 한에는 특별한 저항에 직면하지 않았을 것이다. 이들이야말로 공공의 평화에 위협을 가할 수 있는 가장 작은 규모의 집단이기 때문이다. 이들은 자신들의 수단이 최고위 공직으로부터 승인을 받았다는 사실을, 그리고 공공의 질서를 보전하는 책임을 맡은 기관에서도 무기를 빼들지 않으리라는 사실을 고려했을 것이다.

처벌을 부과함에 있어서, 본 법정은 정상을 참작하여, 피고들이 자신의 정치활동에서 비롯된 범죄를 제외하면, 단 한 번도 범죄 때문에 유죄 판결을 받은 적이 없다는 사실을 고려하였다. 이들은 '범죄집단'에 속하지 않는 것이다. 이들은 훌륭한 시민들이었으며, 우리 앞에 놓인 기록에 따르면 명예로운 사람들이었다. 다만 정치적 격정이 이들을 범죄자로 만들었던 것이다. 당(黨)의 일원으로서, SA의 일원으로서, 이들은 매년 계속된 선동에 압도되었던 것이다. 이들 모두는 읽고 쓰는 것이 완전히 가능하며, 이들 모두는 어린 시절에 학교에서 종교 교육을 받기도 했지만, 교육 수준은 높지 않다. 이 자리에서 이런 사실을 밝히는 까닭은, 이들의 행동 동기가 된 신념과 다른 신념을 갖는 인간을 존중하는 문제에 대해서, 이들 각자가 전혀 책임 있는 위치에 있는 듯하지 않기 때문이다.

이 범죄가 자행된 시기는 국가의 지도부가 비인기 인물이나 집단, 또는 그들의 재산에 가하는 그런 공격을 처벌하지 않았던 시기이며, 도리어 그런 공격을 선호하고 촉구하던 시기다. 아울러 국가의 최고위 관리들 가운데 상당수가 자신의 정치적 인기를 위해서 서로 싸우는 와중에서, 비인기 인물이나 집단에 대한 가장 폭력적인 비난을 가함으로써, 자기네 공무원에게 조언과 지시를 바라던 일반 시민들에게도 격정을 불러일으킨 시기이기도 하다.

하지만 이런 사실들은 현 사건에서의 관용에 반대하는 논증이 되므로 (……)

이 범죄 행위로부터 비롯된 모든 사건들에서, 거의 모든 피고인이 서로를 비난한 바 있다. 그리고 남들이 혐의를 벗기 위해서, 또는 이득을 얻기 위해서 '자기를' 비난했다며 다른 사람들을 비난한 바 있다. 이것이야말로 독일인이 자랑스러워할 만한 광경은 아니었다. 이로써 본 법정은 물론이고 다른 사람들에게도, 이 모든 비난과 역비난의 진실성이 파괴되는 결과를 가져왔다.

아울러 거의 모든 피고인이 이런저런 자가당착에 직면한 나머지, 앞서의 재판에서 자기가 무슨 말을 했는지 기억이 나지 않는다고 말하거나, 또는 문제의 사건이 너무 오래전에 일어났기 때문에, 또는 그때 이후로 자기 삶에서 더 중요한 일들이 너무 많이 일어났기 때문에, 차마 아무것도 확신할 수 없다고 말했다. 증인 칼하인츠 슈벵케는 전직 SA 중대장으로서, 방화에서 자신이 수행한 역할 때문에 3년형을 선고받고 교도소에서 복역 중인 자로, 이런 면에서 특히나 볼썽사나운 모습을 드러낸 바 있다. 자신은 노령이어서 확실히 기억이 나지 않는다는 그의 주장을 진지하게 받아들일 경우, 자기가 기독교인이고, 국가사회주의 시절에 떠났던 복음교회에 재입교하기 위해 신청해 놓았다던 그의 반복된 주장은 무효가 되는 것이다. 현재 68세이며 외관상 건강이 좋아 보이는 그가, 너무 늙어서 자신의 과거 행위에 대한 책임을 질 수 없다고 한다면, 마찬가지로 그는 너무 늙어서 기독교인이 무엇인지도 알지 못하는 사람이라고 해야 할 것이다.

1938년 11월 9일 이후에 벌어진 정치와 전쟁의 부침 속에서, 이 범죄적 방화에서 비롯된 이 사건과 다른 사건들의 피고인 모두가 재산이나 자유나 건강, 또는 이 세 가지 모두를 상실하는 고통을 받은 것은 사실이다. 하지만 아무런 범죄도 저지르지 않은 이들의 동료 시민들도 사정은 마찬가지이며, 유대인의 조상이나 신앙을 가진 이들도 사정은 마찬가지였다. 만약 본 법정이 역사를 되돌릴 수만 있다면, 본 법정은 당연히 그렇게 했을 것이고, 피고인들 역시 그렇게 했으리라는 데에는 의심의 여지가 없다. 하지만 본 법정은 그럴 수가 없으며, 피고인들 역시 그럴 수 없다.

하지만 이 피고인들에 대한 처벌조차도 이미 상실된 재산권을, 이미 상실된 이후에 상실된 생명을, 그리고 이 피고인들을 비롯하여 우리 민족 가운데 상당수가 각자의 명예와 인간성을 내던져버림으로써 다른 가치들의 상실을 낳은 한편, 우리의 국가와 독일 문명에 치욕을 안겼던 행위를 회복시키지는 못할 것이다. (……)

현재 우리가 가진 증거로 미루어 주범인 전직 중대장 슈벵케는 이 범죄에 대한 유죄가 확정되어 3년형을 선고받았으므로, 그의 역할에 비해 부차적 역할에 머물렀던 현 피고인들은 이보다 더 적은 형량을 선고받아야 마땅할 것이다. 이에 본 법정은 (……)."

26장 헤르만 괴링이 헤르만 마이어가 된 이후

          어느 맑은 봄날 오후, 내 아들인 일곱 살짜리 디킨이 크로넨베르크에 있는 우리 집 바깥 골목에서 놀고 있었다. 그때 미군 제트기 네 대가 도시 위로 소음을 내며 지나가더니, 한 바퀴 선회하고 어디론가 날아가버렸다. 우리가 크로넨베르크 상공에서 비행기를 보거나 비행기 소리를 들은 것은 그때가 처음이었으며, 지금까지 살면서 제트기를 보거나 제트기 소리를 들은 것도 사실은 그때가 처음이었다. 모두들 창문 앞으로 달려와 있었다. 저 아래에서, 디킨의 친구들인 여섯, 일곱, 여덟 살 난 아이들은 감탄한 나머지 제자리에 꼼짝 않고 서 있었다. 마침 골목에는 그 아이들보다 더 큰 아이들, 그러니까 열 살이나 열한 살, 또는 그보다 더 나이 많은 아이들도 놀았는데, 그 아이들은 공포에 질린 나머지 비명을 지르고, 양손으로 머리를 감싼 채 어디론가 달려갔다. "방금 지나간 제트기 봤어요?" 디킨은 집에 들어오면서 말했다. "그래" 하고 우리가 대답하자 디킨이 물었다. "그런데 왜 형들이랑 누나들은 뛰어가는 거지?"

    1939년부터 1945년까지 벌어진 전쟁은 결국 '전사(戰士)'들의 나라, 즉 독일 영토까지 닥쳐오고 말았다. 헤르만 괴링은 1941년에 이런 말을 했다. "만약 독일에 폭탄이 단 하나라도 떨어진다면, 내 이름은 헤르만 마이어가 될 것이다" 1943년 이후로, 그러니까 헤르만 괴링이 헤르만 마이어가 된 이후로, '전사들'의 집에도 전쟁이 들어와 그들과 함께 살고, 그들과 함께 먹고, 그들의 침대에서 함께 자고, 그들의 아이들의 교육을 담당하고, 병자를 돌보고, 산 자를 매장하게 되었다. 1945년 5월 9일, 독일은 박살난 돌조각들로 이루어진 세계가 되었다.

1945년 5월 9일, 이제 더 이상은 나치도, 비나치도, 나치 반대자도 없었다. 단지 실제 천년제국의, 돌 하나하나를 쌓아올려서 만드는 데에만 1,000년이라는 시간이 걸린 제국의 박살난 돌조각들 밑에서 기어 나온 사람들만 있을 뿐이었다. 이들 모두는 분명히 뭔가에 대해 유죄였으며, 또한 분명히 뭔가에 대해 무죄였다.

그 돌조각들은 원래 주택이었다. 군수품 공장이나 조차장(操車場)이 아니라 단지 주택일 뿐이었다. 보름스 시에서 철도 차고는 기적적으로 멀쩡하게 서 있었다. 대신 거기서 반 마일쯤 떨어진 곳에는 한때 아파트였던 여러 채의 건물이 이제는 벽만 남은 상태로 줄줄이 서 있었다. 프랑크푸르트에서도 마찬가지여서, 전 세계 염료 트러스트의 본부에 해당하는 I. G. 호흐하우스는 전혀 손상을 입지 않았다. 베를린에서는 특허청이 온전한 채로 남았다. 독일 어디에서나 마찬가지였는데, 왜냐하면 이 전쟁은 주택에 대항하는 전쟁이었기 때문이다. 프라이부르크는 단 한 번의 공습으로 도시의 3분의 1이 박살났다. 드레스덴은 24시간 사이에 폐허가 되었다. 함부르크도! 뮌헨도! 로테르담도! 바르샤바도! 코번트리도! 스탈린그라드도! 이걸 미국인이 어떻게 이해하겠는가? 그들은 이해하지 못했다.

미국인 중 5분의 1은 매년 한 차례씩 거주지를 옮긴다. 미국인은 50년에 한 번꼴로 새로운 미국을 건설한다. 미국인은 앤티텀의 '전쟁터'와 게티

스버그의 '전쟁터' 와 불린 '전쟁터' 를 방문한다.[2] 이런 그들이 어떻게 한때 주택이었지만 지금은 박살난 돌조각들이 된 세계를 이해할 수 있겠는가? 주택은 곧 사람을 뜻한다. 주택에 대항하는 전쟁은 결국 사람에 대항하는 전쟁이다. '전략폭격' 이란 전쟁의 작은 농담 가운데 하나다. 이 전략은 철도와 발전소와 공장 그리고 '주택' 을 공격하는 것이다. 1944년 말에 이르러 강철 제조업이 완전히 붕괴하기 직전까지만 해도, 독일에는 현재 사용 중인 철로 하나당 조차장에 여벌로 보관 중인 철로가 네 개씩 있었다. 따라서 조차장 하나가 폭격을 당해도 불과 2시간에서 6시간 만에 또다시 가동되게 마련이었다. 하지만 잠도 제대로 못잔 일꾼들이다 보니 움직임도 아주 빠르지는 못했으며, 겁에 질린 일꾼들은 그보다 더 느리게 움직였고, 자기 집에다 아내나 아이까지 날아가버린 일꾼들은 아예 움직일 수조차 없었다.

남북전쟁 당시의 전쟁터를 방문하는 미국인이라면 포탄의 진정한 표적이 인간의 생명과 인간의 업적이라기보다, 오히려 인간이 살아가고 일해야 하는 '총체적 이유' 라는 것을 알지 못할 것이다. 앞의 사례에서 그 표적은 단지 죽은 적이 된다. 뒤의 사례에서 그 표적은 살아 있는 동맹자가 된다. 독일의 '전사들' 에게 사상 최초로 찾아온 전쟁에서는 거실이야말로 주요 군사 시설이 되었으며, 거실 벽에 걸린 그림이야말로 주요 군사 목표가 되었다. 만약 폭탄이 공장 노동자의 휴게실을 파괴했다면, 결국 공장을 내버려둔 것이나 다름이 없었다. 전쟁에서 이기는 방법은 노동자의, 광부의, 병사의 집 거실 벽에 걸린 그림을 파괴하는 것이었다. 그리고 원래의 목표에서 1마일이나 2마일, 심지어 5마일 떨어진 곳을 마치 오폭인 척 폭격한 폭격수라 하더라도, 베를린이나 크로넨베르크 시내를 완전히 벗어난 곳을

2. 세 군데 모두 미국 남북전쟁 당시의 치열한 전쟁터였으며, 현재는 국립묘지와 기념시설이 마련되어 있다.

맞춘 것은 아니었다.

말은 가치가 없고(비록 그 하나하나가 천 마디 말의 가치가 있기는 하지만) 그림도 가치가 없다. 본다고 해서 다 믿는 것은 아니다. 오로지 거기에서 본 경험만이, 즉 거기로 뛰어가거나 거기서 뛰어오다가 맞거나 맞지 않아 본 경험만이, 그리고 불과 30분 전이나 30초 뒤에 무슨 일이 벌어졌을지를 가지고 평생 고통을 겪어본 경험만이 조금이라도 가치가 있다. 30분 전이나 30초 뒤의 말미에 책 한 권을, 또는 신발 한 켤레를, 또는 어머니나 아이 한 명을 구했을 수 있다. 또는 신발 한 켤레를 내버려두었다면 아이 한 명을, 또는 아이 한 명을 내버려두었다면 어머니 한 명을 구했을 수 있다.

그리고 '맞추었다', '잡았다', '박살냈다', '쓰러트렸다' 같은 단어와 구절은 마치 놀이공원에서 상품을 걸고 하는 권투나 공 던지기에서나 쓰는 말이다. 이때에 사용될 수 있는 단어는 단지 슈투트가르트가 '공격을 당했다', 또는 브레멘이 또는 코벤트리가, 또는 스탈린그라드가, 또는 서울이 '크게 공격을 당했다' 뿐이다. 이는 마치 그리스도가 자기 본업인 목수 일을 하다가 결국 자기 손에 못을 박게 되었다고 말하는 것과도 유사하다. 차라리 말하지 않는 게 더 나은 것이다.

졸지에 전쟁의 주요 목표가 되어버린 이 주택들, 심지어 공동주택조차도 석재나 거대한 목재를 서로 엮은 다음, 매끄럽고 불침투성 치장 벽토를 바른 것이었다. 시골의 빈민굴, 크거나 기울어지거나 함몰된 헛간, 타르지나 판자를 덧댄 오두막, 무너진 집터, 썩어버린 울타리, 녹슨 자동차가 잔뜩 쌓여 만든 거대한 산 같은 것들이 독일에는 전혀 없고, 그 무엇도 녹슬어 바람에 날려가게 내버려두는 일이 없다. 모든 것이 마지막 세대까지 거뜬히 버틸 수 있도록 지어진다. 어쩌면 지금이야말로 그 마지막 세대인지도 모른다.

그들의 원인과 치료법, 독일은 어떻게 치유될 것인가? 407

27장 사람은 좀처럼 쉽게 바뀌지 않는다

1945년에 있었던 독일과 독일인의 패배는 그
들을 그런 모습으로 만들었던 압력을 배출시키려고 의도한 것이 아니다.
실제로도 그들의 패배는 그런 역할을 하지 못했다. 오히려 이와는 반대로,
전체주의와 공격성을 만들어냈던 과거의 모든 압력들에 덧붙여서, 이제는
본질적으로 새로운 압력들까지 더해버리고 말았다. 예를 들어 유죄선고와
처벌의 과정, 국가 그 자체의 해체에 뒤이은 국가 상업 및 산업의 해체, 보
상금과 배상금과 점령 비용, 그리고 점령부가 바로 그런 새로운 압력들이
었다.

지금까지 있었던 모든 점령 중에 유일하게 성공을 거둘 기회를 얻은
게 있다면, 그건 바로 미국의 (때로는 '연합국의' 라고 일컬어지기도 했던) 서
독 점령이라고 해야 맞을 것이다. 점령이기는 하지만 이것이야말로 역사상
가장 관대한 점령이라고 할 수 있는데, 한편으로는 미국의 역사가 누린 행
운 덕분에 미국인에게 관대함이 육성되었기 때문이며, 또 한편으로는 피점
령자가 점령자와 똑같은 종류의 취향과 재능, 심지어 친척까지도 갖고 있
음이 드러났기 때문이었다. 내가 생각하기에, 만약 미국의 점령이 베르사

유 조약보다 뭔가 더 나은 일을 하는 것을 목표로 삼았다고 치면, 지금에 와서는 그 점령이 결국 실패했다는 사실이 대부분 사람에게 (즉 평화가 곧 질서라고, 또는 민주주의가 곧 투표라고 정의하지 않는 사람에게는) 자명해지지 않았나 싶다. 점령이 실패한 까닭은 그것이 점령이었기 때문이며, 그 어떤 점령도 성공할 기회를 얻지 못하기 때문이다.

미군이 크로넨베르크에 들어온 바로 그날, 한 하사관이 지프를 타고 시내를 가로질러 가더니, 전략적 위치에 있는 주택들 가운데 치안 유지를 담당한 병력이 사용할 숙소를 골랐다. 그렇게 선택된 주택들 가운데에는 아기를 둘이나 데리고 있는 한 여성의 집도 있었다. 몇 시간도 지나지 않아, 그 집의 가구는 물론이고 집주인 여성과 아기들조차 거리에 나앉게 되었다. 그녀는 퇴거를 지휘하던 병사에게 항의하면서 자기는 나치가 아니라 나치 반대자였다고 그에게 영어로 설명했다. 병사의 대답은 불친절하지만은 않았다. 그는 이렇게 말했다. "딱하게 되셨군요, 부인."

이 부인이야말로 정말 딱하게 된 셈이었지만, 세상 일이 다 그런 것 아닌가. 당시는 점령 상태였다. 이보다 더 나쁜 사실은 '문명화된' 점령 상태였다는 것이다. 왜냐하면 이것이야말로 피정복민을 해방시키거나 짓밟거나 둘 중 하나를 해야지, 그 어떤 상황에서도 어중간한 수단을 써서 그들을 짜증나게 만들어서는 안 된다던 마키아벨리의 저 신성불가침한 명령을 위반하는 셈이기 때문이었다.[3] 미국 점령부가 사용한 어중간한 수단은 어중간히 정당했던 동시에, 어중간히 부당하기도 했다. 그렇다면 문명화된 그들이 달리 어찌할 도리가 있었겠는가?

나치즘에 관해 뭔가 행동을 취하려던 미국의 결단은 약 2,500만 명의

---

3. 『군주론』 제3장에서 마키아벨리는 피정복민을 포용하든지 짓밟든지 양자택일을 해야만 하며, 이것도 저것도 아닌 어중간한 조치는 전혀 도움이 되지 않는다고 지적한다.

독일인 각각에게 반드시 뭔가 행동을 취해야 한다는 것을 의미했다. 그러기 위해서는 가뜩이나 급히 선발되어온 미국인들이, 독일인 수천 명을 마찬가지로 급히 선발해서 고용할 수밖에 없었다. 이는 결국 사방에 엉뚱한 사람들이 널리게 되었다는 뜻이다. 탈나치화 과정은 그 자체의 무게 때문에 결국 불명예스럽게 중단되기도 전에, 이미 바닥을 모르는 늪 속에 빠진 셈이 되었다. 나치 반대자와 나치에 관한 서류철이 모두 파괴되었는데, 처음에는 나치들이, 곧이어 나치 반대자들이 온 나라를 휩쓰는 와중에 벌어진 일이었다. 기록 자체가 없다보니 피고인들은 십중팔구 자기들을 고발한 사람을 맞고소했다. 그야말로 묵은 원한을 갚아주기에는 딱 좋은 기회였다. 사방팔방에서 나온 맹세들이 잔뜩 쌓이다 못해, 이들이 툭하면 들먹이는 하늘에까지 닿을 지경이 되었다. 크로넨베르크 대학에서는 전쟁이 끝난 지 8년이 지난 다음까지도, 교직원들이 서로를 향해 제기한 160건의 명예훼손 소송이 여전히 계류 중이었다.

물론 미군 점령부는 엄중하게 굴었다. 하지만 사람을 하루 아침에 바꿀 수는 없게 마련이다. 예를 들어 수요일에는 서로를 미워하고 죽이던 사람들이 목요일에는 서로 사랑하고 아끼도록 만들 수는 없지 않은가. 1948년에 독일인의 처벌에 참여하고자 '원했던' 미국인들은 이제 피를 충분히 봤다고 생각한 나머지 모조리 돌아가버리고 말았다. 점령지 독일의 군사적 통제가 민간인의 통제로 대체되면서 상황이 호전되었다. 불운하게도 그리고 아이러니하게도 민간인의 통제가 도래한 것은 전쟁의 발발과 딱 일치했다. 바로 미국과 소련 사이에 벌어진 냉전이었다.

민간인 중심의 독일 점령 고등판무부는 이 새로운 상황 하에서 업무를 시작했다. 미국의 고등판무관 맥클로이는 아직 남아 있던 나치의 사형선고 28건 가운데 21건을 감형해주었으며, 1945년 이후부터 1948년 이전까지의 세계에 무척이나 상세하게 제시된 '재적응과 재교육' 프로그램을 적극적으로 밀어붙였다. 하지만 이처럼 '멋진 새 프로그램'은 애초부터 실패할 운명이었다. 한국전쟁이 시작된 1950년부터 미국 정부에서 몽상가들이 사라져버린 1952년 사이에, 이 프로그램은 삐걱거리며 진행되었으며, 나날이 더 심하게 삐걱거리기만 했다.

1952년에 이 프로그램은 아무런 예고도 없이 끝나버렸다. 고등판무부의 각 지역 '상주 사무소'는 미국 육군 파견 기지라는 본래의 지위로 돌아가버렸다. 독일이 비용을 부담하는 가운데 오가던 재교육 및 재적응 담당자들은 모두 가버렸다. '독미 청년 센터'와 '독미 여성 클럽'은 조용히 문을 닫았다. 독일 측에서는 '대충(對充)' 자금(counterpart funds)[4]을 제공하고, 미국 측에서는 연설만 제공해서 지어진 새로운 병원과 학교의 개관은 중지되었다. '독일 주둔 미국 점령군'에 소속된 사람들은 이제부터 '독일 주둔 미국 방위군'에 소속된다는 지시가 미국으로부터 전해졌다. 오로지 국무부의 선전기관들만이, 예를 들어 미국 공보원, 또는 '미국 문화원(Amerika-Häuser)' 같은 곳들만이 남아서 독일인의 성격이 변모했던 장소를 표시했을 뿐이다.

1950년 중반부터 1954년 중반까지, 미국 최고 사무소와 관련 기관들의 예산은 75퍼센트나 감축되었으며, 인원도 미국인 2,264명과 독일인 12,131명에서 각각 780명과 3,650명으로 감축되었다. 이보다 더 눈에 띄는 것은 재교육 담당자들이 시급한 경우에 사용할 수 있도록 동원된(대부분 기사가 딸려 있는) 자동차 대수의 감소였다. 1952년 중반에는 1,545대에 달

---

4. 해외 원조를 할 때, 원조국이 제공한 증여 물품에 상응하는 금액을 피원조국 정부가 특별 계정으로 보유하다가, 원조국의 승인 하에 피원조국의 통화 및 물가 안정 같은 정책을 위해 사용하도록 하는 제도다.

했던 것이 1954년 중반에는 겨우 251대에 불과했다. 민간 활동의 쇠퇴와 현저하게 대조되는 상황은 독일 내 미국 군사 시설의 최대한 빠른 재개발이었다. 1954년 가을, 비록 독일의 재군사화가 아직 합법화되지 않은 상황이었지만, 워싱턴의 칼럼니스트 로버트 S. 앨런은 기존의 모든 독일 주재 미군 병력과 시설에 더해, 독일 육군 6개 사단이 사용할 2억 5,000만 달러어치의 무기 저장고와 1억 달러어치의 식량 저장고를 미국이 건설했다고 보도했다.

미국 점령부의 실패는 이들에 대한 독일인의 저항과 사실상 관련이 없었다. 비록 무기력하고 배고팠으며, 점령부가 절대적으로 통제하고 있었지만, 독일인은 최소한 한동안은 '지쳐버린' 상태였다. 내가 만난 열 명의 나치 친구들 가운데 아홉 명은 두 번 다시 그 '어떤' 정당에도 가입하지 않을 것이라고 단언했다. 항상 고지식하고 순종적인 독일인들은 전적인 고지식함과 순종 속에서 12년간의 집중 훈련을 이제 막 끝낸 셈이다. 점령자들은 이들이 놀라우리만치 유순하고, 심지어 분개하지 않는다는 것을, 다시 말해 타고난 독일인이라는 것을 발견했다.

그들은 미군 암시장에 의해 도입된 (그리고 제3세계에서는 전혀 알려진 바가 없었던) 전반적인 민간의 부패에 대해서 실제로도 무관심했다. 새로운 지배자의 도덕에 관해 불평한다는 것은 훌륭한 독일인인 그들에게는 어울리지 않는 일이다. 자기들은 가난을 겪으며 담배 한 갑에 50센트를 내야만 하는 반면, 자기들을 민주화시킨 부자들은 불과 10센트만 내면 그만이라는 사실에 대해서는 투덜거렸을지 모른다. 하지만 점차 미국산 담배가 암시장에 스며들면서 그런 불평은 대수롭지 않다고 여기게 되었다. 부유한 미국인은 여전히 더 부유해졌지만, 가난한 독일인은 국산 커피의 가격에서 겨우 절반에 해당하는 가격으로 좋은 커피를 살 수 있었다. 이런저런 방식으로, 독일인 가운데 3분의 1은 직간접적으로 암시장을 통해 이득을 보았다. 한때는 허세에 가깝게 정직했던 '시민'들은 몇 년 지나지 않아서 터진 어마어마한 금융 스캔들을 통해서 단련되기도 했다. 미국 국무부에서 미국인 관료를 위해 건설한 주택인 '웨스트체스터온더라인'에 대해서는 (그중에는 10만 달러 상당의 주택 5채와 25만 달러 상당의 주택 1채가 포함되어 있었다) 독일의 야당도 언성을 높이지 않았다. 독일의 지배자들은 예전부터 늘 왕이 아니었던가?

점령부의 실패는 그 일의 성격 자체만으로도 결코 막을 수 없었다. 하지만 그 실패의 정도는 경감시킬 수 있는 일이었다. 그러려면 정복자들이 그들 역사에서 단 한 번도 해본 적이 없었던 어떤 일을 해야 했을 것이다. 그 일이란 자기들이 하던 일을 중지하고, 스스로에게 몇 가지 질문을, 그것도 대답하기 어려운 다음과 같은 질문을 던지는 것이었다. 독일인의 성격은 어떠한가? 독일인의 성격은 어떻게 지금처럼 되었는가? 지금과 같은 독일인의 성격에서 무엇이 잘못되었나? 더 잘되는 방법은 무엇이며, 그러기 위해서는 누군가가 무엇을 (과연 그런 '무엇'이 있다고 가정할 경우) 할 수 있는가?

28장 강매된 민주주의와 자유

애초부터 미국 점령부는 비(非)민주주의의 현재 가동 중인 모델이었으며, 강매(强賣)의 예시였다. 하지만 구매자는 어디에 있는가? 내가 만난 열 명의 친구들 중 힐데브란트 씨를 제외하면, 어느 누구도 크로넨베르크 '미국 문화원'의 자원을 이용한 적이 없었다. 힐데브란트는 열 명 중에서 유일하게 별다른 설득 없이도 민주주의를 기꺼이 받아들일 만한 사람이었기 때문이다. 그랜드캐니언과 나이아가라 폭포가 나오는 공짜 영화를 반복적으로 보여주는 행사에 참석하는 아이들을 제외하면, '미국 문화원'의 단골손님들은 주로 오래전부터 친미국적 성향이었던 사람들이거나, 서둘러 미국화된 교사들이 내준 미국 관련 주제에 관해 과제물을 작성하는 학생들뿐이었다. 1952년에 있었던 매카시즘의 공격 이전까지만 해도 '미국 문화원'에는 온갖 종류의 미국 책들이 갖춰져 있었지만,[5] 불운하게도 그 모두가 영어책이었다. 내 친구들은 그런 책을 읽지도 심지어 '불태우지도' 못했는데, 이는 나치 치하의 베를린에서도 상류층이

5. 미국 문화원에 대한 매카시즘의 공격과 관련해서는 제30장 말미의 각주를 보라.

드나드는 호텔에서는 나치 반대 입장을 드러내는 《뉴욕 타임스》가 있었지만 아무나 읽지 못했던 것과 매한가지다.

　독일인에게 필요한 것은 민주주의가 무엇인지를 직접 보는 것이지, 민주주의에 대한 권유를 듣는 것은 아니었다. 하지만 내가 크로넨베르크에 있는 동안, 미국의 후원이나 통치 하에서 논란의 여지가 있는 공개 논의나 토론이 벌어진 적은 한 번도 없었다. 거기서 불과 몇 마일 떨어진 동독에서는 공산주의자들이 북을 두들기며 공산주의를 선전하고 있었다. 크로넨베르크에서는 미국인이 나팔을 불며 미국주의를 선전하고 있었다. 양쪽 모두에서는 얼마 전까지만 해도 나치들이 나치즘을 위해 횃불을 치켜든 적이 있었다. 하지만 독일인은 그들 특유의 점잖은 표현처럼, 북을 두들기는 것이며, 나팔을 부는 것이며, 횃불을 치켜드는 것도 이미 할 만큼 한 다음이었다.

　1945년 이후로 독일인은 나치즘을 판단하기 시작할 입장에 있었다. 즉 나치즘의 축복과 저주를 이제는 몸소 겪은 다음이었으므로, 만약 그들이 또 다른 방식을 경험하기 시작한다면, 충분히 나치즘에 관해 판단을 내릴 수 있었을 것이다. 하지만 그러기 위해서는 우선 또 다른 방식이 그들의 눈앞에서 가동되는 것을 봐야 했고, 나아가 그들이 그 실천에 매력을 느껴야 했다. 처음에는 또는 두 번째에도 분명 그들은 허둥지둥할 것이지만, 솔직히 누구나 그렇지 않겠는가? 그들은 또 다른 방식을 잘못 이해할 수도 있고, 심지어 잘못 이용할 수도 있다. 하지만 그 방법이 아니라면 과연 그들이 무슨 수로 또 다른 방식을 찾아낼 수 있겠는가? 언젠가 아직 어린 내 아들이 고양이 꼬리를 잘라버렸을 때, 나는 이렇게 야단쳤다. "너는 도대체 언제쯤 착한 아이가 되는 법을 배울 거니?" 그러자 아이는 이렇게 대꾸했다. "방법은 나도 알아요. 아빠가 벌써 수십억 번도 넘게 말해줬잖아요."

자유는 위험한 사업이다. 어린 아들이 난생처음으로 거리를 혼자 힘으로 건너도록 놓아두었을 때, 나는 결국 아이가 자기 생명을 무릅쓰도록 놓아두었던 셈이다. 하지만 내가 그러지 않았더라면 그 녀석은 자기 혼자서는 거리를 건너지 못하는 사람으로 자랐을 것이다. 미국 점령부가 나치 이후의 독일인들에게 자유를 주기로 결정한 것은 역시 위험할 수 있었다. 나치 반대자였던 나의 친구들조차도 워낙 철두철미한 독일인인 까닭에 이른바 '신(新)나치'를 지지하는 언론과 집회의 자유에 대해서는 반대했다. 하지만 애초에 독일인을 말썽으로 밀어 넣은 원인은 다름 아닌 자유에 대한, 그리고 자유로 인한 온갖 위험에 대한 두려움이었다. 만약 미국이 독일인에게는 자유를 '제공할' 수 없다고 판정했다면, 그들은 결국 히틀러가 옳았다고 판정하는 셈이 된다.

자유로운 연단의 자유로운 질문이야말로, 자유로운 사회와 노예의 사회를 구분하는 유일한 관습이다. 그리고 만약 나치 이후의 독일인이 힘을 필요로 한다면, 그들은 이전까지 단 한 번도 그런 힘을 사용한 대상이 된 적이 없었던 한 가지 목적을 위해 그걸 필요로 하는 것이다. 그 목적이란 바로 연단을 자유롭게 유지하는 것이다. 그들에게 필요한 것은 시민대회와 토론회다. 그래야만 그들 역시 전체주의에 대항하는 전쟁을 직접 보고, 직접 듣고, 결국 직접 가담할 것이기 때문이다. 그들에게 필요했던 것은 그랜드캐니언과 나이아가라 폭포가 아니라 가두 연설 장소에서 벌어지는 일요일 오후의 포럼이며 미국인 권위자들의 천둥 같은 외침이다. "저 사람 말하는 것 좀 들어봅시다, 저 사람 '말하는' 것 좀."

내 친구인 나이 지긋한 경찰관 빌리 호프마이스터는 전쟁 중에도 미국에서는 『나의 투쟁』이 금서가 되지 않았다는 사실을 알고 깜짝 놀랐으며, 자신의 이런 놀라움을 거듭해서 표명했다. 독일인에게 필요했던 것은 말하고 또 대꾸하는 방법을 배우는 것이다. 이들에게는 이것이 정말로 필요한 데, 이게 없다면 그 어떤 노력도, 그 어떤 지출도, 그 어떤 무력도 이들을 돕지 못할 것이기 때문이다. '미국 문화원'에서, 그리고 다른 모든 미국이 통제하는 연단에서, 그들은 에드거 A. 게스트[6]가 괴테에게 받은 영향에 관한 강연을 듣고, 자기네 중에서도 더 나은 사람들이 말해주는 자기네한테 '좋은 것'이며 '훌륭한 것'이며 '좋고도 훌륭한 것'에 귀를 기울인다는 오래된 독일의 교훈을 배운다.

그들에게 필요했고 미국 점령부가 있었던 전체 기간 동안에 계속해서 필요했던 것은 법률이 아니라 정신의 틀 안에서 논쟁적이고 지속적인 이야기를 좋아하는, 특히나 미국적인 천재성이었다. 이를 제외한 다른 모든 것에서 그들은 스스로 만들어낼 수 있을 만큼 이미 충분히, 심지어 더 많은 천재성을 갖고 있었다.

1945년에 왜 미국은 자유를 수출하는 일에 착수해야 했던 걸까? 그것도 습관적으로 자기 자유를 허비하고 남의 자유까지 침해하던 민족에게 말이다. 이런 질문은 장점을 갖고 있을 수도 있고, 갖고 있지 않을 수도 있지만, 1945년에 이런 질문을 한다는 것은 너무 늦은 일이었다. 미국 점령부는 점령의 역사에 뭔가 새로운 것을 더했다. 바로 이상주의였다. 점령부는 처벌하고, 징수하고, 통제하는 것 이상의 일에 착수했다. 즉 독일인을 문명화하는 일에 착수했던 것이다.

오래되었지만 비틀거리던 유럽의 문명 두 가지, 즉 프랑스와 영국은 자기들이 불가능한 야심이라고 여긴 일에 대해 그리 적극성을 드러내지 않았으며, 번번이 발뒤꿈치를 끌며 미적거렸다. 하지만 독일이라는 현장에는

---

6. 에드거 A. 게스트(1881~1959)는 영국 출신의 미국 시인으로 20세기 전반기에 큰 인기를 누렸다.

두 가지 새로운 문명이 나타나 있었으니, 그건 바로 미국과 소련이었다. 문명에 관한 상충되는 시각을 가졌던 두 나라는 각자의 통제 영역에 대해서는 열성을 드러냈으며, 만약 둘 중 어느 한쪽이 그러기를 원치 않았다 하더라도 다른 한쪽의 열성 때문에 그럴 수밖에 없었을 것이다.

분리된 독일의 동부와 서부 사이의 경계에서, 이 두 가지 새로운 문명은 서로 맞닥트렸다. 양쪽은 저마다 세계혁명에 전념했으며, 양쪽 모두 워낙 오랫동안 고립되었기 때문에 이제 서로를 맞닥트리고 나서야 어쩔 수 없이 자기들의 노력을 돌아보게 되었다. '독립선언서' 는 모든 영국인이 또는 바다 건너의 식민지인들이 평등하게 창조되었다고 말하지는 않았다. 대신 '모든 인간' 이 평등하게 창조되었으며, 어떤 불가분의 권리를 갖고 있다고 말했다.[7] 「공산당 선언」 역시 모든 인간의 평등한 권리를 선포했지만, 창조를 부정했기 때문에 인간의 권리에서 불가분성을 제거해버리고 말았다. 독일 한가운데에서는, 만약 두 가지 혁명이 당시의 두 군데 대표적인 강대국에 근거를 두고 있지만 않았더라도 충분히 피할 수 있었던 다툼이 1945년에 벌어지고 말았다.

문명화가 그토록 어려운 이유는, 설령 미개인이 자신의 상태를 미개하다고 인식한다 하더라도 (실제로 그런지는 나도 모르겠지만), 그렇다고 해서 문명인의 상태가 자신의 상태보다 우월하다고 항상 인식했던 것은 아니기 때문이다. 예를 들어 독일인은 예전부터 다른 사람이 아니라 자기 자신이 우월하다고 생각했다. 그리고 이에 덧붙여 문명화하려는 의도에 흠이 없어도 항상 의심이 끼어든다. 그리고 그 의심은 항상 최근의 기억에 남은 사건

---

7. 토머스 제퍼슨이 기초한 미국의 「독립선언서」는 다음과 같은 문장으로 시작된다. "우리는 다음과 같은 사실을 자명하다고 주장하는 바다. 즉 모든 인간은 평등하게 창조되었으며, 어떤 불가분의 권리를 조물주로부터 부여 받았으니, 거기에는 생명과 자유와 행복 추구의 권리가 포함된다."

에 의해 강화된다. 패배를 했다고 해서 곧바로 문명화되거나 재교육되거나 재적응할 준비가 되는 것은 아니게 마련이다. 나치 이후 독일인이 한동안 차마 믿기 어려워했던 사실은, 그토록 잔인하게 자신들을 패배시키고 조국을 불태운 사람들이, 어디까지나 독일인을 위해 그런 일을 했고, 독일인을 위하는 일에 관심이 있다는 사실이었다. 하지만 세상사의 이치는 우리에게 불리했으며, 심지어 진정한 평화 시의 조건에서도 그러했는데, 그런 평화는 1948년 이후에 더 이상 얻을 수도 없었다.[8]

하지만 10세기 동안 이루어졌던 일을 불과 10일 만에 되돌릴 수는 없다는 사실을 미국 점령부가 배우게 되면서, 몇 가지 작은 진전이 이루어지기는 했다. 처벌, 징수, 통제의 고삐가 늦춰지면서, 독일 내에서는 미국의 세계혁명 노력을 받아들이려는 생각이 자라났을지도 모르고, 그 노력 자체는 (만약 미국의 새로운 고립주의 기질 속에서 포기되지만 않았더라면) 더욱 상상력 넘치게 되었을지도 모른다. 1948년에 이르러 희망의 징조가 있었다. 공식성명을 제외하면 서독인 가운데 어느 누구도 자기네 정부가 자유롭다고는 말하지 않았겠지만, 그렇다고 해서 자기네 정부가 덜 민주적이라고는 더더욱 말하지 않았을 것이다. 하지만 '자유'와 '민주주의' 같은 단어는 어디에서나 들을 수 있었으며, 새로 대두하는 세대 사이에서는 특히나 그러했다.

공립학교에는 공짜 책과 공짜 영화와 공짜 강의가 가득했고, 그 모두는 자유와 자유 기업을 예찬하고, 다른 무엇보다도 평화를 예찬했다. 그리고 학생들은 민주주의의 축복을 열심히 암기했는데, 이는 그들의 더 나이 많은 형제들이 국가사회주의의 축복을 암기했던 것과 매한가지였다. 이보

---

8. 동서독 분단을 말하는 듯하다.

다 더 중요한 것은, 공립학교의 개혁을 항상 촉발시키는 장소인 사립 초등학교와 중등학교가 그 땅에서 다시 살아났다는 것이었다.

대학에 관해서는 제임스 M. 리드가 1951년에 미국 고등판무부의 교육실장 직위를 사임하면서 매우 조심스럽게 이런 말을 했다. "예측하기가 힘들지만 (……) 시작은 되었다." 지적 우등생과 열등생은 10세나 11세 때부터 여전히 분리되어 있었지만, 여전히 전체 국민의 4분의 3에 해당하는 사람들의 자녀에게는 고등교육이 아무 상관없는 이야기인 상황에서, 재학생 대부분이 자기 힘으로 학교를 다니는 서독의 대학들은 더 이상 공산주의자의 고발에(즉 동독의 대학들은 입학 조건 중에서도 가난에 가산점을 주는 반면, 서독의 대학들은 노동자의 아들을 완전히 배제한다는 고발에) 굳이 유죄를 인정할 필요가 없을 것이다. 정치학과 사회학 연구 관련 교수직이 여기저기 생겼으며, 미국과 영국의 점령지에 있는 대여섯 군데 대학에서는, 심지어 프랑스 점령지인 튀빙겐에서도 특화된 교과 과정의 가장자리에 일반 교육 프로그램을 도입하려는 시도가 정부 지원 하에, 또는 정부 묵인 하에 이루어졌다.

1948년이 되자 공식 보고서상을 제외하면 그 어떤 미국인도 독일인의 국민성에서 변모가 생겼다거나 끼어들었다고 말하지는 않았을 것이다. 물론 예외는 하나 있었는데, 그건 바로 군국주의였다. "독일에서도 특히 전쟁을 만드는 힘만큼은 제거되어야 마땅하다." 유럽 연합군 최고사령관 아이젠하워 장군은 1944년에 헨리 모겐소[9]와 해리 덱스터 화이트[10]에게 이렇게

---

9. 헨리 모겐소(1891~1967)는 미국의 정치가 겸 관료로, 루스벨트 정부에서 재무장관을 역임했다. 뉴딜 정책과 제2차 세계대전 같은 대규모 사업에서 예산계획을 담당했으며, 전후 독일의 처리를 다룬 '모겐소 계획'을 만들었다.
10. 해리 덱스터 화이트(1892~1948)는 미국의 경제학자로 재무부에서 고위 관료로 일했으며, 국제통화기금(IMF)의 창설을 주도하기도 했다. 제2차 세계대전 후에 소련 스파이 혐의로 하원 비(非)미국 활동 조사위원회의 조사를 받다가 갑작스레 사망했는데, 훗날 그 혐의가 사실인 것으로 밝혀졌다.

말했고, 그곳에 있던 사람이나 없던 사람이나 모두 그의 말에 동의했다. 1945년에 미국은 "독일의 탈(脫)나치화 및 탈(脫)군사화를 위한" 법령에 따라, 1,300만 명가량의 독일인을 심문했다. 그리고 그중 350만 명을 기소했다. 미국 국무부 장관 번스는 1946년에 슈투트가르트의 연설에서, 독일이 '영구히' 탈군사화되어야 마땅하다는 포츠담의 원칙을 재확인하면서 이렇게 덧붙였다. "동서 간의 군사적인 무력투쟁에서 독일이 졸(卒)이 되거나, 또는 동맹자가 되는 것은 독일 국민에게도 도움이 되지 않으며, 세계 평화에도 도움이 되지 않습니다." 그리고 1949년에 본에서 출범한 새 정부는 "연방의 영토 내에서 탈군사화를 유지하고, 무장병력의 재창설은 그 종류를 막론하고 정부의 권한 내에 있는 모든 수단을 동원해서라도 막도록 노력하겠다는 확고한 결단"을 맹세했다.

어느 쪽을 바라보든지 간에 독일인의 귀에 들려오는 이야기는 미국의 이상주의가 그를 군국주의의 저주로부터, 그 저주로 인한 대가로부터, 그 저주로 인한 생명의 대가로부터, 그리고 그 저주 때문에 독일인의 성격을 막사(幕舍)의 노예 상태로 위축시키는 데에 들어가는 비용으로부터 영원히 해방시키게 되었다는 내용이었다. 그리고 어쩌면 수상쩍게 여겼어야 했을 법한 적극성을 드러내며, 독일인은 자기가 들은 이야기를 믿는 것처럼 보였다.

미국의 이상은 독일인에게 아주 깊은 인상을 남겼다. 1914년부터 1945년까지 있었던 제2차 30년전쟁에 관한 그들의 경험이 그 인상을 뒷받침했다. "독일 민족은 병역에 아무런 열의도 드러내지 않는다." 고등판무관 맥클로이는 이렇게 보고할 수 있었다. "병역에 대한 이러한 혐오는 독일인의 삶에서 뭔가 새로운 면모다." 그러다가 1948년에 이르러 베를린에서부터 냉전이 달아오르면서 미국의 이상은 뒤집어지고 말았다.

29장 히틀러를 위해 시작했으나 이제는 미국을 위해…

1948년 말에 나온 최초의 온건한 제안은 서독 경찰을 무장시키자는 것이었으며, 그 근거는 러시아 측이 동독 경찰을 이미 무장시켰다는 사실이었다. 하지만 이런 소규모의 장군명군은 금세 지나가버리고, 곧이어 서독에 12개 사단을 만들자는 요구가 나오게 되었다. "독일인은 뛰어난 전사들이다." 오클라호마 주 상원의원 토머스[11]는 1949년 말에 이렇게 주장했다. "만약 미국이 전쟁에 나가게 된다면 우리에게는 전사들이 필요하다." 그런가 하면 미군 합동참모본부의 콜린스 장군[12]은 1950년에 이렇게 말했다. "우리가 무기를 보내는 것만으로 충분할 것이다. 우리의 아들들은 유럽에서 피를 흘릴 필요가 없다." 그로부터 얼마 되지 않아 《뉴욕 타임스》는 같은 내용을 지극히 미국적인 어조로 말했다. "미국은 자국이 사용하는 1달러마다 그 1달러어치의 싸움을 요구할 권리를 갖고 있다."

11. 엘머 토머스(1876~1965)는 미국 민주당 소속의 정치인으로, 오클라호마 주 하원 및 상원의원을 역임했다.
12. J. 로튼 콜린스(1896~1987)는 미국의 군인으로 한국전쟁 당시 육군 참모총장으로 재직했다.

하지만 불사조는 그 잿더미 위에서 날아오르려는 의향을 전혀 드러내지 않았다. 이 '전사들'은 전쟁에 지쳐 있었고, 정말이지 죽도록 지쳐 있었다. 급기야 NATO의 아이젠하워 장군은 1950년에 그들에게 다음과 같이 재확인하기도 했다. "만약 연합국이 독일인을 재무장시킨다면, 지금까지의 모든 합의를 부인하는 셈이 된다. 워싱턴과 런던과 파리에서는 그런 행동을 고려한 적이 전혀 없다고 공식적으로 선언한 바 있다." 실제로도 그러한 바 있었다. 하지만 독일인은 워낙 지쳐 있었고, 워낙 뚜렷하게 지쳐 있었기 때문에, 장군은 비교적 늦은 1951년에 이르러 "나의 지휘를 받는 군대 안에 내키지 않아 하는 사단들이 있는 것은" 원하지 않는다고 워싱턴과 런던과 파리에 통보하게 되었다.

하지만 그는 실제로 그런 병력을 휘하에 거느리게 될 예정이었다. 서독 국방위원은 (당시에는 당연히 전쟁부가 없었다) 독일이 30만 내지 40만 명을 징집할 것이라고 발표했다. 이런 평화 시의 징집이야말로 일찍이 우드로 윌슨이 "프로이센주의의 근원적인 악"이라고 부른 것이었다. 만약 독일인이(프랑스인은 말할 것도 없고) 미국의 '협정'을 받아들일 경우, 평화 시의 징집뿐만이 아니라 새로운 9개 '기갑' 사단에다 7만 5,000명의 병력과 1,500대의 전투기 및 전투폭격기로 이루어진 "자체 공군을 독일 분견대가 직접 관할할 수 있을 것"이었다. 이 '독일 분견대'는 (국방위원은 굳이 이 말까지는 덧붙일 필요까지는 없었지만) 1939년에 히틀러가 서부를 공격했을 때의 병력만큼이나 강력할 것이고, (국방위원은 굳이 이 말까지는 덧붙이지는 않았지만, 플레벵 계획[13]이 덧붙인 바에 따르면) 유럽 방위 공동체의 국가별 부대는 '애초부터' 국제적 통제가 아니라 국가적 통제 하에 놓일 것이었다.

그로부터 몇 달 뒤에 한국에서 교전이 시작되자, 미국과 영국과 프랑스의 외무장관들은 자신들의 시각을 드러내지는 않은 상태에서 "독일은 물론이고 다른 어디에서도, 통합 병력에 독일이 참여하는 것을 선호하는 정서가 나타난다"는 사실에 주목하게 되었다. 독일은 물론이고 다른 어디에서도, 이런 정서는 정부나 군사전문가의 서클에서만 국한되지는 않았다. 미국에서는 매우 보수적이고 국제주의적인 매체인《뉴욕 헤럴드 트리뷴》의 기고문에서 월터 리프먼[14]이 다음과 같이 확신을 표시했다. "우리가 군사력을 갖고 있음을, 그리고 전쟁을 즉각적이며 신속하게 비스와 강[15] 너머로 옮기는 것이 우리의 전략적 목적임을 그들에게 입증할 수만 있다면, 하나의 국가로서의 독일을 기꺼이 서구의 연합으로 끌어들일 수 있다." 전쟁이 즉각적이며 신속하게 비스와 강 너머로 옮겨간 것은 이때가 처음도 아닐 것이었다. 가장 최근에는 히틀러가 실제로 그렇게 했기 때문이다. 그리고 독일 내에서는 매우 보수적이고 민족주의적인 성향의 매체《슈투트가르트 차이퉁》이 다음과 같이 생각했다. "미국이 바라보기에, 영국이 지닌 동맹국으로서의 가치는 머지않아 크게 떨어질 가능성이 매우 높다. 우리 독일인에게는 이것이 극도로 중요한 점이다. (······) 만약 영국과 미국 간의 마찰이 늘어나고 영국의 지위가 점점 더 약해지면, 우리는 미국이 유럽 대륙에서 독일의 역할을 점점 중요하게 여길 것이라 기대할

13. 1950년 10월에 프랑스의 총리 르네 플레벵(1901~1993)은 '유럽 방위 공동체(EDC)'를 위한 '유럽군'에 관한 제안을 담은 '플레벵 계획'을 발표했다. 즉 독일군을 별도로 두지 않고 외국군의 하위 조직으로 분산 배치함으로써 최대한 위험을 줄여야 한다는 내용인데, 독일에 대한 프랑스의 불안감이 반영된 이 계획은 당시에 독일의 재군사화를 지지하던 미국의 입장과는 맞지 않았다. 프랑스의 이런 억제안과 반대 속에서 '유럽 방위 공동체' 구상은 결국 결실을 맺지 못하고 1950년대 중반에 이르러 완전히 폐기되었다.
14. 월터 리프먼(1889~1974)은 미국의 저명한 언론인으로, 냉전 시대에 신문 칼럼을 통해 국제 정세와 미국의 외교 정책 등에 관한 의견을 내놓았다. 저서인 『여론』(1922)은 현대 언론학의 고전으로 평가된다.
15. 폴란드 한복판을 남북으로 가로지르는 강. 결국 본문에 인용된 리프먼의 말은 전투가 있을 경우 독일 영토에서 비스와 강 너머로, 즉 폴란드 동부와 당시의 소련(오늘날의 벨라루스와 우크라이나) 같은 공산국가의 영토로 전장을 옮겨야 한다는 의미가 된다.

수 있다."

1953년 독일에서 선거가 끝나자, 아데나워 정부는 독일 연방 대법원의 반발을 억누르기에 충분한 세력을 의회 안에 모으게 되었다. 1945년에 승전한 연합국이 독일에 강요한 헌법에 따라, 독일 연방 대법원은 독일의 재군사화를 허용한다는 판결을 내리기를 마뜩찮아 했다. 똑같은 일이 일본에서도 일어났는데, 여기서는 군사화를 영원히 금지하는 헌법이 사실상 수정될 수밖에 없었다. 미국 고등판무부의 부(副)고등판무관 헤이스 장군[16]의 말에 따르면, 독일의 산업은 "명령을 받자마자 6개월 내지 9개월 내로" 군수품 생산을 시작할 수 있었고, 일찍이 나치의 전쟁용 기계를 만들어낸 회사인 에센 주의 크루프는 1953년에 포좌까지 완벽하게 갖춘 신형 차량을 전시했다. 대외 원조국장 해럴드 스타슨[17]은 1954년 가을에 있었던 미국 하원 세출 위원회에서 이렇게 말했다. "일단 '계속 진행' 명령만 떨어지고 나면, 현대 역사상 육군 하나를 만들어내는 일 중에서도 가장 신속한 사례를 보시게 될 겁니다. 필요한 장비 대부분은 미국이 공급할 것이며, 그 일 역시 이미 상당 부분 진행 중입니다."

그 사이에 서독의 '코카콜라 지역'[18]에서는 모든 것이 변해버렸다. 재교육과 재적응을 위한 미국의 시도에서 비롯된 결과물은 끝내 뒤집어져버렸고, 이제는 새로운 독일 '방위군(Wehrmacht)'을 만들기 위한 캠페인에

---

16. 조지 프라이스 헤이스(1892~1978)는 미국의 군인으로 양차 세계대전에 참전했으며, 1949년부터 1952년까지 독일 주재 미국 점령부의 고위판무관으로 재직했다.
17. 해럴드 스타슨(1907~2001)은 미국의 정치인으로 미네소타 주지사와 펜실베이니아 대학 총장을 역임했고, 1953년부터 1955년까지 아이젠하워 정부의 '대외작전국'(본문에 언급된 '대외원조국') 책임자로 일했다.
18. 독일 내의 미국 점령 지구를 말한다. 당시에 소련 점령 지구에서는 코카콜라의 판매가 금지되었기 때문에, 아이젠하워의 소개로 콜라에 맛을 들인 소련군 최고사령관 주코프 장군은 코카콜라를 들여오기 위해 검은색 색소를 빼버린 '하얀 콜라'를 특별 주문 제작했다는 일화가 전한다.

이용되었다. '군국주의의 저주'라는 제목을 달고 아직 물감이 마르지도 않은 그림은 벽마다 뒤집어 걸리게 되었으며, 아직 먼지가 많이 쌓이지도 않은 옛날의 걸작 '조국의 방위'가 벽에 다시 걸리게 되었다. 아직까지도 공산주의에 반대해서는 많은 것을 말하고 또 행할 수 있었다. 하지만 독일의 재교육에 관해서는 더 이상 그리 많은 것을 할 수가 없었다. 그들의 재교육은 독일의 전체주의, 독일의 전쟁, 독일의 파멸에서 군국주의가 초석 노릇을 했다는 주제에 지나치게 많이 의존했기 때문이다.

여기저기서 지장들도 생겼다. 1952년에 프랑크푸르트에서 벌어진 한 싸움판에서는 독일 경찰이 '독일 청년단(Bund Deutscher Jugend)'의 항공대 요원을 한 명 체포했는데, 그의 주특기는 공산주의자, 사회민주주의자, 중도파의 모임을 분쇄하는 것이었다. 그로부터 몇 주 뒤에 헤센 주의 지사 친은 독일 청년단이 "미국에 의해 만들어지고, 미국의 지원을 받았으며," 미국의 명령에 따라 공산주의자의 침공이 있을 경우 행동에 돌입하게 될 '기술 지원 부대'를 수립해 두었다고 발표했다. 이 '기술 지원 부대'는 나이 35세 이상의 최대 대령 계급까지 포함한 전직 독일군 장교 1,000명 내지 2,000명으로 구성되어 있었다. 그들 중 상당수는 전직 나치 SS대원이었는데, 검은 제복의 '친위대(Schutzstaffel)' 소속이었다는 사실만으로도 뉘른베르크 재판소에서는 전쟁 범죄자로 분류되었다. 이런 '기술 지원 부대'는 미국이 오덴발트[19]에 만들어 관리하는 명목상의 목재 벌채장에서 온갖 종류의 경화기(輕火器)를 가지고 훈련을 받았다. '연합국 통치 법률'에 따르면, 독일인은 무장했다는 사실 하나만으로 최대 사형이 가능했으며, 이 법률은 지금도 여전히 유효하다.

19. 독일 남서부의 고지대를 말한다.

사회민주주의자였던 친 지사가 가장 우려하는 점은, 이 '기술 지원 부대'가 작성한 서독 내 '제거' 대상들, 즉 "신뢰할 수 없는 자들"의 목록이었다. 이 목록에는 공산주의자 15명과 사회민주주의자 80명이 포함되어 있었으며, 특히 사회민주당의 전국 지도부 전체가 포함되어 있었다. 뿐만 아니라 독일 의회의 유일한 유대인 의원도 포함되어 있었다. 친 지사의 말에 따르면, '기술 지원 부대'를 유지하는 일에는 미국 시민의 세금이 매달 1만 1,000달러씩 들어갔다. 독일 점령 고등판무부(HICOG)는 이에 관해서 전혀 몰랐다. 북대서양조약기구(NATO)의 아이젠하워 장군이나 미국의 트루먼 대통령조차도, 심지어 독일의 아데나워 총리조차도 전혀 몰랐다.

하지만 모두가 이 일에 관해서 조금씩은 알고 있었다. '기술 지원 부대'를 유지하는 주체는 미국 중앙 정보국(CIA)이었으며, 그 창설 주체는 미국 국가 안전보장회의였다. 소문에 따르면 그 운영 자금인 5억 달러는 미국 의회에서 승인된 이 부서의 예산 중에서 몰래 전용한 것이었다. 친(親) 서방 성향의 《프랑크푸르터 룬트샤우》는 이렇게 주장했다. "사람들은 미국의 비밀 후원자들이 이 암살 계획에 관해서 전혀 몰랐으리라고 짐작하고 싶을 것이다. 하지만 미국이 파시스트적인 지하운동을 후원했다는 것이야말로 미국 관리에 대한 불신을 낳을 가능성이 있다. 우리는 파시즘의 도움까지 받아 가면서 스탈린주의와 싸우기를 거부한다."

물론 이것은 단순한 지장에 불과했다. 그리고 독일인은 기억을 금방 잊도록 훈련된 바 있다. 하지만— 그로부터 2년 뒤에, 이른바 "서독의 J. 에드거 후버"[20]로 통하던 오토 욘 박사의 실종에 뒤따른 소란의 와중에, 머지

---

20. 존 에드거 후버(1895~1972)는 미국의 관료로, 1935년에 '미국 연방수사국(FBI)'을 창설하고 사망할 때까지 종신 국장으로 재직했다. 그의 재직 중에 FBI는 정관계를 비롯한 사회 여러 분야의 유명인사 및 일반인에 대한 광범위한 불법 사찰을 자행했고, 그 결과물을 담은 '후버의 극비 파일'은 지금까지도 그 존재 여부를 놓고 구구한 추측을 불러일으키고 있다.

않아 동독에 다시 모습을 나타낸 욘이 원래 나치를 좋아하지 않았으며, 또한 '남독일 산업 발전협회(Süddeutsche Industrieverwertung)'와도 말썽을 겪었다는 사실이 밝혀졌다.[21] 이 '발전협회'는 훗날 미국 점령 구역인 바이에른 주의 풀라흐라는 경치 좋은 마을로 가서 주위에 철조망을 두른 30에이커의 부지에 자리 잡게 되었다. 이 '발전협회'는 소련 내에 4,000명의 요원들로 이루어진 첩보망을 구축했다. 1954년 8월 27일에 온건 중도우파 성향의 《파리 프레스》가 보도한 바에 따르면 이런 것을 구축하기 위해 들어간 비용은 매년 600만 달러에 달했다. 이 조직의 '협회장'은 독일군 준장 출신의 라인하르트 겔렌으로, 그는 본래 제2차 세계대전 당시에 소련을 담당한 나치의 정보부장이었다.[22] 《파리 프레스》의 보도에 따르면, 이제 그의 새로운 임무는 "그가 히틀러를 위해 시작했던 일을 이제 미국을 위해 계속하는 것"이었다.

이것은 단지 사소한 지장에 불과했지만, 이런 지장들은 이제 겨우 울음을 터트린 이상주의에는 치명적이다. 독일인은 기억을 금방 잊도록 훈련되었지만, 그중에는 좋은 기억력을 가진 사람도 소수나마 있었다. 이들은 제1차 세계대전 직후의 바이에른에서 한 독일군 대위가 공산주의자를 격퇴하겠다는 미명으로 연합국을 설득한 끝에, 자기 휘하의 '자유운동'[23] 대원들에게 몇 정의 녹슨 구식 총기로 무장을 시켰던 일을 기억하고 있었다.

---

21. 오토 욘(1909~1997)은 독일의 관료로, 1944년에 히틀러 암살 음모에 가담했다가 거사가 실패로 돌아가자 영국으로 망명했다. 전후인 1950년부터 서독의 정보기관인 '헌법보호국'의 초대 책임자로 일하다가 1954년에 동독으로 망명해서 전 세계에 충격을 주었다. 이후 독일의 재군사화와 나치 전력자의 재기용을 놓고 서독 정부를 강력하게 비판하다가 1955년에 다시 서독으로 망명했다. 동독행에 관해서는 KGB에게 납치되었을 뿐 자의로 망명하지 않았다고 해명했지만, 결국 실형을 선고받았다.
22. 라인하르트 겔렌(1902~1979)은 독일의 군인으로, 나치 정권의 방위군 소속 정보기관의 소련 분과 책임자로 일했다. 전후에는 전직을 살려 서독에서 '겔렌 기관'이라는 신설 정보기관을 운영했으나, 나치 전력 때문에 구설수에 올랐다.
23. '국가사회주의 자유운동(NSFB)'에 관해서는 제1장의 각주를 참고하라.

그 대위의 이름은 룀, 즉 에른스트 룀이었다. 혹시 그 에른스트 룀 대위가 훗날 국가사회주의당을 창설한 바로 그 에른스트 룀일 가능성도 있지는 않을까?

30장 모든 독일인이 하룻강아지는 아니지만

모든 독일인이 하룻강아지인 것은 아니다. 하지만 그중 일부는 실제로 하룻강아지다. 그리고 청년기야말로 이상의 시기다. 서독 국방위원이 재군사화에 대한 세부사항을 평화 시의 징집도 포함하여 발표하자, 런던의 《옵저버》의 특파원은 여론조사에 근거하여 다음과 같이 보도했다. "독일의 방위 지원금을 지지하는 사람의 비율은 15퍼센트 밑으로 떨어졌으며, 노골적 반대자의 비율은 원래 전체 인구의 40퍼센트 내지 50퍼센트 선이었다가, 연령집단들이 직접적으로 우려를 표명하면서 지금은 거의 75퍼센트까지 높아졌다." 여기서 말하는 '연령집단들'이란 바로 젊은 세대들을 말한다. 독일 내의 세 군데 대학에서 자체적으로 정부 측의 허가나 감독 없이 이루어진 학생 여론조사에서는 거의 만장일치에 가까운 반대가 나타났기 때문에, 이 여론조사의 과학적 근거에 대해서는 의문을 제기할 수가 없다. 청년기야말로 이상의 시기이며, 아는 것이라고는 전쟁의 공포뿐이고, 영광에 관해서는 전혀 모르는 독일의 세대에게 1948년 이전까지의 미국 점령부는 독일에 완전히 새로운 이상을 심어주었다.

독일의 학생, 교수, 언론인, 공무원을 대상으로 한 미국의 '교환 프로그램'에서는 처음부터 선별 과정을 거쳐서 친미국 성향의 독일인만을 미국에 데려왔다. 1948년 이후로 신청자들은 자기 나라의 재군사화를 어떻게 생각하느냐는 질문을 받았다. "저는 반대 입장이에요." 이 프로그램에 신청해서 합격한 고등학교 졸업반 학생 한 명이 내게 말했다. "하지만 거기서는 찬성한다고 말했죠. 아시다시피, 우리 '레알김나지움(Realgymnasium)'의 졸업반 아이들 가운데 90퍼센트는 재군사화에 반대하는 청원서에 서명했어요. 제 이름도 그 청원서에 있지만, 저는 우리 동네에 있는 미국 관리들이 그걸 프랑크푸르트에 있는 미국인 감독관에게 아직 보내지는 않았다고 생각했죠. 제 예상은 맞았어요."

"어째서지?" 내가 물었다. "어째서 그들이 그 청원서를 프랑크푸르트로 보내지 않았다고 추측하게 된 거지?"

"왜냐하면 모두가 자기 상관에게는 상관이 듣고 싶어 하는 이야기만 할 거고, 프랑크푸르트에 있는 상관은 재군사화에 반대하는 이야기는 듣고 싶어 하지 않을 테니까요. 저기요, 교수님, 독일에서는 우리도 이런 일에는 익숙해져 있다구요."

재군사화에 대한 청년들의 저항을 주도한 세력은 주로 프로테스탄트와 가톨릭을 망라한 독일의 성직자들이다. 특히 반나치적 입장이었던 고백교회, 이른바 '교회 내부의 교회'가 그러한데, 이는 독일 프로테스탄티즘 중에서도 가장 강력하면서 숫자가 많은 분파다. 1950년대 중반에 고백교회 위원회 서기장인 모할스키 목사는 재군사화에 반대하는 '다름슈타트 행동 단체'를 설립했다. 이 운동은 '다름슈타트 공과대학'에서 시작되어 프랑크푸르트, 마인츠, 하이델베르크, 튀빙겐, 프라이부르크의 여러 대학들로 퍼져 나갔다. 프랑크푸르트 주재 미국 공사로부터 '경고'를 받았던 미국인들은 이 '공산주의자가 주도하는 단체'를 멀리했으며, 그렇다는 증거가 있으면 어디 보자고 묻는 미국인들에게는 이런 답변이 돌아왔다. "보여 드리는 것은 불가능합니다. 그 증거는 기밀이기 때문이죠."

　프로테스탄트와 가톨릭 중에서도 군사화에 반대하는 니묄러-하이네만-베셀의 단체가 공지를 붙이면, 누군지 알 수 없는 범인이 찢어버렸다.[24] 하지만 크로넨베르크에서는 1952년 말에 커다란 포스터들이 나타났다. 거기에는 망치와 낫 문신이 새겨지고 털이 수북하고 색이 시뻘건 손 하나가, 한 여성의 가늘고 하얀 한쪽 팔을 움켜쥔 그림과 함께 다음과 같은 문구가 적혀 있었다. "이게 당신 마누라요, '나는 빼고'[25] 하는 양반아!(Deine Frau, Herr Ohne Mich!)" 이런 포스터들은 그 출처가 정확히 밝혀지지 않은 상태였기 때문에 보통은 경찰에게 압수되게 마련이다. 하지만 실제로는 압수되지 않았다. "우리는 이런 일에도 익숙해져 있어요." 내 친구인 교환학생이 말했다. "어쩌면 이 포스터는 괴벨스 박사의 창고에 아직 남아 있던 물건일지도 몰라요."

　독일에서는 이런 냉소주의가, 그것도 가장 깊은 냉소주의가 유행하고 있으며, 뭔가를 믿지 않는다기보다는 오히려 가장 광적인 종류의 믿음을 가져야 마땅해 보이는 사람들 사이에서 유행하였다. 즉 젊은이들 사이에서 냉소주의가 유행하는 것인데, 청년기란 사실 이상주의를 위한 시기인 것이다. 이들보다 더 나이 많은 사람들이라고 해서 덜 냉소적인 것은 아니지만, 어른들의 경우에는 나이가 지긋해져 환멸을 맞이할 때이기 때문이

---

24. 니묄러에 관해서는 제2장의 각주를 참고하라. 훗날 서독 대통령을 역임한 정치인 구스타프 하이네만(1899~1976)과 정치인 헬레네 베셀(1898~1969)은 독일 민중당(훗날 사회민주당으로 흡수)에서 활동하며 평화운동을 지속적으로 펼쳤다. 특히 위의 세 사람 모두 독일의 중립국화를 지지한 바 있다.
25. 1950년대에 서독에서는 정부의 재군사화 움직임에 반대하는 야당 정치인을 중심으로 재군사화 반대 운동이 전개되었는데, 이들의 구호가 바로 '나는 빼고(Ohne mich)', 즉 "하려면 나는 빼고 당신들이나 해라"는 뜻이었다.

다. "제 생각에는 말입니다." 내 친구인 목수 클링겔회퍼가 말했다. "이른바 '독일의 탈나치화와 탈군사화를 위한' 점령부의 법률은 철회되고, 이제 머지않아 재군사화가 될 것 같아요. 그러면 우리는 결국 다시 나치화되는 건가요?"

그들은 정말 그랬던가? 독일인들 사이에서는 이행이 있었다. 즉 미국식이 어쩌면 자기네 식보다 더 나을 수도 있다는 시각으로부터, 이제는 미국식이 매우 좋기는 하지만 자기네보다 더 나을 것까지는 없다는 시각으로의 이행이었다. 사실상 점령부에 의해 통제되던 독일 언론은 어떤 뉴스에 할당하는 지면의 양을 통해서 자기 의견을 드러냈고, 따라서 미국에서 벌어지는 '매카시즘'의 발전에 관해, 그리고 특히 '미국 문화원' 부설 도서관에 책 화형식이 도입된 일에 이례적으로 많은 지면을 할당했다.[26] 더 대담한 신문들은 사설을 통해서 자기 의견을 드러냈다. 반공산주의 성향의 《뮌히너 메르쿠르》는 매카시 상원의원을 공산당의 명예회원으로 추대했고, 역시나 반공산주의 성향의 《베저 쿠리어》는 괴벨스가 저 위스콘신 주 상원의원을 칭찬했을 것이라고 말했다. 역시 반공산주의 성향의 《만하이머 모르겐》은 이렇게 말했다. "매카시 도당 전체가 우리의 사고를 통제하려 노력한다면, 우리는 이전에 갖고 있던 사고를 또다시 취할 수밖에 없다."

독일인 가운데 일부는 하룻강아지다. 하지만 모두가 그런 것은 아니다.

---

26. 1950년대 초에 미국 상원의원 조지프 매카시는 유럽에 있는 미국 국무부 관련 기관 내 도서관에 친공산주의 저자들의 책이 포함되어 있다고 주장했다. 이에 아이젠하워 정부에서는 문제가 된 책들을 관련 기관에서 없애도록 지시했으며, 일부 기관에서는 아예 책을 불태워 없애는 바람에 문제가 되었다.

31장 평화를 놓고 벌어지는 줄다리기

독일에서 새로 나온 농담은 이렇다. "독일인은 현재 상황을 어떻게 느끼게?" "음, 혹시 두 마리 개 사이에서 뼈다귀 하나가 느끼는 기분 아닐까?" 다시 한 번 압력이 가해졌다. 그것도 전쟁과 파괴와 패배에 의해서도 분출되지 않았던 예전의 압력 위에 새로운 압력이 가해지는 것이다. 나치의 선동 구호는 이러했다. "독일이여, 깨어나라!" 이제는 미국인과 러시아인이 똑같은 구호를 외친다. 조만간 독일인은 새로운 압력에 굴복하고 말 것이다. 독일인을 재(再)교육해서 군국주의에서 멀어지게 만드는 것보다는, 차라리 독일인을 재재(再再)교육해서 군국주의로 가도록 만드는 편이 분명히 더 쉬울 것이다. 한 독일인 목사는 이렇게 말했다. "저는 우리 독일인이 뭐든지 그렇게 '쉽사리' 믿지는 않았으면 하고 바랍니다."

압력의, 또다시 전쟁에서 필요하며 원하는 대상이 되는 것의, 그리고 아주 최근까지만 해도 전 세계의 불가촉천민이었던 그들이 어디를 가든지 구애를 받는 것의 결과는 오로지 추측만 할 수 있을 뿐이다. 하지만 그 결과들은 추측이 '가능' 하다. "독일의 비극은 여느 때와 마찬가지로 깊다."

독일의 위대한 현존 문인 가운데 한 명인 라인홀트 슈나이더[27]는 이렇게 말했다. "그건 바로, 그 무엇도 그 자체로 생명을 갖는다고 간주할 수 없다는 것이다. 음악이건, 미술이건, 종교건, 문학이건 간에 모든 것이 거의 전적으로 상상할 수 있는 정치적 태도에 의거해 판단된다. 가장 고심하고 에두른 결론은 오로지 창조하려는 충동으로부터 창조된, 또는 목표가 있었을 경우에는 인간 정신의 범위를 향상시키기 위해 창조된 산물로부터 가져온 것이다. 물론 나는 예술가의 사회적 책임을 인식하지만, 현재 서독에서 하는 것처럼 모든 것은 오로지 거대한 정치적 (그러나 궁극적으로는 경제적인) 움직임에 따르는 부수적 사건에 불과하다는 마르크스의 논제로 넘어가는 것은, 세계를 가난하게 만들 뭔가를 싸게 팔아버리는 행위이며, 독일의 고통에서 대두할 인간 플라스틱에는 뭔가 새로운 것인 이른 희망을 싸게 팔아버리는 행위가 분명하다."

이 발언은 그것을 표현하는 한 가지 방법이지만, 그것을 그런 식으로 표현하는 사람은 많지 않았다. 오히려 재군사화야말로 주권을 회복하는 유일한 길로 바라보는 사람들이 더 많았는데, 민족주의자의 입장이 딱 그랬다. 또한 그것을 전문적 활동으로 나아가는 길로 보는 사람들이 더 많았는데, 전직 장교들의 입장이 딱 그랬다. 또한 그것을 일자리로 나아가는 길로 보는 사람들이 더 많았는데, 실업자들의 입장이 딱 그랬다. 또한 1,000만여 명에 달하는 '추방자들'이 있었는데 어느 누구도 굳이 이들을 셈에 넣으려 들지 않았다. 그들은 승전국에 의해 해방된 국가에서 원래부터 살다가 나치 이후의 독일로 강제 이주된 독일계 주민들이었다. 승전국은 포츠담에서 히틀러가 다음과 같은 한 가지 문제에 대해서는 옳았다고 결정했

27. 라인홀트 슈나이더(1903~1958)는 독일의 시인으로, 나치 치하에서는 반전(反戰) 성향의 시를 써서 출판을 금지당하고, 반나치 운동가들과의 교류로 인해 탄압의 대상이 되었다.

다. 즉 이 세상에는 '게르만 종족'이란 것이 있다면서, 거기 포함되던 사람들을 '게르만 민족'으로 분류한 다음, 그들이 향후 독일에서 살아야 한다고 포츠담에서 결정한 것이었다. 그 때문에 고향에서 쫓겨나 독일로 끌려온 독일계 '추방자들'은 러시아를 상대로 하는 전쟁을 요구하는, 거대하면서 점점 더 자라나는 힘이 되었다. 왜냐하면 전쟁이야말로 그들이 고향으로 돌아갈 수 있는 유일한 희망이었기 때문이다.

독일인 사이에서도 가장 강력한 압력이 자라났다. 그것은 바로 자기네나라를 통일하라는 압력이었으며, 이는 1920년대의 잃어버린 식민지를 되찾으라는 압력보다도 훨씬 더 강력해졌다. 서독인과 동독인은 독일령 서아프리카에 친지를 두지 않았지만, 동독과 서독에는 모두들 친지를 두고 있었다. 새로운 히틀러주의는 (만약 그것이 서독에서 일어난다면) 그 연단에 단하나의 판자만을 필요로 할 것이었다. 바로 재통일이었다. 1953년에 서독인들은 자기들한테 '미국식으로(à l'Américaine)' 이렇게 말한 사람을 총리로 다시 선출했다. "우리는 통일에 관해서 많이 이야기합니다. 이제 우리는 해방에 관해 이야기합시다." 하지만 서독이건 동독이건 간에 독일 내에서어떤 연설자가 '통일(Einheit)'이라는 단어를 사용할 경우, 그가 그 단어를 어떻게 사용했는지와는 무관하게, 그는 '경기장(Sports-Palast)'에서 들리는 것과 유사한 격렬한 환호성 때문에 말을 중단할 수밖에 없었다.

불운하게도 '통일'은 역시나 과거 나치의 용어였다. 또한 여전히 불운하게도, '통일'은 '평화(Friede)'와 마찬가지로, 저 증오스러운 공산주의자들이 동독 곳곳의 벽과 광고판에 적어 놓은 구호이기도 했다. 서독이건 동독이건 간에 독일인은 미국인이 독일에서 나가기를 원했다. 즉 러시아인이먼저 독일에서 나가고 나서, 5분 내에 미국인도 똑같이 나가기를 원했다. 하지만 지난번 전쟁에서 170만 명을 잃은 러시아인은 결코 나가려 하지 않을 것이며, 다음번 전쟁에서 170만 명을 잃고 싶어 하지 않을 미국인도 마찬가지일 것이다. 점령은 서독이건 동독이건 힘의 문제였다. 힘은 독일인이 굳이 재교육을 받거나 재적응 하지 않고서도 이해할 수 있는 뭔가였다.

동쪽의 독일인은 자기들이 러시아인으로부터 '통일'과 '평화' 모두를 얻을 수 있다고 믿는 것 같지 않았다. 미국인은 아예 서쪽의 독일인에게 '통일'과 '평화'를 이야기하지 않았다. 그들은 '방위(Verteidigung)'를 이야기했으며 그걸 공짜로 제공했다. 음, 독일인도 역시나 방위를 원하기는 했으며, 무엇보다도 '볼셰비키주의'에 대항하는 방위를 원했다. 하지만 방위는 1914년과 1939년에 그들의 정부가 그들에게 내놓은 제안이었으며, 1914년과 1939년에 방위는 결국 전쟁을 의미했다. 독일인은 전쟁을 원하지 않았다. 그들은 어떤 대가를 치러도 좋다면서 반드시 평화를 원한 것은 아니었다. 하지만 굳이 죽음이라는 대가를 치러도 좋다면서 반드시 전쟁을 원한 것도 아니었다. 전쟁에 관해 생각해라고 했을 때, 그들이 생각하기에는 죽음이야말로 자기들이 반드시 지불해야 할 대가인 것처럼 보였다.

독일의 딜레마는 아마도 독일 내에서 가장 첨예했겠지만, 이것은 실제로 독일의 딜레마가 아니었다. 그것은 유럽의 딜레마였다. 만약 방위가 곧 죽음을 의미한다면, 우리는 방위를 매우 진지하게 고려해야만 한다. 하지만 독일인이 그 딜레마를 가장 첨예하게 깨달을 수 있었던 까닭은, 혹시나 양국이 서로 싸워야만 하더라도 차라리 독일 영토 내에서 싸우는 편이 낫겠다며 미국과 러시아가 상호 합의했음을 깨달을 수 있기 때문이다. 세 번째 세계대전이 끝나는 장소가 어디이든지 간에, 그 전쟁이 시작되는 곳은 바로 자기들이 있었던 곳이 될 것이고, 그럴 경우에는 자기네 박살난 돌조각들이 아예 먼지로 변모할 것임을 독일인은 알 수 있었다.

1953년에 아데나워의 보수주의 연합이 재선되었을 때에만 해도 핵심

쟁점은 바로 경제였다. 본에 자리 잡은 서독 정부의 예산 가운데 거의 절반은 사회 복지 사업에 들어갔다. 인구 가운데 5분의 1은 연금이나 수당의 형태로 국가에 의해 직접 원조를 받았다. 하지만 유럽 전승일[28] 다음 날이 되자, 5분의 5 전부가 아무에게서도 원조를 받지 못했으며, 1953년에 독일인은 제아무리 말라비틀어진 산타클로스라도 만들 기분이 아니었다. 1954년 가을의 선거에서는 이런 기분 또는 초점이 바뀌었다. 어디에서나, 심지어 가톨릭이 대세인 바이에른에서도 아데나워는 지지를 잃었는데, 그것도 어마어마하게 많이 잃었다. 이때 무슨 일이 벌어졌던 걸까? 이때 일어난 일이란 바로 국제군의 외관을 갖추었던 '유럽 방위 공동체'가 무너진 것이었으며, 아데나워 정부는 미국으로부터 가장 강력한 압력을 받으며 새로운 '런던 협정'에 따라, 독일 육군을 독일인 참모본부까지 완전하게 갖춘 상태로 만들어내려 시도했던 것이다.

불사조는 제 발톱을 질질 끌었다. 시카고 대학의 한스 모르겐타우 교수는 1954년 여름에 자기 고향을 방문하고 돌아와서 이렇게 보고했다.[29] 즉 "여러 종류의 사람들 수십 명에게" 독일의 재무장에 관한 질문을 던졌더니, "오로지 한 사람만이 이를 선호했는데, 그 사람은 자기 자신을 아데나워 정부와 매우 동일시하고 있었다." 그는 이렇게 덧붙였다. "현존하는 독일의 전직 총리 네 명 모두가, 즉 극우에 해당하는 파펜[30]부터 극좌에 해당하는 비르트[31]까지, 정치적 스펙트럼에서도 가장 다양한 색깔을 대변하

28. 1945년 5월 8일을 말한다.
29. 한스 모르겐타우(1904~1980)는 독일 출신의 미국 정치학자로, 국제 관계 이론과 국제법 분야에서 업적을 남겼다.
30. 프란츠 폰 파펜(1879~1969)은 독일의 군인 겸 정치인으로, 1932년에 바이마르 공화국의 총리로 재직했고, 나치 정권 하에서도 고위 관직을 역임했다.
31. 카를 요제프 비르트(1879~1956)는 독일의 정치인으로, 1921~1922년에 바이마르 공화국에서 총리로 재직했다.

는 인물들조차도 본 정권을 향한 서구의 방향 제시에 반대를 표명했다." 1954~1955년 겨울에 서독의 '국방위원'은 훗날 생길지도 모르는 '방위군'에 청년들이 자원 입대하도록 설득하는 과정에서 가장 큰 어려움을 맛보았다. 《유에스 뉴스 앤드 월드 리포트》의 보도에 따르면, 쾰른의 어느 대규모 집회에서 이 국방위원은 "다른 사람들과 비교했을 때 양심적 거부자들이 훨씬 더 많다는 것을 발견했다. 서독의 핵심 지역을 확인해본 결과, 쾰른 청년들의 태도는 이 나라의 청년 대부분에게서 드러나는 전형적인 태도였다. 거의 아무도 등록하지 않았다. 반군국주의가 갑자기 가장 인기 있는 정치적 쟁점 가운데 하나가 되었다."

자원 입대에 대한 '양심적 거부자'는 물론 당연히 징집에 대한 자원 입대자가 아니었다. 《유에스 뉴스 앤드 월드 리포트》는 다음과 같이 결론을 내렸다. "실제로 서독의 어느 누구도 자기 나라가 어떤 식으로든지 육군을 보유하게 되리라는 사실을 진지하게 의심하지는 않는다. 하지만 미래의 독일 병사들이 과거 1870, 1914, 1939년에 전쟁에 나갔던 독일 병력과는 상당히 다를 것이라는 점은 분명해지고 있다." 내가 베를린에서 만나 이야기를 나누었던 익명의 관리들 가운데 한 사람은 이렇게 반문했다. "싸움이요? 물론 독일인은 싸울 겁니다. 하지만 그들의 싸움은 무기력한 전쟁이될 겁니다. 1940년에 프랑스인이 싸웠던 것처럼요."

이건 전혀 이상할 것도 아니지만, 독일인은 살기를 원한다. 그들은 잘살고 싶어 할 것이며, 잘살거나 못살거나 그들은 살고 싶어 할 것이다. 이들의 태도는 영웅적이지 못할 수도 있다. 어쩌면 이들은 비굴하게 무릎을꿇고 살아가는 쪽보다는, 오히려 당당하게 두 발을 딛고 죽어가는 쪽을 선호해야 마땅한지도 모른다. 하지만 이들은 그쪽을 선호하지 않는다. 그리고 양쪽의 경험이 전혀 없었던 우리와는 달리, 그들은 양쪽 모두를 경험한 적이 있다. 한 번도 노예인 적이 없었던 우리가 노예제라고 부르는 것조차도, 우리가 노예라고 부르는 상태에 항상 놓여 있었던 사람들에게는 오히려 죽음보다는 덜 끔찍하게 여겨질 뿐이다. 그들은 공산주의와 그 이름과 결부된 모든 것을 증오하지만, 그렇다고 해서 우리가 자유라고 부르는 것을 충분히, 그걸 위해서라면 죽어도 좋다고 생각할 만큼 좋아하는 것은 아니다. 만약 그들이 자유를 그만큼 좋아했더라면 그들은 일찌감치 히틀러를 반대하고 자유를 위해 죽었을 것이다.

동독에서 서독으로의 망명이며, 동독의 봉기 같은 사건에서 자유를 향한 사랑을 바라본 미국인들이 한 가지 유념할 것은, 바로 그 동독인들이 1933~1945년까지 무려 12년간 전체주의의 노예제 치하에서 살았던, 그리고 그런 삶을 사랑했던 사람들이라는 점이다. 그들은 심지어 그 체제를 노예제라고 부르지도 않았다. 그 체제를 증오했던 많은 사람들은 현재 동독에서 건너오는 사람들보다도 훨씬 더 나은 조건 하에 외국으로 이민갈 수 있었다. 하지만 전체주의 독재 하에서 쫓겨난 사람들을 제외하면 그 12년 동안 이민은 거의 없다시피 했다.

32장 "우리가 러시아인과 똑같다는 거야?"

19세기 유럽에서 여전히 멀쩡했던 독재정권의 거대한 성채는 세 군데가 있었다. 바로 러시아, 프로이센, 오스트리아였다. 이들 국가는 당시의 표현을 빌리자면 동유럽의 세 강대국이었다. 농업 및 군인 귀족에게 봉사하고, 굴종적인 교회가 뒤따르는, 봉건제 이후 절대주의의 유형들이 서양에서도 여전히 살아남은 곳이었다. 독일 왕실의 프랑스와 영국 편애, 그리고 독일 왕실과 영국 지배 가문 사이의 통혼 때문에, 전 세계는 마치 서유럽이 독일을 지도하는 듯한 인상을 손쉽게 받았으며, 이런 인상은 비스마르크 치하의 새로운 제국이 달성한 눈부신 산업화에 의해 더욱 강화되었다. 하지만 독일 학계가 오랫동안 러시아에 몰두했으며 러시아 역시 독일에 몰두했다는 것이야말로, 유럽의 미래를 짐작하기 위한 목적에서는 왕궁사회의 사건들보다 오히려 더 나은 단서였을 것이다.

러시아의 역사는 따뜻한 항구를 찾기 위한 탐색으로 요약될 수 있다. 러시아와 독일은 저마다 '가진 것이 없는 나라'로 자처했다. 양국은 중세 이후로 대륙의 식민화에서부터 (여기에는 대여섯 번에 걸쳐서 폴란드를 기분 좋게 분할한 것도 포함되었다), 심지어 해외를 식민화하지 못한 실패 또는 무능력에 이르기까지, 서로 유사하며 협조하는 행동을 가진 긴 역사를 갖고 있었다. 흑해를 향한 러시아의 야심을 비스마르크가 지지한 것이라든지, 독일 참모본부가 10월 혁명을 지지한 것이라든지, 라팔로 조약[32]이라든지, 몰로토프와 리벤트로프의 평화조약[33]이라든지, 이런 모든 것들은 매우 지당하게도 독일이 영구적인 협공 상황 속에서 취하는 정책으로 간주되었다. 독일과 러시아의 관계로 말하자면, 둘 중 한 나라가 다른 유럽 강대국들과 맺은 관계에 비해서 항상 더 행복한 관계이기만 했다. 가까운 과거의 여러 사건들 말고, 그보다 더 앞선 시기에는 무려 5세기에 걸쳐 독일의 무역업자와 농업학자가 놀라우리만치 평화로운 상황에서 서쪽의 슬라브 민족 사이로 침투했으며, 슬라브 민족 역시 이와 마찬가지로 동프로이센과 슐레지엔의 기질에 영향을 끼쳤다.

우리는 공산주의와 나치즘의 본질적인 유사성을 뒤늦게야 발견했다. 그 이유는 어쩌면 독일의 '진보한' 상황 때문에 시선이 다른 곳으로 빗나갔기 때문일 수도 있고, 또 어쩌면 소련의 공산주의를 민주주의적 사회주의와 혼동했기 때문일 수도 있고, 또 어쩌면 양쪽 모두 때문일 수도 있다. 하지만 반유대주의의 순환경로는 그 자체로 범게르만 민족주의와 범러시아 민족주의의 독특한 합치성을 보여주는 징조였다. 반유대주의는 14세기에는 독일에서 러시아로 전해졌고, 18세기 말에 폴란드가 분할되면서 19세기에는 러시아에서 오스트리아로 전해졌으며, 20세기에는 오스트리아에서 다시

---

32. '라팔로 조약'이란 1922년 4월 16일 이탈리아의 라팔로에서 독일과 소련이 체결한 우호조약을 말한다.
33. '몰로토프-리벤트로프 조약,' 또는 '독일-소련 불가침조약'은 1939년 8월 23일에 모스크바에서 소련 외무장관 바체슬라프 몰로토프(1890~1985)와 독일 외무장관 요아힘 폰 리벤트로프(1893~1946)가 체결한 조약이다. 이로써 독일은 동부전선에 대한 걱정 없이 서부전선에서 전쟁을 수행할 수 있게 되었으며, 서부전선에서 승리를 거두고 난 1941년에 급기야 조약을 파기하고 소련을 침공했다.

독일로 전해졌다. 하지만 1930년대가 되어서야, 즉 국가사회주의가 독일을 휩쓸게 되고 나서야 우리는 독일인과 러시아인 모두에게 '부족'과 유사한 의미에서 원시적인 '친족'이 깊숙이 자리 잡았음을 발견했다.

　독일인 가운데 일부는 아직도 이를 발견하지 못했다. 함부르크에서 학생 여러 명을 만나서 이야기를 나누다가 마침 러시아에 관한 이야기가 나왔다. "러시아인에 관해서 잘 모르시는군." 학생 가운데 한 명이 이렇게 말했는데, 외관상 단순히 나만을 겨냥한 말이 아니라 거기 있던 사람들 전반을 겨냥한 말인 듯했다. "내 말은 모두들 러시아인에 관해서 잘 모른다는 거야. 하지만 나는 알지. 그들은 자유에 대한 생각 자체가 없어. 설령 자유를 갖고 있다 하더라도, 그들은 그걸 어떻게 사용해야 하는지 모를 거야. 그들은 원시적이고 마치 짐승과도 같은 인간이야. 그들은 한마디로 인간성, 또는 인권에 관한 개념 자체가 없어. 내 친구 중에 러시아의 강제수용소에 다녀온 친구가 하나 있거든. 거기서 그들이 한 짓은 정말 끔찍했어. 아마 모두들 믿기지 않을 걸." 또 다른 학생이 이렇게 말했다. "내 친구 중에는 독일의 강제수용소에 다녀온 녀석도 있어. 거기서 그들이 한 짓도 정말 끔찍했대. 아마 모두들 믿기지 않을 걸." 그러자 러시아인을 비난하던 앞의 학생이 벌컥 화를 냈다. "그게 무슨 말이야." 그가 소리를 질렀다. "그러면 우리가 러시아인과 똑같다는 거야?"

33장 마르크스가 미헬에게 말을 걸다

　　　　　　　　　　이런 농담이 있다. "러시아인 두 명이 싸우면 서로의 옷을 찢은 다음에 화해의 뜻으로 악수를 나눈다. 독일인 두 명이 싸우면 서로를 죽이고 나서도 옷에서 단추 하나 떨어지는 일이 없다." 독일인의 부르주아적 발달은 뒤늦게 찾아왔으며 러시아는 아예 찾아오지도 않았다. 그러면서 독일인의 사유재산 관념은 마치 어린이의 경우처럼 과도하게 발달했다. 하지만 1914~1945년의 제2차 30년전쟁은 사유재산을 가진 사람을, 그중에서도 특히 부르주아지를 프롤레타리아화했다. 1945~1948년의 인플레이션 때에도, 그리고 1919~1923년의 인플레이션 때에도 (이때에는 현물을 보유한 소매상은 살아남았지만) 농민은 자기가 먹을 식량을 갖고 있었을 뿐만 아니라, 그 식량을 자기가 원하는 것과 맞바꾸기도 했다. 그 때문에 "돼지우리에도 페르시아제 양탄자를 깔아놓을" 정도였다. 그러다가 두 번 모두 인플레이션에 뒤이어 통화개혁이 일어났고, 그 때문에 농민은 타격을 받았으며, 농민이 하향길로 접어들자 머지않아 부르주아지도 마찬가지로 하향길을 걷기 시작했다.

　　부르주아 중에서도 더 상류의 사람들은 가장 처음으로, 가장 힘들게,

가장 지속적으로 프롤레타리아화했다. 그들은 아직도 그걸 모를 수가 있었다. 의사 슈미트 씨, 또는 변호사 슈미트 씨, 또는 교수 슈미트 씨, 또는 건축가 슈미트 씨, 또는 기술자 슈미트 씨는 저마다 자기의 전문적인 호칭을 갖고 있었다. 이 호칭은 곧 재산이었으며, 이 점에서 독일은 서양 세계의 다른 어느 곳과도 달랐다. 하지만 그는 실물재산은 전혀 갖고 있지 않았으며, 사회질서 속에서 손에 잡히는 말뚝은 전혀 갖고 있지 않았다. 자기 노동을 제외하면 그는 팔 것은 전혀 갖고 있지 않았다. 그리하여 마르크스가 그에게 말을 걸었다.

크로넨베르크의 어느 대학 학과장은 온수와 중앙난방 시설이 없는 방 네 개짜리 아파트에서 어른 네 명과 아이 두 명으로 이루어진 가정을 꾸리며 살았다. 전쟁이 끝나고 8년이 넘도록 그의 가족은 헌 옷이나 이런저런 작은 구호품을 여전히 고맙게 받고 있었다. 파이프 담배 찌꺼기를 체로 거르며 혹시 타지 않은 조각이 남아 있는지 찾아보던 그의 모습이 눈에 선하다. 한 번 우려낸 찻잎을 두 번째, 세 번째, 네 번째로 우려내던 그의 아내의 모습도 눈에 선하다. 크로넨베르크에 머물던 어느 한 해 동안, 내가 그곳에서 만난 사람 가운데 자가용을 가진 사람은 딱 한 명뿐이었고, 냉장고를 가진 사람은 그나마 하나도 없었다. 계란은 낱개로 판매되었다. 계란을 한꺼번에 열두 개씩이나 살 만큼, 또는 그렇게 산 계란을 신선하게 보관하는 공간을 가질 만큼 돈이 많은 사람이 어디 있단 말인가?

우리 큰아이가 6학년일 때, 같은 반 아이들 가운데 10퍼센트는 아침도 먹지 못하고 학교에 왔다. 비옥한 계곡에 자리한 부르주아적이고 비산업적이고 군청 소재지인 소도시에 있는 학교에서, 그것도 전쟁이 끝난 지 8년이나 되었는데도 말이다. 그런가 하면 아무것도 바르지 않은 맨빵만 먹는 아이도 10퍼센트나 되었다. 잼은 발라도 버터는 못 발라 먹는 아이도 10퍼센트나 되었다. 우유나 우유 대용품을 마시는 아이는 겨우 상위 30퍼센트에 불과했다. 우리 작은아이는 1학년이었는데, 새로 사귄 친구 비네트를 집에 데려와서 바나나를 하나 줬다. 그러자 비네트는 바나나를 먹더니, 심지어 껍질까지 다 먹어치웠다.

그런데 이 모두가 '회복된' 독일, 즉 서독에서 일어난 일이다. 서독의 생활 수준은 동독의 생활 수준보다 항상 더 높았고, 지금은 당연히 훨씬 더 높은 상태다. 그런데 이 '회복된' 독일에서도, 숲으로 에워싸인 한 소도시에서는 불쏘시개를 살 몇 센트가 없어서 한겨울에도 오로지 부엌에만 불을 지피는 형편이다. 내 친구인 젊은 슈벵케는 담배 마는 기계는 플라스틱 롤러가 아니라 천으로 만든 롤러가 달린 것이 좋다고 내게 권했다. 그렇다면 당신은 왜 플라스틱 롤러가 달린 기계를 사용하느냐고 내가 물어보았다. 그러자 그는 그게 다른 기계보다 2센트 반이 더 싸기 때문이라고 답했다.

물론 뒤셀도르프에는 밍크 코트도 있고, 바덴바덴에서는 카드 도박이 밤낮으로 벌어지며, 베를린에는 길이가 한 블록에 달하는 메르세데스 리무진도 있다. 하지만 리무진이 지나가고 나면, 우리는 쓰레기통을 뒤지고 다니는 사람들을 (청년이고, 중년이고, 노인이고 간에) 쉽게 찾아볼 수 있다. 독일의 쓰레기통 안에서 뭔가 먹을 수 있는 것을 찾아내는 것이 마치 가능하기라도 한 것처럼! 서독에서 빈부 차이가 나치 시절의 빈부 차이보다 훨씬 더 크다는 주장에 아무도 이의를 제기하지 않을 정도다.

"현재 생산량은 전쟁 전의 150퍼센트에 달한다." 하지만 중요한 사실은 그렇게 생산된 것이 과연 무엇이며, 어디로 흘러갔느냐는 것이다. '회복된' 독일에서 생산되는 것은 내수용 소비재가 아니었다. 공작용 기계는 만들기가 어렵기 때문이다. 서독의 치솟는 경제는 인공적으로 만들어진 것이었으며, 역시나 아주 높이까지는 아니지만 치솟는 동독의 경제와 마찬가지로 냉전 하에서 정치적 목적으로 이루어진 경기회복 작전이었다. 금과 달러 보유고를 높이기 위해 수출업자는 세금 감면을 받았다. 그 세금은 궁극적으로 '미헬(Michel)'이 내는 것이었다. 미헬이란 독일의 희극에서 서민의 대명사인 전형적인 얼간이를 말한다. 전쟁 직후에 분산되었던 I.G. 파르벤의 화학 회사 연합체는 그 어느 때보다도 더 규모가 커졌다. 한 타자기 제조업체는 무려 139개국에 수출했다.

"현재 생산량은 전쟁 전의 150퍼센트에 달한다." 하지만 폭스바겐의 임원을 포함한 직원 2만 명 가운데 정작 자기들이 만드는 자동차를 몰고 다닐 만한 여유가 있는 사람은 겨우 2퍼센트에 불과하다. 무려 "150퍼센트"가 달성된 1953년, 서독의 공업 노동자 임금은 미국의 4분의 1이 채 못 되었으며, 생활 수준은 군사화의 부담까지 짊어진 프랑스보다 15퍼센트 더 낮았다. 1인당 육류 소비량은 육류가 배급 대상이 아니었던 긴축 상태의 영국보다 더 낮았다. 그 "150퍼센트"는 결국 5,000만 명의 서독인에게 흘러가지 않았다.

유럽 내에서도 유일하게, 국가예산의 3분의 1에서 절반가량을 군사 시설에 써버려야만 하는 주권국가 특유의 특권을 누리지 못하는 나라인 독일은 전쟁이 끝난 이후로 '승전국' 프랑스보다 최대 여섯 배나 더 많은 신규 주택을 건설했다. 하지만 그래도 400만 채의 주택이 부족했고, 주택 공급은 여전히 1인당 최대 방 하나씩으로 배급되었다. 실업자 수치도 신뢰할 수 없다고 악명이 자자해서, 200만 명이라는 그럴싸한 수치부터 최대 100만 명이라는 믿을 수 없는 수준까지 있었다. 시간제 고용과 정규 고용을 구분하는 정확한 수치도 아예 없었으며, 1,000만 명에 달하는 '추방자들'에 관한 정확한 수치도 없었다.

베를린의 포츠담 광장을 걸어가면서 깨닫게 되는, 아니 차마 깨닫지 않을 수 없는 몇 가지 간단한 차이가 있었다. 공산주의인 동베를린에서는 그 어떤 노동자도 자유롭지 않았지만, 그렇다고 해서 실업자는 아니었다. 반면 자본주의인 서베를린에서는 노동자 4명 가운데 1명꼴로 실업자였지만, 그래도 이들은 자유로웠다. 크로넨베르크에는 중공업이 없었기 때문에, '일반' 노동력의 실업이 1953년에는 20퍼센트였으며 이는 '추방자들' 때문에 크게 늘어났다. 사무직 노동자 가운데 4인 가족이 방 하나에 거주하는 실업자는 매월 31.74달러의 실업급여를 받았다. 그들은 미국에서 쓰는 임대료의 4분의 1을 임대료로 사용하고, 미국에서 쓰는 식료품 구입비의 절반을 식품 구입에 사용하고, 연료와 의복을 포함한 제조품을 구입할 때에는 우리가 내는 것만큼의 돈을 낸다. 하지만 미국에서 10센트 하는 비누 하나가 서독에서는 무려 24센트에 달한다.

독일에서는 금전 가치가 떨어지는 반면, 현물의 가치는 올라갔다. 구둣방에서는 굳이 가죽이나 고무를 대지 않아도 되는 수리를 반 시간 동안 하고 나서 12센트의 수리비를 받지만, 구두 한 켤레의 앞창과 뒤굽을 10분 동안 갈고 나면 수리비는 2달러 50센트가 된다. 독일의 수출과 독일의 산업을 같은 것으로 혼동해서는 안 된다. 독일인은 아직 회복되지 못했다. 미국의 원조에 의해서도 회복되지 못했다. '그들'이 30억 달러를 원조로 받았다는 것은 사실이다. 하지만 그들이 100만 달러를 점령 비용으로 지불한 것도 사실이다. 그리고 마셜 계획에 의한 것이건, 또는 그 후속 조치에 의한 것이건 간에, 원조는 독일 인구 1인당 28달러에 불과했다. 그게 어떤 형태로 이루어지고 어떤 사람에게 갔던 간에 말이다. 이에 비해 영국은 1인당 63달러, 프랑스는 1인당 65달러를 받았다.

독일에서 뭔가 회복이 이루어진다고 하면, 즉 파괴된 도시 '자체의' 눈부신 재건이 아니라 오히려 파괴된 도시 '내부의' 눈부신 재건이 이루어진다고 하면, 그건 어디까지나 7,000만 명에 달하는 독일의 '미헬'들이 등골 부서지게 고생을 감내한 결과였다. "일하고 저축하게, 미헬." 케테 아주머니는 일하고 저축했다. 그녀는 두 번에 걸쳐 일했고, 그때마다 2,000달러 가까운 돈을 저축했다. 하지만 1918년과 1945년을 거치면서 그녀의 2,000달러는 인플레이션으로 날아가버렸다. 케테 아주머니는 오로지 옛날 독일어 글자체만 읽고 쓸 줄 알고, 그 외에는 그리 많이 읽거나 쓰지 못했다. 그녀는 심지어 마르크스가 자기한테 말을 건다는 사실조차도 몰랐다. 자기 몸값보다 비싼 현물을 사용하는 구둣방 주인도 사정은 마찬가지였다.

1914~1945년에 벌어진 제2차 30년전쟁 기간 내내, 독일인의 예리한 재산 감각과 독일인의 예리한 안보 감각은 그의 몸속에서 다툼을 벌였다. 20세기 초 독일에서 나타난 반자본주의의 발달은 경이적이었다. 1871년에 구성된 최초의 제국의회에서 사회민주당이 차지한 의석은 겨우 두 개였다. 그러다가 1903년에는 무려 81개가 되었고, 제1차 세계대전 직전에는 무려 110개가 되어서, 그들이야말로 이 나라에서 가장 강력한 정당이 되었다. 1932년에 반자본주의 세력이 제국의회의 의석 가운데 3분의 2를 차지하였다. 바로 중도 좌파, 사회민주당, 공산당, 그리고 나치였다. 이 가운데 맨 마지막 세력은 독일의 자본가들로부터 개인적인 후원을 받았다.

독일의 박탈, 특히 중산층 그리고 특히나 중상류층의 박탈은 제1차 세계대전 중반 이후부터 계속해서 진행 중이었으며, '좋은' 시절이건 '나쁜' 시절이건 간에 그치지 않고 완성을 향해 나아갔다. 재산이 없는 '시민'은 프롤레타리아에 자신의 운을 던지지 않는다. 하지만 머지않아 그의 운이 그를 던져버리게 된다. 그는 최초의 '제국'이라는 '황금시대'에 관한 추억 속에서 살아가는 것이다. 만약 그가 충분히 늙었다면 결국 죽어버릴 것이다. 아니면 그의 손자손녀들 어쩌면 그의 자녀조차도 자기들의 환상을 지탱해줄 개인적 기억을 전혀 갖고 있지 않는 까닭에 결국 환상을 잃어버리게 되는 것이다. 상황이 충분히 나쁘고 충분히 오래된다면, 세 가족에게 오로지 하나의 출입문만 있는 상황에서, 그 위에 가문의 이름이 새겨진 세습적 문패를 유지한다는 것은 뭔가 신경 부조화가 있는 듯하다. 그리하여 손자 또는 아들은 그 문패를 떼어버리는 것이다. 마르크스가 그에게 말을 거는 것이다.

이런저런 폭동에서, 또는 이런저런 장소에서, 그가 스스로를 나치, 파시스트, 공산주의자, 민족주의자, 또는 비밀공제조합원이라고 부르건 말건 마르크스도 아마 신경 쓰지 않을 것이다. 마르크스는 사람들의 옷깃에 달린 배지에 대고 말을 거는 것이 아니라, 그의 존재의 적나라한 상황에 대고 말을 걸고 있다. '전쟁 전의 150퍼센트'는 죽은 금융가들이 하는 수수께끼 같은 말에 불과했다. 어느 쪽이 이기건 지건 간에, 전쟁처럼 돈을 많이 쓰는 일은 세상에 또 없다. 어느 쪽이 이기건, 전쟁처럼 프롤레타리아를 많이 만들어내는 일은 세상에 또 없다. 어느 쪽이 이기건 지건, 주택과 저축을 모두 날려버린 사람에게, 자기 노동을 제외하면 팔 것이 전혀 없는 사람에게, 마르크스는 말을 거는 것이다. 죽은 금융가들이 '전쟁 전의 150퍼센트'를 이야기하게 내버려 두라. 마르크스는 영국과 프랑스, 즉 생산능력이 파괴되기는커녕 거의 아무런 해도 입지 않은 두 나라도 결코 제1차 세계대전에서 회복되지 못했음을 알았기 때문이다. 박살난 돌이며, 뒤틀린 철골이며, 불타버린 상점이며, 침수된 갱도 사이에 새로운 프롤레타리아들이 서 있는 것이다. 바로 독일인들이 말이다.

잊지 말아야 할 것은 이 독일인들이야말로 한때 유럽의 기준으로는 부유했던 사람들이었는데, 지금은 가난해지고 말았다는 점이다. 따라서 주관적으로 생각하자면 지금에 와서는 그들이야말로 원래 항상 가난했던 사람들보다도 더 상태가 나빠진 셈이다. 그들은 자기들의 현재 모습이 무엇인지를 깨닫게 되는 바로 그 시점까지 접근하는 것이다. 그 정확한 시점이 어디인지는 아직 아무도 모르지만 말이다. 그들의 현재 모습이란 바로 프롤레타리아다. 1945년부터 1955년 사이에, 미헬이 자국을 점령한 군대를 유지하기 위해서는 매달 1억 5,500만 달러를 내면 그만이었다. 그런데 그가 자국 군대를 갖게 된다면, 즉 '유럽의 방어'에 대한 '방어적 기여'를 하게 된다면, 미헬은 맨 처음부터 매달 2억 1,500만 달러를 내야 한다.

　미헬은 공산주의자를 싫어한다. '그 이름을 달고 있는 것'은 모조리 싫어한다. 하지만 히틀러는 국가사회주의라는 이름 하에 국유화를 실시했는데, 미헬은 단지 그런 사실을 몰랐을 뿐이다. 만약 세상에서 이런 하락의 과정이 그것도 '아래에 있는' 것이 아니라 '아래로 떨어지는' 과정이 계속된다면, 미헬은 뭔가 새로운, 다만 아직까지는 생겨나지 않은 '반공산주의'를 받아들이게 될 것이다. 하지만 그것은 국가사회주의와 마찬가지로 사실상의 공산주의가 될 것이며, 인간의 가치가 떨어지는 것과 반비례하여 가치가 올라가는 현물을 오로지 집단적인 형태로만 사용할 수 있게 될수록 더 진보된 형태를 취하게 될 것이다. 1941~1945년의 증오가 잦아들고 나서, 명칭이 '반공산주의'인 공산주의가 러시아의, 또는 러시아와 독일의 무산자(無産者)의 세 번째 라팔로 조약이 되지 말라는 법은 전혀 없다. 왜냐하면 무산자는 다른 모든 무산자와 마찬가지로 '다 가진 사람'이 되기를 꿈꾸기 때문이다. 물론 세 번째 라팔로 조약의 당사자 양측이 서로를 파괴할 가능성도 있다. 처칠은 바로 그 가능성에 한 번 걸었다가 판돈을 잃고 말았다. 하지만 이런 가능성은 예나 지금이나 부자의 꿈에 불과하다.

　부르주아의 자부심, 직위, 문패, 고위 '공무원'이 하급자로부터 받는 인사 등은 독일과 러시아 사이를 가로막았지만 이런 자부심, 직위, 문패,

인사도 모두 하락하고 말았다. 지난번 전쟁에서 독일인이 러시아에서 행한 일과 그 직후에 러시아인이 독일에서 행한 일이 이들 사이를 가로막고 있기도 하다. 처음에는 나치 정부가, 나중에는 미국 점령부가 독일인에게 퍼부은 반공산주의의 구호들도 있으며, 이것 역시 한동안 계속 살아남을 것이다. 하지만 동쪽을 바라본 프리드리히 2세와 비스마르크는 나치와 미국 점령부보다도 더 오래 살아남을 것이다. 현실주의적인 월터 리프먼은 1954년 말에 이렇게 말했다. "독일 내에서 그런 거래를 향한 인력이 매우 강력할 가능성이 크고, 독일이 커다란 군사력을 획득하고 나면 그런 인력이 점점 더 강력해지리라는 것은 모두가 알고 있다." 여기서 말하는 '거래'란 서독과 소련 간의 거래를 말한다. "러시아인은 독일인과 거래할 때 사용할 큰 자산을 보유하고 있다. 그 자산이란 바로 통일, 점령군의 철수, 국경 조정, 추방된 난민들의 재정착, 무역, 유럽의 운명에서의 커다란 정치적 영향력 등이다." 이 현실주의자는 좀 더 현실적인 태도를 드러내며 이렇게 덧붙일 수도 있었으리라. 1914년에 비해서도, 심지어 1939년에 비해서도, 마르크스는 오늘날의 독일인에게 더 많이 말을 걸었다고 말이다.

34장 나치만큼 위험한 군국주의적 반공주의

압력을 분출하는 방법은 두말할 것도 없이 '압력의 분출' 그 자체다. 만약 어떤 비용이 들더라도 독일의 (따라서 유럽의, 따라서 문명의) 구원이 반드시 달성되어야 한다면, 모든 수단의 검증은 이미 고인이 된 인도의 전임 총리가 촉구했던 검증이어야만 한다.[34] "그것이 긴장을 추가하는가, 안 하는가?" 이 말에 암시된 정의와 힘 '모두'의 포기를 한탄하는 서양인이라면, 동양인을 곁눈질로 바라보고 계속해서 주의할 것이다. 만약 독일인 스스로가 고통을 겪었다는 이유로 나머지 세계가 고통을 겪게 한다면, 그리고 만약 독일인이 스스로가 고통을 겪는 이유가 압력을 받기 때문이라면, 맨 처음 해야 할 일은 바로 그들로부터 압력을 덜어주는 것이 아니겠는가. 정의와 힘 같은 좋은 것들은 더 늦어져도 그만이다.

그들에게서 압력을 덜어주고 나서도, 어쩌면 그들은 견딜 수 없어 할 가능성이 있다. 하지만 그들에게 압력이 계속 가해진다면, 그들은 십중팔구 견딜 수 없어 할 것이다. 그들에게서 압력을 덜어주고 나면, 어쩌면 그

---

34. 1964년에 사망한 자와할랄 네루를 말한다. 1966년 판의 서문에서 저자는 이 구절이 개정판에서 덧붙여진 것이라고 설명하였다.

그들의 원인과 치료법, 독일은 어떻게 치유될 것인가? 453

들은 자기들이 지난번 전쟁에서 이겼다고 주장할지도 모른다. 하지만 자기들이 다음번 전쟁에서 이길 것이라고 주장하는 것보다 차라리 이게 낫다. 그들에게서 압력을 덜어주고 나면, 어쩌면 그들은 재무장할지도 모른다. 하지만 어쨌거나 그들은 과거에도 그렇게 하지 않았던가. 그들에게서 압력을 덜어주고 나면, 어쩌면 그들은 공산주의자가 될지도 모른다. 하지만 어쨌거나 그들은 과거에도 나치가 되지 않았던가.

문제는 독일인의 구제가 그보다 먼저 세계의 재건과 비슷한 뭔가를 요구할 것이라는 점이다. 즉 구제 프로그램을 시작하거나 심지어 생각하는 것만 해도 이 세상에는 이 제안에 대해 다음과 같은 수사적인 질문으로 반응하지 않는 종류의 세계가 반드시 있어야만 한다. 즉 독일인들이 저지른 범죄에도 불구하고 그들을 애지중지할 것인지, 그들이 시작한 전쟁에서 패배한 것조차도 잊고 넘어갈 것인지 하는 질문 말이다. 그것은 반드시 자기 코끝 너머를 보고,[35] 그 코를 얼굴의 나머지 전부와 함께 과거에서 미래로 돌릴 수 있는 세계가 되어야만 한다. 즉 반드시 '세계관(Weltanschauung)'을 가진 세계가 되어야만 한다.

이것은 우리가 지금 살고 있거나 조만간 살게 될 세계가 아니라고 말하는 것은 과도할 것이다. 독일인들로부터 압력을 덜어줄 가능성이 있는 세계는 반드시 그 스스로도 압력을 받지 않는 세계가 되어야만, 즉 자유롭게 숨 쉬는 세계가 되어야만 한다. 우리가 그런 세계에서 살아가는 일이 아직은 요원하기 때문에, 지금 세계를 양분하는 두 강대국은 한편으로 양쪽 모두 독일을 현재의 통로로 데려온 피해망상적인 공포의 희생자가 되어가고 있으며, 또한 양쪽 모두 다른 모든 목적을 희생해 가면서까지 자국을 포

---

35. "선견지명이 있다"는 의미의 관용어다.

위한 상대국을 포위하고 있다. 최소한 이 한 가지 점에서는 괴벨스의 뒤틀린 예언이 옳았던 셈이다. "설령 우리가 패배하더라도 우리는 이길 것이다. 왜냐하면 우리의 이상은 우리 적들의 가슴을 관통할 것이기 때문이다."

우리가 살아가는 그런 세계에서는 유럽에서도 '유럽 합중국'이라는 그런 꿈이 더 이상은 진전되지 않을 것이다. 이곳에서 세계 연방주의가 더 이상은 진전되지 않는 것과 마찬가지로 말이다. '유로파 연합' 운동[36]은 다른 어디에서나 마찬가지로 독일에서도 정부와 무관한 지식인들 사이에서만 널리 퍼져 있고, 특히 젊은이들 사이에 퍼져 있다. 뮌헨 대학에서는 무작위로 선별한 학생들 가운데 88퍼센트가 '독일의 주권'보다 '유럽의 통일'을 더 선호했다. 하지만 '유럽의 통일'은 사람마다 서로 다른 것을 의미한다. 어떤 사람에게는 평화를, 또 어떤 사람에게는 전쟁을 의미하는 것이다. 그리고 이것이야말로 민주주의보다 훨씬 더 모호하고 훨씬 더 제한적인 이상이다. 세계 투쟁의 맥락에서 '유럽연합'은 다음과 같은 것을 의미한다.[37] 첫째는 비공산주의 유럽의 군사적 연합이다. 둘째는 경제적 연합이다. 젊은 이상주의자들과 늙은 카르텔주의자들 모두가 지지하는 것이 바로 이것이다. 그리고 마지막으로는 정치적 연합이다. 그리고 독일을 분열된 상태로 남겨두는 연합은 설령 가능하다 하더라도, 무엇이든지 간에 오로지 문서상으로만 일어날 것이다.

러시아인이 독일인의 구제에 관심을 가질 가능성도 있다. 러시아인으로 말하자면 '러시안 룰렛'을 만들어낸 장본인이니 말이다. 현재 독일인이 러시아인을 두려워하듯이 러시아인도 독일인을 두려워하는데, 거기에는

---

36. '독일 유로파 연합(EUD)'은 유럽의 완전한 통합을 목표로 하는 비정부조직으로 1946년에 설립된 '유럽연방주의자 연합(UEF)'의 독일 지부다.
37. 물론 1993년에 출범한 현재의 '유럽연합(EU)'이 아니라, 이 책의 초판이 나온 1955년 당시에 제안된 가상의 '유럽연합'을 말한다.

충분히 그럴 만한 이유가 있다. 1954년의 《런던 타임스》는 이렇게 말한다. "러시아인이건, 서구건 간에, 각자의 국가적 이익과 합치되는 조건 하에서 독일의 통일에 합의할 수가 없다는 점은 이제 분명해졌다. 서구의 방어에서 마지막 한 조각, 즉 서독의 협조야말로 러시아인에게는 공포의 핵심으로 남아 있다. 그리고 서양의 주된 불안, 즉 유럽의 심장부에 있는 러시아 군이야말로 러시아인의 시각에서는 소련의 방위를 위한 불가결한 조건이다. 오늘날 세계의 상황에서는 양쪽의 두려움 가운데 어느 것도 순전한 선동일 뿐이라고 폄하할 수 없다."

이런 세계의 이런 상황에서는, 반드시 미국이 주도권을 선점하고, 얼마든지 협상이 가능한 독일의 재통일을 제안함으로써, 자국의 즉각적인 이익을 희생시키더라도 당신네 이익은 협정에 의해 제공되거나 최소한 제공되지 않는 일은 없을 것이라고 말함으로써 러시아인을 만족시켜야만 할 것이다. 만약 이전까지 단 한 번도 이런 일이 이루어진 적이 없다면, 만약 한 국가가 타국의 이익을 증진시키기 위해 자국의 즉각적인 이익을 희생시킨 적이 단 한 번도 없었다면, 즉각적인 국가적 이익의 희생이 어떠한 것이든지 간에 독일인의 구제가 문명을 구제하는 가능성을 만들어내리라는 유토피아적 근거에서라도, 이런 일은 역사상 최초로 이루어져야 할 것이다.

독일인의 치료는 어떤 경우에도 공짜가 아닐 것이며, 어떤 처방에 의해서도 완전히 보장되지는 않는다. 만약 독일이 다른 누군가의 위성국가로 간주된다면 (지금은 마치 그렇게 간주되는 듯한데, 이는 잘못이다) 어느 누구도 굳이 독일인을 위해 아무런 일도 하지 않을 것이다. 예외가 있다면 전쟁을 대비해 독일을 준비시키는 것뿐일 터인데, 이때의 전쟁에는 내전도 포함된다. 그리고 전쟁은 독일인에게 좋지 않다. 오로지 관심을 가진 강대국들이 궁극적인 자기이익 쪽이 즉각적인 자기이익보다 더 흥미롭다고 판단할 때가 되어야만, 강대국들은 독일인에게서 압력을 덜어주는 일에 관심을 갖게 될 것이다. 하지만 강대국들 스스로가 구제를 실시하는 것은 아무런 도움이 되지 않을 것이다. 자비로 위장했으나 위장에 성공하지 못한 착취가 갑자기 진정한 자비를 드러내는 프로그램으로 신속하게 전환되면 독일인은 그저 어리둥절하고 말 것이다.

여러 해 동안, 정말 여러 해 동안, 매우 가까운 거리에서 고심한 끝에, 전직 미국 독일 점령 고등판무관 맥클로이 씨는 1946년에 뉘른베르크에서 중립국 인사들이 판사석에 앉아 있었다면 오히려 도움이 되었을 것이라는 결론에 이르게 되었다. 물론 1946년에도 뉘른베르크에 중립적인 재판소를 만들자는 제안이 있었지만 이런 제안은 받아들여지지 않았으며, 지금은 이런 제안에 귀 기울이기에 너무 늦어버리고 말았다. 하지만 베를린의 국경에 중립국 인사들을 앉혀 놓자고 제안하는 사람들의 말에 귀 기울이기는 아직 너무 늦지 않았다.

독일을 재통일하는 방법을 찾아내는 과정에서 서양 또는 미국의 불이익은 꽤 클 수 있다. 통일된 독일은 비록 반공산주의 국가라 하더라도 사회주의 국가일 것인데, 왜냐하면 동독인의 5분의 4가 사회민주주의자이기 때문이다. 그리고 사회주의를 좋아하지 않는 미국인도 일부나마 있을 것이다. 뿐만 아니라 독일에 대한 '포기'는 미국의 체면이 실추되는 것을 의미할 텐데, 이것이야말로 서양인에게는 가장 불쾌한 전망일 것이다. 그중에서도 최악의 전망은, 이것이 최소한 유럽 내에서는 힘을 통한 봉쇄라는 현재의 정책 모두에 대한 포기를, 그리고 전복과 봉기에 의한 해방이라는 현재의 야심 전부에 대한 포기를 의미할 수도 있다는 점이다. 이것은 공산주의의 확장이 어디에서 어떻게든 저지된다 하더라도, 만약 그런 일이 군사적 수단에 의해 저지될 수 있다 가정한들 비스와 강, 오데르 강, 엘베 강, 또는 라인 강에서의 전투에 의해 저지되지는 않으리라는 의미일 것이다. 이것은 유럽을 '보유할' 수 없다는 의미일 것이다.

하지만 유럽을 '보유하기' 위해서 독일인에게 의존해야 하는 대안도 매력적이지 않기는 마찬가지다. 독일인은 1급의 전체주의자에서 1급의 자유민으로 변모하지는 않았다. 그리고 앞으로 6개월, 또는 앞으로 6년 안에도 그렇게 변모하지는 않을 것이다. 그들 대부분이 아주 최근까지만 해도 어떠했는지를, 그리고 습관적으로 어떠했는지를 또는 최소한 어떻게 행동했는지를 우리가 기억한다면, 설령 독일인이 반드시 우리를 구해주어야 한다고 치더라도 우리가 공산주의로부터 구제되기 위해 굳이 그런 말썽을 감내할 가치는 거의 없어 보인다.

이러한 애처로운 상황 속에서, 즉 어떠한 진정한 구제 프로그램도 워낙 비현실적이어서 일고의 가치도 없는 상황 속에서, 그럼에도 미국이 유토피아주의라고 비난을 받지 않으면서 그것을 회피할 수 있는 행동 몇 가지가 있다. 1953년의 독일의 선거 직전에 《뉴욕 타임스》의 어느 기사 표제는 이러했다. "미국, 동독인을 위한 식량 원조 고려. 잉여분 발송으로 아데나워를 돕는 한편, 러시아인을 부끄럽게 만드는 방안 저울질 중." 그로부터 2주 후에 베를린 프로테스탄트 대성당의 하인리히 그뤼버 수석 사제는 회중에게 이렇게 말했다. "진정한 사랑의 정신이 없는 상태에서 어떤 자선 계획을 실행할 경우, 축복은 졸지에 저주로 변하고 맙니다. 우리는 곤경을 구제하기 위해 일하는 사람들과는 기꺼이 공조할 것입니다. 하지만 그러기 위해서는 우선 그들이 다른 정신적 단서 없이, 그리고 부정직한 의도 없이 그렇게 해야만 합니다. 우리는 자신들의 정치적이고 선동적인 전쟁을 위장하기 위해 자선 활동을 이용하는 사람들이나 세력과는 공조를 거부하는 바입니다."

굶주리는 세계에서 차마 시장에 판매할 수 없는 잉여 식량을 흥청망청 소비하는 나라가, 단지 선거에서 승리하기 위해 타인의 굶주림을 2주 동안 이용한다면, 그 나라는 결코 다른 나라를 구제할 수 없을 것이다. 그리고 공공정책상의 문제 때문에 그렇게 하려고 시도하는 나라가 있다면, 그 나라는 결국 애초에 시도해서는 안 되는 것을 시도하는 셈이다. 《뉴욕 타임스》의 기사 표제도, 그뤼버 수석 사제의 설교도, '미국의 소리 방송'에 의해 방송되지는 않았다. 이것은 독일인으로부터 그들이 원하는 대로 압력을 덜어주는 방법을 찾는 것만큼 힘들지도 않다.

출처가 의심스럽기는 하지만 전해지는 이야기에 따르면 어느 날 철학자 존 듀이가 어린 아들을 데리고 비바람 부는 거리에 서 있는 모습을 한 친구가 보았다. 아이는 장화도 없이 웅덩이에 발을 담그고 있고, 듀이는 웅덩이 밖에서 아들의 모습을 지켜보고 있었다. "저 녀석을 웅덩이에서 나오게 하는 게 좋을 텐데." 친구가 말했다. "안 그랬다가는 폐렴에 걸릴지도 몰라." "나도 아네." 철학자가 말했다. "나도 최대한 빨리 하려고 노력하는 중이야. 그러니까 저 녀석이 저기서 나오고 '싫게끔' 만들 방법을 나도 궁리 중이라는 거지." 미국 정부는 독일인이 독감에 걸리는 쪽에 내기를 걸 것처럼 보이지는 않는다. 여기서 고려해야 할 것은 그들의 건강이다. 물론 우리의 건강이야 두말할 나위도 없고. 만약 우리 정부가 국가적 이유 때문에 독일인에게 민주주의를 (그들이 언젠가는 민주주의를 받아들일 것이라는 기대로) 예증하지 못하더라도, 민간단체들은 여전히 시도할 것이다. 예를 들어 독일 내의 '미국 문화원'이 자리 잡은 거리 바로 맞은편에 '합중국 문화원(Vereinigte-Staaten-Haus)'이 생기는 것을 금지하는 법률은 독일에도 미국에도 없다. 빈 땅이야 얼마든지 있다. '미국 문화원'이 "무료 강연"이라고 광고한다면, '합중국 문화원'은 "무료 토론"이라고 광고할 것이다.

압력을 받으면 아이들은 잘못된 행동을 한다. 압력이 더 커질수록 잘못된 행동도 더 나빠진다. 이럴 때에 영향을 받는 아이는 평소에 조용한 유형일 수 있지만, 어느 날 갑자기 불을 질러서 집 한 채를 홀라당 태워먹을 수도 있다. 만약 우리가 그 아이의 부모라면, 우리는 아이의 사소한 파괴 행동 정도는 무시함으로써, 아이에게 좋은 모범을 보여줌으로써, 그리고 가능하다면 아이를 사랑함으로써 압력에서 구제할 것이다. 아이가 부모의 권위를 인식하는 한, 하지만 어디까지나 아이가 그렇게 하는 한도 내에서만 부모는 아이를 부드럽게 통제할 수 있을 것이다. 독일인이 제아무리 좋게 행동한다 하더라도, 그들은 우리가 부모로서 권위를 지녔다고 인정하지 않으며, 잘못된 유비에 근거하여 행동하는 것은 상당히 위험하다. 뿐만 아니라 이들의 파괴 행동은 결코 사소하지 않으며, 이들을 사랑하는 것도 항상 쉽지는 않다. 하지만 치료법은 아마도 이와 똑같을 것이다. 최소한 독일인을 패배시킨 것은 아이를 때린 것과 똑같은 결과를 낳았기 때문이다.

미국은 독일에서 평판이 좋다. 독일 사람들 사이에서 미국은 '작은 독일'이라고 친근하게 지칭되는 경우가 흔하며, 내가 만난 열 명의 나치 친구들 모두가 친척들, 그것도 오촌이나 육촌 이내의 사람들 가운데 한두 명쯤은 미국에 이민 가 있기 때문이다. 지금에 와서도, 독일인이 우리에게서 빛을 바란다고 말하는 것은 오만한 일도 아닐 것이다. 만약 그들이 실제로 그렇다면, 우리 미국인이 저 강박적인 아이를 구제하는 연민 가운데 일부를 드러내는 것이야말로 좋은 일일 것이다. 마땅히 해야 하는 큰일들은 국가적 이유 때문에 할 수 없는 것으로 보이며, 설령 그들에게 그렇게 하는 데 실패한다는 것이 국가의 파멸을 의미한다고 해도 그렇다. 그렇다면 작은 일들을 하는 쪽이 훨씬 더 다급할 수도 있다. "나는 작은 것들로 당신들에게 다가간다"던 성 프란치스코의 말은 여전히 독일인을 치료할 단서가 될 수 있다.

하지만 어쩌면 독일인을 위해서는 아무것도 할 수 없을지 모른다. 그럴 경우에는 다른 누군가가 무슨 일을 하든지, 우리는 그들을 가만히 놔두어야만 한다. 누군가가 다른 누군가에게 무슨 일이라도 할 수 있다는 명제는 절대적으로 증명할 수 없다. 몸을 다루는 의사들은 수두룩하지만, 영혼을 다루는 의사들은 전혀 없다. 한 위대한 정신분석학자는 언젠가 예전 환자를 가리키며 자랑스럽게 말한 적이 있다. "그는 이 도시에서 가장 불행한 깡패였습니다. 이제 그는 가장 행복한 깡패입니다." 한 민족 전체가 자기들이 모범을 보여주는 것을 제외하면, 또 다른 한 민족 전체를 도와서 민족성을 바꿔놓는 일은 어쩌면 불가능할 수도 있다. 1945년까지 그런 일이 전혀 시도되지 않았던 이유도 아마 그 때문일 것이다. 하지만 0.001퍼센트의 가능성이라 하더라도, 아예 가능성이 없는 것에 비해 0.001퍼센트만큼은 더 나은 셈이다. 사람들을 가만히 놓아두는 것은 위험한 일이다. 하지만 내가 만난 열 명의 나치 친구들과 7,000만 명에 달하는 이들의 동포들에게 여전히 압력을 가함으로써, 이들이 군국주의적인 반공산주의를 국민생활의 방법으로 다시 포용하도록 하는 것은 더욱 위험한 일이다.

감사의 말

나는 매우 많은 분들에게 큰 신세를 졌다. 내가 이 책에서 말한 내용 가운데 잘못된 내용이 있다 하더라도, 이분들에게는 아무런 책임이 없다.

우선 내가 독일에 머물면서 '뭔가' 를 조금 배웠다고 생각해준 친구들이 있다. 특히 이전까지 시카고 대학에 재직했던 로버트 M. 허친스, 해버퍼드 칼리지의 길버트 화이트와 더글러스 스티어, 화해 연대의 A. J. 머스트, 《프로그레시브》의 편집자 모리스 H. 루빈.

프랑크푸르트 대학 부설 사회연구소에 있는 나의 동료들, 특히 프리드리히 폴록¹ 교수님께 감사드린다. 나는 그분의 '아이' 로 지냈으며, 그분은 처음부터 끝까지 나를 격려하고 인도했고, 나를 야단쳤고, 나를 위해 기도했고, 나를 위해 대신 사과해주셨다.

크로넨베르크에서 나를 도와준 두 명의 열성 조수들, 워낙 혹사를 시켰기 때문에 어쩌면 '노예들' 이라고 해야 정확할지도 모르는 이들에게 감

---

1. 프리드리히 폴록(1894~1970)은 독일의 철학자이며, '프랑크푸르트 학파' 의 일원으로 막스 호르크하이머와 함께 사회연구소를 이끌었다.

사드린다. 또한 에바 헤르만 여사와 마르타 코호 여사께도 감사드린다.

크로넨베르크에 사는 세 명의 열성 친구들, 기젤라 프룀 박사, 레오노라 발라 카야르트 박사, 호르스트마르 스타우버에게도 감사드린다.

매사추세츠 주 케임브리지에 살고 크로넨베르크에서도 살았던 존 K. 디킨슨은 내가 초고를 작성하는 사이에 이 책에 들어간 모든 조사 업무를 도맡은 것 같다. 그리고 뉴욕에 살던 고(故) 프레더릭 루이스 앨런은 내가 원고를 작성하는 도중인 1954년에 《하퍼스 매거진》에 연재된 이 책의 일부분을 준비하는 과정에서 집필을 도맡은 것 같다.

캘리포니아 대학의 로버트 H. 로위 교수의 주목할 만한 연구서인 『독일인: 1914년까지의 사회적 초상』[2]은 내가 이용한 다른 작가들의 글들 가운데 상당수를 담고 있는 보물창고였다.

캘리포니아 주 카멜과 몬터레이에 사는 내 친구들, 이자벨 디바인, 루이스 반 페스키, 재닛 파, 매리언 체임벌린, 리젤 위즈먼, 프리츠 위즈먼, 찰스 몰러, 할란 왓킨스, 이프라임 도너, 프랜시스 팜스, 브루도 아드리아니 박사, 고(故) R. 엘리스 로버츠에게도 감사드린다.

시카고의 로버트 C. 맥나마라 2세에게도 감사드린다.

내 딸 줄리는 부족한 나의 독일어를 보충해주었고, 특히 하이네와 탈무드의 인용문에서 그렇게 해주었다.

내가 '어디선가' 뭔가를 조금이나마 배웠다고 생각하시는 어머니께도 감사드린다.

'집사람(Mutti)', 내 아내에게도 감사를 전한다.

---

2. Robert H. Lowie, *The German People: A Social Portrait to 1914*(New York: Rinehart & Co., 1945).

1966년판 서문

     한 시대에 관한 논고가 그로부터 100년, 또는
1,000년 뒤에 재간행되었을 경우, 그 작품이 처음부터 시대를 초월하는 걸
작이었음에는 의심의 여지가 없다. 하지만 그 작품이 처음 출간한 후 10년
뒤에 재간행되었을 경우, 아무런 지적도 받지 않고 무사히 빠져나갈 수 있
다면 그 저자는 운이 좋은 셈이다. 왜냐하면 불과 10년 사이에 '상황'은 변
하게 마련이고, 그것도 저자가 이러저러할 것이라고 약속한 (또는 약속한 것
처럼 보이는) 바로 그대로 변하지는 않게 마련이기 때문이다. 저자가 이 구
절, 또는 저 구절을 차라리 쓰지만 않았더라면 얼마나 좋았겠는가! 하지만
나는 그러지 못했으니, 이제 잘못된 구절을 고침으로써 책의 내용을 갱신
하도록 하자. 이런 사소한 문제에서는 출판사도 너그러우니까.

 가급적 안전을 기하려는 매우 바람직한 열망에서, 나는 출판사의 너그
러움을 십분 이용하여 이 신판에서 여러 가지 수정을 가했으며, 그렇게 수
정한 내용은 내가 해도 된다고 충분히 자신한 것들이다. 개수로는 두 개다.
우선 나는 자와할랄 네루의 이름 앞에 "이미 고인이 된"이라는 구절을 집
어넣었으며, 현대의 독재정치에 관한 추상적인 언급에서 '말렌코프'[1]를

'스탈린'으로 바꾸었다. 이 두 가지를 제외하면 이 책은 첫 출간된 모습 그대로다. 혹시나 이 두 가지 외에 내가 잘못 쓴 부분이 있다면 기꺼이 비판을 감내하겠다.

세상 만물은 변화하게 마련이다. 하지만 한 가지 예외도 있다. 중세의 스콜라 철학자조차도 하느님의 전능함에 한 가지 제한은 있다고 인정했다. 즉 하느님도 과거를 바꾸지는 못한다는 것이다. 물론 하느님도 때가 되면 과거를 폭로하거나, 또는 인간이 과거에 발이 걸려 실족하도록 만들 수는 있다. 하지만 하느님도 과거를 바꿀 수는 없다. 내가 만난 열 명의 나치 친구들이, 그리고 이들과 비슷한 수백만 명의 다른 독일인이 겪은 나치 이전과 나치 시대의 삶은 지금으로부터 10년 전이나 20년 전이나 그대로였으며, 현재에도 미래에도 그대로일 것이다. 어느 정도까지는 나도 그때 이들의 삶을 정확하게 읽었고, 정확하게 썼으며, 이 설명은 그때 이후 오랫동안 완성된 상태였다. 1961년에 이스라엘에서 벌어진 아이히만 재판의 여파로 부득이하게 열린 독일에서의 여러 재판을 포함하여 지난 10년 동안 갖가지 사건들이 있었다. 하지만 내가 만난 나치 친구들이 직접 그린 각자의 모습을 굳이 바꿔야 할 만한 뭔가가 드러난 적은 전혀 없었다.

이 책이 처음 간행되었을 때에는 비평가들로부터 약간 주목을 받았지만, 대중에게는 전혀 주목을 받지 못했다. 나치즘은 베를린의 방공호에서 최후를 맞이했으며, 그 사망 신고서는 뉘른베르크의 판사석에서 서명되었다. 나치즘은 요란한 소리를 내며 끝나버린 것이었다. 이제는 피차 빈틈없이 무장하고 서로를 마주보며 서 있는 미국인과 러시아인 사이에 흩어져 있는 돌조각들을 제외하면 아무것도 남지 않았다. 이미 가버리고 이미 잊

---

1. 게오르기 말렌코프(1902~1988)는 구 소련의 정치가다. 스탈린 사후에 공산당 서기장이 되었지만, 1950년대 말에 권력투쟁에서 밀려나 조용한 여생을 마쳤다.

힌 것에 관해서는 어느 누구도 듣고 싶어 하지 않았다. 그리고 수백만 명에 달하는 국민의 피가 확실하게 지속적인 것을 전혀 가져오지 못했다는 사실은 더더욱 듣고 싶어 하지 않았다. 히틀러는 문명화된 세계를 공격했고, 문명화된 세계는 우연의 일치로 아직 문명화되지 않은 러시아인도 함께 가세하여 그를 파괴해버렸다. '이제 그만(Basta).'

하지만 이제는 자기가 하던 일을 중지하고, 자기가 이미 한 일을 길고도 사려 깊은 시선으로 바라보게 되자 문명화된 세계는 예나 지금이나 자기가 했던 일에 대해서는 물론이고, 자기가 하는 일에 대해서도 아주 만족하지는 못했다. 전후에 나치즘은 팔리지 않는 상품이었다. 이 책은 수집가 없는 수집품이 되었다. 하지만 때때로 어떤 사람에게서 또는 어떤 학교, 어느 대학에서 이 책을 원하는데 구할 수가 없어서 속을 태운다는 문의 편지가 출판사로 날아왔다. 이런 문의가 늘어나면서 추세는 흥미로워졌다. '상황'이 전반적으로는 더 나쁜 쪽으로 변화되고, 전후(戰後)의 세계가 전전(戰前)의 세계가 되면서, 탈(脫)군사화는 재(再)군사화가 되었다. 그리고 과거에 '독일인들'로 하여금 나쁜 행동을 하게 만든 요인이 무엇인지를 알아내는 것이 유익하겠다는, 적당히 에두른 감정이 생겨났다.

인류의 역사를 살펴볼 때 아우슈비츠 같은 끔찍한 행위는 이전에도 일어난 적이 있었지만, 이처럼 섬뜩하리만치 대규모로 이루어진 적은 물론 없었다. 하지만 마치— 음, 마치 우리 사회와도 비슷하게 진보된 기독교 사회에서 그런 행위가 이루어진 적은 이전까지 한 번도 없었다. 만약 적어도 진보된 기독교 사회에서 이런 행위가 두 번 다시는 일어나지 않도록 막을 수만 있다면, 우리가 뉘른베르크에서 그토록 서둘러 파버린 얕은 무덤보다 좀 더 깊이 파고 들어가는 것도 가치 있는 일일 것이다. 그 길었던 순간의 열기가 가라앉고 나니, 독일인이 천성적으로 인류의 적이라는 그럴싸한 교리에 매달리는 일이야말로, 한 명 또는 두 명이나 세 명의 광인이 세계 역사를 만들고 부술 수 있다는 또 한 가지 그럴싸한 교리에 매달리는 일과 마찬가지로 어려운 일이다. 이런 것들은 핏발 선 눈에나 보이는 것이다. 하지만 인간은 여러 가지 장점을 가지고 있으며, 다툼 사이에서 제정신을 차리려는 충동은 그중에서 가장 처지는 장점은 아니다.

그 제정신 차리기에 기여한 놀라운 현실들은 무려 네 가지였다. 첫째, 독일과 폴란드, 그리고 다른 곳곳의 유대인들이 죽었기 때문에, 미국과 다른 나라들의 일부 인도주의적인 사람들이 한때나마 '유대인을 구하기 위해' 독일과 전쟁을 벌일 필요가 있다고 지지한 것이다. 나중에 밝혀진 바에 따르면 인도주의적 충동에서 볼 때 그것이 아무리 만족스러웠다 하더라도, 유대인을 구하는 일에는 그런 지지가 도움이 되지 않았다. 둘째, 히틀러를 파괴하기 위해서는 그보다 앞서 전면전을 치르는 기술의 한도까지 한 나라 전체를 파괴해야 했다. 전면전에서 전쟁터는 오로지 우발적인 작전 지역이게 마련이기 때문이다. 그렇게 파괴되고, 파괴를 자행한 적들에 의해 회복된 국가는 이제 유럽에서 산업 및 군사 분야의 대국이 되었다. 셋째, 독일인은 이제 다시 한 번 문명화된 기독교인이 되었으며, 뿐만 아니라 훌륭한 민주주의자인 동시에 무신론적 독재에 맞서 기독교적 민주주의를 지키는 최전선의 방어자가 되었다. 넷째, 그토록 많은 피와 부(富)를 써버리고 나서도, 그리고 곧이어 향유(香油)와 부를 써버리고 나서도, 이른바 '독일 문제'가, 그게 정확히 뭐든지 간에 아직 해결되지 않았으며, 똑같은 처방을 반복하더라도 결국 해결되지 않을 것이라는 의구심은 계속해서 남아 있었다.

이른바 '독일 문제'는 20세기가 소비할 수 있는 것보다 더 많은 역사를 계속해서 생산하는 내내 초점 안팎을 오락가락했다. 그리고 그 속도는 점점 가속이 붙었다. 한국은 잊혔고, 헝가리와 키프로스와 수에즈는 새로운 센세이션을 일으켰다. 그러다가 이번에는 헝가리와 키프로스와 수에즈가 갑작스러운 망각 속으로 미끄러져 들어갔고, 우리는 모두들 티벳과 콩고에 법석을 떨었다. 그러다가 우리가 그곳의 위치를 지도에서 찾아보거나 또는 그곳의 위치가 나와 있는 지도를 꺼내볼 시간을 갖기도 전에 티벳과 콩고는 사라져버리고, 이번에는 쿠바가 터졌다. 쿠바는 끓어오르는 것과 으르렁거리는 것을 뒤섞은 듯한 뭔가에 자리를 내주었고, 결국 베트남과 로디지아 〔아니면 남(南)로디지아였나?〕[2] 문제가 우리를 사로잡았다. 가나, 가이아나, 기니도 마찬가지다.[3] 위기는 우리의 식단이었고, 이국적인 음식으로 식탁에 올랐다. 우리 앞에 놓인 음식은 소화시키는 것은 고사하고, 차마 삼킬 새도 없이 갈수록 더 이국적이 되었다. 미국이 깊숙이 개입한 적이 있었던 1958년의 '레바논 위기'를 기억하시는지?[4] 당연히 기억 못할 것이다. 요즘에 와서 과연 누가 기억하겠는가? 누가 기억할 수 있겠는가? 그리고 왜 굳이 기억하겠는가?

'독일 문제'는 이와 달랐다. 이것은 한동안 무대 한편에 비켜서 있었지만, 그렇다고 해서 아예 무대에서 내려간 적은 없었다. 파리스가 헬레네를 납치한 사건 이래 최악의 정치적 '실수'였던 베를린 장벽처럼 뚜렷이 눈에 보이는 뭔가가 아닌 한, 대부분 미국인은 이에 주목하지 않았다. 물론 대부분 사람은 '모든 것'에 주목하기가 힘들게 마련이다. 하지만 독일

---

2. 남아프리카의 영국 식민지 '남로디지아'가 1965년에 독립을 선언했지만, 소수 백인이 다수 백인을 지배하는 인종차별 정책 때문에 국제사회의 외면을 받았다. 이후 이 나라는 1980년에 국호를 '짐바브웨'로 바꾸고 국제적 인정을 받았다.
3. 아프리카의 가나와 기니, 그리고 남아메리카의 가이아나에서는 1960년대에 식민지 독립과 공화국 출범을 겪으면서 여러 가지 우여곡절이 있었다.
4. 1958년에 레바논에서 내전이 발생하자, 친미 성향의 정권이 미국의 군사 개입을 요청하여 미국 해병대가 파견된 사건을 말한다.

인을 포함한 유럽인들에게는 독일과 독일인이야말로 매 계절마다 제1급의 사업이었다. 1940년 여름을 기억하는 영국인은 새로운 독일 '방위군 (Wehrmacht)'이 영국 땅에서 훈련하는 모습을 지켜보면서 언짢아했다. 하지만 새로운 '내면적 지도력(innere Führung)'을 지닌 새로운 '제복 차림의 시민(Bürger in Uniform)'이라는 것이, 실상은 독일 정복자들의 불편함을 가라앉히기 위해 성공적으로 고안된 신화라는 사실을 발견하는 것까지 언짢아하지는 않았다.

'얼간이 미헬(Dummer Michel)'[5]은 내가 만난 열 명의 나치와 마찬가지로 '작은 자'인데, 이런 신화를 결코 받아들이지 않았다. 그는 한때 행진용 걸음걸이를 구사하던 발을 이제는 질질 끈다. 서양 세계에서도 가장 초라한 언론 때문에, 그는 예전과 마찬가지로 촌스럽고, 예전과 마찬가지로 무지하고, 예전과 마찬가지로 감춰져 있을지도 모른다. 그는 오데르-나이세[6] 너머의 '잃어버린 영토'에 대한 아우성이, 마치 재통일에 관한 아우성과 마찬가지로 어디까지나 자기 발목을 잡기 위한 목적만을 갖고 있다는 사실을, 그리고 정작 그런 아우성은 재통일에 관한 아우성과 마찬가지로 오로지 제3차 세계대전을 통해서만 만족될 수 있다는 사실을 아마 알지 못할 것이다. 하지만 그가 완전히 '어리석은' 것은 아니다. 그는 역사상 처음으로 자기가 병사로서 버는 돈보다 노동자로서 버는 돈이 다섯 배나 많다는 사실을 알고 있다. 그리고 그는 자기 나라에서 미국이 자체 군사 시설을 유지하는 특권을 얻는 대가로 넉넉한 돈을 줄 의향이 있음을, 그리고 그런 시설이야말로 괴벨스의 주장처럼 하느님을 모르는 공산주의의 정복에서

5. '독일 국민'을 상징하는 표현이다. 본문 제33장 내용도 참고하라.
6. 오데르 강과 나이세 강 동부에 있던 독일의 영토가 제2차 세계대전 이후 폴란드의 영토로 편입되었기 때문에, 이후 '오데르-나이세'는 독일과 폴란드의 새로운 국경을 일컫는 말이 되었다.

그를 보호하기 위한 것임을 알고 있다.

제2차 세계대전이 끝나고 5, 6, 7년이 지나도록 폐허 속의 독일인이 원한 것은 오로지 사는 것뿐이었다. 오늘날 독일인은 이 상태가 지속되는 한에는 삶을 즐기고자 원한다. 왜 아니겠는가? 이 상태가 지속되는 한에는 항상 말이다. 소비에트화한 동독인은 할 수만 있다면 장벽 위로건, 아래로건, 하다못해 한가운데를 뚫고서라도 서베를린의 황금빛 서쪽으로 오기를 원하고, 그다음에는 여전히 더 황금빛인 루르의 서쪽으로 오기를 원한다. 만약 그럴 수 없다면, 자기가 가진 것을 손에 쥐자마자 써버리고 만다. '이 상태가 지속되는 한에는.' 뮌헨에 있는 뢰벤브로이켈러(Löwenbräu Keller)[7]에서는 자유 기업 활동을 하는 서독인이 남은 빵조각으로 버터그레이비 소스의 나머지를 닦아 먹고, 접시를 밀어놓고, 잔에 담긴 맥주를 한모금 마시고, 담배에 불을 붙이고, 이렇게 말한다. "내가 여기에 넣어 둔 것은," 그러면서 그는 자기 배를 토닥인다. "어느 '누구도' 내게서 빼앗아갈 수 없지."

완전 고용은 지금까지도 서쪽의 연방공화국에서 사실로 남아 있다. 그리고 동쪽의 민주공화국에서도 마찬가지다. '잃어버린 영토'의 실지회복주의를 신봉하는 냉소적인 서독의 지도 제작자들은 이곳을 '동독'이 아니라 '중독(中獨)'이라고 부르지만 말이다.[8] 하지만 늘 그렇듯이, '경제기적(Wirtschaftswunder)'에서도 만발한 꽃은 지게 마련이다. 서독의 인플레이션은 워낙 눈부시기 때문에 결국 예산마저 감축해야 했다. 그리고 이 감축

---

7. 독일 뮌헨의 대형 맥주홀. 나치는 히틀러가 1923년에 '봉기'를 시도했던 장소인 '뷔르거브로이켈러'에서 매년 기념행사를 가졌지만, 1939년에 바로 그곳에서 히틀러 암살 기도가 일어남에 따라서 이후로는 인근의 '뢰벤브로이켈러'로 자리를 옮겨 기념행사를 가졌다.
8. 결국 이 당시의 분단 독일(동독과 서독)만이 아니라 과거에 동유럽에 있던 "잃어버린 영토"까지 포함해야만 완전한 독일이라는 논리다.

은 인플레이션의 비용을 상쇄하기 위해 공무원들과 나이 많은 연금 생활자들에게 약속했던 증액을 제거함으로써 달성되었다. '얼간이 미헬'의 이익 분배주는 오르거나 실제로 내려가지 않았다. '얼간이 미헬'은 비용계정이 전혀 없었고, 따라서 기적에서 아무런 몫도 얻지 못했다. 지금으로부터 20년 전의 폐허 속에서 자기가 겪었던 상황을 현재 자기가 겪는 상황과 비교해본다면 또 모르겠지만 말이다. '얼간이' 미헬은 예전에만 해도 정직하고, 근면하고, 믿을 만했지만, 전반적으로 도덕이 쇠퇴하면서 이런 것들 가운데 일부를 워낙 덜 갖게 되었고, 급기야 히틀러의 시대 이전과 그 시대에도 매우 효과적으로 말쑥하게 유지할 수 있었던 독일의 얼굴 그 자체가 도로변의 쓰레기 때문에 변화되었다. '얼간이 미헬'은 곧 전설적인 독일 노동자였다. 하지만 (어쩌면 이게 최선인지도 모르겠지만) 그의 전설은 그를 떠나버리고 말았다.

'이 상태가 지속되는 한에는.' 내가 만난 열 명의 나치 친구들은 내가 그들을 알고 지냈던 10년 전에만 해도 '그것'이, 즉 천년제국이 자기들보다 더 오래갈 것이라고는 결코 믿지 않았고 실제로도 오래가지 못했다. 히틀러는 이들을 비탈로 끌고 갔고, 이들을 그곳에 계속 남겨 두면서, 이들을 향해 무려 12년 동안이나 매일같이 외쳤다. 그들은 이런 일을 겪으며 줄곧 불편해 했다. 만약 이들이 나치즘을 믿었다면 (물론 이들 모두는 나치즘을 믿었다. 그중 상당 부분이건, 또는 전부이건 간에 말이다) 그들은 상황이 좋았을 때에 거기서 얻을 수 있는 것을 여전히 얻어냈을 것이다. 그들 중 어느 누구도 상황이 급변해 나빠진 것을 보고 깜짝 놀라지는 않았다.

'이 상태가 지속되는 한에는.' 위성국 동독은 러시아인을 등에 업고 있다. 동독에 사는 내 친구들은 자기들 중 30퍼센트가 그곳의 정권을 지지한다고 나를 납득시켰다. 위성국 서독의 사람들은 너그러운 미국인들의 등에 업힌 채 자기네 도구와 자기네 사업을 부지런히 이용하면서, 자기들이 결국 미국의 용병 '방패'가 되리라는 것을 잘 알고 있다. 서독에 있는 내 친구들은 자기들 중 최소한 90퍼센트는 이처럼 전적으로 냉소적인 정책의 겉치레를 지지할 것이고 실제로 지지한다고 나를 납득시켰다. 동부의 즉 공산주의의 유럽에 사는 내 친구들은 독일, 즉 서독과 동독 '모두가' 소련이나 폴란드나 체코슬로바키아의 모든 정책과 정치에서 불변하는 핵심요소라고 나를 납득시켰다.

서독인들은 핵시대에 자기들의 양지(陽地)를, 즉 대량 살상 능력을 가진 새로운 '생존공간(Lebenstraum)'을 원한다.[9] 이는 이상주의적인 미국인들에 의해 탈군사화되는 과정에서 그들이 감내해야 했던 지난번의 모욕을 지우기 위해서다. 이 미국인들은 자기네 이상을 그토록 단호하게 밝히더니만, 머지않아 그것을 그토록 단호하게 뒤집어버렸다. 러시아인은 미국인이 독일인에게 그런 양지를 허락하지 못하게 막았다. 하지만 지금 이 글을 쓰는 사이에 나는 센세이셔널하면서도 권위적인 신문 표제를 하나 읽게 되었다. '독일의 미사일, 6년 전에 미국이 핵탄두 장착.' 그 아래에는 미국 정부가 요즘 흔히 나오듯 이에 대해 긍정 또는 부정이라는 확인 자체를 거부했다는 기사가 나왔다. 또 며칠 뒤에는 워싱턴에서 온 급보가 다음과 같이 시작되었다. "어젯밤 국방부 대변인은 서독을 포함한 북대서양 조약기구(NATO)의 전폭기가 미국의 핵탄두로 무장했음을 인정했다." 그 핵탄두의 '통제권'은 여전히 미국의 손에 있다. 물론 사악한 마음을 가진 볼셰비키라면, 그것이 결코 통제 불능 상태가 되지는 않으리라고 독일인을 신뢰하는 게 불가능하다고 상상하겠지만 말이다.

9. '양지'와 '생존공간'에 관한 설명은 제19장 각주를 참고하라.

10년 전에 이 책이 처음 간행되었을 때에는 다음과 같은 문장으로 끝을 맺었다. "사람들을 가만히 놓아두는 것은 위험한 일이다. 하지만 내가 만난 열 명의 나치 친구들과 7,000만 명에 달하는 이들의 동포들에게 여전히 압력을 가함으로써, 이들이 군국주의적인 반(反)공산주의를 국민생활의 방법으로 다시 포용하도록 하는 것은 더욱 위험한 일이다." 만약 이 말이 지금으로부터 10년 전에 뭔가 타당성을 지녔다면, 지금도 여전히 타당성을 지녔을 것이다. 그리고 내가 사는 비(非)나치 국가에나, 나와 함께 사는 비나치 국민에게도 유용한 어떤 전망을 작게나마 지녔을 것이다. 내가 만난 열 명의 나치 친구들과, 이들과 함께 사는 7,000만 명의 나치 국민은 자기들이 그토록 용감하게 즐겼던 국가적인 삶의 방식으로 그 어느 때보다도 더 성공적으로 떠밀려갔고, 결국에 가서는 히틀러의 시대에 그토록 용감하게 고통을 받았다. 그들 중 3분의 2가 군국주의적 반공산주의를 받아들였고, 나머지 3분의 1이 군국주의적 공산주의를 받아들였다는 것은 오로지 세부사항에 불과하다. 설령 그것이 역사적으로 치명적인 세부사항이라 하더라도 말이다. 독일인에게, 따라서 세계의 나머지에게 끔찍하고 현저하게 나빴던 것은, 능력이 덜한 사람들의 경우에는 보다 수수한 결과만으로도 그들이 스스로를 불태워버릴 수 있는 격렬한 광신에 노출된다는 것이었다.

20년 전과 비교해보자면, 오늘날의 독일인은 이전보다 덜 두려워하는 것처럼 보인다. 만약 그게 사실이라면, 그건 다른 사람들 역시 그들을 이전보다 덜 두려워하기 때문일 것이다. 제2차 세계대전이 끝난 이후로 전 세계가 전쟁에 소비한 1조 달러 가운데, 독일인이 소비한 비용은 겨우 얼마 안 되는 금액에 불과하다. 군수품 제조업체를 비롯한 독일의 민간기업들도 이에 따라 번영을 누렸다. 지난 20년 사이에 세계의 다른 곳들에서 벌어진 일들을 놓고 보면, 아우슈비츠가 문명화된 인간의 도덕적 이해 너머에 있다고 주장하기도 불가능해졌다. 얼마 전에 《뉴욕 타임스》의 저명한 특파원이 사이공에서 보도한 바에 따르면, "모든 전쟁마다 사람들이 인간의 고통에 대해, 심지어 불필요한 잔혹 행위에 대해서조차도 무관심해지는 때가 찾아온다. 지금 우리는 베트남에서 바로 그런 시점에 도달하는지도 모른다."

독일인들은 여전히 독일인들이다. 이는 우리 모두가 예전 그대로의 모습인 것과, 또는 최소한 예전보다 더 나아지지는 않은 모습인 것과 마찬가지가 아닌가? 지금으로부터 10년 전에만 해도, 그들이 다르게 변할 수 있으리라고 과연 누가 예상했단 말인가? 하지만 세계의 선을 위해, 따라서 독일의 선을 위해서도 새로운 방법을 발견해야 할 것이라고, 상당히 호의적으로 예상했던 사람들이 일부나마 있었다. 그 대신 그들의 정복자들이 예전의 방법을 찾아냈다고 말하는 것, 즉 교육자들이 재교육을 당한 것이야말로 현재로선 너무 많은 말을 하는 셈이 될 것이다. 하지만 만약 새로운 방법이 사람을 가르칠 수 있다고 치면 독일인이 10년 전에 비해 오늘날 교사를 찾기가 더 힘들 것이라고 말한다는 것은 과소평가하는 것이다.

지금으로부터 10년 전쯤이었다면 그들은 과연 어디서 교사를 찾아냈을까? 미국 말고 또 어디가 있겠는가? 하지만 지금으로부터 10년 전에 (실제로는 20년 전에) 미국 공군은 그들의 말을 빌리자면 도쿄에 대한 대규모 공습에서 "세계 역사상 그 어떤 군사작전보다도 더 많은 부상자를 산출했다"고 했다. 전쟁부 장관 헨리 L. 스팀슨은 미국 내에서 대중이 시위를 하지 않는 것에 몸서리치면서, 그런 행위가 자국의 이름으로 저질러진 것에 대해 "어느 누구도 의문을 제기하지 않는 국가라면 뭔가가 잘못된 것이다"라고 생각했다.[10]

그런데도 지금으로부터 10년 전에 나는 독일인이 우리에게서 빛을 바란다고 말하는 것은 오만한 일도 아닐 것이라고 생각했다. 나아가 그렇다고 썼다. 할 수만 있다면, 나는 이 문장을 지금 와서 고쳐 써야 맞을 것이다. 하지만 그럴 수는 없다. 왜냐하면 나는 내 조국을 사랑하며, 내 조국의 희망 속에, 그리고 인간이 조국에 관해 품었던 희망 속에 머물기 때문이다. "우리는 미국이 '뭔가'를 할 수 있으리라는 매우 높은 희망을 가졌었다." 여기서 주목할 것은 항상 "가졌었다"로 표현된다는 점이다. "미국 말고 다른 누구도 할 수 없으며, 하지 않을 것이다. 우리의 적들도, 우리의 동맹자들도, 우리 자신도 그렇지는 않을 것이다." 그렇게 되지는 않을 것이었다. 만약 그런 것을 고안할 수 있다고 가정한다면 "독일인을 위한 뭔가"는 결국 더 커다란 필수품을 포기하는 것이 되어야만 한다. 지금은 그렇게 되지는 않을 것이 분명하다. 시간이 이미 흘렀기 때문이다. 독일의 미사일에 미국이 핵탄두를 장착하기 전에도 어느 정도 시간이 흘렀으며, 1946년에 바벤하우젠/다름슈타트에 있는 미국 전쟁포로 수용소에 다음과 같은 공지가 부착되고 난 후에도 어느 정도 시간이 흘렀기 때문이다.

당신, SS대원 빌리 슐체가, 또는 당신, 루디 뮐러 상병이 이 문을 지나갈 때, 당신들의 걸음은 당신들을 자유로 이끌 것이다. 당신들은 수개월 및 수년간의 노예적 맹종을, 수년간의 유혈을, 인간성이 겪어야 했던 수년간의 어마어마한 굴욕을 뒤에 남겨두고 떠날 것이다. 이 모든 행위는 범죄적 정권 때문에 야기되었고, 그 정권의 추종자들 가운데 아직 대가를 치르지 않은 자들도 결국 처벌을 면치는 못할 것이다.

10. L. Giovannitti and F. Freed, *The Decision to Drop the Bomb*(New York: Corward-McCann, 1965).

당신들 자신은 비난의 대상이 되지 않을 것이다. 미혹된 상태에서, 당신들은 잘못된 교리의 부름에 맹목적으로 따랐기 때문이다. 이제부터 당신들의 집안에서 당신들의 삶은 자유롭고 방해받지 않은 상태로 펼쳐질 것이다. 당신들은 저주스러운 병역으로부터, 죄의식 가득한 독일의 군국주의로부터 해방되었다. 두 번 다시는 연병장 너머에서 날카로운 명령이 당신들을 뒤쫓거나 전쟁터로 당신들을 내모는 일은 없을 것이다. 당신들의 군인 신분증을 불태운 재는 부헨발트와 다하우에서 나온 재와 뒤섞여버렸다.

승전국인 국제연합은 이 커다란 희생을 통해서 당신들과 당신들의 후손들을 영원히 병역에서 해방시킴으로써, 당신들의 자유를 보호하는 책임을 떠맡았다. 하지만 그 커다란 희생의 대가로 당신들은 조국에서 병역에 대한 열망이 대두하는 일이 두 번 다시는 없도록, 젊은 독일인이 자기 삶에서 최고의 시기를 프로이센 귀족이며, 전쟁에 굶주린 참모본부에 희생해야 하는 일이 두 번 다시는 없도록, 대신 지금부터는 그들이 각자의 힘과 각자의 재능을 평화적 목적에 바치도록 해야 하는 의무에 매여 있다.

이 공지에는 다음과 같은 서명이 적혀 있었다. "미국 전쟁부."

옮긴이의 말

　　　　　　　　　미국의 언론인 밀턴 마이어(1908~1986)의 대
표작인 『그들은 자신들이 자유롭다고 생각했다』(1955)는 나치 당원으로
활동했던 독일인 열 명의 삶을 통해 '1933년부터 1945년까지 독일인의
삶'을 재구성하고, 전후 독일의 미래를 진단하고 전망한 책이다. 저자는
1950년대에 프랑크푸르트 대학의 객원 교수 자격으로 독일의 한 소도시
(이 책에서는 '크로넨베르크'라는 가명으로 표현한다)에 거주하는 동안, 그곳
주민들을 상대로 이 책의 토대가 된 인터뷰를 수행했던 것으로 전한다.
　　나치 시대의 일상생활에 관한 자료는 우리나라에도 이미 여럿 나와 있
다.[1] 하지만 마이어의 책은 나치 시대의 기억이 아직 사라지지 않은 1950년
대의 독일에서, 적극적으로건 소극적으로건 한때나마 나치 당적을 보유했

---

1. 그중 몇 권을 소개하자면 다음과 같다. 『나치 시대의 일상사』(데틀레프 포이케르트 지음, 김학이 옮
김, 개마고원, 2003), 『대중의 국민화』(조지 L. 모스 지음, 임지현 외 옮김, 소나무, 2008), 『히틀러가 바
꾼 세계』(매튜 휴즈 외 지음, 박수민 옮김, 플래닛미디어, 2011). 이 책들은 나치 치하 독일의 일상생활
을 서술하는 한편, 흔히 나치 정권의 '공적'이라 주장되는 것들이 하나같이 과장과 오해에 근거하고 있
음을 명백하게 밝히고 있다(대표적인 것이 '히틀러 치하에서 독일은 오히려 발전을 이루었다'는 주장
인데, 단기적으로는 발전 같지만 장기적으로는 오히려 많은 문제의 여지를 안고 있다고 봐야 맞다. 이
는 과거의 독재 정권을 미화하는 주장에서 흔히 드러나는 오류이기도 하다).

던 열 명의 평범한 사람들이, 한때의 점령국인 미국 언론인과 직접 대화한 내용이라는 점에서 이채롭다. 이른바 '작은 자'로 자처하는 이들은 각자의 이력이며 신념을 설명하고, 과거에 대한 향수와 후회를 언급하며, 심지어 나치와 히틀러에 관한 나름의 평가를 내린다.

유대인 학살을 비롯한 제2차 세계대전 당시 독일의 전쟁 범죄는 흔히 히틀러와 그 추종자인 소수의 전횡으로 간주된다. 그래서인지 이 책에 소개된 독일인들도 가해자로서 참회하기보다는 '또 다른 피해자'로 자처하기에 급급한 모습이다. 하지만 독일 인구 7,000만 명 가운데 소수인 100만 명이 저지른 전횡의 배후에는 다수인 6,900만 명의 동의와 참여가 있었다고 저자는 지적한다. 즉 대다수의 독일인은 나치즘의 피해자가 아니라 오히려 공범자라고 봐야 정확하다는 것이다.

대다수 독일인은 히틀러에게 동질감을 느끼고 나치 정권의 정책을 지지하여 그에게 권력을 안겼으며, 반유대주의와 반공주의에 근거한 선동을 무비판적으로 받아들임으로써 비극의 원인을 제공했다. 전후에 나치의 죄상이 백일하에 드러났지만 대다수 독일인이 이에 대한 책임을 외면한 데에는 내적 요인과 외적 요인 모두가 있었다. 우선 내적 요인은 독일 민족 및 국가의 역사적 특수성 때문에 권위에 맹종하는 한편, 주권자로서의 시민의식이 희박한 국민성이 생겨났다는 점이다.

또한 외적 요인은 전후에 독일을 분할 점령한 서방 연합국(특히 미국)이 나치 청산과 민주주의 정착이라는 목표를 추진하는 과정에서 갖가지 오판을 범했으며, 냉전이 시작되자 소련의 영향력을 저지하기 위해 독일을 전략적으로 이용했다는 점이다. 급기야 나치 청산이 완료되지 않은 상황에서 미국의 원조로 분단 상태인 서독의 재무장이 먼저 이루어졌고, 이 과정에서 나치 협력자들이 사회 곳곳에서 대거 복귀하면서 급기야 과거사에 대해 쉬쉬하는 분위기가 조성되었다는 것이다.

이쯤 되면 한 가지 떠오르는 의문이 있다. 독일은 이미 과거사를 사죄하지 않았던가? 우리는 이미 그렇게 알고 있어서, 일본과의 과거사 문제가 대두할 때마다 '독일의 선례를 본받으라'고 말하지 않았던가? 물론 독일 정부 차원에서 피해자 및 피해국에 대한 사죄는 있었다. 하지만 나치 전력자 각자가 유죄를 시인하고 참회할 정도로 철저한 사후 조치가 이루어지진 않았으며, 그 결과 독일인 대다수는 저자가 만난 열 명처럼 과거사를 '이미 끝난 일'로 간주하고 외면하게 되었다.[2]

이들 나치 전력자들은 과거를 뉘우치기는커녕, 자기들은 그저 위에서 시키는 대로 했을 뿐이라며 이렇게 반문한다. "당신이라면 어떻게 하셨겠습니까?" 심지어 그중 일부는 미국의 인종 갈등을 들먹이며 자신들의 반유대주의를 정당화하는가 하면, 나치 시대에 누렸던 단기간의 풍족한 삶이며 복지 혜택을 그리워하면서, 비록 히틀러가 잘못을 했지만 잘한 부분도 있다고 두둔하기까지 한다. 놀랍게도 이런 사고방식은 전후 반세기가 지난 지금까지도 독일인 사이에 잔존하는 듯하다.[3]

열성 나치가 아니라 소극적 동조자였던 나치 당원들은 '내부로부터의 개혁'을 위해 입당했을 뿐이라고 주장한다. 즉 나치가 처음에는 광신도 집

2. 전후 일본의 상황도 독일과 유사했다. 미국은 독일에서와 마찬가지로 일본에서도 천황제의 존속과 전범 처벌 과정 등 여러 가지 오판을 범했고, 이 과정에서 일본인 역시 독일인과 마찬가지로 과거사를 외면하는 결과가 나왔다. 반세기가 지난 오늘날 일본이 과거의 전쟁 범죄를 부정하거나 축소하기에 바쁜 것 역시 그 후유증이라 볼 수 있다. 이와 관련해서는 『패배를 껴안고』(존 아우어 지음, 최은석 옮김, 민음사, 2009) 참고.
3. 예를 들어 1995년과 2007년의 여론 조사에서도 독일 국민 가운데 상당수가 나치 시대와 히틀러에 대해 의외로 후한 평가를 내렸다는 보도가 있다. 『독일 제3제국의 비극』(안진태 옮김, 까치, 2010), 442~443쪽 참고.

단에 불과하더라도, 나중에 더 멀쩡한 사람들이 유입되면 상황이 더 나아질 것이고, 언젠가는 내부 혁명을 통해서 전세가 역전될 수 있으리라 기대했다는 변명이다. 하지만 실제로는 일신의 안위를 위해서 내린 비겁한 선택에 불과했으며, 서로 눈치만 보다가 결국 역사상 최악의 정권 밑에서 최악의 범죄를 묵인하는 입장이 되고 말았다.

저자는 나치의 범죄에 대해 국가와 집단의 책임을 묻는 것만큼이나, 개인의 책임을 묻는 것도 중요하다고 지적한다. 즉 어느 독일인 공학자의 솔직한 고백처럼, "이 모든 비극은 나치의 전횡에 내가 반대 의견을 표명하지 않았기 때문"이라고 독일인 모두가 시인해야 마땅하다는 것이다. 이 대목에서 주목할 만한 것이 바로 "그들이 처음 공산주의자들에게 왔을 때"로 시작되는 저 유명한 시다(밀턴 마이어의 저서는 이 유명한 시를 외부에 알린 최초의 자료로 평가된다).

이 시는 원래 독일의 신학자 마르틴 니묄러(1892~1984)가 전후에 내놓은 발언에서 유래했다. 원래는 시가 아니었지만 이후 구전 과정에서 일종의 집단 창작을 통해 현재와 같은 모습을 갖추게 된 것으로 추정되는데, 그보다 더 흥미로운 것은 니묄러라는 인물의 이력이다. 지금은 디트리히 본회퍼(1906~1945)와 함께 반나치 운동을 하다가 게슈타포에게 체포되어 강제수용소에도 있었던 투사로 유명하지만, 원래 그는 군인 출신이며 정치적으로는 보수적인 성향의 인물이었다.

나치 정권 초기에는 히틀러를 독대하여 종교계에 간섭하지 않겠다는 약속을 받아냈으며, 그리하여 한동안은 정부의 정책에 적극적인 지지를 보내서 본회퍼 등으로부터 비판을 받기도 했다. 그러다가 나치의 전횡이 종교계에까지 미치자 뒤늦게 저항에 나섰지만, 이미 때는 늦어서 여러 동지들이 희생되고 본인도 구사일생으로 목숨만 건졌던 것이다. 이런 배경을 알고 보면, 니묄러의 발언은 저항에 미온적이었던 자신의 과거에 대한 뼈저린 후회와 자괴감의 산물임을 알 수 있다.

물론 이 책의 초판이 간행된 때로부터 반세기 이상이 지난 지금, 독일이나 독일인에 대한 저자의 의구심을 그대로 받아들이기는 쉽지 않다. 전후에 독일이 이룬 경제발전이며, 나치 청산과 민주주의 정착이라는 여러 목표의 (부분적인) 달성, 냉전의 종식과 통일을 거친 지금까지의 역사를 살펴보면, 이후 독일이 재차 전쟁을 일으키거나 공산주의 국가가 될지도 모른다는 저자의 불안 섞인 고찰과 전망 가운데 다수는 다행히도 빗나간 예측이 되었다고 보아도 무방하기 때문이다.

따라서 독일의 향후 행보에 대해 경계심을 품는 것도 과민하게 보이는 까닭에 이 책의 후반부는 (즉 독일 민족의 정체성에 관해 서술한 2부와, 독일의 분단과 서독의 재무장에 관해 서술한 3부는) 적잖이 낡아 보일 수 있다. 한편으로는 민족성이라는 한마디로 독일인 전체를 단죄할 수 있을지 의문이며,[4] 또 한편으로는 정보산업의 눈부신 발전으로 전 세계가 그 어느 때보다도 가까워진 현재에 독일인을 '우물 안 개구리'로 폄하하기는 곤란하니 말이다.

하지만 나치 전력자인 동시에 평범한 시민이었던 사람들의 증언으로 구성된 제1부는 이른바 '악의 평범성'에 대한 또 다른 보고서로서 여전히 의미심장해 보인다. 특히 일본과의 과거사 문제는 물론이고, 자국 내의 과

---

4. 하지만 나치 정권에 대한 독일인의 비판 중에서도 밀턴 마이어와 유사한 인식을 찾아볼 수 있음을 고려해 볼 때, 게르만/독일의 민족성/국민성을 부정적으로 바라보는 입장이 외국인의 편견이라고 단언하기는 어려워 보인다. 예를 들어 『침묵의 세계』로 우리에게 친숙한 독일 출신의 스위스 작가 막스 피카르트(1888~1965)도 『우리 안의 히틀러』(김희상 옮김, 우물이있는집, 2005)에서 유사한 의견을 내놓는다.

거사 문제 역시 여전히 걸림돌로 남아 있는 우리에게는 이 책에 나온 사례를 타산지석으로 삼을 만한 여지도 충분히 있다. 반세기 이전에 간행되었던 책을 뒤늦게나마 우리나라 독자들에게 소개하는 이유도 바로 거기에서 찾을 수 있을 것이다.[5]

2014년 11월
박중서

5. 번역 대본은 1955년의 초판본이 아니라 1966년의 신판본을 사용했고, 일역본 『彼らは自由だと思っていた』(田中浩, 金井和子 譯, 東京 : 未來社, 1983)을 참고했다. 원문 자체가 워낙 만연체이다 보니 간혹 문맥 파악이 쉽지 않아서 긴 문장을 자르거나, 또는 (반세기의 시차 때문에 부연 설명이 필요한 경우) 내용을 첨언하는 경우도 있었다. 원문에서는 독일어를 해석 없이 그대로 노출시킨 경우도 많았지만 번역에서는 모두 의미를 밝혀놓았으며, 필요한 경우에는 독일어를 괄호 안에 병기했다. 저자가 인용한 독일어 문장 중에는 병기된 영어 해석이 직역 아닌 의역인 경우가 많았지만, 번역 과정에서는 가급적 의미를 제대로 전달할 수 있는 방향으로 직역했다. 아울러 저자가 착오한 것으로 추정되는 내용도 일부 발견하여 수정했지만 굳이 지적해 두지는 않았다.

그들은 자신들이 자유롭다고 생각했다
나치 시대 독일인의 삶, 선한 사람들의 침묵이 만든 오욕의 역사

1판 1쇄 발행 2014년 11월 27일
1판 5쇄 발행 2020년 5월 25일

지은이 밀턴 마이어 │ 옮긴이 박중서

기획 임병삼 │ 편집 김지환 백진희 │ 표지 디자인 가필드

펴낸이 김경수 │ 펴낸곳 갈라파고스

등록 2002년 10월 29일 제13-2003-147호

주소 03938 서울시 마포구 월드컵로 196 대명비첸시티오피스텔 801호

전화 02-3142-3797 │ 전송 02-3142-2408

전자우편 galapagos@chol.com

ISBN 978-89-90809-67-4 03900

이 도서의 국립중앙도서관 출판예정도서목록(CIP)은 서지정보유통지원시스템 홈페이지
(http://seoji.nl.go.kr)와 국가자료공동목록시스템(http://www.nl.go.kr/kolisnet)에서
이용하실 수 있습니다. (CIP 제어번호: CIP 2014032910)

갈라파고스 자연과 인간, 인간과 인간의 공존을 희망하며, 함께 읽으면 좋은 책들을 만듭니다.